大動盪 大變局

國際評論集

李慶義 著

（下冊）

● 世界正處於大發展大變革大調整時期，和平與發展仍然是時代主題。

● 當前中國處於近代以來最好發展時期，世界處於百年未有之大變局，兩者同步交織、相互激盪。

大公報 出版有限公司

目錄

2018

2017

國際重大事件

「人類命運共同體」寫進聯合國決議

「美國優先」政策驅動美國「退群」

卡塔爾斷交風波加深中東裂痕

外交戰凸顯美俄關係融冰難

朝鮮核導試驗半島局勢趨緊

民粹主義衝擊歐洲政治版圖

暴恐事件頻發衝擊西方社會

世界經濟同步復甦態勢顯著

中共十九大深刻影響世界

「伊斯蘭國」中東潰敗向外滲透

別急，讓特朗普「飛」會兒

再過十幾個小時，特朗普就要入主白宮，正式就任美國第四十五任總統。儘管從宣布特朗普贏得大選開始，各界對這一天的到來就有心理準備，但當美國正式開啓「特朗普時代」時，人們心中依然五味雜陳。美國無法預見這位「四十年來民意最低」的白宮新主會把國家帶向何方，國際社會也不知道這位要顛覆全世界的地產商會如何出手。

實際上，從去年十一月九日美大選結果揭曉之日起，美就已提前進入了「特朗普時代」。國家的權力中心已由白宮轉向「特朗普大廈」，這位候任總統以「推特治國」的另類方式，開始發號施令，在美國內和世界上攪起一股股腥風血雨。仍然主宰白宮的奧巴馬被選擇性遺忘，連驅逐三十五名俄羅斯外交官這樣的大事都未激起大的波瀾。白宮所能做的只是通過回應特朗普「推文」刷刷「存在感」。

美大選塵埃落定時，許多分析家預測特朗普會改變，會逐漸成熟起來。但兩個多月過去了，特朗普未有絲毫收斂，言談舉止更加放縱，脾氣、秉性更加不可理喩。一眾未來學專家曾嘗試通過其團隊組成，預測一下其政策走向，但「史上身家最高的富人俱樂部」的標籤，任用超強硬過氣軍人的怪招，甚至不顧涉嫌違反「裙帶法」而「攬婿入宮」等等，令學富五車的學者們大跌眼鏡，直呼看不懂。

特朗普篤定要走「反精英」路線，誓在推翻現代「精英」們設計的一切。在美爲首的整個西方奉若至寶的傳統價值觀，在特朗普眼中一文不值，奧巴馬八年任期致力推動的一切變革都成爲特朗普的「革命」對象。對待盟友，特朗普從北約「過時」，一直罵到德國默克爾「犯下災難性錯

誤」，弄得遠在大洋彼岸的日、韓心驚肉跳。對待敵人，特朗普盛讚俄羅斯，誇獎普京，着實讓這個當代美最大對手寢食難安，丈二和尚摸不着頭腦。而對那些為世人普遍不看好的事件，特朗普卻反其道而行之，讚揚英國脫歐，呼籲以色列堅持住，等着他上台。這也應了那句話，凡是敵人擁護的，特朗普就堅決反對，凡是敵人反對的，特朗普就擁護，唯一看不明白的是，究竟誰是特朗普的「敵人」。

中國也成為特朗普開炮的主要目標。特朗普攬反華「三鷹」組成「戰隊」，已擺開與中國打貿易戰的架式，維繫中美關係基礎的「一中原則」，在特朗普的棋盤上竟也成為討價還價的「籌碼」。

現階段，不必與特朗普大較真。新總統初入白宮，氣勢正盛，「以靜制動」，方為上策。特朗普挑起的任何一場事端，都足以成為埋葬他的墳墓。讓子彈飛一會兒，早晚會踏踏實實地落在地上。

2017 年 1 月 20 日

特朗普「滿月」執政尚在「哺乳期」

光陰似箭，轉眼間，特朗普上任已經「滿月」。不管其本人是否有總結與反思，各路高人已在「回頭看」，盤點這位被稱爲「美國最後一任總統」交出了怎樣的答卷。結論不言自明，叫好者幾近絕跡，質疑、擔憂、悲觀聲卻鋪天蓋地，民衆不知美利堅將走向何方。美三十五位精神病專家，更是打破四十多年戈德華特守則，發表公開信，直言特朗普有精神問題，無法安全承擔總統重任。

一個月前，特朗普就職，社會上支持者與反對者「冰火兩重天」。如今，美國社會分裂並未彌合，全國範圍的反特示威未有一天停息。一個月前，就有分析家預測，隨着特朗普就職，美國將進入一個「不確定時代」。如今，美國正悄然發生深刻變化，走向更不確定。一個月前，人們想當然地認爲，特朗普仍有「可塑性」，經過一段時間的「學習期」，會成熟起來，擔負起領導世界大國的責任。如今，手握絕對權力的總統更加「另類」，行事更加「隨性」，對國內外大事小情的處理如同未「滿月」的嬰兒。

特朗普十分期待「總統之筆」，期望通過簽署總統令，展示其過人的膽識與魄力。一個月來，最吸引人眼球的便是特朗普簽署命令後的得意與滿足。每發布一項命令，特朗普都要刻意拿起紙張展示，提醒全世界白宮易主、美國變天，由此刷出存在感。

特朗普執政「破」字當頭，但令民衆擔憂的是不知其想「立」什麼。一個月來，特朗普可謂「功勳卓著」，奧巴馬八年執政的「戰績」被掃蕩一空。從上任簽署的第一道總統令——廢止奧巴馬醫改法案，到後來退出

TPP、「禁穆令」、「建牆令」等等，招招式式指向前朝，奧巴馬「遺產」遭徹底清算。但每項法令都引起了巨大爭議和民眾示威。特朗普似乎正在一步步兌現「美國優先」的競選承諾，但民眾此卻是霧裏看花。

特朗普行事不拘小節，其獨有的「特色握手」，不僅嚇到了安倍，更讓澳洲總理特恩布爾直呼承受不起。其在上任後首場記者會上的種種「非凡」表現，對媒體「全民公敵」的指責，並未給「推特治國」加分，反倒成為笑柄。美國之變的外溢效應已影響到了世界，引發全球恐慌，總統爭議恐怕就不純粹是美國自己的事了。

以「滿月」來評判一位總統，未免有失公允，但美精神病專家顯然不想再等下去了。美醫生在「診斷」中，指其患有「自戀型人格障礙」，攻擊行為出現上升跡象，自大越來越明顯。但也有專家認為，特朗普的「無知、無能、衝動和獨裁」是政治問題，而非精神問題。誰對誰錯，不知特朗普自己能否給出明確答案。

2017年2月21日

美歐分離之「危」中歐合作之「機」

　　英國脫歐餘波未平，特朗普上台再給歐洲投下震撼彈。在可預見的未來，歐洲動蕩勢難避免，美歐關係走向帶有相當大的不確定性。常言談「危機」，喻指「危」中有「機」，美歐動蕩之「危」，或為中歐合作之「機」。

　　並非偶然，中法兩國總理日前齊發聲，鋒芒直指正在抬頭的全球貿易保護主義。李克強認為，對於全球化進程中出現的問題，要在持續開放中加以解決，不能因噎廢食，更不能關起門來，甚至以鄰為壑。中國願同各國一道，秉持開放包容、合作共贏理念，維護開放的國際貿易體系和多邊主義框架。卡澤納夫在盛讚兩國可持續發展產業合作「示範意義」的同時，還特別強調，在當前形勢下，法中更應密切往來，深化合作，共同維護貿易自由化，化解保護主義。兩國領導人雖未點名批評特朗普，但已對中法及中歐關係未來方向釋出清晰信號，其背後隱喻不言自明。

　　歐盟今年將面臨一系列內外部挑戰，包括處理與英國脫歐談判、法德等國大選中右翼崛起、希臘債務危機重燃、安全形勢以及難民問題等等，其中影響最大的挑戰就是特朗普上台。特朗普此前盛讚英國脫歐、大罵德國、質疑北約、歐盟，其針對貿易、安全等領域的講話令歐洲盟友的緊張，也為傳統美歐關係帶來不確定性。

　　與歐洲內部之亂不同的是，美歐關係之變的「主導權」掌握在特朗普的手中。如果說歐洲在處理內部事務雖心有餘而力不足，但尚不是解不開的「死結」，還不至於因此走上窮途末路的話，特朗普給歐洲帶來的可能是一場無法預知的災難，其威脅和後果可能要比歐洲內部之爭大得多。

　　如若特朗普兌現競選承諾，美歐關係將被顛覆，歐盟面目全非，北約也將大相逕庭。特朗普從多邊轉向雙邊、尋求以減少赤字和提升保護主義為目的的貿易傾向，將動搖歐洲作為世界一極的根基。

　　歐洲正處在十字路口，中歐利益交匯點擴大。歐洲比以往任何時候都需要來自世界第二大經濟體中國的支持，助其在英國脫歐的驚濤駭浪中穩住陣腳，在多重危機衝擊中渡過難關，在美歐關係飄忽動蕩中保住一體化前進方向。與此同時，在經濟下行壓力與日俱增條件下，中方同樣需要重塑中歐關係，擴大對歐合作，特別是在中美貿易戰傳聞甚囂塵上情況下，歐洲作為一支重要平衡力量作用尤顯突出。

　　當代全球貿易，已經從以美國為中心的多邊體系，轉化為基於中、美和歐三大經濟體領導的多邊體系，三方又分別有各自的雙邊貿易和區域貿易協定。如果美從現行多邊體系中後退，中歐合作可填補空白，中歐關係獲得前所未有的廣闊空間。

2017 年 2 月 23 日

美俄結盟：一條紙糊的「友誼小船」

　　特朗普上任一月有餘，其外交政策依然雲裏霧裏，不知所向。從競選到就任，特朗普不分敵友，把所有人都罵了個遍，唯對俄情有獨鍾，對普京滿懷敬意，未有一句不恭之言。特朗普讓傳統盟友憂心忡忡，不知所終，也令意外受到青睞的俄羅斯受寵若驚，丈二和尚摸不着頭腦。

　　從冷戰，到「後冷戰」，抑或到「後後冷戰」，美與俄打了半個多世紀，世人早已習慣了雙方作為對手的存在，一旦說要摒棄前嫌，握手言和，引發的是一片詫異與不解。究竟是時代變了？還是權宜之計？

　　在國際關係中，不乏有兩國調整戰略、急速靠近的先例。一般而言，兩國關係突然轉圜，走向結盟，不外出於兩種原因：一是共同重大利益；二是共同重大威脅。但當前的俄美關係似乎與此都不沾邊。

　　從「共同利益」看，美俄戰略對立局面未有改變。如果說特朗普把外交當成生意做，那麼，與俄親近是匪夷所思。兩國貿易額不過區區三百億，還不到中美五千多億貿易額的零頭，且雙方貿易存在結構性差異，就全球武器市場而言又互為最大競爭對手。從戰略層面，雙方存在根本性衝突。俄積極推動建立多極世界，努力重振大國地位。而美則要竭力維護其唯一超級大國地位，遏制、打擊所有可能挑戰其全球霸主地位的國家與集團，阻遏俄崛起、振興是其一以貫之的主線。從安全上講，雙方互視為主要威脅，雙方的矛盾與對立不可調和。美力推北約東擴、顏色革命，俄以獨聯體為支撐，東西並重，反制美咄咄逼人的攻勢；若說反恐，美俄對恐怖主義的理解可謂南轅北轍，借反恐戰實現的戰略目標相互衝突。提到反恐，人們想到的是美在車臣戰爭中對普京的落井下石和無情打壓。特朗普

欲與俄聯合反恐，只能是異想天開。

　　從共同威脅看，國際舞台上尚看不到能把美俄聯結在一起的「危險因素」。美蘇二戰結盟，是因為有德、意、日法西斯的共同威脅。「九一一」事件後，美俄反恐也曾有過曇花一現的「蜜月期」，那是有「塔利班」的共同威脅。說到威脅，雙方最大威脅依然是來自對方，美憂俄復興，再次威脅其「一超」地位，俄怕美不斷擠壓其戰略生存空間，令其無立錐之地。

　　美俄結盟，不是特朗普大腦進水，就是另有「黑幕」。美坊間早有傳聞，指俄握有特朗普見不得人的證據，也有證據顯示，俄干預了美大選。此「陰謀論」不可全信，但也不可全不信，否則很難解釋特朗普對俄外交的怪招。

　　美俄間本不存在「友誼的小船」，即使有也是特朗普杜撰的，是經不起任何風浪的「紙船」，說翻就翻。

2017年2月24日

樂天該給中國消費者一個交代

常言道，做小生意靠交朋友，做大生意要懂政治。一個成功的大生意人，往往深諳政治之道，靠在政壇上的巧妙周旋，獲得巨額利益回報。韓國樂天集團的生意做得着實不小，現在興致突發，也想玩玩兒政治，探一探薩德的威力。遺憾的是，樂天的這筆帳算得實在不高明，大生意做不成，還把公司帶進毀滅性陷阱。

據韓國防部發布的消息，樂天集團理事會已同意轉讓星州高爾夫球場，供美在韓國部署薩德反導系統。韓國防部收到樂天通報，自然是喜出望外。的確，樂天轉讓土地與否，並不會實質性影響政府對薩德部署的決策，但這對軍方而言也是個不大不小的障礙。在當前韓國國內政局動蕩、薩德未來前景不明的條件下，韓軍方就怕夜長夢多，想盡快把薩德生米煮成熟飯，防止一旦青瓦台變天，給既定決策帶來變數。樂天輕易放水，無疑於助紂為虐，意味着軍方可在五至七個月內完成薩德部署。屆時，無論誰上台，都只能默認這一既成事實。

針對韓國薩德部署，中國外交部即時作出了回應。中方對韓方罔顧中方利益關切，執意配合美方加緊推進有關部署進程，表示堅決反對的強烈不滿，同時指明，中方將採取必要措施維護自身安全利益。國防部此前也多次表示堅決反對薩德部署，並強調「中國人說話是算數的」。

韓薩德部署觸及到中方安全底線，在涉及自身核心利益的安全問題上，中方不可能無動於衷，韓方執意引狼入室，必將付出代價。正如許多分析家的預測，薩德部署之日，就是對韓全面制裁之時。

「這是韓國的噩夢」。韓將為開啟東北亞「潘多拉魔盒」付出代價，

爲薩德提供部署地的樂天想獨善其身絕無可能。樂天集團是進入中國較早的韓企，一九九二年中韓建交，一九九四年樂天即進軍中國市場。經過二十多年經營，樂天累計在華投資近十萬億韓元（約六百億人民幣），其業務已覆蓋中國二十四個省市，擁有一百二十多家門店。二十多年間，樂天在中國賺得盆盈缽滿，單百貨板塊這一項，去年就實現利潤八萬八千多億韓元（約合五百三十億人民幣）。在樂天全球業務中，在華業務的地位越來越重要，集團管理層雄心勃勃，已訂出計劃，繼續拓展其在華市場。

　　新任美國總統特朗普，想把政治當成生意做，就任剛一個月就已四面楚歌。樂天高層想必並不比特朗普聰明，結局恐會更慘。樂天該給中國消費者一個合理的交代，爲何一邊大把賺錢，一邊做損人安全的苟且之事。這在哪裏都不會被允許，中國也不例外。如果樂天的理由難以服衆，就只有打道回國了。

2017年2月28日

「薩德」部署提速 東北亞安全風險驟增

在「薩德」部署上，韓軍方行動神速，真可謂迅雷不及掩耳。就在樂天集團作出土地轉讓決定後，軍方快刀斬亂麻，第二天便簽署了協議，旋即便以新主人的身份將其劃定爲軍事保護區，派兵駐守警戒，並準備建造封閉圍欄。昔日的民用土地已變身軍事禁區，聞訊趕來的示威民衆悉數被擋在門外，成爲第一批禁入者。最後一塊絆腳石已被清除，「薩德」入韓提速，軍方計劃在五月至七月間完成部署，盡快把「薩德」這鍋生米煮成熟飯。

「薩德」部署打破了亞太地區的軍力平衡。在「美國保護」與中韓關係間，首爾已做出最終選擇，明確站到了美國一邊。留給中國的迴旋空間已微乎其微，唯有踐行以往警告，採取反制措施，重新恢復地區平衡。

中韓關係步入動蕩期，已到了何去何從的十字路口。正如中方多次強調的，「將堅定採取必要措施維護自身安全利益，由此產生的一切後果將由美韓承擔」。「中國人說話是算數的」，韓方萬勿將此視爲中方例行的外交辭令，誤以爲有了既成事實就可蒙混過關。在回應中國民衆杯葛樂天時，外交部並未循以往慣例，呼籲國民以大局爲重、保持冷靜克制，而是將其交給了「中國市場和消費者」。中方已發出明確信號，韓方應從中有所領悟，謀在中美間魚與熊掌兼得，是痴人說夢。

同樣將採取反制措施的還有俄羅斯。「薩德」入韓傳聞甫一出籠，莫斯科就已對其性質作出清晰判斷，防範朝鮮威脅只是藉口，這是美構築全球反導系統的一部分，將對俄安全利益構成極大威脅。俄認爲，「薩德」入韓的實質是美在亞太構建反導系統，以美日韓和美日澳兩個「三邊同

盟」爲基礎，打造「亞洲版北約」，與其在歐洲的反導系統相呼應，從西、東兩個方向對俄形成鉗制，打破俄的東西方兼顧的「雙頭鷹」外交布局。

一旦「薩德」入韓落地，俄可能調動「伊斯坎德爾–M」戰術導彈應對，並以突破反導「鐵幕」爲目的，研製威力更大、攻擊能力更強、突防速度更快的新式武器。爲應對可能出現的「薩德」入日，俄很可能在南千島群島加快軍事建設，把遠東防禦力量延伸到國後島和擇促島。

更大的風險來自韓國的北方鄰居。自韓國作出「薩德」部署決定以來，平壤反應強烈，頻繁試射導彈洩憤，不排除朝方採取諸如核試等更加強烈的行動。近一段時間以來，朝韓關係飽受金正男遇刺、國際制裁、美韓軍演等等事件的困擾，亦不排除朝對韓發動突然襲擊等極端事件的可能。以防範朝鮮威脅爲幌子引入的「薩德」，不僅未能給韓帶來安全，反而使其面臨更大的風險。

2017年3月1日

總統「範兒」獲認可 特朗普回歸理性？

　　美國總統特朗普要在國會發表演說，這一信息早就不脛而走，各方充滿期待。入主白宮一月有餘，外界對特朗普印象依然是「隨意」、「任性」，除了不靠譜，還是不靠譜。人們希望特朗普能在「美國向何處去」這一原則問題上給出清晰答案。特朗普果然出手不凡，首場國會演說，首次拿出了十足的總統「範兒」，也首次收穫踏足政壇以來「表現最佳」的激讚，逾半數受訪民眾給出「好評」。

　　這對特朗普來說，無疑於一次意外成功。與以往在公開場合表現張揚不同，特朗普此次演講幾乎是逐字逐句地讀完了整篇稿件，少有激情四射的臨場發揮，更無令人驚悚的陰陽怪調，與先前在記者會上公開與媒體互懟形成鮮明反差。總統的轉變突如其來，聽眾直呼「讀稿機特朗普」出現了，「推文特朗普」消失了。

　　相對於新潮的「推文」，「讀稿機」顯得有些過於傳統，常被貼上老舊、迂腐的標籤。但當新潮帶來混亂和不確定性時，人們又會懷念老的、傳統的東西，希望從激情回歸理性。或許，這正是特朗普演講成功的主因。連一直與特朗普作對的美國主流媒體，都不得不承認特朗普「回歸總統」，總體表現無懈可擊。台下倒豎大拇指者，倒顯得有些「另類」。百分之五十七民眾對其表現評價十分正面，近七成民眾讚其政策可使國家走上正確方向，近三分之二民眾稱其正確指出了國家優先事務。如此輝煌結果，恐怕連特朗普自己都未料到。

　　政治家或許就是一條「變色龍」，其「變色」目的就是要滿足周圍受眾的胃口。國會是議政、決策最嚴肅的場合，對總統的行政權有巨大牽

制，由不得任何主觀任性。特朗普的「變色」，是迫於台下正襟危坐的議員，恐怕還不是執政理念和風格的調整。

特朗普在演講中表示，「我的工作不是代表全世界，我的工作是代表美國」。人們似乎從其這一表態中讀懂了「美國優先」的真諦。與其他前輩一樣，特朗普不忘利用國會講壇，細數過去一個月的「成績」，提到了增加基礎設施投入和國防預算，談到了移民、稅收、醫療改革等話題，其中間或有高調譴責「激進伊斯蘭國恐怖主義和移民犯罪」，也偶爾爆出可能會有人對他貶損和攻擊，但並未引起反感，甚至有人盛讚從其口中聽到了「一套治國之道」。

常言道，江山易改，本性難移。此番成功的背後究竟有幾多「真」，有幾多表演的「戲分」，只有特朗普心中知曉。無論是美國，還是世界，都不可能長期生活在特朗普帶來的不確定性中。特朗普少份激情，世界就會多份安寧，但願特朗普的理性回歸不是曇花一現。

2017 年 3 月 2 日

特朗普眞假難辨 「團結」之路依然漫長

特朗普國會「首秀」，意外取得成功。如久旱逢甘雨，民衆終於看到了一位成熟政治家，在講台上心平氣和地闡述其施政綱領，理性克制地解釋「重振美國精神」，娓娓道出下一階段工作方向。一個是隨意任性的「大嘴巴」，一個是中規中矩的政治家，孰眞孰假？民衆一時間竟也沒了主意。也許意識到社會嚴重分裂的現實，特朗普在演講中故意放低身段，破天荒喊出「黨派團結」口號。

一次演講是否能夠彌合社會分裂？消除政壇上黨派對立？歸根結底，還要看特朗普緣何「變臉」，其在國會中的風格是眞實面目，還是刻意包裝？其總統「範兒」能端多久？

特朗普「變臉」，折射出其執政的尷尬處境。上任一個月，民意支持率降至百分之四十，可謂絕無僅有，已是不祥之兆。其碎片式、理想化、激情四射的處事之道，遠回答不了「美國向何處去」這一原則問題。作爲唯一超級大國的總統，不可能總讓國家和世界生活在質疑和不確定性之中。

嚴格講，特朗普的演講更像一份國情咨文，人們從這位「不靠譜」的總統口中，第一次聽到了全面的施政綱領。特朗普在演講中提出「重振美國精神」，呼應了他一貫主張的「美國優先」的理念，其對基建、減稅、貿易等焦點問題的闡述，抓住了當前經濟的「痛點」，回應了民衆的期待。其打擊「伊斯蘭國」恐怖勢力、保護退伍軍人利益等宣示更是順應民意，贏得「滿堂彩」。從執政角度看，特朗普首次把未來發展的「藍圖」呈現給了社會。

　　特朗普深知，國會演講的聽眾是議員，未來漫漫執政之路離不開國會支持。國會講台不同於大規模群眾集會，無需挑動情緒，營造氣氛。特朗普把演講重點放在與國會合作上，其談到的醫改五大原則，明顯是對國會示好，向其傳遞謀求合作的訊號，藉以緩和與國會的緊張關係。畢竟全盤否定前朝民主黨的「成就」並非易事，而共和黨內部對特朗普的態度也遠未達成一致。一旦與國會走向對立，特朗普將寸步難行。

　　但特朗普的「成功」僅僅是開始。其在國會描繪的「藍圖」，不過是一張未走出紙面的「綱領」，更像是在「畫餅充飢」。經過包裝，特朗普現在總算把這張「餅」畫「圓」了，距實際填飽百姓的「肚子」還相去甚遠。在逾半數聽眾為特朗普點讚的同時，還有相當大比例的民眾保持緘默，在靜觀其變，對特朗普展出的未來四年宏圖方略缺乏信心。

　　演講中，特朗普只贏得了部分共和黨人的零星掌聲，但民主黨則是全程冷漠。看來，各界對特朗普的疑慮並未消除，特朗普「回歸之路」依然漫長。

2017 年 3 月 3 日

警惕朝鮮半島局勢驟變的風險

昨日早上，朝鮮在平安北道東倉里一帶向半島東部海域連發四枚彈道導彈，引起全世界關注。此時正值代號為「鷂鷹」的美韓聯合軍演進入第六天，以及對外號稱應對朝核威脅的「薩德」系統在韓部署進入快車道，朝鮮導彈試射帶有明顯報復、示威意味。朝鮮半島緊張局勢升級，不確定因素增加，前景更加難以預料。

朝方的冒險行動引發周邊國家的高度緊張。中方一方面反對朝方違反安理會決議進行有關發射活動，另一方面也注意到美韓正在進行針對朝鮮的大規模聯合軍演，呼籲各方保持克制，不做相互刺激、加劇地區緊張局勢的事情。但美、日、韓卻反其道而行之，準備強硬應對。美矢言「動員全面力量」，對抗來自朝鮮日益嚴峻的威脅。日稱對朝一再挑釁「絕不容忍」，並「明確將朝視為新階段的威脅」。韓則準備進一步加快「薩德」系統的部署，並呼籲美日歐等友邦採取嚴厲的制裁措施，讓朝鮮付出代價。

很明顯，無論是制裁，還是「薩德」部署、美韓軍演，都無助於降低緊張局勢，更不可能給朝鮮半島帶來和平。朝方威脅，如果美國不放棄對朝鮮的敵視政策，朝鮮將會想盡辦法增強以核武器為中心的國防力量。在此背景下，美日韓採取的任何強硬舉措都會適得其反，會刺激到朝方的敏感神經，促使其進一步冒險，令半島緊張局勢螺旋式上升。

除半島對立雙方劍拔弩張的軍事對峙外，還有三個不確定因素應該引起各方警惕：一是金正男遇刺事件的後續效應；二是韓國內權力真空狀態；三是特朗普對朝政策的不確定性。

　　金正男遇刺事件不僅引發馬朝間的尖銳對立，也令南北關係驟然吃緊。事發第一天，首爾便將矛頭指向平壤，指朝方策劃了這起襲擊事件。朝方也針鋒相對，指這起事件是韓方的「陰謀」。目前，馬朝關係瀕臨破裂，整個事件依然謎團未解。案件已成為一起政治事件，事態究竟向何處去？其將在多大程度上影響南北關係？牽涉各方神經。

　　在韓國內，朴槿惠「閨密干政門」事件持續發酵，至今仍未有定論，總統處於被彈劾狀態，各派政治力量圍繞最高權力的角逐方興未艾，內外政策走向撲朔迷離。

　　最大不確定因素來自特朗普。特朗普上任一個月來，曾一度表現出對朝鮮問題的熱衷，甚至不排除與朝最高領導人的會晤，後來卻不了了之。不排除朝方依慣例繼續採取一系列冒險行動，吸引新總統的眼球。

　　朝鮮半島波譎雲詭、變幻莫測，局勢惡化的風險大增。當務之急是各方保持冷靜克制，防止事態驟變，避免半島陷入失控。

2017 年 3 月 7 日

中韓戰略合作夥伴關係將重新定位

韓國部署「薩德」眞可謂神速。這邊土地轉讓協議簽署令「薩德」部署進入「快車道」話音未落，那邊已有軍用運輸機載着第一批裝備入韓，降落在美軍鳥山空軍基地。不管周邊國家如何反對，「薩德」入韓已是旣成事實，部署已正式啓動，首爾親手打開了潘多拉魔盒，後果難料。

對此，中方在明確表示堅決反對的同時，矢言「將採取必要措施維護自身安全利益，由此產生的一切後果由美韓承擔」。立場雖然是「一貫的」，但針對不同情勢，其涵義是不同的。在「薩德」部署處於醞釀、準備階段時，中方態度更多帶有警告意味，旨在阻止首爾勿在錯誤的道路上越走越遠。如今，「薩德」入韓木已成舟，中方「維護自身安全利益」的反制措施已提上議事日程，其中包括重新審視、定位中韓關係。

對雙方來說，中韓關係聚變實在可惜。中韓兩國能夠打破冷戰的長期隔絕，一路走到今天實屬不易。中韓間旣有美韓軍事同盟的羈絆，又有朝核問題的掣肘，沒有點敢爲人先勇氣和膽識，以及打破常規的創造性思維，兩國關係不可能取得突破。

從一九九二年八月建交以來，中韓兩國不斷開展高層往來，彼此增進政治互信，持續深化合作層次，幾年一個台階，關係進展迅速。一九九八年，中韓建立了面向二十一世紀合作夥伴關係。二〇〇〇年，兩國宣布將中韓友好合作關係推向全面發展的新階段。二〇〇三年，雙方將兩國關係提升爲全面合作夥伴關係。二〇〇八年，中韓關係又進一步提升至戰略合作夥伴關係，兩國各領域合作的深入發展，惠及兩國人民，贏得各方稱讚。

中韓關係的快速發展，源於兩國的高度政治互信，源於對地區形勢和安全威脅的共同判斷，也源於雙方對共享經濟、文化合作紅利的共同需求。二十多年來，中韓致力於地區和平穩定與經濟發展，特別是在半島無核化及朝核問題六方會談中，兩國的溝通協調卓有成效。近年來，基於共同的歷史觀及對日本右翼復甦的警惕，中韓進一步走近，成爲保持亞太安全的重要平衡力量。

但韓方引入「薩德」改變了一切。韓方在美中「選邊站」中完全投入了華府的懷抱，不惜以損害中方安全爲代價，配合美方的亞太軍事部署，令美傾力打造的「亞太版北約」成爲現實。韓方已站向中國的對立面，雙方對亞太安全與威脅的認知出現原則衝突，政治互信已不復存在。中韓兩國合作基礎受到動搖，戰略合作夥伴關係將難以爲繼。

豺狼來了，中方惟有端起獵槍。韓方一手顚覆了兩國友好，將逃不過由此帶來的一切後果。

2017年3月8日

反制「薩德」應從大格局着眼

　　隨着發射架等第一批裝備運抵烏山空軍基地，「薩德」入韓已成既成事實，最快可在四月開始服役。在兩會記者會上，中國外長王毅再次對此表示堅決反對，並敦促韓方懸崖勒馬、中止部署，但從目前情況看，韓似乎並不想在錯誤的道路上停下腳步。如今，「球」在中俄等周邊國家一方，反制挑釁已箭在弦上。

　　自從樂天集團做出土地轉讓決定以來，國內就不斷爆出抵制樂天的事件，一些超市關閉、被罰，產品下架。百姓的邏輯很簡單：不許一面賺中國的錢，一面砸中國的鍋，抵制樂天，就是反「薩德」，就是懲罰了韓國。實際上，如此做法未免過於簡單化，效果也往往會適得其反。

　　「薩德」遠非一企業之事，論角色，韓也非唯一。「薩德」入韓是美「亞太再平衡」戰略的重要一環，令美構築亞太反導系統夢想成真，其後果是打破了地區戰略力量的平衡，將給地區安全帶來長期、深遠影響。這是問題的關鍵，其影響遠非個別企業的商業利益，其後果恐怕是作為中等國家的韓國所難承受得了的。

　　韓國引入「薩德」，「有違為鄰之道」。毫無疑問，作為決策者韓國政府及為虎作倀的企業都將付出代價。中韓關係已經冰封，未來勢將進一步惡化。循國際慣例，中方可能採取的措施包括：制裁在「薩德」部署中起關鍵作用的政府官員，將其列入「黑名單」，限制入境；制裁為「薩德」部署提供支持的企業及相關服務機構，查封其銀行帳戶，斷絕與其經濟往來，不再接受其產品進入中國市場；降低兩國外交關係級別等等。

　　在軍事應對方面，中方將採取一切措施，重新恢復戰略平衡。首先是

強化對「薩德」系統的打擊能力，弱化其對我安全的威脅，包括對雷達系統的反輻射攻擊、技術性干擾，以及戰略性瞄準等。此外，還必須強化洲際導彈的突防能力，把我方之「矛」磨得更加鋒利，令我核威懾更加可靠。

俄對「薩德」入韓反響強烈。俄方認為，美以「朝鮮威脅」為藉口在韓部署「薩德」，違反了俄美雙方簽署的「新削減戰略武器條約」有關戰略核武器保持「必要平衡」的條款，是對俄的「又一次挑戰」。西有歐洲反導系統，東有「薩德」，美反導網對俄形成「東西雙向夾擊」之勢，俄安全形勢更加惡劣。中俄可共同採取外交、軍事上的反制，聯合應對「薩德」。

「薩德」入韓帶來地區格局的改變，反制「薩德」也應從戰略大格局入手，其中包括對東北亞安全形勢重新評估，也包括中美俄三角互動及大國關係的調整。而對韓國，還是那句話：「不要再一意孤行，否則結果只能是損人又害己」，實在是得不償失。

2017年3月9日

一朵「木槿花」敗落帶來的警示

韓國憲法法院日前就總統彈劾案做出宣判，八名法官無一例外全部投下贊成票，爲朴槿惠的總統生涯畫上句號。這位曾矢言把自己「嫁給韓國」的女強人，被國民「休」出青瓦台，將在自己兩層小樓私宅內終老。

無論是韓國第一位女總統，還是第一個被彈劾下台的總統，朴槿惠都創造了歷史。不同的是，頭一個「歷史」是光環和希望，後一個「歷史」是屈辱和傷感。朴槿惠最終也沒能逃脫韓總統無一善終的「魔咒」，續寫了十位「前任」的悲劇。

也許在投票的最後一刻，朴槿惠都不相信彈劾案能過關，但這也只是其心中一絲虛幻的僥幸。或許，朴槿惠至今認爲「閨密門」事件是「導火索」，自己是韓政治鬥爭的犧牲品，但很顯然，其實是因國民拋棄而下台，民心向背的大潮才是關鍵。

朴槿惠徹底輸了，雖心有不甘，但卻無言以對。在國會，總統彈劾案是以二百三十四票贊成、五十六票反對、七票無效大比數通過，不僅反對派落井下石，連執政盟友都群起「背叛」。在社會上，全國民衆頂風冒雪，一連舉行了七輪大規模燭光集會，拚死要把她拉下台。而民調顯示，朴槿惠的支持率早已跌到百分之四的歷史紀錄，更令人震驚的是在二十至三十歲的受訪者中，其支持率竟然爲零。

民衆對朴槿惠的情感源於其坎坷人生。作爲前總統朴正熙的長女，她二十二歲時母親遭遇刺殺，二十七歲時父親遇刺身亡，隨後過了二十年隱居生活，直到四十六歲時才重新復出。在總統競選中，這位曾經的「韓國公主」，靠「沒有父母，沒有丈夫，沒有子女，國家是我唯一希望服務對

象」表態，打動了民衆，成功登頂。

　　但朴槿惠並未兌現自己的諾言。二〇一四年四月十六日，韓發生「歲月號」沉船慘案，逾三百人遇難，但總統卻視民衆性命如草芥，神隱七小時，不知所終。在整個「閨密門」事件中，朴槿惠對待一輪輪示威民衆，態度傲慢，在「薩德」部署上，無視當地民衆抗議，在處理對日關係及慰安婦問題，放棄原則……如此種種惡行，令民衆徹底放棄了信任。

　　朴槿惠名字與韓國有不解之緣。據說，父親爲自己女兒取名時，翻着詞典，頗費了一番腦筋。「槿」爲韓國國花「木槿花」，花朵美麗、花期長久，被稱作「無窮花」，「惠」則象徵着「恩惠」，父親希望女兒能做一朵「無窮花」，用持久溫和的芬芳施惠於普羅大衆。可惜的，這朵被寄予厚望的「無窮花」只開了一千四百七十四天，便慘然敗落。

　　君舟民水，道理十分簡單，但朴槿惠還是栽在了這上面，令人扼腕，發人深省。

2017 年 3 月 14 日

美韓朝齊「玩火」與半島目標背道而馳

中國外長王毅就應對半島危局，提出了「雙暫停」倡議，即朝鮮暫停核導活動，美韓也暫停大規模軍演，以破解半島當前安全困境，使各方重新回到談判桌前。遺憾的是，美韓不僅斬釘截鐵地拒絕了該倡議，而且大舉興兵，高調開啓「關鍵決斷」軍演。朝方也不示弱，稱軍演「任何誤判都將帶來最終滅亡」，並醞釀進行新一輪核試驗。

美韓拒絕「雙暫停」的理由聽起來冠冕堂皇。根據美國務院發言人特納的回應，美韓軍演都是透明的，是以防禦爲主要目的，顯示了美對盟友的責任。美無意停止軍演，反要求朝鮮放棄發射導彈等「挑釁」行爲，否則就不可能對話，是十足的強盜邏輯。平壤也故伎重施，以「超強硬對強硬」，放話稱「哪怕有一點火花濺到朝鮮行使主權的領域，侵略者和挑釁者的大本營都將化爲焦土」。看來，雙方都沒有作好朝鮮半島和平與穩定的準備，中方願作朝核問題「扳道工」的呼籲無疑是對牛彈琴。

美韓此次軍演可謂規模空前。美將派出「卡爾・文森」號航母、F-35B隱形戰機等先進武器參加此次演習，四大特種部隊一齊亮相，美最新型「灰鷹」無人機將正式部署韓國，可對朝任何目標實施突襲。演習重點是對朝先發制人的軍事打擊，模擬半島發生全面戰爭，部隊秘密滲透平壤、鏟除戰爭指揮部、爆破戰爭指揮設施等，對朝領導人實施「斬首」。針對性如此明確的軍事行動，竟被華府稱爲「防禦目的」，實在荒唐可笑。

平壤向來神經敏感，對來自美韓大張旗鼓的「炫武」，以及「斬首」、「滲透平壤」、「政權崩潰」這樣的「刺激」，只有祭出自己唯一

的「殺手鐧」──核武器，誓在「敬愛的最高領導人金正恩同志指導下」，用「核戰爭」懲罰「美帝及其韓國傀儡」。朝鮮在「擁核」問題上向來不含糊。根據美方拍攝的衛星圖片，朝東北部豐溪里核試驗場內北邊坑道挖掘工作正在加緊進行，周邊沙土量明顯增加，朝方很可能進行第六次核試驗，再次挑戰半島無核化底線。

朝鮮半島對立雙方真的做好了核戰爭的準備？美朝雙方都十分清楚答案。美在執意用軍演威懾朝鮮的同時也不得不表示，與朝進行無核化談判的大門依然敞開。華府也看到，不管美如何貶低朝方試驗水平，平壤在核武器及導彈技術上均取得了長足進步，半島局勢距無核化目標越來越遠，美朝長久對立的風險與日俱增。

朝核問題的主要當事方是美朝兩家。正如王毅所言，「擁核不會安全，動武不是出路，復談還有機會，和平仍有希望」，只有美朝均珍視半島和平與穩定，中方斡旋才有機會。各方齊「玩火」，只會加劇緊張，與半島和平的目標背道而馳。

2017 年 3 月 15 日

日「出雲號」戰艦犯南海另有企圖

　　日本唯恐天下不亂，特別是見不得南海熱度降溫。就在東南亞相關國家紛紛轉向與中國合作、特朗普亞太政策走向不明，南海局勢漸歸平靜之際，日本又來挑事了。據透露，日本計劃於五月份派出其準航母「出雲號」赴南海，進行三個月的巡航，公開挑釁中方底線。

　　實際上，早在日本解禁集體自衛權、修改安保法後，安倍就把目標對準南海，企圖將其作為自衛隊走出國門的「試驗田」，以減輕在釣魚島上的壓力，配合美對華形成全面牽制。

　　對此，中方在去年已明確劃定「紅線」。中國駐日大使程永華曾表示，中國絕不容忍日本自衛隊到南海，如果日參與美軍在南海的航行自由行動，便會跨越中國不可退讓的界線。當「出雲號」入南海的風聲傳出後，外交部發言人明確表示，如果其只是正常途經南海，中方沒有異議，如果去南海是另有企圖，那就另當別論。

　　究竟是「正常途經」，還是「另有企圖」？安倍心中十分清楚。日本擺脫國內外種種羈絆，派出最大噸位的戰艦侵犯南海，顯然不是去鄰居家「串串門」那麼簡單。日本此時派「出雲號」入南海可謂一箭多鵰。

　　首先，是踐行新安保法。如「出雲號」出行傳聞屬實，這將是二戰結束後日本在亞太地區進行的聲勢最大的軍力展示，頗有象徵性意味，自衛隊大規模走出國門成為現實。

　　其次，是要試探中方底線。中方明確為自衛隊進入南海劃定了紅線，令安倍利用南海爭端遏制中國的圖謀破產。此次日以軍艦外訪過路為由進入南海，並停留較長時間，旨在迫使中方接受其在南海軍事存在的現實，

爲未來可能的常態化巡航鋪路。

再次，是到東南亞拉幫結派。據媒體披露的消息，「出雲號」此行是要參加七月份在印度洋舉行的美印「馬拉巴爾」聯合海上軍演，途中將停靠新加坡、菲律賓和斯里蘭卡。日艦所到之處，都是打着軍事合作的幌子，挑動相關國家與中國對立。日現正竭力說服菲總統杜特爾特上艦參觀，爲日菲軍事合作背書，用心極其險惡。

最後，是要把搖擺不定的特朗普綁上日本戰艦。特朗普上台，安倍心中最糾結。在TPP上，安倍已被特朗普結結實實地擺了一道，苦口婆心勸說無效，想牽頭又沒美那麼大的「塊頭」，只好眼睜睜地看着它胎死腹中。如果特朗普再在軍事上收縮，那對安倍來說不啻是滅頂之災。過去美在亞太地區的「馬前卒」，現今不得不擔綱「主角」，「單挑」中國。目前，特朗普亞太新政尚未有定論，安倍此時在南海展示軍事存在，就是想誘導特朗普繼續爲其撐腰，敦促其別忘了亞太盟友的利益。

2017年3月16日

「傻冒兒」才去趟 TPP 渾水

日前，外交部在回答記者有關是否會參加 TPP 會議提問時，談到「中方正積極研究與會事宜」。此言一出，輿論大譁，關於中國欲出手拯救 TPP 的傳聞紛至沓來，甚至招來中國是否適合要當 TPP「群主」的非議，着實讓各界丈二和尚摸不着頭腦。

後來證實是一場誤會。中方所說的「與會」完全是另一場會議，與 TPP 沒有半點關係。外交部發言人後來又專門出面闢謠，澄清中國政府拉美事務特別代表殷恆民大使將率團出席在智利舉行的亞太區域一體化高級別會議（RECP），並特別補充說明，這不是部分媒體所說的 TPP 會議。

也難怪出現這樣的誤讀。現在林林總總的會議、會晤、協議、論壇的確太多，各類「合作夥伴」、「戰略對話」魚龍混雜，令人難辨真假。TPP 到底是個什麼東西？雖美其名曰「跨太平洋夥伴關係協議」，但對中國而言，其中既無互利共贏的「經貿合作」，亦無以誠相待的「友善夥伴」。「太平洋」倒是「跨」了，但真實目的是排斥、圍堵中國，打造「亞太版經濟北約」。

從美加入 TPP 談判開始，奧巴馬苦心經營了七年，終於與日本、澳洲、加拿大、新加坡、智利等十二國達成協議，希望借此重塑亞太乃至全球貿易規則。TPP 的標準與規則從一開始就具有「排他性」，整個制定過程全封閉、不透明，連美國人自己都感覺到其中的詭異。儘管期間不時有邀請中國參加的聲音，但只有奧巴馬「定力」十足：TPP 的「排他」就是要「排華」，目的就是與中國爭奪貿易主導權，焉有讓中國加入之理。

令奧巴馬沒有想到的是，自己最心儀的「遺產」，在特朗普眼中變成

了一文不值的廢品，上台就扔進了垃圾箱。樹倒猢猻散，美國打了退堂鼓，那些本來就想搭「順風車」的小國立即轉舵，投入中方主導的「一帶一路」戰略及RECP多邊機制。

當然也有日、澳等心存不甘者。安倍一直把TPP視為其未來經濟增長的最重要支柱，特朗普廢除協議，日是最大失敗國。為了保住TPP，安倍趕在特朗普就任前，捷足先登，完成了TPP國內批准程序，又不遠萬里親自飛到華府，促特朗普改弦易轍。澳洲也突發善心，多次邀請中國來填補美國離開所留下的真空。

TPP、重返亞太都已死亡，誰也救不了。打一個形象比喻，TPP就是美國大佬帶着一批小混混，到中國門口叫板，要砸中國人的飯鍋。如今，老大不想玩了，這夥烏合之眾群龍無首，就想請中國出山，帶着他們繼續圍堵中國。讓中國當TPP「群主」？提出如此愚昧之問題者非呆即傻，期待從中方證實或證偽者，腦子恐怕也不會太聰明。

2017年3月17日

G20「開倒車」是美國的勝利？

剛剛結束的財長及央行行長會議，注定會在 G20 歷史上留下濃重的一筆。只不過，這並非是值得驕傲的「點睛之作」成就，而是引發廣泛擔憂的「敗筆」。由於美國的反對，會議公告全面「開歷史倒車」，不僅沒有對長期堅持的自由貿易作進一步表述，反而刪除了「反對任何形式保護主義」的措辭，同時各方付出巨大努力而達成的氣候協議承諾也被放棄。

在這場 19：1 的「對抗賽」中，只有美牛氣沖天，在關鍵問題上寸步不讓。與會各方無不對此次談判結果表示失望。法國財長「很遺憾」，會談「並沒有在兩個關鍵問題上獲得令人滿意的結果」。德國財長也表示，會議在討論到關鍵問題時就陷入僵局，各國根本無法說服美國。唯一「對最後結果很滿意」的是美國財長姆努欽，雖隻身赴會，分外孤立，但最終卻令各方跪低。憑藉這份「成績單」，其回國後足以向總統「交差」了。

特朗普上台以來，正一步步兌現「美國優先」的承諾，為了保護國內生產商及勞工利益，不惜以邊境稅應對海外商品的衝擊。特朗普認為全球氣候變暖是一「騙局」，對《巴黎氣候協議》嗤之以鼻，在預算中把環保署的經費勁削三成。在此背景下，G20 要想仍然按原來軌道前行已是不可能。姆努欽雖也承認自由貿易的重要性，但他只對「總統的想法和政策」負責，在 G20 中忠實貫徹了特朗普「御旨」，可謂勞苦功高。

姆努欽效忠白宮新主，本無可厚非。但明擺着耍無賴，就令人不齒了。對美出爾反爾，姆努欽「首次與會，過去承諾與己無關」的表態，顯然難以服眾，其把舊帳記在奧巴馬頭上的「話外音」，更引發各界對美誠信的質疑。

　　G20面臨分裂，這場分裂的實質是美與其他成員國分道揚鑣，絕非美國的勝利。美國是全球第一大經濟體，又是G20中採取貿易保護措施最多的國家。美對G20傳統價值體系的放棄，令各國對美貿易關係充滿不確定性，勢將挑戰現存多邊貿易機制，衝擊全球貿易體系。

　　儘管美歐均出現一定的保護主義傾向，但全球一體化、貿易自由化依然是大勢所趨，是任何人、任何勢力都阻擋不了的。短期看，美靠保護手段可能暫時獲利，但長期看來，美遭遇失敗是必然的。美在G20放棄立場，意味着放棄世界貿易的領導權，其結果只會越來越深地陷入「孤立主義」，最終被排斥在全球一體化之外。

　　美方「賴帳」，將令今年七月份的G20漢堡峰會面臨更大挑戰。但G20似乎並未對美關閉大門，正如IMF總裁拉加德所言，新白宮需要時間「適應和學習」，只是不知道，剩下的四個月時間，是否足以讓特朗普學會「適應」。

2017年3月21日

特朗普朝核「新思維」與半島和平南轅北轍

　　去年六月，還是總統候選人的特朗普在亞特蘭大參加競選活動時稱，如果金正恩來美國，他會與其一邊吃漢堡，一邊就核問題進行更好協商。此言一度引發特朗普解決朝核問題「新思維」的熱議。如今，特朗普入主白宮，與金會面早就拋到九霄雲外，被推到了無限期的「相當晚」。新任國務卿蒂勒森在剛剛結束的中、日、韓之行中，就朝鮮問題釋出令人不安的訊號。如果以此認定特朗普對朝新政的話，那麼，這一「新思維」實在令人失望，不僅了無新意，更與半島無核化及和平穩定目標南轅北轍。

　　對蒂勒森東北亞行，外界還是有所期待的。一則朝美首腦會晤雖遙遙無期，但最起碼特朗普不完全排斥；二則半島局勢已步入戰與和的危險邊緣，必須要及時採取措施應對。

　　對於解決朝核問題，美國的傳統思維早已步入山窮水盡的絕境。從前總統克林頓到小布什再到奧巴馬總統，美國對朝用盡了接觸、談判、孤立、制裁等手段，但是，朝鮮的核能力卻在這個過程中不斷地壯大。在奧巴馬八年總統任期裏，美國一直拒絕與朝鮮對話，並設定不切實際的底線和前提，即一定要朝鮮棄核才能恢復對話，並將朝鮮政權的崩潰與棄核放在同等重要的地位。

　　近年來，越來越多的美國智庫、學界和前高官認識到，美國必須要有「新思維」，才能解開朝核問題的死結，否則，只會貽誤時機，讓朝鮮的核武器更加成熟，給世界帶來更大的威脅。也有部分專家認識到，朝核問題的關鍵是美朝關係，美將責任推給中國是一大錯誤，認為中國袒護給朝鮮提供了機會是一誤判，誇大了中國對朝鮮的影響力。美應與朝盡早展開

直接對話和談判。

　　遺憾的是，蒂勒森東北亞行毫無建樹，特朗普「新思維」與前朝「舊政」一脈相承，區別在於其中多了些威脅和恫嚇的強硬成分。言語間，蒂勒森放狠話指，「美對朝的戰略性忍耐已到盡頭」，威脅「對朝動武的選項已擺在桌面上」，並稱，為應對朝核，「美或會允許韓日擁核」。行動上，美軍精銳悉數出動，參加「關鍵決斷」聯合軍演，「薩德」在韓部署也在緊鑼密鼓地進行。在和談問題上，美一方面斷然拒絕中方提出的「雙暫停」倡議，拒絕重啟六方會談，另一方面，再次把球踢給中方，敦促中國介入朝鮮問題，為抑制朝鮮挑釁發揮更大的作用。

　　特朗普朝核「新思維」顛倒是非，混淆因果，再次陷入以暴易暴的「老套路」。如此「新思維」不僅無助緊張局勢的緩和，反而因特朗普簡單、魯莽的行為方式，令朝鮮半島爆發戰爭的可能性大增。朝在「擁核」道路上越走越遠，留給華府的時間已不多了。

2017 年 3 月 22 日

特朗普真要對朝開戰？

朝鮮半島戰雲密布，局勢失控的風險急劇上升。一面是美韓超大規模軍演，加緊部署「薩德」，一面是朝導彈連發，加速發展核武器，雙方劍拔弩張，任何一點星星之火，便可迅速蔓延成燎原之勢，令半島生靈塗炭。有人預言，特朗普已準備對朝開戰，時間是迫在眉睫的四月份。

特朗普真敢對朝動武？還是莫輕易使用如此直接、刺激的字眼。遠的不說，僅冷戰結束後，美就曾兵發巴爾幹，進軍阿富汗，「打伊倒薩」，空襲利比亞……美發動過大大小小無數次戰爭，總統特朗普又是一位「不信邪」的「魯莽之人」，對美來說，從來就沒有敢不敢的問題，只是要不要。借用美新任國務卿蒂勒森的話，「美對朝的戰略忍耐已到盡頭」，道出解決問題的迫切性，而「對朝動武的選項已擺在桌面上」，明確對朝發出戰爭警告。

實際上，美早就有對朝開戰的軍事計劃，二十年間已不知修改過多少次。將其「擺在桌面上」，還是放在「抽屜裏」並無原則區別，最重要的是因風險太大而未付諸實施。任何一場戰爭都不是敢不敢這樣簡單，對朝戰爭尤其複雜。

要開戰，關鍵要看能否打得贏。問題在於，美朝雙方對勝負的評判標準完全不同。以美幾十倍朝鮮的軍力及領先朝方幾十年的先進裝備，打贏朝鮮似乎不在話下。如若開戰，美軍可在短時間內摧毀朝的核心戰鬥力，夷平平壤，甚至不排除成功「斬首」……這是否算取得了戰爭的勝利？美方毫無疑問會宣布贏得戰爭，但對朝方來說則可能是戰爭剛剛開始。

對朝戰爭的關鍵是「定點清除」其核設施。朝鮮在「擁核」路上已狂

弈了二十年，外界對其核力量知之甚少，朝境內山高林密、地形複雜，核導基地分布甚廣，既有陸上設施，也有地下、水下基地，美軍「定點清除」不可能完全摧毀其核能力。一旦有漏網之魚，就可能招致核報復，朝導彈縱使暫無精確將核彈送入美本土的能力，但打擊美軍在亞太的基地還是綽綽有餘。而對美來說，招致核攻擊便是失敗。假設美軍僥幸摧毀了朝全部核設施，朝龐大的陸軍及並不落後的常規武器，也足以對韓全境發動毀滅性打擊。鹿死誰手？還真不好說。

　　要開戰，還要看能否打得起。半島問題的複雜性在於其牽涉太多大國因素。美軍對朝開戰，至少將造成一百萬人喪生，大規模難民潮將無可避免，直接威脅周邊國家安全。戰爭機器一啟動，韓、日旋即就被平壤視為交戰方，中、俄勢將被拖入其中。朝鮮戰爭的影響遠超任何一場地區衝突，很可能演變為二戰結束後最大一場戰爭。對此後果，華府顯然擔負不起。

2017 年 3 月 23 日

普京該不該加冕「新沙皇」？

今年，是俄羅斯二月革命和十月革命一百周年。光陰荏苒，與百年前相比，當今世界早已物是人非。但仍然忘不了百年前那場改變了世界的革命，忘不了作爲革命成果而被推翻的末代沙皇。回溯歷史，俄羅斯再次出現了恢複君主制的雜音，勸喻普京加冕「新沙皇」，作「終身總統」。

關於普京是當代「沙皇」的傳聞並不新鮮。從上台起，西方就爲其扣「新沙皇」的帽子，車臣反恐被批爲「種族清洗」，加強中央集權被斥爲排斥異己、獨裁專制，「大國復興」被責爲「世界威脅」……「新沙皇」桂冠從未給普京形象添過彩，反而成爲壓制自由、踐踏人權的標誌性符號。

與西方相反，「沙皇」在俄羅斯人心中卻是神聖的。革命雖已過百年，俄羅斯人的「沙皇」情結卻一直縈繞在心頭，揮之不去。盡管現代醫學早已證實，末代沙皇尼古拉二世全家早在九十九年前就已慘遭滅門，但許多人依然質疑鑒定結論，民間甚至流傳有各種版本的王子死里逃生之謎。

俄羅斯對「沙皇」的尊崇，源於「君臣關係」的心理落差。「沙皇」一詞源於拉丁語中「凱撒」的轉譯，意爲「大皇帝」。拜占庭時期，俄大公們尊拜占庭君主爲「沙皇」，自己甘作其麾下的大臣。蒙古韃靼人統治時期，俄大公尊蒙古大汗爲「沙皇」，自己是俯首聽命的大臣。在俄羅斯人心目中，「沙皇」就是最高統治者，臣子對其不敢有絲毫僭越。直到十六世紀中葉，國家實力逐漸強大，莫斯科大公伊凡雷帝才敢將自己升格爲「沙皇」，定國號爲「沙皇俄國」。

俄羅斯對「沙皇」的懷念，源於帝國的強大。「沙皇」是開疆辟土、繁榮鼎盛的象徵。經過幾百年征戰，這個起源於基輔羅斯、發展于莫斯科大公國的民族，建立起強大的「俄羅斯帝國」，並自詡「第三羅馬」。這是每一位俄羅斯人的驕傲，在十九世紀全盛時期，俄疆域北起北冰洋，南達黑海南部，西起波羅的海，東達阿拉斯加，國土面積達二千二百八十萬平方公里，是名副其實的世界列強。

時勢造英雄。蘇聯解體後，積貧積弱的俄羅斯呼喚政治強人，成就了普京，令其成了強國的符號。從二〇〇〇年正式就任總統開始，普京一路走來，消滅了車臣恐怖主義，避免了俄聯邦的分裂，實現了經濟複蘇，圓了「大國復興」夢。

但「俄羅斯帝國」早就走進歷史，就連其繼承者蘇聯都已灰飛煙滅。大浪淘沙，「普京時代」早晚會過去，被其他代表新潮流的人所取代。不管「終身總統」的勸喻是出于珍愛，還是「抬轎」，普京頭腦很清醒，歷史不能倒轉，「沙皇這一綽號並不適合我」。

2017 年 3 月 24 日

「世越」號出水與朴槿惠「翻船」

不知是時間上的偶然巧合，還是冥冥之中存在因果報應，「世越」號「出水」與朴槿惠「翻船」還真有點聯繫。

二十二日，韓海洋水產部啓動了對「世越」號沉船的打撈試驗，並獲得成功。同一天，已被彈劾的朴槿惠首次以犯罪嫌疑人身份到首爾地方檢察廳，接受了破紀錄的二十一個小時審問。如今，「世越」號已被成功打撈出水，正加速進行排水和除油工作，準備運至靑浦新港。與此同時，朴槿惠被檢方以有毀證之虞提請批捕，即將面臨牢獄之災。民衆一邊關注着「世越」號打撈進程，一邊注視着朴槿惠是否會鋃鐺入獄，難道只是時間撞在了一起。

朴槿惠被彈劾，除親信「干政門」、濫用職權、收受賄賂、違反醫療法等諸多指控外，還有一個重要的罪名就是對「世越」號沉船事故應對不力。從事故發生至今的三年間，百姓一刻也未放棄過質疑，就在其日前接受檢方調查時，仍有記者向檢方追問，是否要求其對事故發生當天七小時的行蹤作出說明。

也許在「世越」號傾覆那一刻，就已注定了朴槿惠「翻船」的命運。面對導致二百九十五人遇難、九人下落不明的重大船難，作爲國家最高領導人的朴槿惠沒有選擇與人民在一起，而是神秘消失七個小時，有人猜測是做頭髮，也有通過照片比對稱是整容，時至今日，仍是一團不解之謎。

如果說這一飽受詬病謎團只是未能盡到職責，尚可原諒的話，那麼，「閨密門」事件發生後出現的「陰謀論」則更毛骨悚然，足以把人嚇出一身冷汗。有傳聞指，「世越」號事件是一場邪敎組織的「人祭」，朴槿惠

用三百冤魂去換取其導師、「永生教」教主崔太敏的復活。

對此驚聳傳聞和演繹不必太較眞，大可一笑置之。但閨密干政是眞，視百姓安危如兒戲也非憑空杜撰，而與邪教有染更是國家領導人的大忌，這一切都與其上任時「服務國家」承諾大相逕庭。朴槿惠背叛了自己的誓言，漠視民衆利益，最終被拋棄也就不足爲怪了。

「世越」號打撈成功，有關事故原因的調查將加快步伐。關於成立和運營「世越」號船體調查委員會的特別法已於日前生效，韓官方承諾，專責調查委員會即將成立，政府將另派支援小組，並在人力、預算方面提供一切可能的支持與幫助，保障委員會調查活動的順利開展。

同樣是「翻船」，「世越」號出水了，朴槿惠卻走向監獄，在人心向背大潮中徹底沉沒。事件或許有眞相大白的一天，屆時，不知在獄中服刑的前總統會作何感想，是否對君舟民水有新的領悟。

2017 年 3 月 28 日

俄「反腐」示威：明年那場「雪」來得早了些

當地時間三月二十六日，俄羅斯國內十多個城市爆發「反腐敗」示威遊行，警方出手，拘捕數百人。對於習慣於相信俄「威權」、普京廣受擁戴的人來說，俄出現這樣全國性的抗議多少有些意外。但對熟知俄國情的人而言，這樣的行動早晚都會發生，每逢俄政壇有大事，一些人總要出來「搞搞震」，只不過相對於明年才舉行的大選來說，這場「雪」來得早了些。

比起「反專制」、「反獨裁」等虛無飄渺的口號，「反腐敗」可能來得更直接，更能打動人心。示威由「與腐敗鬥爭」基金會組織，矛頭指向俄總理梅德韋傑夫，指控其擁有豪宅、遊艇和葡萄酒莊園，財富遠高於官方收入。但所有人都能看出來，這是一次反政府、反普京運動，示威者也的確喊出「沒有普京的俄羅斯」的口號。

與其說運動搞手們在俄「刷存在感」，倒不如講是在做給西方看，示威在美歐的影響遠比在俄國內大得多。此次示威無論從規模，還是後果，都不值得大驚小怪，但西方世界卻炸開了鍋，猶如世界末日降臨。美國務院、歐盟一齊強硬發聲，指責俄警方的行動「是對民主核心價值的公開冒犯」，「已經妨礙民眾的基本自由」，敦促立即釋放被捕的「和平示威者」。西方媒體及許多政客也紛紛「湊熱鬧」，一邊幸災樂禍，一邊激烈抨擊，比自己受了委屈反應還要強烈。

針對西方的干預，克里姆林宮回答得十分乾脆：集會是非法的，在未經批准的時間和地點進行，實質上是挑釁行為，對美歐迅速釋放非法集會者的呼籲，俄既不能同意也不會考慮。

　　雖然西方將此次運動渲染成「近年來最大的反克里姆林宮示威」，並期待由此開啓「新布爾什維克革命」，但在聲討普京時連自己也心虛。客觀講，莫斯科七、八千人上街不過是「小菜一碟」，俄警方在處置中也未發生流血衝突，西方對此如此「熱衷」着實令人不解。況且，特朗普上台，對美所謂核心價值嗤之以鼻，歐洲右翼崛起，也早將傳統價值視爲「垃圾」，要拋到九霄雲外，西方仍以此來振振有詞說事，恐怕連自己都會感到臉紅。

　　普京擁有強大、不可動搖的執政基礎。最近的民調顯示，普京支持率高達八成六，絕大多數俄羅斯人滿意現狀並相信會繼續改善。普京是俄穩定的象徵，這是無法否認的現實。無論是不成氣候的俄反對派，還是爲他們撐腰的美歐勢力，都無人懷疑普京將參加明年的大選，也無人懷疑他將獲勝。

　　俄羅斯選擇誰，選擇什麼樣的生活，是人家自己的事，毋須勞煩他人操心，西方針對俄的「顏色革命」可休矣。

2017 年 3 月 29 日

特朗普大開倒車是對全球的背叛

儘管新醫改法案遇阻，但特朗普對清除「前朝遺產」毫無收手之意。二十九日，特朗普簽署總統令，揮刀砍向奧巴馬氣候政策，宣布暫停、撤銷或重新評估多項防止環境污染、阻止溫室氣體排放措施，放鬆化石能源開採限制等等。此舉令《巴黎協定》前景堪憂，人類應對全球氣候變化幾十年的努力和成果恐將付諸東流。

特朗普對自己敢於終結前朝「煤炭戰爭」頗為得意，自豪地稱「這將預示着美國能源和就業進入一個全新時代」，但外界對此卻嗤之以鼻。特朗普的「新時代」是在大開歷史倒車，是對其一貫標榜所謂道義形象和國際影響力的自我毀損。

輿論認為特朗普這一決定是「反科學的」，是對科學的宣戰。儘管人的認知無法窮盡自然界的一切，但由於過度排放溫室氣體導致全球暖化、危及人類生存安全，已是被證實了的事實。每一位地球人都親眼目睹了氣候變化帶來的災難，包括極端天氣、冰川消融、永久凍土層融化、珊瑚礁死亡、海平面上升、生態系統改變、旱澇災害增加等等。地球正在經歷危險的氣候變化，全球變暖的車輪越轉越快，人類面臨着生存危機。

但這一切在特朗普眼裏都成了「偽命題」、「騙局」。雖有眾多科學家聯名警告，特朗普未經任何論證，就否定了氣候變化是由人類引起的結論。也許是「奸商」使然，在特朗普的心中沒有什麼是不可交易的，意識形態、國家關係、國際政治等等都是可以買賣的「商品」。如今，自然現實、生存條件也如「商品」般被其操弄。如此行徑是對人類的犯罪，逾越了一切所能容忍的道德、倫理底線。

　　為美一己之利，特朗普背叛了對全世界的承諾。作為當今世界最大碳排放國之一，美放棄了其應盡的義務，首開惡劣先例。儘管此次總統令尚未涉及《巴黎協定》，但其早已認定，該協定是一「對美不公平的壞交易」，退出恐怕是早晚的事。在明年預算中，特朗普環保署開支勁砍百分之三十一，包括完全裁減氣候研究基金，已擺明不想落實協定所規定的減排目標，也不再考慮兌現協定中所規定的對發展中國家提供資金援助。

　　好在國際舞台上頭腦清醒的人居多。特朗普的決定並未引起連鎖反應，已有有識之士挺身而出，呼籲剩下的國家繼續聯合起來對抗氣候變暖，歐盟、印度等均承諾要履行協定。

　　對氣候問題，中方態度十分明確：將堅定不移地執行《巴黎協定》，實施應對氣候變化的國內政策和行動，履行碳排放承諾。這並不是什麼「話語權」問題，而是大國責任，是一個嚴肅而講誠信的大國，對自己、對他人、對全世界的責任。

2017 年 3 月 30 日

韓總統難逃「詛咒」：並不是「風水」惹的禍

　　首爾中央地方法院昨日開庭，就是否批捕被彈劾的前總統朴槿惠進行審理。雖結果尚不得而知，但身陷十三項指控的朴槿惠想全身而退恐比登天還難，韓國的「朴槿惠時代」已經過去，這位六十五歲女強人或將在牢獄中了卻孤獨一生，令人不勝唏噓。

　　朴槿惠的命運，再次印證了「總統難以善終」的「魔咒」。從一九四八年至今，韓十一位總統竟無一人平安「落地」，其中有四人被趕下台、一人遭暗殺、一人自殺、兩人被判刑，另外三人皆因親屬腐敗而聲名狼藉。如今，朴槿惠正在步十一位前任後塵，「詛咒」仍在循環。

　　有「高人」指稱青瓦台「風水」不好，民間也流傳有將總統府搬離青瓦台的建議。青瓦台壓住了北漢山、北岳山流向首爾的「龍脈」，是一塊凶地，適合作「陰宅」，不適宜人居住。此傳說甚至可以追溯到日本殖民統治時期的「鐵椿咒」。當時，青瓦台是一塊風水寶地，日本吞併朝鮮後，將駐朝總督官邸建在這裏。為實現對朝的永久統治，日廣邀各路「大師」，在多處風水好的地方秘密打入「鐵椿」，切斷朝鮮半島的「龍脈」。青瓦台也被動了手腳，廢掉了「王氣」，被降為「地方級」。朴槿惠命運多舛，還真說不定是日本在背後搞的「鬼」，儘管這在邏輯上說不通。

　　將朴槿惠的命運歸於「風水」，顯然有違科學，大可一笑了之。但韓總統難以善終的「魔咒」卻是現實存在。究其原因，恐怕還從韓國威權體制與西方政治聯姻而產生的「韓式民主」怪胎中去尋找。有一形象的說法，假如一條魚死了，那麼，可能是其自身機理問題，但如果一池魚全部

死亡，那肯定是水的問題。

韓國民主化進程經歷了李承晚獨裁、軍人干政及民主改革等階段，其間歷盡波折、反覆，甚至付出過許多血的代價。韓國民主路僅僅始於上世紀九十年代初金泳三上台，至今不過區區二十幾年時間。韓國東方文化與美國民主自由嫁接，出現了水土不服。在這一怪胎裏，既有三權制衡，又有總統一枝獨秀；既有公開、透明的選舉，又有「儒家文化」講究的裙帶關係；既有政商分離，又有「漢江奇跡」影響下財閥坐擁的超越制度特權，以及由此形成的特殊政商關係⋯⋯朴槿惠為避嫌，從入主青瓦台第一天起就斷絕了與哥哥的關係，但卻倒在了「閨密干政」上，雖潔身自好，卻深陷三星等大財團貪腐醜聞之中。

韓國民主化前程漫漫，朴槿惠不過是途中的一個「祭品」。「韓式民主」織就了一張盤根錯節的複雜網絡，未來還會有青瓦台主人栽在其中。悲劇仍在繼續，韓國總統終難破前生注定的「宿命」。

2017 年 3 月 31 日

「單挑」朝鮮 特朗普只道出一半眞相

美國總統特朗普在接受媒體專訪時，對平壤放出狠話，威脅如若中國決定不幫忙，美可能單方面採取行動消除朝核威脅。

此言從一側面道出問題癥結，即朝核問題本質上是美朝關係。朝核問題因美對朝敵意及戰爭威脅而生，而發展，而不斷升級，一步步走到今天的危險境地。解鈴還須繫鈴人，中方歷來主張抓住關鍵，支持朝美直接接觸。不論美朝「單挑」，還是多邊解決，中方都願作和平積極推動者，努力實現半島無核化，維護地區和平與穩定。

但特朗普「單挑」的着眼點並不在於半島和平，也無意重啓美朝談判，而更像是升級版的「戰爭威脅」。中方對朝核問題一貫立場是半島無核化，通過和平談判解決爭端，爲達至這一目標，中方做過不懈努力，並願爲實現此目標向各方提供任何「幫助」。但若美執意要打一場戰爭，想在武力解決朝核問題上讓中方提供「幫助」，那就完全是另一回事了。

特朗普上台前曾表示「願與金正恩一起吃漢堡討論問題」，此文還一度被解讀爲其政策主張與前朝不同，美願意與朝進行直接對話。但特朗普上台後的言論卻與此大相逕庭，從朝鮮行爲「非常惡劣」、「要弄美國幾十年」，到美在對朝政策上「百分之百站在韓國一邊」，不僅再無「吃漢堡」的弦外音，反而動武的調門越來越高，關係越來越不可調和。

美高官的表態則更直接。從美駐聯合國代表黑莉不會與金正恩「對話和談判」，到防長馬蒂斯對韓承諾動用包括核保護傘在內的「延伸遏制力」，不再有和平解決朝核問題的絲毫餘地。美國務卿蒂勒森三月訪韓時的表態則更進一步，「美對朝的戰略忍耐已到盡頭」，而「對朝動武的選

項已擺在桌面上」，道出解決問題的緊迫性。在此背景下，特朗普「單挑朝鮮」顯然不是對話，而是明確發出戰爭警告。

興論用「進入危險四月」來評價當前局勢。一方面，朝鮮已做好第六次核試驗準備，洲際導彈發射也已箭在弦上，只待最高領導人一聲令下，便可向四月十五日金日成誕辰一百五十周年的「太陽節」獻禮。美評估，朝將擁有對美本土打擊的能力；另一方面，美韓大兵壓境，三月開啓的「禿鷲」和「關鍵決斷」聯合軍演將一直持續到四月底，而秘密滲透、鏟除指揮部、「斬首」行動等內容令平讓不寒而慄。對立雙方隨時都可能擦槍走火，並引發大規模軍事衝突。

美共和黨向來敢作敢為，不計後果。「習特會」要想在朝核問題取得進展，關鍵不在於中方是否「幫忙」，而在於美方是否有解決問題的誠意。朝鮮半島戰雲密布，特朗普「單挑」若是指開戰，那就不必再寄希望於中方「影響力」了，但前提條件是不威脅中方安全。

2017 年 4 月 4 日

美是否真的想解決朝核問題？

朝鮮又射導彈了。一枚彈道導彈從咸鏡南道發射，向東部海域飛行六十公里後墜落。朝方過去也曾靠「走邊緣」，博上媒體「頭條」，各方還是蠻在意的。但如今此類挑釁「常態化」，外界神經已麻木，連美國務卿都懶得再回應，僅以「關於朝鮮說得夠多了，不再發表評論」一筆帶過。

的確，特朗普上台後，對朝鮮已說得「足夠多」，甚至比奧巴馬執政八年都要多。但說歸說做歸做，美除了重複前朝的軍演、恐嚇外，實際上沒有採取任何新的動作。特朗普承諾的與金正恩「漢堡宴」並未兌現，赴紐約與美秘密接觸的朝特使也遭拒簽，雙方「二軌」會談安全被封死。

朝鮮緣何選擇在此時試射導彈？朝向來講究一箭多鵰，令外界捉摸不定。以符合邏輯的思維分析平壤毫無邏輯的冒險，可以看出，一則是向即將舉行的「習特會」施壓，迫使兩大國正視朝核問題；二則向正在舉行的美韓大規模軍演示威，展示不妥協姿態；三則以「超強硬」回應美方近期針對朝鮮的「強硬」言論……或許其中還有「獻禮」、「凝聚人心」等等更多理據。但刨根問底探究事件原因並不必要，關鍵是其後果只會加劇半島緊張局勢，於問題解決毫無裨益。

特朗普是否真的想解決朝鮮問題？從國務卿蒂勒森「對朝戰略忍耐已到盡頭」，「動武選項已擺上桌面」威嚇，到特朗普「美可能單方面採取行動消除朝核威脅」的狠話，華府心裏還真有點着急，並將此急躁情緒發洩給了中方，給中方施加了足夠的壓力。但美方實在是顛倒了因果關係，迴避了朝核問題實質上是美朝關係這一關鍵，這與朝挑釁、冒險如出一轍，只不過美表現得更霸道、更不可理喻。

看來，作為朝核問題的「繫鈴人」，美並未做好「解鈴」的準備，所有的警告、威脅、施壓更像是在積聚討價還價的籌碼。否則，很難解釋美方除「口水」外，不僅未提出一項可操作的建設性方案，反而變本加厲地製造事端，加劇地區緊張局勢。

對朝核問題，中方態度、立場十分明確，即堅持朝鮮半島無核化、通過談判解決爭端、維護地區和平與穩定。如果美眞的想解決朝核問題，就應與中方相向而行，在此基礎上找到合作的共同語言，在朝「棄核」和滿足其安全關切上找到平衡點，首腦會晤也會取得積極成果。對美以軍事手段「單挑」朝鮮，中方作為「斡旋者」、「中間人」似無權干涉，但前提是不要讓戰火威脅中方安全。

在朝核問題上，還是別給中方戴高帽，美責無旁貸是「唯一能阻止朝鮮的國家」。關鍵還看美朝是否有誠意解決問題，若雙方決意要撕破臉皮、相互毀滅，那也只能由他去了，誰也幫不上忙。

2017年4月6日

日大使灰溜溜返韓 丟了面子失去裏子

如果不是日本外相岸田文雄專門召開記者會，宣布政府決定讓駐韓大使返崗的消息，人們早就忘了，這位大使已經離崗八十五天，韓日兩國在無官方正式代表的情況下運轉了近三個月。對此結果，日本民眾似心有不甘，質疑政府向韓「認輸」，呼籲「不能讓大使回去」。

其實，顏面掃地的安倍心中也很窩囊。韓舉國上下都在忙大選，短期內沒人給日台階下，而駐韓大使的任務在首爾，滯留東京顯然畢竟不是長久之計，僵持下去只能是日本吃虧。只是苦了這位叫長嶺安政的大使，撤回時莫名其妙，重返時灰頭土臉，裏外不是人。雖然岸田文雄仍不忘敦促韓方履行《韓日慰安婦協議》，但自己也知道這是在自我解嘲。

「慰安婦」問題一直是制約韓日兩國關係發展的重大障礙。二〇一五年年底，朴槿惠政府為修復對日關係，突然轉舵，與日達成慰安婦問題協議。日方在既未承認慰安婦性質，又未謝罪、道歉的情況下，以區區十億日元「治愈金」（日方反覆強調不是「賠償金」）收買了青瓦台，以圖一勞永逸解決慰安婦爭端。韓官方也承諾將拆除設立在首爾日使館及釜山領館前的慰安婦少女像。

但此協議在韓引起強烈反響。民眾對協議中未包括涉慰安婦罪行是由日本政府和軍隊犯下的有組織犯罪內容表示不滿，大罵朴槿惠「叛國」，譴責協議是「外交勾結」。由於抗議民眾的堅持，青瓦台雖然也有過努力，但慰安婦像並未移除。安倍內閣為表示憤怒，於今年一月九日緊急召回駐韓大使，施壓首爾履行協議。

安倍在做出此項應對時，也有許多人質疑是否有「勝算」的把握。當

時，「閨密門」早已東窗事發，主角崔順實已被拘捕，朴槿惠已處於風雨飄搖之中。在此情況下，對青瓦台施加再大的壓力也於事無補。

但事後的發展有些出乎意料。朴槿惠遭彈劾下台並被拘捕，韓提前進入如火如荼的大選階段，慰安婦問題早就忘到九霄雲外。日方也擔心，如果繼續再擺出強硬姿態，不僅不能換來任何同情，反而會在大選後延續與新政府的對立。權衡再三，安倍不得不自行取消召回大使的對抗措施。

駐韓大使灰溜溜返回首爾，旣丟了面子，也失了裏子。不僅慰安婦像未能如願拆除，還給人以安倍決策系地道「權宜之計」的印象。韓國民眾的力量不可小覷，旣然能推翻強大的朴槿惠政府，同樣也能顛覆忤逆民意的《韓日慰安婦協議》。日方跪低後，恐很難再硬得起來，將不得不接受慰安婦像恆久存在的現實，企圖以一紙協議來撇清歷史罪責是不可能得逞的。

2017年4月7日

築牢中美關係 向世界傳遞信心

中國國家主席習近平昨天在美國佛羅里達州海湖莊園同美國總統特朗普舉行中美元首會晤。這是美新政府就職以來兩個世界級大國元首的首次會晤，引起國際社會的高度關注。會晤傳遞出中美合作的積極訊號，意味着兩國關係撥雲見日、重回正軌，爲複雜多變的國際局勢增加了確定性。

中美關係是當今國際關係中最重要的雙邊關係，其發展常常受到美國內政治氣候變化的影響。每當美國內政權更迭，中美關係都會受到考驗。客觀講，兩國元首會晤前的氣氛並不融洽。特朗普上台後，中美關係危機頻現，已經到了何去何從的關鍵節點。從破天荒與台灣地區領導人蔡英文通話，到威脅可能放棄一個中國政策，從攻擊中國金融、貿易政策，到在朝核問題上對中國施壓，甚至不排除單方面採取行動等等，許多言論觸及中國政策底線，中美關係黑雲壓城，大有山雨欲來風滿樓之勢。如果不對這一趨勢設下「止損點」，中美關係將朝走向衝突和對抗，不僅遺禍兩國人民，還會影響世界繁榮穩定。

相對於正式訪問，習特「莊園會」是在一種輕鬆、和諧環境中進行，更有利於雙方領導人坦誠相見，深入討論問題。會晤時間雖短，但兩國領導人已建立了友誼，特朗普期待「從長遠看，我們能擁有非常好的友誼」。

習特會傳遞出中美合作的信息。合作是中美兩國唯一正確的選擇，雙方同意在新起點上推動中美關係取得更大發展。正如習近平強調，我們有一千條理由把中美關係搞好，沒有一條理由把中美關係搞壞。

習特會爲令人擔憂的中美貿易戰「熄火」。在眾多議題中，最受矚目

73

的當是中美經貿問題。特朗普一直攻擊中國金融貿易政策，對中方享有巨大的貿易順差十分不滿，甚至放言對華打貿易戰。經貿是中美關係的「壓艙石」和「推進器」，習特會在這一敏感而複雜的問題釋出積極訊號。在當前極端保守勢力捲土重來、貿易保護主義死灰復燃的背景下，中美互利共贏的經貿關係具有引導作用，亦在昭示世界經合發展方向。

當然，一次元首會晤並不可能解決兩國間所有矛盾與分歧。中美作為全球兩個最大經濟體，在政治制度、貿易體系、傳統文化及國際關係認識上均存在明顯差異。兩國對地區衝突、難民危機、氣候變化、反恐行動等地區及全球性挑戰的認知和應對也不完全同步。未來的中美關係還會遇到困難，甚至會出現反覆。只要雙方有對兩國及世界的歷史擔當，以合作的精神妥善處理敏感問題，建設性管控分歧，中美間就沒有過不去的「坎」。

習特會定調了中美關係方向，開啓了一個新時代。特朗普接受了習近平的訪華邀請，並期待盡快成行，兩國最高領導人的接觸將會持續下去。未來不論遇到多大的分歧與矛盾，都可通過理性面對、坦誠對話解決。「合則兩利，鬥則俱傷」，不僅適用中美，對其他大國也有啓示意義。

2017年4月8日

特朗普眞要同時打兩場戰爭？

特朗普是不甘寂寞之人，既然在國內諸多問題上出師不利，便轉而用導彈、航母在國際上刷存在感。在中東，藉口敘利亞政府軍發動化學戰，一口氣射出五十九枚「戰斧」導彈，敎訓巴沙爾。在東亞，爲報復朝鮮試射導彈，急令「卡爾文森」號航母取消訪澳計劃，改道北上朝鮮半島，威懾平壤。

特朗普眞想同時打兩場戰爭？其實未必。在敘利亞，儘管美高官雖仍然嘴硬，並威脅將繼續打擊，但並未有後續行動。從軍事角度看，美軍轟炸在敘一無所獲，但在地緣政治卻一敗塗地，美俄本不存在的「友誼小船」徹底傾覆。普京怒斥美軍轟炸是「侵犯他國主權」，不僅掐斷了兩國國防部熱線，中斷了雙方在敘空中軍事協調，還向地中海戰區派出最先進導彈驅逐艦，兩國距直接軍事衝突僅一步之遙。如果「卡爾文森」號航母欲對朝動武，美軍在東北亞將再開闢第二戰場，中國也無可避免地將捲入其中。

歷史上，美還從未有過與中、俄兩大國同時交惡，並在東、西方兩個戰場同時作戰的先例，更從未有過與一不知底細的「擁核國」直接過招。因此，美航母開進朝鮮半島多半不是爲開戰，而是在威懾，同時向施壓中國加大對朝核問題的介入。而特朗普要在朝鮮半島複製「敘利亞模式」，未免有些過慮了。

冷戰後相當長一段時間，「打贏兩場戰爭」都是美軍實戰戰略指導方針。蘇聯解體，美蘇（俄）爆發世界大戰的可能性完全消除，美將其戰略中心從前蘇聯轉向中東和東北亞，國防政策核心調整爲「地區防備戰

略」。老布什政府時期提出了「同時應對兩個半危機」戰略，即美軍在中東和東北亞同時應對一場海灣戰爭式局部戰爭，尚有能力應對其他地區小規模衝突。

克林頓時期，明確把應對東北亞和海灣地區同時發生兩場大規模戰爭作為作戰指導思想核心，即先集中兵力將第一場大規模地區戰爭，同時分出少量兵力介入第二場戰爭，在打贏第一場合戰爭的過程中逐漸把兵力轉入第二戰場，並打贏第二場戰爭。無論對盟友，還是對對手，美軍「兩場戰爭」思想着眼點都在維護「一超」，打造美全球領導者的地位。

但二十一世紀以來，美兵力不足、投送能力有限、現代戰爭的高消耗等問題日益突出，「兩場戰爭」設想越來越不現實。小布什時期的反恐戰與海灣戰爭速戰速決的模式迥然不同，美軍深陷阿富汗、伊拉克戰爭泥淖更是始料不及。奧巴馬時期大幅削減軍費、裁減陸軍，「打贏兩場戰爭」構想早已走進歷史。

西炸敘利亞，東懾朝鮮，美軍虛張聲勢的成分大過實戰。特朗普再「牛」，恐也沒膽量重開「打贏兩場戰爭」先河。

2017 年 4 月 11 日

美俄關係被「戰斧」一夜炸回「解放前」

特朗普通過「秀恩愛」建造起的美俄「友誼小船」實在太過脆弱，經不起任何風浪。美軍發射的導彈，未傷到敘政府軍的筋骨，卻意外擊沉了這條「友誼小船」。特朗普的宏偉藍圖尚未走出紙面，便胎死腹中，美俄關係一夜間被炸回了「解放前」。

就特朗普樹立個人權威而言，這五十九枚「戰斧」導彈射得值。軍事報復敘政府使用化武，是一個走遍天下都拿得出手的理由，既可令特朗普擺脫國內難解的政治紛爭，扭轉外界對其一事無成的不良印象，又可令其重返人權捍衛者的「道義高地」。但特朗普行事顯然有些操之過急，在事件真相謎團未解情況下，便迫不及待地出手，給人多了一份「陰謀」的遐想。不管特朗普過去曾有過多少高見，但此番動武，標誌着美政策重回爭端原點，新政府重拾已被放棄的鏟除巴沙爾政權的政策主張，美將再次面臨與ISIS及敘政府軍雙線作戰的尷尬，美俄反恐合作亦將壽終正寢。

既然特朗普「不仁」在先，那就休怪普京「不義」了。連日來，俄多管齊下應對敘變局。政治上，普京明確將美軍事行動定性為「違反國際法，侵犯他國主權」；外交上，普京拒見到訪的美卿蒂勒森，釋放兩國關係倒退的明確信號，還與伊朗等國通電話，共同譴責美先入為主的行動，俄駐聯合國代表團向安理會提交決議案，要求國際社會調查事件真相；軍事上，俄中斷了兩國國防部熱線，暫停了雙方在敘空中軍事協調，並還向地中海戰區派出最先進導彈驅逐艦。克宮警告，俄美「瀕臨戰爭邊緣」，如果美再採取軍事行動，將會作出回應。

美對敘發動襲擊，莫斯科按常理定會有所反應。但反應如此強烈，還

是有些出乎特朗普意料。特朗普自知憑藉一己之力，難以奏效，近日又拉上 G7，企圖通過多邊施壓，迫使普京放棄巴沙爾，甚至還以莫斯科早就不感興趣的 G8 作誘餌，令俄改變立場。但莫斯科不為所動，擺開架式支持巴沙爾，誓要與華府對抗到底。

從去年美大選開戰以來，俄羅斯的話題就從未淡出各界視野。特朗普對普京的讚譽常把人嚇出一身身冷汗，其改善對俄關係的言論也激起一層層波瀾。特朗普上台後，有關俄黑客干預美大選的爭論不絕於耳，對其團隊「通俄門」的調查，目的也是為了阻止新政府與俄走得太近。如今，特朗普通過對敘動武轉移了焦點，也親手為此憂慮畫上了句號。

世間之事，萬變不離其宗。喧囂一時的美俄關係重回其應在的位置。這也並非壞事，俄美本就不是一條戰線上的夥伴，話說開了，雙方心中都會坦蕩些。有了普京的掣肘，特朗普行事會少些任性，多點顧慮。

2017 年 4 月 12 日

普京見蒂勒森傳遞出何種信息？

　　人稱，蒂勒森訪俄能否獲得普京的接見，是觀察美俄關係的「風向標」。經過漫長的等待，直到行程即將結束的最後一刻，蒂勒森終於獲得了普京的接見。普京「千呼萬喚始出來」至少傳遞兩大信息：一是普京很生氣了，十分不願見這位「不速之客」，華府做法讓莫斯科很不爽；二是後果雖很嚴重，但俄還不想與美徹底撕破臉面，給特朗普留有面子。

　　一周前，各方還是對蒂勒森此訪充滿期待的。蒂勒森曾獲得俄友誼勳章，被俄視為「老朋友」。在任埃克森美孚CEO時，促成了多單合作，成為兩國能源合作的「典範」。與普京早在上世紀九十年代末就已相識，交情非同一般。蒂勒森被視為有望打破俄美僵局「第一人」，是兌現特朗普「改善對俄關係」承諾的「希望之星」。而特朗普不惜得罪北約盟友，也要派蒂訪俄，足見其對俄的重視。

　　但一切都在美對敘空襲後發生了變化。飽受「通俄門」之擾的特朗普現了原形，不再顧及美俄「友誼」，在未提前向俄通報的情況下，突然對敘大打出手。此舉令莫斯科既傷心，又憤怒，遂祭出多招應對，兩國關係瞬間跌入谷底。蒂勒森在這種情況下訪俄，實在是自討沒趣，其身份也由此前的俄美關係「救星」，變成了「說客」，雖然仍被稱為「最好說客」，但想說服俄放棄巴沙爾政權，恐真有些勉為其難。

　　本來，蒂勒森要談的東西很多。從歐洲安全、對俄制裁、烏克蘭問題，到國際反恐、朝核危機、東北亞安全等等，特朗普剛上台，俄美兩大國要在全球及重大地區問題上對表，雙方若能如願走向合作，兩國關係便可迎來「柳暗花明又一村」新局面。但特朗普的轉舵，令這些議題自動從

日程上消失。敘利亞問題原本被認爲是俄美合作的「突破口」，卻意外變成雙方分道揚鑣的「導火索」。

在蒂勒森還在糾結總統是否會撥冗相見的時刻，普京在接受媒體採訪時表示，特朗普上台後，俄美關係不僅沒有改善，而且在某種程度上可以說是「倒退」。此言已爲現時的俄美關係定了調，見與不見已無實質意義。

從能否見到普京看，蒂勒森此番首訪並未留下太大遺憾，回國後也可勉強向特朗普交代。但從兩國關係未來看，美俄在新起點上的地緣政治爭奪還剛剛開始。兩位外長冷若冰霜的接觸及唇槍舌劍的交鋒都表明，雙方在此訪幾乎唯一議題——敘利亞問題上沒有找到共同語言。

蒂勒森訪問遇冷，還被擺了一道「迷魂陣」，美大腦應該因此更加清醒，起碼應該悟到，俄是不容欺騙的。普京最終還是給了華府面子，唯不知特朗普是否領情，願意順勢而爲，下這個台階。

2017 年 4 月 14 日

半島局危 美朝莫成歷史罪人

朝鮮半島進入「高危四月」，大有山雨欲來之勢。一方面，朝方已做好第六次核試準備，十五日的「太陽節」、二十五日的建軍節都是重要節點，平壤很可能作「政治獻禮」。另一方面，美軍「卡爾文森」號航母突然改道北上，抵近半島，以「先發制人」軍事打擊僞朝。半島局勢風雲變幻，雖未有過一刻安寧，但還從未像今天這樣與戰爭近在咫尺。

中國外長王毅用「危險局面」形容當前形勢。特朗普早已放言，要對朝「單方面採取行動」。美日前空襲敘，又於朝「太陽節」前一天在阿投下「炸彈之母」，都有敲山震虎之意。平壤採取慣常「超強硬對強硬」手法，揚言只待最高領導人一聲令下，隨時核試，並稱核武已瞄準美軍基地甚至美國本土。同時，又高調邀請二百外國記者赴平壤，靜候「重大活動」。半島似處於「彈藥桶」引爆的前夜，關於中國增兵、朝韓居民疏散等謠言滿天飛，民眾惶惶不可終日。

半島戰爭是否已不可逆？是否已迫在眉睫？其實未必。美航母駛入朝鮮半島，主要目的在於威懾，未必是即時開戰。至於華府所稱的對朝「作戰方案」，也並不是新鮮事，方案早已有之，且每年都會修改，但從未付諸實施。平壤「走邊緣」策略雖屢試不爽，但未必會選擇美航母停在家門口的時候冒險。朝鮮歷次核試都是突如其來，在外界已預先判定時間核試，會給人以被「牽着鼻子走」的觀感。目前看，朝方在「重大活動」上賣的關子，或是大閱兵，或是展示先進導彈，並非外界盛傳的核試。

中方爲緩和半島危局緊張做出了不懈努力。習特首會深入討論了朝核問題，雙方雖未達成一致意見，但正如特朗普所言，聽了習近平十分鐘介

紹，方知解決朝核問題之不易。日前，習特再次通話，中方重申半島無核化目標，主張和平解決朝核問題。中方立場至關重要，不可能被忽略。

王毅明確指出，不管是誰，如果要在半島生戰生亂，那就必須爲此承擔歷史責任。這裏的「誰」，顯然是指向朝核問題當事雙方：美國和朝鮮。對平壤，任何形式的核試驗及「擁核」計劃，都與中方一貫主張的「半島無核化目標」背道而馳，是不可能獲得中方支持的。如果朝方依然一意孤行，必將受到國際社會的譴責與制裁；對華府，半島和平與穩定關係到中國安全利益，中方主張通過談判和平解決，「一軌或二軌，雙邊或三方、四方，中方都願給予支持」，唯一不能支持的是「戰爭選項」。美若執意鋌而走險，後果只能由自己承擔。

中國講「危機」，始終是指「危」中有「機」。關鍵是對立雙方要有政治意願，抓住「機會」，消除「危險」。解決朝核問題，撇開戰爭喧囂，有中方「雙暫停」計劃，還有國際社會和談呼籲。「和平機會」稍縱即逝，美朝對峙雙方要聽得進理性聲音，爲地區和平、爲子孫後代擔起責任，切莫成爲千夫所指的歷史罪人。

2017年4月15日

破解半島危局 中美合作空間大

在萬衆矚目之下，朝鮮半島度過了危險的「4‧15」太陽節。朝方舉行了盛大閱兵式，集中展示了最新型武器，但外界最爲擔心的核試驗並未出現。美航母戰鬥群游弋在半島周圍，虎視眈眈地注視着平壤的一舉一動，但「先發制人」打擊也未發生。其間，雖發生朝鮮試射導彈「小插曲」，也未引起太大波瀾。於是，人們又將目光轉向「4‧25」朝建軍節或其他敏感日，半島戰爭警報並未消除。

從一周前，美軍「卡爾文森」號航母戰鬥群突然改道北上，半島局勢便驟然吃緊。隨着航母越來越抵近朝鮮，半島熱度直線上升。特別是期間發生了美軍空襲敘利亞及在阿富汗投下「炸彈之母」等「殺雞儆猴」事件，更爲半島局勢火上澆油。太陽節雖平安度過，但半島對峙依舊。朝方核試「箭在弦上」，只待最高領導人一聲令下。美軍繼續增兵，下周便有三艘航母會師半島。雙方擦槍走火意外隨時可能發生，「火藥桶」被引爆的危險依然存在。

何爲特朗普對朝「新政」？據美媒報道，經過兩個多月的研究，華府確定了「極限施壓」的對朝政策，即最大限度施壓，如果朝鮮改變其行爲，再與其接觸。該政策的目標是半島無核化，而不是「政權更迭」。美總統安全事務助理麥克馬斯特則說得更直接，美在保留「所有選項」的同時，目前的重點是動用一切除軍事手段以外的方式和平解決朝核問題，以避免最壞結果。在諸多危言聳聽的議論和猜測中，特朗普以「極限施壓」促「接觸」策略更務實，更切合半島實際。

應該講，在對朝政策「底線」上，中美有頗多契合點，雙方有不小的

合作空間。今年二月份，中國外長王毅也曾談到中方三點「底線」，一是不管什麼情況下，半島都不能有核，無論是北方還是南方，無論是自己製造，還是引進部署；二是不能用武力解決問題，中國不允許半島生戰、生亂；三是中國自身的正當國家安全利益必須得到有效維護和保障。

特朗普放棄了前朝「戰略忍耐」立場，對朝方來說未必是壞事。長期以來，朝方一直以射導彈、核試等等極端方法，吸引美注意，關注朝核問題。如今，朝方這一目的已達到，特朗普不再像奧巴馬那樣「事不關己，高高掛起」，而是將其作迫切需要解決的問題納入議事日程。

破解朝核危局，敢問路在何方？其實就在美朝腳下。經歷了奧巴馬八年的「不接觸」政策，朝方核技術及導彈運載能力都取得長足進展，朝核問題的解決難度更大。但只要美朝雙方都有政治意願，辦法總會找到的。和平解決朝核問題的可能遠未用盡，中方倡導的「雙暫停」可以是降低緊張、邁向和平第一步。

2017年4月18日

美版「狼來了」打了誰的臉？

近一個星期多以來，國際舞台上的最大「烏龍」莫過於美軍「卡爾文森」號航母。原本上周末已抵達朝鮮半島海域的航母，如今卻遠在數千公里之外異他海峽，從未有過改道北上，半島一觸即發的緊張原來是一場子虛烏有的鬧劇。

特朗普這個「玩笑」開得有點大，全世界都被「涮」了。首先被打臉的是一眾分析家、預言師。從本月八日傳出原本要赴澳洲參加軍演的「卡爾文森」號臨時改變計劃，駛向朝鮮半島後，各方如打了雞血般亢奮，朝鮮「四月危機說」似乎得到應驗，美終於要單方面對朝採取軍事行動了。對朝「開戰」預言甚囂塵上，時間就是四月十五日的「太陽節」。然而，一切都平安度過，朝方未進行第六次核試，美軍亦未啓動「先發制人」，而被外界賦予攻擊任務的航母距戰區幾千公里，預言家的面子丟大了。

被打臉的還有性喜煽風點火、唯恐天下不亂的日本。美對朝開戰是日本表「忠心」的絕好機會，除宣稱會派遣自衛隊與美並肩作戰外，還獨出心裁拋出「朝可能發動沙林毒氣化武襲擊」，故意為半島緊張火上澆油，為美軍行動作背書。日本媒體更過分，竟引述政府消息稱，中、俄兩國戰艦正一路跟蹤正在奔赴朝鮮半島的「卡爾文森」號航母，以弄清其行進方向及意圖。好像其真看到了殺氣騰騰的美軍航母和緊隨其後的中、俄軍艦，西太平洋還真是見了鬼了。

更倒霉的還是韓國。半島「火藥桶」一旦被引爆，韓國全境勢將變成一片火海。連日來，韓國內人心惶惶，已有居民開始為疏散作準備。朴槿惠下台後，韓政壇群龍無首，本來就夠鬧心的了，現在還要出面安撫民

衆，但實在不知從何下手。一句美若開戰將先行通知韓國，顯然無法平息民衆的疑慮。況且美是否會提前告知，連靑瓦台自己都不知道。韓外長尹炳世在派「定心丸」時稱，「卡爾文森」號移師朝鮮半島主要目的是加大對朝軍事施壓，此舉意在維和，不會擅自對朝動武。可見，靑瓦台對美軍部署也是蒙在鼓里，並不知道航母是否北上，更不知美軍對朝眞實意圖。所謂的美韓軍事同盟看起來很光鮮，但在美國人眼裡，韓民衆不過是一團無足輕重的「炮灰」。

特朗普大「涮」全世界，又風光了一次。但風光的背後似也有隱憂，至少從其初衷看並不想製造這樣的轟動效應，其中暴露出總統、五角大樓、海軍方面溝通協調存在問題。

美軍航母「烏龍」是現代版「狼來了」，全世界著實被嚇了一跳。結果是好還是壞，現在還眞難說。「狼來了」喊多了，一旦「狼」眞的來了，外界反倒不信了，吃虧的將是美國自己。

2017 年 4 月 19 日

美「單挑」朝鮮 莫把韓國當「人質」

　　連日來朝鮮半島的戰爭喧囂，令韓國人最受傷。甚囂塵上的「四月危機論」傳聞、言之鑿鑿的「先發制人」打擊、直把民眾弄得頭昏腦脹，人心惶惶。有韓媒呼籲，美若真是韓國的盟友，就應該對激化半島軍事緊張的言行保持克制，不要把盟友置於困境。

　　「保衛者」行動引起「被保衛者」的反感和不安，未免有些滑稽，但卻是現實。民間早就有「美國想打誰，就打誰」、「朝鮮誰打我，我就打韓國」、「韓國誰想打我，我就拉上美國搞軍演」的傳言，邏輯簡單明瞭，卻道出美朝韓三者間的微妙關係。

　　韓國夾在美朝之間，處境頗為尷尬。朝鮮從未把韓國作為對等談判對象。在朝看來，談判對象只有美國，韓作為美的被保護國，連本國的事務都作不了主，又怎能在半島問題上有獨立立場和主張。而美也從未把韓當作平等夥伴。在美看來，韓是自己的保護對象，其立場只能是僕從主變，和平時期，是一粒「棋子」，戰爭時期，則是一團「炮灰」。

　　實際上，美是在挾持韓國威脅對朝開戰。美本土遠在半島萬里之外，美軍主要防範的是核武器和中遠程導彈。戰爭進展順利則打，不順就撤，損失不會太大。但戰火卻將韓國十萬平方公里的國土和五千多萬民眾性命完全置於常規武器之下，平壤瞬間把首爾變成火海的威脅絕非危言聳聽。這便是韓國的困境，既無力影響朝鮮擁核進程，亦無力左右美軍行動，韓不知該把自己的命運交給誰。

　　韓在近期半島緊張中的角色再次暴露出其尷尬境況。面對民眾對開戰的疑慮，政府僅以美會提前告知來敷衍。韓外長尹炳世在分析美「卡爾文

森」號航母移師朝鮮半島時稱，其主要目的是加大對朝軍事施壓，此舉意在維和，不會擅自對朝動武。可見，靑瓦台對航母是否北上並不知情，對美軍調遣和部署都是蒙在鼓裏。

美副總統彭斯日前訪韓，本意是爲了安撫盟友，以消除韓對特朗普上台後亞太政策走向上的一些疑慮。但其突訪「三八線」透出的對朝強硬姿態，以及「美對朝戰略忍耐時代終結」的表態，不僅未能讓韓民眾吃到「定心丸」，反而更增加了疑慮。韓國人更不知道美「戰」與「和」的底牌，更不清楚美「保衛韓國安全」的承諾能否眞正兌現。在來自北方的核威脅面前，韓國民眾不相信「薩德」、航母都給自己帶來安全，也不相信美點燃戰火後，會與韓同生共死。

特朗普也許太希望通過一場戰爭樹立威信了。開戰容易，終戰難，在對朝動武前，還是要聽聽韓國人的意見，設身處地考慮一下韓國人的感受，勿輕易點燃這隻後患無窮的「火藥桶」。

2017 年 4 月 20 日

從韓媒炮轟日煽動半島緊張說起

朝鮮半島緊張局勢持續升級，令韓國民衆怨聲載道。但日本不僅不勸和，反而利用半島危機進行政治投機的做法，更令韓國憤怒。近期，韓各大主流傳媒炮口分不開，把一腔怒火悉數發泄到日本身上，痛斥安倍「煽動半島緊張局勢」的言論是「低水平的卑劣行徑」，呼籲必要時召見其大使，震懾日本的「妄動」。

此次半島危機，美國是「主角」，但日本推波助瀾也「功」不可沒。韓對美方行動雖有微詞，但作爲被保護者，也不好太過造次。能作出「美若眞是韓盟友，就應該對激化半島軍事緊張的言行保持克制，不要把盟友置於困境」的呼籲，已屬相當不易。令韓國民衆無法容忍的是，日本卻聞雞起舞，出於自身政治目的，鉚足了勁「消費」半島危機。

韓媒話說得雖難聽，卻均擊中了要害。《朝鮮日報》把焦點放在日高官身上，指其公職人員「期待並享受着鄰國不幸」的言行，只會讓兩國關係離正常化越來越遠。《京鄉新聞》注意到安倍內閣支持率頹勢得以反彈，痛批日政府以犧牲鄰國安危爲代價獲取自身政治好處。JTBC電視台也痛批安倍將「半島危機」用於國內政治。韓聯社則引用網民嘲謔，稱相對於朝鮮半島戰爭，日本發生大地震更爲現實，韓國應制定「應對日本地震和核泄露的避難手冊，以及日本地震難民湧入的應對措施」。

韓媒炮轟日本，道出相當一部分韓國民衆的心聲，爲他們出了一口怨氣。日本原本就不是朝核問題的直接利益攸關方，過去的「四方會談」根本沒有日本什麼的事，在六方會談中位卑言輕，多番提議將綁架人質與朝核掛鈎，屢屢碰壁。近年來，日本對半島問題興致極高，與其地位明顯不

相稱。每當半島出現動蕩，日本總是跳出來，又是緊急應對，又是單獨制裁，表現得比美、韓都積極。

在此輪半島危機中，日本表現更為過分，是一個十足火中取栗投機者。在半島局勢不明、韓國內人心惶惶的情況下，日方開始煞有介事地討論起了「派兵護僑」問題，安倍及防衛大臣均宣稱，朝鮮半島有事時，日方將根據新安保法之規定，派遣自衛隊保護和營救日本國民，自衛隊為此還整備了體制，並實施了各種訓練。美「卡爾文森」號航母根本未有北上，日政府官員竟無中生有拋出中、俄戰艦一路跟蹤的「假新聞」。在對朝開戰上，日方獨出心裁拋出「朝可能發動沙林毒氣化武襲擊」，故意為半島緊張火上澆油。

實際上，安倍利用半島危機煽風點火，其真正意圖就是實施新安保法，令自衛隊走出國門。想讓日本在半島和平上發揮積極作用，無疑於痴人說夢。

2017 年 4 月 21 日

馬克龍能否擔得起天降之大任？

在法國總統第二輪選舉中，馬克龍以超過百分之六十五的高得票率，擊敗對手勒龐，成功入主愛麗舍宮。輿論對此結果給予了高度評價，盛讚法國在這場決定歐洲未來命運的「終極PK」中贏得了勝利，五月七日將注定「載入法國第五共和史冊」。

無論對法國，還是對歐洲及世界，馬克龍獲勝都具有指標意義，給予多高的評價都不爲過。今年的法國大選，實際上是「兩個法國之爭」，是「開放、前進、革新的法國」與「保守、鎖國、民族主義的法國」對決。在法國處於何去何從「十字路口」的關鍵時刻，民眾用手中的選票否決了「右轉」，選擇了「前行」。

馬克龍在法國的勝利，標誌着整個歐洲打贏了一場「民粹主義阻擊戰」，不僅成功爲失去英國的歐盟「止血」，而且會令歐洲重拾一體化信心。法國大選勢將影響稍後舉行的德國大選，法、德兩國是歐盟定海神針，這兩架「發動機」不倒，歐盟就不會散夥，反移民、反歐盟、反全球化的極右勢力就很難掀起毀滅性風浪。

馬克龍獲勝爲當今「不確定的世界」注入一針穩定劑。近年來，國際社會「黑天鵝」事件頻發，前有英國意外脫歐，後有特朗普橫空出世，國際政壇多次出現讓人跌破眼鏡之意外事件。法國大選的結果總算令許多預測符合了事實，爲當前浮躁、對立的世界增添了一份開放、包容與未來。

天將降大任於斯人也，必先苦其心志，勞其筋骨。作爲法國政壇的「新生代」，無根無基的馬克龍也歷盡磨難，之所以能夠成功擊敗對手、在大選中笑到最後，在相當程度上是因其把對了法國政治生態變化的「脈

搏」，回應主流民意求變、求政壇更新換代的訴求。相對於此前被選民阻擋於大選門外的兩位前總統和三位前總理，以及在終極PK中落敗的對手勒龐，三十九歲的馬克龍無疑太過年輕，政治閱歷太過膚淺，但正是這位政壇「神童」終結了法國左右兩大政黨輪流執政的傳統格局，也責無旁貸地承擔起歷史「拯救者」的重任。

馬克龍獲勝，讓擔心法國右轉、歐盟崩潰的全世界鬆了一口氣，但對於完成天降之「拯救」大任來說，還剛剛開始。作為「不左不右」的政壇新人，馬克龍更像是一張「白紙」，如何組建執政團隊是其面臨的首要挑戰。經濟長期疲弱、高度對立分裂的社會，都考驗馬克龍的智慧。歐盟雖然暫時避過解體的風險，但連馬克龍也承認其機能失調，必須要徹底改革，而要在英國脫歐、民粹主義浪潮風起雲湧的背景下對歐盟動大手術，結局實在難料。

雖然挑戰重重，但馬克龍已經有了好的開端，也期待他會有一個好的未來。

2017年5月9日

文在寅「求變」唯有背水一戰

五月九日，韓國終於迎來了決定性一刻，共同民主黨候選人文在寅技高一籌，成功入主青瓦台。十五傑爭霸、五雄鼎立的戰國亂世暫告落幕，韓告別了長達半年之久的權力眞空。

實際上，文在寅並非贏在其有過人的治國方略，而是贏在前政府的失敗。對文在寅的政策主張，選民早在二〇一二年其與朴槿惠「過招」時就已領略過，並不新鮮。新鮮的是，四年後的今天，民眾對朴槿惠政府的失望與憤怒自然轉化爲對第一大在野黨的支持，文在寅坐地成爲最大受益者。與朴槿惠「韓國公主」身份不同的是，文在寅平民形象更容易拉近與民眾的距離，既然「精英」治國窮途末路，不妨讓「草根」一試身手。

沒人會否認，文在寅接手的是一個「爛攤子」。有人可憐文在寅，預言其可能是「冷戰結束以來最難當的總統」，聽起來令人毛骨悚然，但確實反映出現實的嚴酷性。朴槿惠「閨密門」及貪腐事件重創政權威信，重塑社會對政府的信任並不容易。長期經濟增長放緩，就業前景黯淡，民眾苦不堪言。特別是三十歲以下年輕人失業率連續五年攀升，對未來充滿絕望。社會財富越來越集中在少數家庭經營的大企業手中，分配不公平、官商勾結成爲難以克服的「韓國病」。

對外關係上更不樂觀。朝鮮半島南北對立加劇，戰爭的「火藥桶」可能引爆。因執意引入「薩德」，韓與中、俄等周邊大國交惡，已幾近水火不容。韓日關係乍暖還寒，前政府無原則地處理慰安婦問題激起社會強烈反彈。而本應是一片藍天的美韓同盟也因美改朝換代而生變，韓迎合美、放「薩德」入境並未換來華府溫暖的懷抱，特朗普強索十億美元部署費更

出乎意料，打了韓一個措手不及。

面對內外交困的亂局，文在寅改變的空間十分有限。提振國內經濟、彌合社會分裂絕無一蹴而就之良方。對大家族企業改革是在太歲頭上動土，將觸動強大既得利益集團和國家經濟根基。而外交僵局更難破。朝核問題本質上是美韓關係，韓國幾乎無任何發言權。作爲盧武鉉政府的核心幕僚，文在寅雖極力主張南北對話，柔性接觸朝鮮，但現實環境已時過境遷，南北再也無法回到「陽光政策」時代。木已成舟的「薩德」部署尤爲棘手，取消「薩德」將激怒美，維持部署，中韓、俄韓關係永遠不可能走出谷底。本應在大國間左右逢源的韓國，如今成爲砧板上的魚肉。

儘管空間有限，但文在寅必須改變。半島不容「擁核」，更不容重燃戰火，中韓無繼續交惡的理由，其損害的是兩國人民的根本利益。政權更迭並不一定是壞事，至少可爲改變提供機會。在方向性問題上，期待文在寅能做出正確選擇。

2017年5月10日

中韓關係轉圜 「薩德」是關鍵

由於韓處於無在任總統的權力眞空狀態，文在寅一當選就成了靑瓦台的新主人。在就職演說中，文在寅發出積極訊號，將就解決「薩德」問題同中美磋商，稱可隨時訪美，若條件允許也可訪朝。不管文在寅能在和解之路上走多遠，這些舉措均有利於緩和半島緊張和地區安全，都値得點讚。

衆所周知，中韓關係的癥結就在「薩德」。自去年七月，韓方在毫無徵兆情況下突然宣布引入「薩德」後，中韓關係便一路下滑，兩國數十年營造的友好合作關係一夜間化爲烏有。隨着「薩德」部署步步升級，兩國關係漸漸步入全面「冰封」狀態。相互間敵意上升，兩國友好的民意基礎遭受重創，樂天等一些韓國企業受到抵制，損失慘重，中方反制也正步步升級。有統計顯示，由於引進「薩德」，韓旅遊業至少在中國少賺了近百億美元，韓 GDP 可能被壓低零點三個百分點。已有越來越多的韓國民衆認識到，韓國引入的不是「安全」，而是「災禍」。

從內心來講，文在寅是反「薩德」的，也深知「薩德」部署必定損害中韓關係。早在二○一五年二月，時任新政治民主聯合黨（現共和民主黨）黨首的文在寅就曾就引進「薩德」傳聞質詢過韓國防部長，在得到模棱兩可的答覆後，其進一步提出，韓有必要向中國明確無意引進「薩德」的立場。在政府宣布引進「薩德」後，文在寅及其所在的共和民主黨表示強烈反對，其質疑「薩德」保護國家安全的有效性，並把阻止中韓關係受損列爲外交最優先課題，呼籲「薩德」問題應由下屆政府決定。

三月十日，韓憲法法院通過了朴槿惠彈劾案，韓國首次提前大選，文

在寅立場出現微妙變化，由過去旗幟鮮明反「薩德」，變成「無法說贊成，還是反對」。朝鮮半島進入「危機四月」後，文在寅態度更後退一步，稱若朝鮮繼續用核武發起挑戰並發展核武力量，可能促使韓國執意部署「薩德」。這是其首次表示支持部署「薩德」。但文在寅還有常被忽略的後半句話，如果朝停止發展核武並重返談判桌，韓可暫緩部署，如果朝完全廢除核武，韓就無必要再部署了。

文在寅在「薩德」立場上的變化，一是出於選舉策略，在拉選票的關鍵時刻，其不願失去強硬派的支持；二是回應地區緊張局勢的升級，恫嚇、威脅朝鮮；三是出於對「薩德」部署木已成舟的顧慮，給自己留下些許迴旋空間。但這似乎並不影響其反「薩德」的原則立場及改善中韓關係的強烈願望。

中韓並無戰略衝突。半島無核化、地區安全是韓最大戰略利益，也是中國東北亞政策的主軸。中韓沒有任何理由交惡，相信韓新政府會作出正確抉擇。

2017 年 5 月 11 日

文在寅是否敢對美說「不」?

　　剛在大選中獲勝的文在寅一上任，就把對美關係置於特別突出位置。在就職演說中，文在寅稱將就解決「薩德」問題同美中磋商。接着，又與特朗普直接通話，就盡早實現美韓首腦會晤達成共識，準備於下月訪美。韓方將於本月派特使團訪美，美方也將派高級諮詢團訪韓。

　　如果說朴槿惠執政前期，韓還致力於在大國之間周旋，一定程度上尋求獨立外交的話，那麼，在其後期，保守主義思維主導了外交，韓完全倒向了美國懷抱。對日走近，美日韓「三角」初現，與中、俄等國交惡等等，都是這種調整的結果，韓完全淪為美「亞太再平衡」戰略的附庸。但美韓相繼「變天」後，兩國關係出現了新變數，特朗普對韓提出了新要求，文在寅對美立場也明顯有別於前任。

　　在對美關係上，文在寅引起各方關注的一句名言是「要學會對美國說不」。不過，這是在競選時做出的承諾，真正上台後，文在寅是否還敢說「不」，能在多大程度上說「不」，已是一個大大的問號。

　　文在寅的確想對美國說「不」，對韓被動接受美國「保護」心有不甘。文在寅提出的「韓國利益優先」、「獨立自主外交」等理念，明顯是針對美國。在半島問題上，文在寅要重啓「陽光政策」，並要在一定程度上承認金正恩前提下、通過和平談判解決朝核問題。在「薩德」問題上，文強調這一問題不應損害中韓、俄韓關係。這一切都與特朗普現行政策衝突。

　　就在文在寅還在糾結如何對美說「不」的時候，特朗普已開始對韓說「不」了。在「薩德」問題上，特朗普破天荒提出了十億美元部署費，對

韓兜頭潑下一盆冷水。在美韓自由貿易協定上，特朗普多次聲稱這是一不應繼續存在的「糟糕協定」，修改恐是遲早的事。特別是在剛剛過去的朝鮮「四月危機」中，特朗普的「開戰」警訊沒有嚇到朝鮮，卻令韓膽戰心驚，社會上下瀰漫着一種被拋棄的恐慌。美韓結盟六十餘年來，韓國第一次感覺到來自「保護國」的威脅，美不再是韓安全與穩定的「壓艙石」。

對美說「不」，有成功的先例。菲律賓總統杜特爾特對美說「不」，在東南亞贏下一片獨立自主的藍天。但也有失敗的教訓，日本鳩山由紀夫政權欲借「東亞共同體」理念「脫美入亞」，在台上不足一年就被搞掉。

嚴格講，文在寅並不是真正意義上的「反美鬥士」，儘管對美頗有微詞，但「美韓同盟是韓民主與安全最重要基石」仍是其核心理念。文所說的「不」是在「美韓同盟」基礎上的「不」，不可能背離太遠。即使這樣，依然需要勇氣，不知靑瓦台新主人能在多大程度上踐行其諾言。

2017年5月12日

慰安婦爭議重現 韓日關係前景不妙

　　韓國政權「變天」，最糾結的是安倍。在與文在寅當選後的首次通話中，安倍迫不及待地提出慰安婦問題，施壓韓新政府遵守並履行協議。

　　安倍何以如此焦急？慰安婦問題是日韓長期爭論的焦點，也是兩國關係的軟肋。兩國關係若生變，勢將從慰安婦問題開始，而且一旦變化，便再難復合。文在寅對此問題與朴槿惠立場迥異，從其上台伊始，日韓關係實際上已被打回原點。

　　文安各懷心事，首次通話既不愉悅，也不輕鬆。安倍並未從韓新總統那裏獲得履行協議的承諾，文在寅更不可能從日首相口中聽到任何懺悔和道歉。針對安倍履行協議、移走慰安婦銅像的關切，文在寅不軟不硬地訴諸民間，稱民間產生的問題，政府部門解決起來也有一定限制，尚需時間。文在寅更不失時機地為安倍上了一堂歷史課，呼籲日方尊重河野談話、村山談話，並繼承其內容和精神。

　　文在寅是反慰安婦協議的急先鋒。二〇一五年末韓日達成慰安婦協議時，當時尚在野的文在寅就是堅定的反對者。競選期間，文在寅曾明確表示，將與日方重新商討，達成一份能讓受害者接受，也讓韓民眾滿意的慰安婦協議。甚至在臨近投票的最後一天，文在寅仍在向日喊話，稱「慰安婦協議是個錯誤」。對文在寅來說，未在與安倍首次通話中提出重啟協議談判，就已是給其留了相當大的面子。文在寅只是不想給日留下一上台就單方面撕毀協議的罵名，並不代表其在此問題上存在搖擺。

　　朴槿惠上台後相當長一段時間，對日右翼崛起是充滿疑慮的。韓曾對日否定侵略歷史、參拜靖國神社、修改安保法案等行為表示強烈不滿，對

日大搞海上領土擴張、復活軍國主義的行徑保持高度警惕。自二戰結束以來，韓、日兩國雖都與美結爲盟友，但領土爭端及慰安婦問題如兩座不可逾越的大山，橫亘在兩國之間，始終未能得到解決。但在朴槿惠執政後期，韓在美的壓力下與日倉促達成慰安婦協議，在民間引起強烈反彈。雖然日方軟硬兼施，企圖渾水摸魚，落實協議，一勞永逸地爲慰安婦問題畫上句號。但無奈韓民間反應過於強烈，再加上朴槿惠政權正在風雨飄搖之中，無暇他顧，兩國慰安婦協議留下了一個長長的尾巴，聳立在日駐韓使領館前的慰安婦少女像最終未被移除。文在寅上台，韓日勢重啓談判，慰安婦協議或全面泡湯。

韓、日本不是同一條路上跑的車。雖在奧巴馬高壓下催生出一個臨時「盟友」的怪胎，但仍然彼此互相猜忌，同床異夢。如今，美、韓均已「變天」，韓日關係向何處去？安倍的態度或只是日方的一廂情願。

2017年5月17日

謹慎看待日在對華關係上「示好」

中國國家主席習近平日前會見來京參加「一帶一路」論壇的日本自民黨幹事長二階俊博，稱其為長期致力於中日友好合作的「中國人民的老朋友」。會見期間，二階俊博轉交了一封日本首相安倍晉三據說是「飽含熱情」的親筆信。對於習慣了兩國間唇槍舌劍、尖銳對立的百姓來說，中日關係「轉圜」來得有點突然。

的確，日方近期在對華關係上出現了一些新動向。中方提出「一帶一路」倡議以來，日本總體上持防範和抗衡態度，官方鮮有積極表態及響應，媒體則將其視為「中國威脅」，刻意將「一帶一路」與「馬歇爾計劃」和「珍珠鏈戰略」相提並論。也正因為中日間的尖銳矛盾及日方的消極排斥心態，中方也從未將日列為「一帶一路」國家。但在「一帶一路」首屆論壇臨近召開之際，日方態度發生了一百八十度大轉彎，不僅派出執政自民黨內僅次於安倍的「二號人物」與會，還帶來多達三千人的龐大經濟代表團，而安倍的「親筆信」及可能加入亞投行的表態，更與其先前圍華、抗華的一貫立場大相逕庭。這一系列「示好」動作都說明，日對華政策正在出現一些微妙變化。

如何看待日方變化？是迷途知返？還是權宜之計？尚需要時間觀察。可以肯定的是，安倍的「友好」，內含許多「無奈」，是迫於亞太形勢變化的現實壓力而不得已作出的。

特朗普上台，美對亞太政策做出重大調整，正式退出了TPP，「亞太再平衡」戰略也已走進歷史。長期以來充當美「重返亞太」馬前卒、為奧巴馬遏制中國衝鋒陷陣的日本感到失落和困惑。美國「主子」已指望不

上，自己獨挑大樑又力不從心，日本猶如太平洋上的一葉孤舟，空前孤立無助。習特首會後，中美關係大局已定，雙方在台海、南海等問題上的不確定性消除，美方不斷提高合作的調門，並在參加「一帶一路」倡議上作出政策調整。日方對此感到緊張，繼續圍堵中國恐陷入更加孤立的境地。同時，中方「一帶一路」倡議獲得世界各國廣泛響應，亞投行成員已發展到了七十七個，遠超美日主導、有六十七個成員的亞開行。擁有濃厚「絲路情結」的日本已經錯過了「頭班車」，若不再及時「插隊」，恐將永遠錯過中國發展的「順風車」，政府恐將淪為經濟界千夫所指的對象。

　　總體看，安倍所作的是策略性調整，對華「轉舵」帶有相當大的試探性成分。雖有華麗詞藻的包裝，但日方在侵略歷史、領土爭端等一系列原則問題上立場未有絲毫改變，談中日關係「破冰」為時尚早。日本人尤善言辭，有必要對安倍的「深情」保留一份戒心，謹慎對待其「示好」。

2017 年 5 月 18 日

「通俄」：特朗普之殤

從贏得大選之日起，特朗普就被指「通俄」。正是由於俄幕後操控，特朗普才得以入主白宮。上任四個多月來，「通俄門」事件持續發酵，如「幽靈」般伴其左右，剪不斷理還亂。特朗普日前在參加一場公開活動時曾抱怨，沒有哪個歷史政治人物比他更糟糕。但願此言別一語成讖。

鑒於美俄特殊的敵對關係，「通俄」在美堪比「叛國」，是無法被理解和原諒的彌天大罪。為了洗刷這一罪名，特朗普可謂用盡了渾身解數，但到頭來非但未能澄清真相，反又惹上一身「膻」，更加令各界加深了對其懷疑。「通俄」像一個揮之不去的標籤，牢牢地釘在特朗普身上。

由於美大選背後隱約浮現俄「黑手」，特朗普當選總給人一種名不正言不順的感覺。為了給自己「正名」，特朗普上任後在處理美俄關係上一直小心翼翼，桀驁不馴性情大為收斂，儼然成了亦步亦趨的溫順羔羊。傳說中的特普友誼沒有建立起來，預料中的改善對俄關係亦未實現。即便如此，特朗普仍未能避過對手的攻擊，其所有涉俄言行都成為對手攻擊的「槍彈」。

上個月，特朗普突然下令空襲敘利亞，對敘兩機場連發五十九枚戰斧導彈。這些導彈原本就是扔給其政治對手的，想通過對俄開刀自證不「親俄」。孰料此舉是偷雞不成蝕把米，特朗普被指欲蓋彌彰，不但得罪了普京，還在「通俄門」風波中引發更大質疑。更難令人理解的是，連與俄外長拉夫羅夫會見這樣的外交活動，也有人抓「辮子」，指責特朗普向俄泄露了「絕密情報」，可能危及盟友潛伏在ISIS內線人的生命安全。頗具諷刺意味的是，遠在大洋彼岸的普京伸出援手，不惜以公布錄音為其證「清

白」。

　　特朗普身負「通俄」的「原罪」，磕磕絆絆一路走來，走得確實辛苦。其團隊多名要員去職，有的是身上有「屎」，被懷疑與俄有染被迫去職，有的是不肯聽命於總統、執意徹查「通俄門」被炒。儘管如此，特朗普仍然未能控制住局勢，局長科米因查「通俄」被炒後，FBI 旋即聲明誓將案件追查到底，一定查個水落石出。為了規避特朗普濫用權力，美司法部特聘前 FBI 局長穆勒任特別檢察官，以局外人的身份專責調查事件。「特檢」享有獨立調查權，連總統也無權隨意解職，特朗普未來着實讓人捏一把汗。

　　「通俄門」堪稱現代版「水門事件」，所有「情節」都在按原有「腳本」演進。如果任由「通俄門」事件繼續發酵，不排除特朗普成為「尼克松第二」。

　　「通俄」，是特朗普之殤。特朗普是否「成」在「通俄」，不得而知，但是否會「敗」在「通俄」，確極有可能。

2017 年 5 月 19 日

曼徹斯特喋血　歐洲反恐困局難破

　　當成千上萬歌迷走進曼徹斯特體育館、聽格蘭德演唱會的時候，做夢也沒想到，等待他們的是一場「噩夢」。一起「駭人聽聞的恐怖襲擊」從天而降，瞬間奪去二十二條生命，另有五十九人受傷。全世界與現場歌迷共同度過了一個不眠的「恐怖之夜」。

　　可怕的是，事件並未結束，就在現場救援還在進行、人們驚魂未定之時，一家購物中心又傳來爆炸聲。展望未來半月，前有六月四日威爾士加迪夫歐聯決賽，後有六月八日大選及業已展開的造勢活動，英國人緊繃的神經短期內恐難鬆懈。反恐部門關於「英國正面臨四十年來最嚴重恐怖襲擊威脅」的判斷不幸一語成讖。

　　對百姓而言，探究恐怖緣何發生在體育館意義不大，因為街頭鬧市、機場車站、重點戰略目標及民用住宅，都已是襲擊目標。弄清爆炸物特徵及做案手法也於事無補，因為不光是炸彈、機槍、槍支可以施襲，卡車、飛機、砍刀也可成為恐襲武器。查清並緝拿兇手的意義也僅是對案件有所交代，從有組織的 ISIS 分子，到行蹤飄忽的「孤狼」，恐怖分子就藏在身邊，像常人一樣生活，襲擊不會中斷。

　　兩個月前，議會恐襲的場景依然歷歷在目，如今，曼徹斯特又淪陷，半年不到，英倫已遭遇了兩起重大恐襲。曼城絕非最後一個，災難隨時可能降臨在英國及歐洲任何地方。民眾最害怕的，是當今恐襲花樣翻新，毫無規律可循，防不勝防。民眾最關心的，是當局如何在無規律的攻擊中找到規律，防止悲劇重演。

　　而這也恰恰是警方最難辦到的。對英國來說，「不是恐襲事件是否會

發生，而是何時發生的問題」，警方表態不知包含了多少「無奈」。自二〇一三年六月以來，英警方已成功挫敗了十三起恐怖襲擊陰謀，可能挽救了成百上千條生命。但又有誰能夠說得清，有多少起襲擊未被破獲，又有多少起陰謀正在策劃之中。

說英國漠視反恐，實在冤枉。無論在歐洲，還是世界，英國對反恐的重視及行動能力都是一流的。為了還英倫一片淨土，英國在移民問題上不惜與整個歐洲翻臉，甚至意外觸發了「脫歐」，代價再大也要遏住「移民潮」。英行動能力在歐洲也是響噹噹的，職能反恐部門的戰績名揚四海，使英成為世界最安全的國家。但殘酷的現實證明，與歐洲「切割」並未給英國帶來安全，安保「百密」機制中終會有「一疏」，也難讓國家高枕無憂。

歸根到底，反恐是要剷除恐怖主義孳生的根源，提高打擊恐怖主義的效率。曼徹斯特恐襲再次敲響了警鐘，與其他西方國家一樣，英在內外政策上有太多需要認真反思的地方。

2017年5月24日

只拿移民「開刀」難除歐洲恐襲威脅

曼徹斯特恐襲造成巨大傷亡，震驚全球。各國在檢討安保漏洞、全面升級防範措施的同時，也在對現行政策進行反思。特別是當 ISIS 宣布承擔責任，調查傳出施襲恐嫌來自利比亞家庭後，此次襲擊已具聖戰色彩，歐洲將矛頭再次指向中東移民，穆斯林群體也將再次成爲眾矢之的。

事件發生後，英國已將恐怖威脅級別從「嚴重」提升至最高級「危急」，其他國家也加強了防範措施，在機場、港口及大型活動場所增派警力，加強巡邏。毫無疑問，來自中東的移民將是重點防範對象。再過兩周，英國將提前舉行大選，密集的候選人造勢活動業已展開，對警方來說，確保選舉安全順利舉行將是一大考驗。可以肯定的是，曼城恐襲將催谷右翼勢力的民意，對選舉結果影響不容小覷。屆時，受傷害的依然是外來移民。

一個「幽靈」，恐怖襲擊的「幽靈」，在歐洲徘徊，民眾風聲鶴唳，不得安寧。從法國尼斯慘案，到瑞典斯德哥爾摩的貨車襲擊，從德國柏林的聖誕市集事件，到瑞士蘇黎世清眞寺槍擊，從兩個月前英國議會大廈恐襲，到今天的曼城演唱會爆炸……歐洲已很難找到一塊未被恐怖分子染指的「淨土」，昔日的「自由天堂」正在變爲「人間煉獄」。雖然各國都加大了反恐力度，但效果不彰，在這場「不對稱戰爭」中，攻擊方更佔主動，防範方常處於被動捱打的尷尬境地。

毋庸置疑，中東難民是歐洲安全惡化的因素之一。曾幾何時，歐洲被中東難民奉爲「聖殿」，儘管地中海的驚濤駭浪吞噬了無數生命，中東難民依然前仆後繼，義無反顧地踏上這條兇險的「追夢之旅」。理想很豐

滿，但現實卻很骨感，從踏上歐洲大陸那一刻起，中東難民就從未感受到「自由」、「平等」的溫暖，從未擺脫過「另類」的標籤。特別是近年來，歐洲經濟低迷、社會治安惡化，各國右翼勢力崛起，種族主義、民粹主義抬頭，難民首當其衝成爲發泄的對象。而當局在傳統價值觀上退縮，政策普遍「右轉」，更進一步加劇了這一群體的失落。部分移民走上違法犯罪，甚至恐怖襲擊之路，有極端思想的原因，但也不無泄憤、報復的成分。

更應引起高度警惕的是，許多恐嫌是無任何極端宗敎背景，是土生土長的歐洲白人。ISIS 在中東崛起後，數千靑年放棄對人權、平等的幻想，遠赴中東，加入「聖戰」。又有相當一批人接受了極端思想，偸偸潛回本國，把恐怖戰火引向了歐洲本土。

外來移民雖是歐洲不穩定因素，但還遠不是全部和唯一。從一定程度上講，他們也是恐襲的受害者。反恐只拿移民開刀，並不公平，也難解除歐洲恐襲警報。

2017 年 5 月 25 日

特朗普「泄密門」拷問美與盟友信任

上任四個月來，特朗普幾乎是一步一「門」，飽受各種「爭議」的困擾。從說不清的「通俄門」，到道不明的「彈劾門」、「竊聽門」、「解職門」、「干預司法門」、「怒懟媒體門」，特朗普身邊「門」事件之多、之火爆可謂史無前例。其中，正不斷發酵並越來越引人矚目的是「泄密門」，連剛剛發生的曼城恐襲都涉嫌「泄密」，令英方大為光火，首相文翠珊正準備向特朗普興師問罪。

說起特朗普「泄密」，反響最大的是其在與俄外長拉夫羅夫會見時，向俄方透露了來自盟友以色列的絕密反恐情報。事件成為特朗普「通俄門」的又一有力佐證，由此引發一場「彈劾」風波，甚至導致國際黃金及金融市場震蕩。

但特朗普的「泄密」遠不止於「通俄」。在與菲律賓總統杜特爾特的通話中，特朗普泄露了美在朝鮮半島兩艘核潛艇的部署和動向。曼徹斯特恐襲發生後，美媒卻援引「三個美國官員」的消息，搶先披露了恐嫌的身份，影響了英警方的調查和追捕行動。此事雖不是特朗普直接「泄密」，但同樣來源於美英情報交流，特朗普作為總統，自然脫不了干係。

「泄密門」重創特朗普形象。此前，各方都希望特朗普上任後，能成熟起來，能改變其口沒遮攔的個性。現在看來，江山易改，本性難移，特朗普雖收斂了許多，也想變得更像一位大國總統，但一遇到具體事務，還是把握不住分寸，信口開河。

「泄密門」重創美國誠信。作為超級大國總統，偶爾犯渾，對一些事務處理上出現失當在所難免，但可怕的是其認識不到錯誤及可能由此引發

的後果。對俄「泄密」事件被曝光後，面對潮水般批評、質疑聲，特朗普強硬回擊，稱作爲總統，他「有權」與俄官員就打擊恐怖主義共享信息。特朗普把這一切歸咎於「政治迫害」，抱怨稱歷史上沒人遭受過比這更惡劣、更不公平的待遇。

「泄密門」勢將影響美與盟友的情報合作。一連串「泄密」事件令與美分享情報的盟友大爲恐慌，如果任由特朗普繼續使性子，不知下一步還會捅出多大的「婁子」，給盟友帶來多大的損害。有專家已爲新政府貼上不可靠標籤，直指白宮紀律不嚴，是一易「泄密」的政府，與其分享情報後果難料。

別小看了情報合作。機密信息的共享，是國家間高度信任、政治關係高度緊密的體現。受「泄密門」衝擊的英國和以色列，既是與美分享情報最多的國家，也是美最堅實的盟友。若「泄密門」繼續發酵，美與盟友情報合作將受影響，其政治關係也勢將受衝擊。

2017年5月26日

誰在「擺」文在寅上枱？

就在韓國新總統文在寅致力推動改善對華關係、欲在中美間尋求新平衡的敏感時刻，韓國內傳出一椿「奇聞」，除部署於慶尚北道星州的兩套「薩德」系統外，還有四輛發射車已被暗中運入韓境內。文在寅聞聽此訊後表示「震驚」，下令徹查真相。

若傳聞屬實，事件帶給文在寅的豈止是「震驚」。此事若發生在軍閥割據、各派別畫地為牢的混亂國度，尚情有可原。但發生在韓國這樣一個民主國家，特別是發生在民眾已選出了新總統，「權力真空」狀態早已宣告終結的時刻，確實令人匪夷所思。四套「薩德」系統何以能瞞過總統，神不知、鬼不覺地進入韓國？唯一合乎邏輯的解釋是，文在寅被架空，在青瓦台外還存在另外一個權力中心。

有人對事件真相提出質疑，戲稱文在寅為「文在演」，認為新政府與軍方「唱雙簧」，是在賊喊捉賊，做給中國人看。但細究起來，似乎很難說得通。暫且不論文在寅歷史上反「薩德」，單就當前情勢來說，「薩德」已成其最棘手的難題，剪不斷理還亂。文在寅改善對華關係的態度是真誠的，中韓交惡已嚴重損害了韓國利益，已到了非改不可的地步。而韓方也明白，好話說盡，想要讓中方接受「薩德」是不可能的。業已部署的「薩德」已成「燙手山芋」，新「薩德」部署將是火上澆油，除非韓改善對華關係本身就是一場「騙局」。

從文在寅聞聽此事的反應看，新總統更像是被蒙蔽。根據青瓦台的吹風，文在寅曾親自給國防部長韓民求打電話，求證事實，並要求徹底調查事件真相，包括入境原委、由誰決策、為何瞞天過海以及向新政府遲報等

等。當然，如何調查處理？如何彌補權力漏洞？這是韓國內的事，但如果新「薩德」部署是事實，文在寅的「不知情」並能構成其卸責的理由，中方反制也不會因此而網開一面。

誰敢擺新總統「上枱」？頭號「幕後推手」當屬韓軍方。國防部長韓民求是前朝「遺老」，一手推動了「薩德」部署談判，在朴槿惠被彈劾的權力「空窗期」，其無視諸多候選人將此問題新政府處理的呼籲，加快引入「薩德」，將生米煮成熟飯。四套新「薩德」入境，是又一起木已成舟的既定事實，不啻對文在寅再「將」一軍。另一「推手」來自美五角大樓，隨着美韓就「薩德」費用達成協議，兩國間爭議已經消除，美欲通過增加部署，明示韓新政府，誰才是保障韓國安全的「主人」，對文在寅的變革形成掣肘。

「唱雙簧」也好，暗度陳倉也罷，韓方還是莫再「玩火」，小心謹慎、妥善處理事件。增加「薩德」部署，性質很惡劣，後果很嚴重。

2017年5月31日

塔利班與ISIS合流 阿富汗局勢堪憂

　　經過相當長時間的沉寂，阿富汗這個多災多難的國度，再次登上世界主流媒體的頭條。當地時間五月三十一日上午，阿富汗首都喀布爾使館區發生汽車炸彈襲擊，至少造成八十人死亡、三百五十人受傷。對這起事件，塔利班忙撇清責任，否認參與這種「無目標」襲擊。ISIS卻反其道而行之，主動「認領」襲擊。究竟誰是幕後兇手？尚待調查，唯不知阿政府是否有能力查明真相，對事件作出結論。

　　實際上，類似事件在阿富汗早已司空見慣，首都喀布爾更是「重災區」，有時甚至一天發生多起爆炸事件。之所以未引起關注，皆因事件多與西方無關。不久前，阿富汗曾榮登頭條，是因為美為打擊阿境內ISIS分子，首次「請出」威力巨大的「炸彈之母」。此次襲擊受關注，也是因為事發使館區，事件雖未造成外交官人身傷亡，但着實把他們嚇出一身冷汗。與此形成鮮明對比的是，今年一季度阿境內各類武裝衝突不斷，共造成二千一百八十一名平民傷亡，西方媒體對此表現出十足的冷漠與麻木。

　　二〇一四年底，以美國為首的北約多國部隊結束在阿作戰任務，陸續撤出，留在當地的軍人也逐漸退居幕後，主要從事軍事顧問、培訓及技術支持等後勤支援工作。反恐戰爭雖然名義上宣告結束，但卻給阿留下了一個巨大的「安全真空」。活躍在阿境內外的各類恐怖組織、反政府武裝、走私販毒團夥等迅速行動起來，攻城掠地，填補空白。阿富汗安全部隊雖然竭盡全力打擊武裝分子，但效果不彰，政府內嚴重的政治分化及官員腐敗等也制約了軍事行動效率。阿政府軍節節敗退，目前僅能有效控制百分之五十二的領土，與二〇一五年的百分之七十二相比明顯下降。

　　而塔利班武裝卻越戰越勇，攻勢開始由農村轉向大城市。今年四月以來，塔利班宣布發動大規模「春季攻勢」，將政府機關、軍事基地、軍事設施和情報機構駐地列爲襲擊目標，各類襲擊、爆炸事件大幅上升，阿安全局勢惡化愈演愈烈。

　　ISIS 也乘虛而入，勢力不斷壯大。從美軍撤離之日起，ISIS 便越過邊境，在阿富汗扯起「聖戰」旗幟。這其中旣有原塔利班成員，因對領導層不滿而主動投靠的，也有在當地「洗腦」後新發展的。ISIS 武裝與塔利班分庭抗禮，在爭奪地盤中雖時有衝突，但在反美及反政府上立場一致。經過兩年多經營，ISIS 在阿已站穩腳跟，組織實施了多起重大恐襲行動。

　　阿富汗「沒有最糟，只有更糟」。美情報部門判斷，阿局勢惡化已成定局，除非白宮改變策略，否則，「我們將失去過去幾年的全部收穫」。

2017 年 6 月 1 日

全球氣候治理還看中歐

六月一日，對《巴黎協定》來說，是一個特殊日子。大西洋西岸，特朗普去意已決，欲以「讓美國再次偉大」為藉口，正式宣布退出《巴黎協定》，世界一片恐慌。與此同時，大西洋東側，中歐果斷接招，將在中歐峰會上發布首個聯合聲明，宣示攜手推動執行《巴黎協定》，為全球派出一粒至關重要的「定心丸」。

一年前，當特朗普在競選時喊出「退出《巴黎協定》」時，各界還都認為不過是一句玩笑。在攸關全球生死安危的氣候問題上，人們不相信特朗普會如此輕率和任性。而今噩夢成真，全球再一次領教了美國的霸道和無理。人類歷經幾十年艱苦探索、研究而得出的全球變暖的科學結論，竟被特朗普一句「騙局」而否定，各國經過多輪艱苦談判、磋商而達成的行動安排，也被特朗普大筆一揮，成為對美沒有約束力的一張廢紙。

這就是現實，一個令全世界都難以置信的現實。特朗普的「美國優先」，說白了，就是唯「美國私利」獨尊，而且是不惜以犧牲全世界為代價，實現美一己私利。一個自詡為「負責任的大國」，卻把自己擺到了全世界的對立面，甘願與尚未簽署協議的敘利亞、尼加拉瓜為伍，令人遺憾。

《巴黎協定》來之不易，值得倍加珍惜。這是繼《京都議定書》後第二份有法律約束力的氣候協議，為二〇二〇年後全球應對氣候變化行動作出了安排。《協定》不僅說明對氣候變化採取行動的緊迫性，而且顯示出各國政府應對決心和合作誠意。中美兩國對達成氣候協議發揮了重要的引領作用，立下汗馬功勞，受到全世界稱讚。去年四月二十二日「世界地球

日」，一百多個國家齊聚聯合國，見證《巴黎協定》的簽署，在人類可持續發展進程中譜寫重要一頁。談到《協定》的意義，包括美國在內的世界各國均用「歷史轉折點」、「關鍵里程碑」、「影響非凡」等來形容。應該講，在這一涉及人類生存重大問題上，用多美好的詞語來評價都不為過。

特朗普大開「歷史倒車」，既是對美原有立場的背叛，也是對美國人民的褻瀆，更是對其國際形象的出賣。

國際社會普遍擔心，特朗普的「惡劣先例」會否引發多米諾骨牌效應，令《巴黎協定》功虧一簣。在此關鍵時刻，中歐展現出「負責任大國」的擔當，毅然扛起了捍衛《巴黎協定》的大旗，向全世界承諾全面落實《協定》安排。正在歐洲訪問的中國政府總理李克強、歐洲理事會主席圖斯克及歐盟委員會主席容克將共同見證這一歷史時刻。

有中歐這根「中流砥柱」，美在氣候問題上就掀不起毀滅性惡浪，《巴黎協定》前景依然光明。

2017年6月2日

美開倒車難阻全球氣候治理

世間萬物，偶然之中往往有其內在的必然聯繫。美那隻紛擾世界多日的「靴子」終於落地—特朗普正式宣布退出《巴黎協定》。而就在同一天，中歐聯合發聲，鄭重宣示履行《巴黎協定》承諾，繼續推動低碳經濟和能源轉型。

這絕非是時間上的巧合，而是全球應對氣變的歷史性轉折。在美倒行逆施、大開氣候「倒車」，引發世界恐慌情況下，中歐果斷扛起大旗，展現出「負責任大國」的擔當，給全球派出一粒至關重要的「定心丸」，在關鍵時刻及時設定了「止損點」，爲《巴黎協定》繼續前行增添了信心。

國際關係中，「是」與「非」的界限常常很難劃定，唯《巴黎協定》例外。人有性別、種族、信仰之分，國有傳統、利益、立場之別，但在氣候變化這一攸關全人類未來命運的全球性挑戰面前，任何人、任何國家都不可能置身事外，一切差別、分歧均退居次要。正所謂皮之不存，毛將焉附，保護好地球，是每一位地球人的責任。迄今爲止，《巴黎協定》已得到一百九十四個國家簽署並得到一百四十七個國家批准，游離於之外只有戰火紛飛的敘利亞和彈丸小國尼加拉瓜。人心向背、是非曲直已不言自明。

《巴黎協定》傾注了眾多科學家幾十年研究的心血，凝聚了國際社會最廣泛的共識，爲全球合作應對氣變明確了努力方向和目標，成果來之不易。《巴黎協定》不僅說明對氣候變化採取行動的緊迫性，而且顯示出各國政府應對決心和合作的政治意願。這一切都不是特朗普一句簡單的「騙局」就能否定得了的，也不是其一個粗暴的退出決定就能改變的。

特朗普為滿足美一己私利，不惜以犧牲全球為代價，霸氣十足。短期看，此舉可能有利於美恢復煤炭、石油、天然氣的開採，對實體經濟有積極影響。但長遠看，卻未必永遠有利。美可能因此喪失全球領導地位和國際誠信，其他國家可能會減少與其合作，或因心存芥蒂而影響合作效率，而一些發展前景廣闊的綠色能源技術投資也可能從美轉向他國。特朗普機關算盡，到頭來可能害的是自己。

美是當今世界碳排放量最大的國家之一，美國的退出會給《巴黎協定》執行帶來某種不確定性，削弱協定執行的原動力。但困擾和影響是暫時的、有限的。《巴黎協定》是世界性共識，節能減排、綠色經濟代表了未來發展方向，不會因美轉向而逆轉。從美國內到國際社會，特朗普已是「全球公敵」，其決定招致一邊倒的撻伐。相信美在走過一段曲折的彎路後，仍然會重歸《巴黎協定》的原點。

歷史的車輪總是滾滾向前的，「開倒車者」終難逃失敗的下場。美國的退出不會引發多米諾骨牌，國際社會對《協定》的堅守，有「定海神針」之效，將更加堅定全球應對氣變的決心。失去美國，《巴黎協定》這座「里程碑」不會倒，人類在應對氣變的正確道路上還會繼續走下去。

2017年6月3日

民主催生亂局 英入恐襲高發期

曼徹斯特演唱會人彈爆炸還歷歷在目，首都倫敦又遭遇汽車恐襲。當地時間三日晚，一輛貨車在倫敦橋上突然衝入人群，襲擊者隨後跳下車，用砍刀對行人大開殺戒，又釀成一起十死、四十八傷的人間慘劇。

就傷亡人數而言，此次事件雖少於曼城恐襲，但後果及影響依然不容小覷。兇手先撞後砍，手段殘忍，許多受害者慘遭割喉，場面血腥，駭人聽聞。事發在市中心的標誌倫敦橋，會給居民帶來更大的心理恐慌。而這也正是恐怖分子追求的效果。

英反恐部門曾預言，英國正面臨四十年來最嚴重恐怖襲擊威脅，此言不幸一語成讖。三月二十二日，英議會大廈遭汽車恐襲，造成五人死亡、四十多人受傷。時隔兩個月，五月二十二日，曼徹斯特演唱會發生人肉炸彈襲擊，造成二十二人死亡、五十九人受傷。事發不到兩周，倫敦再次遭遇襲擊。本月十三日，英將舉行大選，如果在投票日再有意外事件發生，恐襲時間間隔將縮短至不到一周。短短兩個多月，英已連續發生三起重大恐襲，百姓緊繃的神經未有一刻放鬆。

英國怎麼了？是中東移民作亂、恐怖分子太多？還是職能部門反恐不力？現實是，兩者兼而有之，卻未必是主要肇因。在全歐範圍內，英國移民政策最為嚴格，接受的難民數量也遠少於其他國家。職能反恐部門工作中的確存在不足，因疏漏而放生恐嫌的情況時有發生。但不可否認的是，英依然是當今世界反恐能力最強的國家，自二〇一三年六月以來，英警方已成功挫敗了十三起恐怖襲擊陰謀。

癥結恐怕還在於當前亂局。前有蘇格蘭「脫英」獨立公投驚魂，後有

英「脫歐」公投意外過關，英國這兩年就從未消停過。政壇動蕩伴隨連連恐襲，英國人似乎從未像今天這樣對未來感到迷茫。目前，英與歐盟「脫歐」談判尚未眞正開始，對雙方而言這都是一場前景難料的「硬仗」。文翠珊接替因「脫歐」公投下台的卡梅倫後，首相寶座還沒有坐熱，便突然宣布提前舉行大選，令政壇再次陷入動蕩。「脫歐」引發的社會撕裂愈演愈烈，蘇格蘭已決定進行二次公投，「脫歐派」與「留歐派」水火不容，大英帝國面臨前所未有的分裂危機。

英早就是ISIS等恐怖組織的襲擊目標。近年來政局持續動蕩及民衆不滿情緒的累積，爲恐怖組織實施襲擊提供了良機。英恐襲頻發且周期縮短的現實表明，ISIS等已把英列爲襲擊的優先目標。英倫不再安寧，未來將進入恐襲高發期。遺憾的是，這一切都是英民衆通過民主做出的選擇。

民主，是個好東西，但一旦民主被濫用，就會走向反面，產生破壞作用。英式民主的濫用，引發社會嚴重撕裂及尖銳對立，導致經濟停滯不前，民衆怨聲載道，同時也催生出恐怖主義滋生溫床。英何以由昔日「自由天堂」變成今天的「恐怖之都」？個中原因，值得認眞反思和總結，其教訓對本港亦不無裨益。

2017年6月5日

卡塔爾遭「圍剿」 美樂見其成

　　昨天，一個地處阿拉伯半島邊緣的小國——卡塔爾，突陷「斷交潮」，瞬間成爲世界輿論的中心。先是埃及、沙特、巴林三國政府聲明與卡塔爾斷交，隨即阿聯酋、也門、利比亞也步其後塵，連印度洋島國馬爾代夫也來「跟風」，對卡落井下石。同一天，阿拉伯聯盟宣布開除卡塔爾。

　　因各自利益不同，國家間關係時好時壞，本屬於正常。但一國同時遭七國「圍剿」，史上並不多見。被斷交的卡塔爾成了中東「刀俎」下的「魚肉」，外交官被限時四十八小時離境，與鄰近地區的海陸空聯絡被關閉，國際石油價格應聲大漲。

　　根據斷交七國的官方說辭，卡塔爾至少有四大罪狀：一是干涉別國內政，動搖他國的穩定與安全；二是支恐，煽動輿論激化局勢，支持穆兄會、「基地」組織等恐怖主義團體；三是與伊朗走得太近，資助與伊朗有關的武裝團夥，公開與特朗普中東行強調的孤立伊朗政策唱反調；四是暗通以色列。但卡對此全盤否認，稱斷交決定「不合理且毫無根據」。

　　卡塔爾與區內大國積怨已久，在很多問題上皆尖銳對立。此次「斷交潮」並非偶然，相關指控也不是憑空杜撰。伊拉克戰爭後，哈馬斯不時從卡塔爾獲取財源，激怒了沙特等國；「阿拉伯之春」期間，卡知名媒體半島電視台全力鼓吹革命，令阿拉伯世界極爲反感；卡與埃及穆兄會關係密切，穆爾西上台時，其爲「民選政府」大張旗鼓地點讚，待其被軍方推翻後，卡仍然初衷不改，爲穆兄會抱打不平，得罪了埃及政府；利比亞戰爭期間，卡全力支持設立禁飛區，並派戰機直接參戰；巴林、也門內亂時，

卡塔爾貌似中立，卻不時爆出與海灣其他國家不同的聲音。卡塔爾是否犯下「十惡不赦」的大罪，雖各有各的說法，但必須承認，卡塔爾在整個阿拉伯世界的口碑確實難以恭維。

引爆此次「斷交潮」的導火索是卡塔爾與伊朗走得太近。有專家把這起風波視爲「遜尼派阿拉伯世界與什葉派伊朗的一場外交前哨戰」，看來不無道理。阿拉伯國家對卡塔爾集體、行刑式懲罰，既有情緒發泄的成分，也是對其「親伊」政策的強硬否定。

美對這場風波尙在觀望，也樂見中東大國對卡施以「顏色」。過去，卡塔爾與周邊雖齟齬不斷，但未影響到與美的盟友關係。如今，美也對卡與伊朗走近心懷芥蒂，甚至出現將美軍中央司令部遷往他國的議論。孤立伊朗，是在特朗普中東新政的核心，美不會允許盟友三心二意。事發後，美駐卡大使發文，稱卡是「了不起的夥伴」，與其說是在撐卡塔爾，倒不如說是爲其未來政策定調，卡需三思而後行。

2017 年 6 月 6 日

卡塔爾之殤：都是伊朗惹的禍？

卡塔爾遭遇中東「集體圍剿」，此言並不爲過。一天之內，七個國家幾乎同時宣布與其斷交，阿盟也宣布將其除名，這其中既有「海灣戰隊」大老沙特，還有中東地區「龍頭」埃及，連在地圖上幾乎找不見的馬爾代夫，都加入了「反卡聯軍」。一個面積不足一萬兩千平方公里、人口僅區區二百萬的彈丸小國，何以令整個地區大動干戈？難道都是伊朗惹的禍？

事件起因是所謂「黑客事件」。上月，美總統特朗普訪問沙特，重點推銷其以伊朗爲核心的中東新政，被海灣國家集體點讚。但特朗普前腳剛走，卡新聞社便報道了卡塔爾埃米爾爲伊朗的辯護，稱「伊朗是不容忽視的伊斯蘭強國」，「對伊朗懷有敵意是不明智的」等等。在沙特等國看來，卡塔爾公然與其唱反調，是在與其爭奪地區主導權，破壞海灣地區初步形成的「反伊同盟」，已觸犯其底線。儘管卡塔爾隨後澄清，這是一起因黑客攻擊「烏龍」事件，但這一解釋並未被接受，沙特、阿聯酋等國開始屏蔽卡媒體，直到引發「斷交潮」。

很明顯，卡塔爾遭「圍剿」，與伊朗走近是主因。所謂「支恐」、「干涉他國內政」等指控，或多或少都是伊朗的影子，實質上是「遜尼派阿拉伯世界與什葉派伊朗的一場外交前哨戰」。三面環海的卡塔爾遭鄰國全面封鎖，國內出現食物搶購潮，只有對岸的伊朗伸出援手，從海上運送物資到卡塔爾。卡伊關係不言自明。

這場風波「禍」起伊朗，但並不止於伊朗。百年中東，戰戰停停，分分合合，不知上演過多少場恩怨情仇的大戲，令外部世界眼花繚亂。在其背後有兩條貫穿始終的主線：一是穆斯林什葉派與遜尼派的矛盾與衝突；

二是大國對地緣政治利益的爭奪。

　　阿拉伯世界人口眾多，伊斯蘭文明源遠流長，常給外界一體化的觀感。但實際上，其內部遠非「鐵板」一塊。不同的宗教派別對地區主導權的爭奪，不同利益集團對資源的控制，以及不同政治群體對各大國的態度，引發的是不可調和的、你死我活的戰爭，其激烈和尖銳程度絲毫不亞於域外國家間的衝突。五次中東戰爭皆表明，阿拉伯世界從來就不是一個整體，其中不乏背叛者、綏靖者，許多國家充當了大國地緣爭奪的工具。

　　完全讓伊朗一方背「黑鍋」顯失公平。沒有特朗普在伊核問題上的轉軌，就不會有遜尼派阿拉伯世界對什葉派伊朗的群起圍攻，沒有華府的幕後操縱，也就不會有七國聯合對卡塔爾大開殺戒。實際上，卡塔爾依然是美最堅實的盟友，對卡施壓的目的就是為了將其重新拉回孤立伊朗的戰車。這才是問題癥結之所在。

2017 年 6 月 7 日

一顆影響英大選「賭局」的主要棋子

　　決定英國未來的大選即將展開。與先前突然決定提前大選時的志在必得相比，現在的文翠珊銳氣不再，憂心忡忡，其滿懷熱望的「政治豪賭」有崩盤之虞。短短兩個月，英國內形勢發生了翻天覆地的變化，諸多不確定因素衝擊到選民投票取向，令選情變得越來越微妙，也令大選結果變得撲朔迷離。

　　最新民調呈現出迥然不同的兩幅圖景。有民調指，執政保守黨依然大幅領先工黨，幅度從百分之十一至十六不等，文翠珊勝出並未有迫在眉睫的危機。但也有民調顯示，保守黨的支持率為百分之四十一點五，僅領先百分之四十點四的工黨一個百分點，幾乎可以忽略不計。哪個結果更符合現實，投票結束後立刻就見分曉。但不容否定的是，工黨後來者居上，勢頭強勁，文翠珊的領先優勢大幅縮水。

　　英大選本應在三年後的二〇二〇年舉行，唐寧街十號也一直否認提前大選的傳聞。但文翠珊上台後突然改變了主意，宣布提前大選，企圖憑藉保守黨絕對領先的優勢，為未來掃清障礙，保證「脫歐」談判順利進行。

　　文翠珊進行這場賭博是有其理據的。英國與歐洲有關「脫歐」談判即將展開，政府已提出完整的談判方案，對未來英歐新關係也作出規劃。但此方案卻遭到工黨等政黨的反對。當時的民調顯示，保守黨支持率為百分之四十四，而工黨支持度僅為百分之二十三，雙方差距高達二十個百分點。而文翠珊本人的民望也如日中天，超半數選民認為她是最佳首相。儘管提前大選會出現一些不可預料的風險，但工黨短時間內翻身的機會幾乎為零。按當時的力量對比，保守黨以明顯優勢勝出不成問題，其在議會下

議院議席數量的增加，將令文翠珊推行的各項「脫歐」政策更具權威性。

　　但天有不測風雲，接二連三的恐怖襲擊事件改變了風向，影響選舉結果的主要議題也由「脫歐」變成了反恐。在兩個多月時間裏，英國遭遇了三起大規模恐襲，死傷慘重，給社會帶來極大恐慌。特別是在議會、倫敦橋、演唱會這樣的地點和場合發生恐襲事件，令民眾對政府的反恐能力產生懷疑，也對文翠珊減少反恐開支、縮減警員隊伍的政策愈加不滿。

　　如果說三月份發生的議會大廈恐怖襲擊，還被人們僥幸地認為是一場難以避免的「意外」的話，那麼，其後發生的曼城演唱會爆炸及倫敦橋恐襲徹底打破了這一幻想。手段越來越殘暴、周期越來越短的「常態化恐襲」，勢將成為英大選「賭盤」上一顆至關重要的「棋子」，迫使選民認真思考與此相關的兩黨「脫歐」、移民、社會福利等政策，在投票最後一刻對英國未來作出謹慎選擇。

2017年6月8日

不撤「薩德」中韓關係沒法正常化

前朝遺留的「薩德」問題，是文在寅上台以來致力解決的頭號議題。其間，突然爆出國防部瞞着青瓦台，偷運四套「薩德」設備入境的醜聞，令這一問題的處理更為棘手。雖然韓特使往來穿梭於中美俄日等大國之間，但結果並不樂觀，影響中韓關係的主要障礙並未消除。兩國對立趨緩只是暫時的，很難經受得住時間的考驗。

青瓦台日前宣布，將暫停「薩德」部署，並對此展開全面環境評估，同時又強調，目前已部署的兩套「薩德」及其他設施不會撤離。據韓國防部的預估及美軍在關島部署「薩德」的實踐，環評需耗時一至兩年。

很明顯，韓新政府策略是「以拖待變」，在中美間「騎牆」。「暫停」或「延緩」部署，是做給中方看，而「不取消」則是在向美表「忠心」。但無論如何，「薩德」入韓已是事實，文在寅似乎無意改變這一結果。文在寅在上月底曾給華府吃過一粒「定心丸」，稱部署「薩德」是美韓共同作出的決定，韓政府換屆不會改變原有決定。與原朴槿惠相比，文在寅在「薩德」問題雖然放軟了身段，願聽取持堅決反對立場的中俄意見，但實質上也只是「緩兵之計」。韓不僅要接受「生米煮成熟飯」的現實，未來很有可能將偷運入境的四套「薩德」納入部署，強化美韓反導能力。

中方不會被韓「暫停」部署的表面文章所蒙蔽。無論韓作出何種姿態，別指望中方會接受「薩德」。「薩德」不撤，中韓關係沒法正常化。實際上，中方也已做好最壞打算，立足「薩德」入韓的現實進行應對。

俄總統普京日前曾強硬表示，俄方不會坐視美在韓部署「薩德」，並

將在南千島群島開展針對性軍事部署納入理想選項。在反「薩德」問題上，中俄立場進一步接近。韓方對此應有清醒認識，放棄僥幸心理，認真思考是否值得為配合美國一己私利，同時與中俄兩個大國為敵。畢竟，遠親不如近鄰，在朝核、經合等諸多涉及韓核心利益問題上，中韓的共同利益可能比美韓間還要多。

「薩德」對中韓關係破壞傷筋動骨，遠不是一個姿態、幾句好話就能修復得了的。從韓作出引起「薩德」決定一刻起，中方就已認定，韓放棄了多年來奉行的「平衡」戰略，一頭扎進了美國懷抱，甘願充當美在亞太圍堵中國的「馬前卒」。「薩德」深深刺傷了中國民眾的感情，對韓敵意程度已不亞於致死不肯承認侵略戰爭的日本，兩國間幾十年來營造的互信、友好民意基礎毀於一旦。

要真想改善對華關係，韓新政府還是要丟掉幻想，應該在「姿態」基礎上再進一步，與「薩德」做一徹底了斷。

2017年6月9日

英大選的警示：玩弄民意者必自斃

英大選結果昨日出爐，執政保守黨雖在議會下院保持了第一大黨的地位，但未能獲得半數以上席位。對於這一結果，身爲「第一」的保守黨眞是樂不起來。與文翠珊鎖定的「壓倒性勝利」目標相比，保守黨不僅未能實現對下院絕對多數的掌握，反而白白丟了十三席，失去獨立執政資格。文翠珊「政治豪賭」以完敗告終，政壇再現「懸峙議會」，保守黨未來執政之路將步履維艱，「脫歐」談判恐將變成一場看不到終點的「馬拉松」。

保守黨又一次押錯了民意。去年，卡梅倫政府也是信心滿滿，企圖玩一次公投，爲自己「樹權」，結果意外飛出了一隻「脫歐」的「黑天鵝」。時隔不到一年，文翠珊如法炮製，企圖憑藉執政黨高達百分之二十的絕對優勢，一勞永逸地控制下院，結果偷雞不成蝕把米，又意外飛出一隻「灰天鵝」。卡梅倫下台了，文翠珊面臨黨內逼宮，今後的日子會相當不好過。

好好的一手牌，何以被文翠珊打得一敗塗地？這裏有保守黨對形勢的誤判，其準備最充分的「脫歐」議題沒有成爲左右選情的焦點，公共醫療、反恐、經濟、移民等卻廣受選民的青睞。特別是接連發生恐襲事件，令文翠珊裁減安保開支、削弱反恐力量的做法飽受抨擊。與保守黨相反，工黨在競選中主打「民生牌」，把重點放在教育、醫療、養老等一系列涉及了民眾切身利益的小問題上。反對黨的主張迎合了百姓胃口，與保守黨堅持緊縮、消減福利的政策形成了鮮明對比。孰是孰非？民眾心中有桿秤。

　　首當其衝受影響的是即將開啓的「脫歐」談判。文翠珊原本寄希望於通過提前大選，獲得更加有力的選民授權，強勢處理「脫歐」問題。但大選一役，令文翠珊徹底告別了隨心所欲執政的「蜜月期」。當前，文翠珊面臨的最大挑戰是組建聯合政府，由於涉及各黨派利益分割與爭奪，短期內很難有結果。如果各方分歧太大，無法組聯合政府，甚至不排除第二次大選。英「脫歐」談判原定於本月十九日開始，現在看來，推遲已成定局。

　　英「入歐」花了整整十一年時間，經過四十餘年的融合，英歐已高度一體化，遠非說分手就能分得了的。文翠珊政府提出了「硬脫歐」的「十二點計劃」，但被歐盟斥爲英方的「一廂情願」，歐洲遠未就此表示認可。如今，英政壇再起波瀾，談判也平添了更多掣肘。「脫歐」事關重大，涉及英國未來及英歐關係，各黨派在這一問題上立場不一、分歧嚴重，都不想「缺位」。爭論的結果不僅原有方案可能作出修改，整個進程都可能出現反轉，甚至重回原點。兩年內完成「脫歐」談判是一個遙不可及的夢想。

　　在可預見的未來，英國內、英歐間亂局難平。文翠珊「豪賭」失利，是教訓，也是警示。民意如山，順則昌，逆則亡。任何政客爲一己私利而操縱、玩弄民意，終將受到民意的懲罰。古往今來，國內國外，莫不如此，本港也不例外。

2017 年 6 月 10 日

「薩德」背後還有幾多不為人知的玄機？

　　自文在寅入主青瓦台以來，圍繞「薩德」部署生出諸多「變數」。一方面，韓對美作出承諾，「薩德」部署的決定不會改變，給華府吃下一顆「定心丸」；另一方面，又以環評為由宣布暫停「薩德」部署，算是對中方有個交代。而在韓國內，針對瞞報調查正在展開，不排除真相大白後會對相關責任人作出處理。「薩德」部署已由過去的軍事政治議題，演變為韓新政府對外搞平衡、對內進行清算的手段。隨着事態進展，圍繞「薩德」爭議還會生出更多「幺蛾子」，還會揭出更多背後隱藏的不為人知的「玄機」。

　　實際上，文在寅政府就「薩德」問題的對外交代可能兩邊不討好。不撤「薩德」未滿足中方要求，北京將做最壞打算，立足於「薩德」入韓的既定事實作出應對，中韓關係改善或僅僅是曇花一現。就「薩德」問題出現的一些新動向，中國外交部未做肯定或者否定的答覆，只是重申中方反對美在韓部署系統的立場是明確的、一貫的、堅定的。弦外之音就是，中方對韓採取的緩兵之計是清楚的，在此原則問題上，首爾別想蒙混過關。

　　暫停部署也引起美方警覺，對文在寅的信任大打折扣。韓新政府就位後，美方已通過各種途徑表達了不滿意，稱「薩德」部署是為了防衛韓國，韓方對此問題的爭論「令人難以理解」。針對韓暫停部署的決定，美軍方直接施壓力，稱「薩德」發射架若長期不用，可能導致性能下降和誤操作。言外之意正是，希望韓方默認四架發射車入境的事實，盡快部署並啓用，令裝備維持和發揮最佳性能。

　　文在寅政府選擇在中美間「騎牆」，企圖以「大事化小，小事化了」

的策略搞平衡，到頭來可能偷雞不成蝕把米，兩邊都難取得信任。

　　與對外兩難困境相比，「薩德」事件對文在寅是好事，至少可為其提供了一次清算對手的絕佳時機。瞞報醜聞被揭出後，文在寅大為光火，即刻下令徹查。無論是從國家安全來看，還是最高權力對國家的掌控而言，這種欺瞞行為都是不可饒恕的，有關職能部門有再充分的理由也難逃責任。

　　除瞞報醜聞外，國防部在環評問題也做了手腳。根據韓國相關法律，建設新設施用地面積超過三十三萬平方米時，必須要通過全面環境評估。而「薩德」部署用地為七十多萬平方米，按規定必須接受全面環評。但國防部卻採取了「拆分法」，將用地分兩批提供，頭批用地為三十二萬平方米，剛好避過大規模環評。

　　隨着調查的深入，「薩德」部署「貓膩」越揭越多，「薩德」勢將引發一場「政治大地震」，唯不知這場「地震」何時發生？有多少高官會丟掉烏紗？

2017 年 6 月 14 日

「通俄門」調查：特朗普團隊越抹越黑

美特別檢察官對總統特朗普「通俄門」的調查仍在持續。繼FBI前局長科米之後，案件另一名關鍵人物、司法部長塞申斯被傳召到參議院情報委員會出席聽證會。與已遭解職的科米無所顧忌、爆點四射證詞不同的是，仍身居要職的塞申斯採取了「緘默」策略，不僅全盤否定了所有指控，而且對諸多關鍵疑點和細節一問三不知。

在聽證會上，塞申斯稱自己從未與俄羅斯人或官員有任何形式對話，亦未有試圖讓俄干預大選，對他的所有指控和懷疑都是「可恨的謊言」。在是否與特朗普討論過有關解除科米職務等問題上，面對一眾委員會成員的連番質詢，塞申斯均顧左右而言他，理由是「不討論與總統機密談話」。有參議員大為光火，痛批其拒絕直接回答問題，是在妨礙「通俄」調查。

其實，塞申斯三緘其口未必是上策。案件調查並不會因他的否認而終止，而一旦有關指控得以證實，塞申斯「死」得可能比其他人還要慘。目前，科米已將其與特朗普談話紀錄交給了FBI，事件調查漸漸逼近真相。

「通俄門」調查朝着不利於特朗普的方向發展。雖然前FBI局長與總統互相指責對方「撒謊」，但民眾顯然更相信科米的證詞。一項民調顯示，相信科米的美國民眾高達百分之四十六，而只有百分之二十六的人相信特朗普。這也難怪，相對於科米因調查「通俄門」而遭報復這一合乎邏輯的解釋，特朗普給出的性格原因、團隊精神不足等官方理由就是託辭，十分蒼白無力。而特朗普及白宮方面對停止調查表現出的急切心情，更令人懷疑其中定有不可告人的「貓膩」。

　　目前，「通俄門」調查劍指特朗普團隊三個核心人物：前總統國家安全事務助理弗林、現任司法部長塞申斯和總統高級顧問、特朗普女婿庫什納。弗林已為此丟掉了烏紗，塞申斯被揭在去年大選期間曾與俄駐美大使基斯利亞爾有過三次會面，庫什納也被爆在特朗普候任總統期間與俄方有過接觸。FBI的調查顯然不是空穴來風，沒有一定的證據，是不會輕易在特朗普太歲頭上動土的。如果白宮三員大將悉數淪陷，特朗普執政團隊的根基將被動搖，「通俄門」勢成現代版「水門事件」，特朗普距彈劾也就不遠了。

　　隨着「通俄門」的發酵，坊間不斷傳出「特朗普盡在克里姆林宮掌控之中」的議論，俄羅斯總統普京在對此忍俊不禁，並認為美總統換屆並未帶來任何改變。一則聽起來像是天方夜譚般的傳聞，何以能在美政壇掀起軒然大波？至少表明，特朗普的「任性」和政策並未被民眾接受。特朗普執政，難題還在後頭。

2017年6月15日

慰安婦問題：韓日關係繞不開的「死結」

　　自二〇一五年十二月二十八日韓日簽署慰安婦協議以來，雙方圍繞協議的落實爭執不斷，兩國關係並未如願走上正常化。文在寅上台後，慰安婦問題重上韓日官方議事日程，不管東京是否願意，韓新政府已發出明確信號，慰安婦協議存在不合理內容，是無效的，需要雙方重新談判。

　　與美「薩德」入韓相似，韓日慰安婦協議簽署對普通民衆而言來得十分突然。長期以來，韓方對日本否認侵略、復甦軍國主義保持高度警惕，慰安婦爭議一直是制約兩國關係改善的「攔路虎」。面對安倍多次伸出的「橄欖枝」，以及來自華府的施壓，韓方始終不爲所動：要想改善關係，先解決慰安婦問題。

　　但事件在二〇一五年底突然出現轉機。朴槿惠態度發生一百八十度大轉彎，以區區十億日圓「價格」出賣了「原則」。韓幾十年的堅持，既未換來日對慰安婦問題性質的認定，更未有官方的正式「謝罪」和道歉，連日方對慰安婦基金的出資都以「日韓合作項目」進行模糊處理，避免使用「國家賠償」的概念。與其說政府畫了個一勞永逸的「句號」，不如說點燃民衆怒火的「驚嘆號」。

　　協議一出，韓國內大嘩。民衆多次遊行示威，反對政府決策，痛斥朴槿惠是「叛徒」，出賣韓民族利益。而根據協議本應撤走的位於日駐韓大使館前的慰安婦少女像，不僅被保護了下來，民間組織又在日駐釜山總領館前再建起一座新雕像。

　　爲了逼迫韓方履行協議，拆除慰安婦像，日方曾打出強硬「組合拳」，包括召回駐韓大使，叫停貨幣互換協議磋商，推遲高級別對話等。

當時的朴槿惠政府也有意配合日方解決爭執，曾派出警察以武力強拆雕像，但由於民間反抗激烈，少女像拆了又建，始終未能移除。後來，官方知難而退，一方面向日方承諾落實協議，願以互信爲基礎，持續發展兩國關係；另一方面，強調慰安婦像是民間所建，希望日方理解韓政府的難處。

慰安婦協議實際上並未落實，韓政府更迭後更不可能履行。文在寅上任伊始，安倍便迫不及待地施壓韓遵守協議。近一段時間，韓日互派特使，攜領導人親筆信交涉，但雙方立場迥異，慰安婦問題再次成爲韓日關係中繞不開的「死結」。

韓國執政黨共同民主黨黨首秋愛美在參加慰安婦集會時表示，日方未付出任何努力以尋求眞相，只想着用錢來解決問題，甚至還稱協議是最終不可逆的結果，這是韓方不可能接受的。這一理念代表了韓新政府的立場，解決慰安婦分歧，兩國除重新談判已別無他途，韓日關係或再次步入僵局。

2017 年 6 月 16 日

中韓關係改善本無需太多「智慧」

韓國歷史上首位女外長康京和在外交部大樓宣誓就職，正式接手處理前朝留下來的外交亂局。在談到對華關係時，這位新外長表示，要用智慧解決同中國的問題，進一步加強對華關係。從方向上講，這一立場無疑是正確的，唯不知其是否有足夠的「智慧」來實現這一目標。

韓媒在評價康京和就任時，都用了「火線上台」的字眼。其中既有韓外交深陷危機、麻煩成堆之意，亦暗含改變現狀迫在眉睫的緊迫性。總統文在寅不顧國會「非科班出身」及履歷污點的質疑，甘冒在野黨「還以顏色」的威脅，拚全力把康京和扶正，目的就在於盡快終結「多事之秋」，確立外交新路向。

文在寅上台後，即開始全面清理朴槿惠政府留下的外交負資產，包括南北關係的嚴重惡化，中韓關係冰封，以及與日本的慰安婦協議等等。迄今為止，韓新政府「只破未立」，僅局限於推翻了前朝決策，未來走向仍不確定。至於這一調整是打爛了一個舊世界，還是推倒了一副多米諾骨牌，尚不得而知。韓外交調整既涉及東北亞地區安全，又事關大國利益與關係，牽一髮而動全身，嚴峻挑戰隨時可能令新政府的努力重新歸零。

康京和臨危受命，未來之路注定不平坦。就韓美關係而言，雙方有「薩德」環評、自貿協定談判、駐韓美軍費用分擔等懸而未決的問題。在朝核問題上，韓美間步調也不一致。韓方主張在制裁施壓的同時營造對話氛圍，只要朝不再發起新的核導「挑釁」，韓方願意無條件對話。但韓方立場隨即遭美「打臉」，華府斬釘截鐵地回應，對話的前提並非朝停止挑釁，而是棄核，美「先無核化，再對話」立場沒有任何變化。韓美本月下

旬高峰會前的協調與磋商，將是對新外長的首場考驗。

　　對日關係也不容樂觀。韓新政府已發出明確信號，慰安婦協議存在不合理內容，是無效的，需要雙方重新談判。但日方態度也很明確，不僅拒絕重談協議，還要「一舉殲滅」韓國內「一小撮圖謀耍奸計的勢力」，引發韓朝野罵聲一片。韓日關係惡化恐難以避免。

　　中韓關係雖有起色，但仍十分脆弱。最根本的問題還是「薩德」，文在寅政府暫停部署但不會撤銷決定的立場只是緩兵之計，很難獲得中方認可。對於中方而言，「薩德」不撤，兩國關係斷無改善的可能，文在寅日前在亞投行年會上描繪的中韓合作願景及韓朝鐵路連接藍圖等等，都將化作泡影。

　　中韓關係改善，其實無需太多「智慧」，需要的只是政治決斷。如果把「智慧」用於巧於算計，模糊焦點，以圖蒙混過關，只會適得其反。與其把心思花在說服中方接受「薩德」上，還不如雙方都坦誠些，早日徹底清除這一主要障礙。

2017 年 6 月 20 日

動蕩恐襲伴脫歐　英倫正加速衰落

　　在血雨腥風恐襲陰影下，英國與歐盟正式開啓了「脫歐」談判。英歐對第一回合接觸尚表示滿意，稱會談極具「建設性」，雙方就談判優先議題與時間表達成共識。但雙方都明白，接踵「先禮」而至的是「後兵」，「貌合」的微笑背後是一場「神離」的嚴肅較量。英歐間山雨欲來風滿樓，未來談判之路將會很長，很不平坦。

　　有人說，英「脫歐」公投意外過關，等於打開了「潘多拉魔盒」。此言並不誇張，從去年公投結果出爐開始，英國就從未消停過。原首相卡梅倫下台後，英陷入全面動蕩，長達數月的硬脫歐、軟脫歐、不軟不硬脫歐、不脫歐的方案與爭議，令政壇硝煙瀰漫、社會嚴重撕裂，民眾不知何去何從。一波未平一波又起，文翠珊突然宣布提前舉行大選，企圖憑藉保守黨絕對多數的民意支持率，一舉拿下國會，爲日後的「脫歐」談判增加政治籌碼。豈料天有不測風雲，文翠珊大敗而歸，不僅未能實現原有目標，反而損兵折將，成爲受制於人的跛腳鴨。眼看「脫歐」談判在即，文翠珊地位受到極大削弱，逼宮、下台的呼聲越來越強烈。

　　恐襲頻發，更給國內動蕩雪上加霜。民主催生亂局，爲恐怖主義蔓延提供了豐厚土壤，英進入恐襲高發期，民眾正在品嘗自己用選票親手釀造的苦酒。從三月二十二日的倫敦議會大廈貨車恐襲，到五月二十二日的曼徹斯特演唱會爆炸，到六月三日的倫敦橋貨車襲擊，再到剛剛發生的白人對穆斯林清眞寺的報復性襲擊，英恐襲時間周期越來越短，手段越來越殘忍，場面越來越血腥，給人們帶來巨大的心理衝擊。英倫不再安寧，百姓緊繃的神經未有一刻鬆懈，對未來方向從未像現在這樣迷茫。

　　政壇動蕩、連連恐襲、「脫歐」開啓⋯⋯未來不知還有多少不幸的意外降臨，英國不可避免地邁向在國際舞台上無足輕重的三流國家。

　　曾幾何時，世界上曾經有過長達一個世紀的「不列顛治世」。大英帝國作爲全球第一強權，將三千四百萬平方公里的領土納入治下，成爲名副其實的「日不落帝國」。兩次世界大戰削弱英國的影響力，但其憑藉聯合國五常之一的地位及與美牢固的盟友關係，不僅在歐洲獨樹一幟，亦在全球事務中獨領風騷。

　　如今，大英帝國不僅早已風姿不再，而且步入了衰落的快車道。「脫歐」對英歐雙方都是一個雙輸的結局，英在歐洲之外重新確立獨立自主的地位尚需時日。恐襲、動蕩嚴重衝擊英數百年一直堅持的價值觀，迫使其重新認識和思考自由、民主、人權等基本理念，其在國際事務中的引領作用將大打折扣。

2017 年 6 月 21 日

歐洲該如何應對「內生型」恐襲獨狼？

倫敦清眞寺襲擊事件餘波未平，布魯塞爾中央火車站又傳恐怖警報。一名三十多歲的「人肉炸彈」，高喊「眞主偉大」，引爆隨身攜帶的爆炸裝置。萬幸的是，事件並未造成人員傷亡，恐嫌被隨後趕來的軍人當場擊斃。

過去，歐洲堪稱「人間天堂」，社會安寧、生活富足，是人人嚮往的地方。偶爾發生的恐襲往往會引發全世界關注，人們心態多是震驚、憤怒、不可思議及難以置信。如今，一切都變了，歐洲成了「恐怖地獄」，襲擊次數之頻繁，時間之密集，手段之殘忍，後果之嚴重，遠遠超出常人的想像。僅今年三月以來，英法等國已先後發生了七起恐襲事件。倫敦議會大廈、西敏寺大橋、巴黎聖母院、香榭麗舍大道等等地標都成了恐襲地，令人不寒而慄。

發動這些襲擊的都是本地「獨狼」，有的是來自中東的移民後代，也有的是土生土長的白人，有的是 ISIS 成員，還有的是受伊斯蘭極端思想「洗腦」。歐洲恐襲已由過去的「輸入型」轉變爲現在的「內生型」，令反恐部門防不勝防。

在歐洲近期發生的恐怖襲擊事件中，絕少見到外來恐怖分子。一則，各國均加強了邊境監控及對外來移民身份的審查，國際恐怖組織由境外直接派員到歐洲發動攻擊越來越難，許多行動在策劃階段即被破獲；二則，伊斯蘭極端思想在歐洲大陸滲透、傳播越來越廣泛，歐洲本土移民後代及其他對現實不滿的年輕人，很容易被「洗腦」，聽命於境外恐怖組織的號召。相對於「輸入型」行動，「內生型」恐襲成本更低，隱蔽性更強，作

案手段更靈活，造成的社會恐慌和國際影響更大。

　　如何應對「內生型」恐襲獨狼？是歐洲反恐面臨的最嚴峻挑戰。增加警力、充實反恐力量，可更多地破獲襲擊案件，給社會多一份安全保障。強化入境審查、收緊移民政策，也可把一些恐怖分子擋在境外，對本地潛在的恐怖分子也有一定心理震懾作用。但這些舉措均治標不治本，前者與歐洲各國普遍採取的財政緊縮政策有衝突，後者則可能加劇種族矛盾，催生極右思潮，給社會帶來更大不安。

　　何以治本？關鍵在於要找到恐襲何以由「內」而「生」。移民的後裔緣何會輕易接受外來極端思想？主因是其無法完全融入當地社會，即便幾代人在歐洲生活，其仍不能擺脫「外來人」的標籤。特別是近年來，極右排外勢力日盛，給移民後裔帶來了更大的失敗和挫折感。一個土生土長、從未接觸過伊斯蘭教義的白人青年，何以輕易被極端思想「洗腦」？最主要是其對現狀不滿，並由此產生反社會報復心理。

　　反恐重在剷除恐怖主義滋生、蔓延的土壤，只有對症下藥，才能取得實效，一旦本末倒置，混淆因果只會越反越恐。

2017 年 6 月 22 日

女外長出手不凡 韓外交醞釀大調整

俗話說，一朝天子一朝臣。韓女外長康京和上任僅兩天，就顯示出與眾不同的魄力，頒令駐世界各國大使和總領事等一百六十餘人集體辭職。儘管依照相關法律，該舉措是「根據慣例」所走的「例行程序」，但「程序」可以有不同「走」法，康京和在新政府外交何去何從的敏感時刻，用「一刀切」的方式調整涉外人事布局，恐怕就沒那麼簡單了。

相似的一幕發生在特朗普上台前。今年年初，美當選總統特朗普的過渡團隊曾發布一條命令，要求由奧巴馬任命的的駐外大使在新總統就職前「無差別」全部離職。此舉打破了以往幾十年的慣例。過去，無論民主黨還是共和黨，在政權交接時通常會對駐外人員顯示出人道主義的靈活性，一般會允許駐外使節在工作地多逗留幾周或幾個月，來處理個人工作及生活中的一些事宜。儘管特過渡團隊高級官員當時也表示，這只是循例而為，並無「惡意」，但還是引發外界關於外交政策調整的聯想。

事實也的確如此，特朗普寧可有關國家大使出現空位，也不願再令前朝外交官拖泥帶水地妨礙自己的「變革」。特朗普令所有駐外大使去職，就是為徹底清算奧巴馬的外交遺產。

現實表明，當一個國家醞釀重大政策調整的時候，一些「例行程序」往往被賦予「實質變革」的內容。特朗普「美國優先」的理念與奧巴馬「軟實力外交」迥然不同，特朗普通過對外交與安全團隊的調整，獲得了一張「白紙」，在上面寫出廢除 TPP 協議、退出「巴黎協定」、重塑大國關係等一系列不同凡響的文章。

相似的一幕正在韓國上演。與特朗普上台時情況相同，文在寅正在着

手清算朴槿惠的外交遺產。其中，最大的不確定性還是朝鮮半島。在對朝政策上，文在寅的理念與朴槿惠有天壤之別，其主張韓必須扮演更主動的角色，而不能僅滿足於朝美協商的旁觀者。作爲盧武玄時期「陽光政策」的操盤手，文在寅主張對朝恩威兼施，既要對朝制裁，也要與其溝通並提供援助，日前更發出只要朝放棄挑釁便可與其無條件對話的呼籲。雖然基於半島局勢的變化，南北關係已不可能重新回到「陽光政策」，但雙方至少應相互交流，緩和劍拔弩張的緊張對峙。這一切都與華府立場有衝突。此外，韓美間還有「薩德」環評、兩國自貿協定、駐韓美軍費用分擔等懸而未決的問題。而韓日間因慰安婦協議爭論再起風波，中韓間「薩德」這一主要障礙仍未消除，韓與中、日、俄等周邊國家的關係均面臨重建。

　　韓外交醞釀大調整。但要讓一切「復位」，不僅需要時間，更需要新人的新思維。

2017年6月23日

從莫迪「三抱」特朗普說起⋯⋯

印度總理莫迪向來講究「握手」與「熊抱」，如今拜會特朗普，真有點相見恨晚的感覺。不管美印關係怎樣，兩人的熱乎勁兒令人嘆為觀止，「握手」直握得青筋暴起，三度「熊抱」抱得熱情洋溢，賓主相擁的陶醉狀引發外界無限聯想。

莫迪遇上特朗普可謂是棋逢對手。別看特朗普性格魯莽，放蕩不羈，但唯獨對「握手」極為講究，獨創了拉鋸式、拔河式、碎骨式等等握手方式，把這種最簡單的禮儀演繹得妙趣橫生。在與日本首相安倍的會面中，特朗普創造了十九秒的「馬拉松式」握手，霸氣側露，明示自己的主導地位，而安倍一臉「如釋重負」的表情讓人直呼「醉了」。特朗普也有馬失前蹄的時候，在與加拿大總理特魯多見面時，其「握手殺」就被對方一記「強勢抓肩功」所「破解」。後來這一招被法國總統馬克龍學去，直把特朗普握得面容扭曲、兩手發白。而對不喜歡的人，特朗普是絕對不給面子的，在會見德國總理默克爾時，任由一眾記者不斷鼓噪，特朗普定力十足，堅決拒絕伸出手。

莫迪因握手力氣大而有「鐵鉗」之美譽。去年英國威廉王子訪印時，莫迪顯得太熱情，竟然在王子手上留下了「白印」。但莫迪更為世界稱道的是其「熊抱」，奧巴馬、安倍、卡梅倫、克里等等都曾領敎過莫迪式「熊抱」。

迄今為止，特朗普莫迪「握手」加「熊抱」的「禮儀組合」還是首創，堪稱「空前」之舉，至於是否為「絕後」，還得看國際舞台是否有超過莫迪的高人。有這樣熱烈的「形式」，就要有融洽的「內容」。特朗普

讚莫迪「成就非凡」，並稱美印關係「前所未有之好」。莫迪要把兩國戰略夥伴關係提升到新的高度，並要將其「新印度願景」與特朗普「讓美國再次偉大」願景結合起來，給兩國合作帶來新視角。

事情往往具有兩面性。表面上的「熱烈」難掩背後的「冰冷」，刻意營造一種和諧，常常是爲了掩蓋背後的矛盾。實際上，美印關係遠非兩位領導人表現得那般融洽，與奧巴馬時期相比，美印關係明顯出現倒退。

特朗普走馬上任已有五個多月，兩國領導人才首次會面，可以解讀爲印度並不在美新政府優先議程之列。特朗普在移民、貿易、氣候問題上立場的調整，都影響到印度。僅取消 H–1B 簽證一項，就令數十萬在美謀生的印度人和許多印度信息公司受到衝擊。特朗普的「美國優先」與莫迪的「印度製造」也存在方向性衝突。雙方在對待「巴黎協定」的立場也是南轅北轍，時有衝突。

莫迪訪美，雙方在反恐、國防與安全合作方面達成了某些共識。但美印間能否一「抱」釋前嫌，尚需時間觀察。畢竟，美印關係絕非如握手、擁抱那樣簡單。

2017 年 6 月 28 日

文在寅見特朗普的「禮包」有點小

特朗普最講究「美國優先」，外國政要與其見面時多會投其所好，帶些大小不一的「禮包」，人稱「貢品外交」。韓國總統文在寅此次訪美亦不例外，在覲見特朗普時，也事先準備好一份「大禮包」，期望以此助力韓美首次峰會有所成就，換取盟友在諸多分歧點上手下留情。

隨文在寅出訪的不僅有各級高官，還包括由五十二家企業老闆組成的特殊經貿方陣，其中不乏像三星電子、SK、LG電子這樣的大財閥，陣營頗爲龐大。在文在寅的「禮包」中最引人注目的是，韓未來五年將對美一百二十八億美元的投資，以及二百二十四億美元的「購物清單」。其中，三星電子擬投資三億八千萬美元，在北卡羅來納州建造一個家電製造廠，到二〇二〇年可爲當地創造九百五十四個就業機會。

韓國「禮包」可謂雪中送炭。特朗普上台後，頂着「貿易保護」、「開歷史倒車」等大帽子，要拚全力打造獨一無二的基礎設施，並從國外收回就業崗位，造福本國民衆。對文在寅奉上的善意，特朗普自然會欣然接納。

其實，相似的一幕在年初時就已有過。二月份，日本首相安倍訪美，同樣也帶去了一件「豪華大禮包」，包括日在未來十年內向美基礎設施投資一千五百億美元，爲美創造七十萬個就業崗位及一個市值高達四千五百億的基建市場，日還準備從美進口頁岩氣。與安倍的「大手筆」相比，文在寅的「禮」顯然輕了些。

但韓方「送禮」想要換取的回報，卻一點也不比日本少。在對韓經貿合作上，特朗普曾發過脾氣，曾公開指責韓美自貿協定「糟糕」和「無法

接受」，定要重新談判，因協定生效五年來，美對韓貿易逆差增加一倍以上，而美企入韓卻面臨太多貿易壁壘。文在寅在大讚美韓雙邊貿易五年內增長百分之十二時，刻意迴避了對美貿易順差的問題，心裏其實也發虛。與其說文在寅給美「送禮」，倒不如說是韓對美的「合理回報」。特朗普接受起來自然心安理得，不僅不會言謝，恐怕還會倒打一耙，進一步提出韓取消進口美汽車的貿易壁壘等等要求。文特會能否在貿易問題上達成一致還是個大大的問號。

　　韓對美的要求還遠不只貿易。在「薩德」部署上，韓希望能得到美在環評、費用等分歧上的諒解。在朝核問題上，韓期待在制裁之外給韓一定的空間。總之，儘管雙方關係屢現不和諧音，韓不希望看到兩國同盟的根基受到動搖。

　　韓與美之間的「予」與「求」明顯不相稱，文在寅的「禮包」換取的最多是個「臉熟」和政策「對表」，韓美關係的實質改善恐怕是可欲而不可求的奢望。

2017年6月30日

「伊斯蘭國」覆亡 國際反恐戰未了

　　經過八個月的拉鋸戰，伊拉克政府軍成功收復「伊斯蘭國」（ISIS）在該國的最後據點—摩蘇爾大清眞寺。隨後，總理阿巴迪宣布，「伊斯蘭國」在伊的統治覆亡。而在敍利亞，「伊斯蘭國」事實上的「首都」拉卡也被完全包圍，收復已指日可待。

　　收復摩蘇爾大清眞寺，對伊政府軍來說，是巨大勝利，對國際反恐聯盟來說，也是重大戰果。三年前，ISIS頭目正是在此「登基」，自命爲「哈里發」。如今，「建國」地淪陷，標誌着ISIS作爲有組織的實體已然覆滅，對中東恐怖勢力是一沉重打擊，也會增強國際社會的反恐信心。

　　但正如ISIS宣布「建國」是宣示其影響力的標誌性「符號」一樣，攻佔ISIS「首都」也僅是象徵，不過是階段性勝利。如果據此認爲反恐戰已經結束，國際社會自此就可以刀槍入庫，馬放南山，高枕無憂地享受安寧生活，那就大錯特錯了。伊拉克政府宣布與ISIS戰爭結束、將工作重心轉向經濟建設，顯然是過於樂觀。ISIS作爲「國家」覆亡，但其發動恐襲的力量猶存，反恐鬥爭遠未結束。

　　前事不忘，後事之師。ISIS之所以能迅速崛起，皆源於掉以輕心。早在伊拉克戰爭爆發時，ISIS還是一個以「基地」組織分支活動的名不見經傳的小團體，人員不過是一群思想激進的烏合之衆，戰鬥力平平。但從二〇一一年美軍開始撤離伊拉克起，該組織急速壯大。一方面，美軍撤離形成了巨大的「安全眞空」；另一方面，「基地」組織頭目本・拉登被擊斃後，國際恐怖組織群龍無首，進入分化組合新階段；再加上中東北非相繼爆發「顏色革命」，敍利亞爆發內戰，地區局勢空前動蕩。ISIS迎來了發

展的黃金時期，其名義上雖仍以「基地」分支活動，實際上已準備另起爐灶，走上攻城略地的「建國」之路。

當時，美歐等西方國家忙於策動「顏色革命」，對ISIS未能給予應有重視。反恐部門雖然屢有情報反映ISIS勢力的蔓延，但均被認為是散兵游勇為了宣示自己的存在，成不了大氣候，未能引起最高決策層的足夠注意。直到二〇一四年六月二十九日ISIS宣布「建國」，美歐才如夢方醒。ISIS如同從地下突然冒出一樣走上前台，以比「基地」更兇殘的手段及所向披靡的戰鬥力引起了外界的注意，西方才開始正視這股力量。九月十二日，美與盟友開始對敘利亞展開空襲，打響了反ISIS戰爭。

ISIS的興起，教訓慘痛，歷史悲劇不容重演。ISIS組織已撤離城市，化整為零，準備打持久戰。歐洲頻發恐襲警報警示人們：反恐戰距取得最後勝利還很遙遠。

2017年7月1日

逢選必勝「神話」破滅 安倍下步會怎麼走？

被稱爲日本大選「前哨戰」的東京都議會選舉落下帷幕。執政自民黨遭遇歷史性慘敗，由原來的五十七席下降爲二十三席，甚至比史上最低的三十八席還少十五席。而東京都知事小池百合子挑戰成功，其創立的「都民第一會」在一百二十七席中一舉斬獲五十五席，成爲第一大黨。日國內政治生態出現劇變，安倍自二〇一二年上台以來逢選必勝的「神話」破滅，其下一步動作倍受矚目。

最迫在眉睫的一步，莫過於黨內「滅火」，保住自己的絕對「權威」。東京都選舉結果甫一公布，自民黨內便響起「清算」聲。包括外相岸田文雄、自民黨前幹事長石破茂在內的多名重量級人物公開發聲，要求檢討失敗原因，追究責任。一直覬覦首相寶座的麻生太郎，也不再甘於副首相兼財務大臣、金融擔當大臣的「二把手」位置，開始蠢蠢欲動，挑戰安倍。

自民黨內「清算」的指向性十分明確，正是長期在黨內「一手遮天」的安倍。正是安倍的拖累，才導致自民黨在選舉中慘敗，這路人皆知的現實。安倍本人在森友學園、加計學園風波中的不當應對、其內閣大員頻繁爆出失言、「公權私用」、政治獻金等醜聞，以及無視民意及國會審議慣例，強行通過「共謀罪」法案等等，直接導致安倍民意急速下滑，也讓自民黨付出慘重代價。如此「罪孽」恐怕不是安倍一句輕描淡寫的「態度鬆懈、深刻反省」就能敷衍過關的。

安倍的第二步棋可能是改組內閣，爲敗選找幾隻「替罪羊」。首當其衝可能被拿來「祭旗」的是女防相稻田朋美。屈指算來，這位極右防衛大

臣上任不過十個月，卻屢屢闖禍，近期更因在士兵中爲自民黨拉票被抓住把柄，遭到包括自民黨在內的社會各界炮轟。對安倍執政「大業」來說，稻田顯然已成爲一塊亟需剔除的「腐肉」。同樣可能被剔除的是在涉及安倍種種醜聞中「護主」的一些內閣大員。如果對個別人員的調整仍不能平息黨內及社會的不滿，不排除安倍對內閣動「大手術」。在日本，改組內閣是執政者擺脫危機的慣常做法，安倍曾多次用過。

　　但令外界最爲擔憂的是，安倍可能在修憲等核心問題上鋌而走險。按照安倍的如意算盤，將在今年秋天召開的國會上提出修憲案，並在二〇二〇年前完成修憲全民公投。如此安排是基於自民黨執政的絕對優勢地位牢固爲前提的。但在東京都「決戰」中，安倍首次收穫了選民的不信任票，其執政的民意基礎發生動搖。如果依然按部就班，恐夜長夢多，一旦民意出現根本性逆轉，安倍修憲夢將功虧一簣。不排除安倍兵行險着，加快修憲步伐。

2017年7月4日

特朗普莫中了「中國解決朝核」的魔咒

就在各方摒住呼吸，密切注視朝核問題何去何從的敏感時刻，國際社會再次被平壤「打臉」。朝鮮方面不無興奮地宣布，成功發射洲際導彈「火星14號」，朝已成為「可以打擊到世界任何地域、擁有洲際導彈的核強國」，這「將從根本上終止美國的核戰爭威脅恐嚇」。

朝是否真擁有了可打擊美國本土的洲際導彈，尚待軍事專家去論證。但不容忽略的現實是，朝核技術取得了進展，半島距無核化目標又遠離一步，對話解決朝核問題的難度更大，特朗普「對朝戰略忍耐結束」的脆弱心靈再次受到挑戰。

朝方選擇這一時機發射洲際導彈有多重考量。韓美首腦峰會剛剛結束，雙方在解決朝核問題上明顯不合拍。文在寅主張制裁與對話並舉，剛柔相濟促朝早日返回談判桌。但特朗普對此嗤之以鼻，以制裁促朝「先棄核、後談判」的立場沒有絲毫軟化。G20峰會在即，特朗普有意促成美日韓三國首腦會晤，研擬「共同措施」聯手對朝發起新一輪制裁。三日是朝「戰略軍節」，四日是美「獨立日」，導彈發射是一種「獻禮」，但含義卻迥然不同，對朝來說是「慶賀」，對美日韓則是一次武力示威。

針對朝鮮導彈發射，特朗普再次把「希望」寄託在了中國。其在推特發文稱「中國對朝鮮將有大動作，從而一勞永逸地解決這齣鬧劇」。不知是出於「無知」，還是為了「卸責」，特朗普像中了「魔咒」般，把解決朝核問題與中國聯繫在一起。從今年四月份的「習特會」，到日前習特通話，特朗普津津樂道的重要話題就是敦促中方向朝施壓，話裏話外給外界造成一種中方向美作出承諾的觀感。

　　實際上，對特朗普強扣的「帽子」，中方從未接招。中方一直強調，解鈴還須繫鈴人，朝核問題的本質是朝美關係，在此問題上不容本末倒置、混淆因果。解決朝核問題，中方的貢獻有目共睹，中方的作用不可或缺。如果美真的想解決朝核問題，就應與中方相向而行，在「雙軌思路」倡議基礎上找到合作語言，在朝「棄核」和滿足其安全關切上找到平衡點。

　　迄今為止，特朗普對朝核的應對可謂愚蠢至極。從不斷放話稱「對朝的戰略忍耐已到盡頭」、「動武選項擺上桌面」，到規模不斷擴大的美韓軍演，以及航母懾朝「烏龍」事件，特朗普舉措毫無章法，武力恫嚇未成，反暴露出外強中乾的實質。朝正是掌握了美方軟肋，一步步「走邊緣」，令半島局勢越來越緊張。

　　「唯一能阻止朝核的國家」非美莫屬，這頂「帽子」只有美國頭顱最合適，應責無旁貸戴在頭上。無論是強化制裁，還是推卸責任，都無助於問題的解決。

2017年7月5日

「雙軌並行」是走出朝核困境唯一出路

在朝鮮方面試射「火星14號」導彈的第二天，美國務卿蒂勒森證實，這是一枚洲際導彈，且發射成功。換言之，美方已承認，朝鮮具備對美本土實施打擊的能力，平壤發出的「從根本上終止美國的核戰爭威脅恐嚇」的恫言，已不再是一場兒戲。

美方最憂慮的噩夢似乎正在變成現實。面對平壤咄咄逼人的出擊，華府應對措施捉襟見肘。「推特總統」特朗普再發「推文」向中方施壓，稱「中國對朝鮮將有大動作，從而一勞永逸地解決這齣鬧劇」。國務卿蒂勒森則呼籲全球共同應對，讓朝鮮知道開發核武器會遭遇的後果。美方還準備將朝挑釁行為向聯合國安理會舉報，並威脅用更嚴厲的制裁令朝鮮付出代價。

針對朝方此次違反安理會決議的發射行動，中方即刻作出回應，明確表示「不可接受」。中俄外交部也於當晚罕見發布聯合聲明，在齊聲譴責朝方行為的同時，再次強調以「雙軌並行」解決朝核問題。

朝核問題正在步入難以解開的「死結」，半島陷入緊張局勢螺旋式上升的惡性循環，失控風險大增。中方「雙軌並行」倡議是走出當前困境的唯一出路。

「雙軌並行」思路是王毅外長於去年二月十七日公開提出的。其背景是，朝鮮於一月六日進行了第四次核實驗，宣布成功試爆氫彈。此後，朝方於二月七日運用彈道導彈技術進行了「衛星」發射。國際社會對此反應強烈，安理會立即舉行會議，準備對朝進行新一輪制裁，後於三月二日通過了2270號決議。韓方認為，朝核導技術對其構成「生死威脅」，對朝政

策由「對話合作加施壓」調整爲「對抗施壓」，雙方展開「心戰」，開城工業園關閉，南北斷絕一切交流。美方也認爲，朝核導計劃已觸及其「紅線」，對美安全構成現實威脅，開始認眞考慮對朝動武。美韓與朝針鋒相對，劍拔弩張，半島大有山雨欲來風滿樓之勢。

中方「雙軌並行」思路的核心是按照同步對等原則，並行推進實現半島無核化和建立半島和平機制兩條軌道，最終一併解決朝核問題。爲此，對立雙方應「雙暫停」，朝鮮暫停核導活動，美韓暫停大規模軍演，推動雙方回到談判桌前。「雙暫停」倡議着眼於維和半島當前緊張局勢，爲重啓對話找到一個突破口。「雙軌並行」思路則是爲了推進半島無核化進程，實現半島與地區的長治久安。很明顯，無論是朝方進行的核導活動，還是美韓方面的大規模軍演、航母威懾、「薩德」部署等等，都是挑釁，都無助於半島緊張局勢緩和，都與「雙軌思路」背道而馳。

解決朝核問題，留給各方的時間已十分有限。「雙軌思路」是目前唯一客觀公正、合情合理、現實可行的設計，對立各方應予以正視，並盡早積極回應。

2017年7月6日

聯合國應對朝核緣何力不從心？

朝鮮成功試射洲際導彈，引發國際社會高度關注。究竟誰可以叫停在核導開發上一路狂飆的朝鮮，各方再次將目光轉向國際社會最權威的代表機構——聯合國。

朝方發射導彈後，聯合國秘書長古特雷斯第一時間發表聲明，強烈譴責並敦促朝鮮停止挑釁，呼籲國際社會保持團結，應對這一嚴峻挑戰。第二天，安理會召開緊急會議，就朝發射導彈問題進行緊急磋商。但結果卻與期待大相逕庭，磋商引發的只是一番激烈爭吵，會議未達成任何共識。

聯合國應對朝核緣何力不從心？由此番磋商便可略見一斑。美常駐聯合國代表黑莉稱，朝鮮此次發射洲際導彈致使朝鮮半島局勢緊張程度升級，如果局勢發展到不可挽回的程度，美國將會運用軍事力量保護自身及盟友安全。同時，她再次呼籲加大運用經濟、外交手段的力度，來更加嚴厲地制裁朝鮮，並透露美將在未來幾天向安理會提交一份新的制裁決議。說白了，美方意見都是老生常談，一是威脅動武，二是加大制裁，動武「不可能」，制裁「不管用」，美方建議對解決朝核問題毫無「建設性」。

自朝核問題產生以來，聯合國安理會針對朝試驗及導彈發射活動通過了多項制裁決議，包括二〇〇六年七月的「第1695號決議」、二〇〇六年十月的「第1718號決議」、二〇〇九年五月的「第1874號決議」、二〇一二年十二月的「第2087號決議」、二〇一三年二月的「第2094號決議」、二〇一六年三月的「第2270號決議」及當年十二月的「第2321號決議」等。每當朝鮮有重大核試驗及導彈、「衛星」發射活動，聯合國安

理會便會通過相關決議，次數越來越頻密。

　　如果說二〇〇六年七月「第1695號決議」對朝鮮導彈試射僅表示「嚴重關切和譴責」，敦促朝方信守承諾，並要求各方保持克制，繼續通過政治和外交努力尋求問題解決的話，那麼，其後的多項決議措辭越來越強硬，制裁措施不斷加碼，並越來越嚴厲和具體。到去年十二月的「第2321號決議」，對朝制裁內容已涵蓋限制和禁止礦物出口、限制勞務人員、加強金融制裁、限制船舶航行等等，制裁對象增加至八十一個，包括三十九名個人和四十二個實體。但與嚴厲制裁形成巨大反差的是，朝方已進行了五次核實驗，導彈發射步入常態化，其核導技術已取得重大進展，距國際社會期待的無核化目標越來越遠。

　　現實證明，制裁不可能解決朝核問題。對朝炫耀武力或進行武力威脅，只會加劇朝方安全憂慮，令其進一步鋌而走險。朝核問題的關鍵是美國，聯合國要發揮作用，需要國際社會團結一致，特別是美方的建設性舉措。

2017年7月7日

特普首會「千呼萬喚」美俄關係「猶抱琵琶」

在美國內「通俄門」持續發酵背景下，美俄兩國首腦在 G20 漢堡峰會上實現了首次會晤。就美俄峰會來說，「特普會」在特朗普入主白宮五個多月終於姍姍而至，可謂是「千呼萬喚始出來」，但對美俄關係而言，未來前景仍是「猶抱琵琶半遮面」，不知走向何方。

與性喜「獵奇」的媒體期待相比，「特普首會」平淡無奇，既未有強強相遇時的「握手殺」，也未有立場觀點碰撞時的針鋒相對和火花四濺。與特朗普見默克爾、馬克龍等相比，倍受矚目的「特普會」未有任何轟動之處，甚至有些乏味。長達兩個多小時小範圍會談，更給複雜的美俄關係蒙上一層神秘的色彩，兩國外長對會談「氣氛和諧」、「正面化學作用」、「不希望衝突」的評價，說明雙方「有共識」無結果，「特普首會」並未能就美俄關係未來訂出明確走向。

無論從哪個角度講，這都是一場「遲到的會見」。還在總統競選期間，特朗普對普京及美俄態度就曾引發廣泛爭議。特朗普上任後，一面是對俄繼續隔空「秀恩愛」，另一面是「通俄門」持續延燒。特普何時會面？如何會面？兩國首腦將如何重啓美俄關係？成為全球關注的焦點。各界也曾為「特普會」設計過多個版本，預測過多種可能，但均告落空。

實際上，特朗普當前處境尷尬，重啓兩國關係早已是天方夜譚。相對於美俄關係實質性改善，媒體似乎更關注兩位強人如何「握手」，誰的「亮相」更為「吸睛」。在對俄關係上，特朗普身陷「通俄」醜聞，已喪失主導權。對俄示好，會正中反對派下懷，印證各方判斷，為「通俄門」提供新的佐證。對俄強硬，會被指欲蓋彌彰，用故意疏遠俄的伎倆，減輕

其「通俄」壓力。特朗普左右爲難，改善對俄關係原本是其手中一張得分的「王牌」，如今已變成一塊燙手山芋。

「特普首會」與其說是談判，不如說是相互「摸底」和政策「對表」。雙方關於在敘利亞西南部建立停火區的共識，遠不是兩國最高領導人應該解決的問題。就烏克蘭問題建立新的雙邊渠道，不過是對原有交流渠道的完善，並非要建立新的機制。至於大使人選雙方本無太多爭議，更無需勞兩位總統親自定奪。「特普首會」的成果在於閉門會談，其中既有讓特朗普大爲光火的「通俄門」，也有普京最關心的對俄制裁，當然也會有雙方立場南轅北轍的敘利亞問題、烏克蘭危機、網絡安全等等。這是「特普會」的眞正玄機，只可惜秘而不宣。

無獨有偶，「特普首會」剛剛落幕，美國內便又爆出特朗普團隊核心人員涉嫌通俄的「新料」。看來，「通俄門」事件遠未終結，美俄關係依然危機重重。

2017 年 7 月 11 日

給印度發熱的大腦降降溫

中印兩軍在我西南邊境地區洞朗的對峙已持續二十餘天，更準確些說，是印軍非法侵入中國領土二十餘天，形勢依然未有緩解。面對中方多次敦促，印不僅毫無撤退之意，反而挖起了戰壕、搭起了帳篷，揚言與我打「持久戰」。對此「老賴」，中方將何以應對？中印會否因此「必有一戰」？

很明顯，印軍此次越過已定邊界，非法侵入中國領土，絕非一時心血來潮。兩軍對峙的洞朗地區是中國最接近印度西里古里走廊的高地，印軍越境遠非阻止中國修路那麼簡單，而是想通過佔領該戰略高地，解除連接東西印度西里古里走廊的壓力。至少，在本無爭議的中方境內形成事實上的爭議地區，令中方被動應對。

從中方公布的印軍越境照片，到其長期對抗準備，以及印美日在印度洋的最大規模聯合軍演，印方一系列動作均表明，此次越境是一起「有組織、有預謀」的行動。印方目的很明確，「除非與中方達成明確條款，否則不可能考慮後退」。這也決定了此次事件的複雜性和解決的難度，中方想以歷史、法理依據或兩國關係大局勸退印軍的可能性十分渺茫，唯有立足現實，作軍事應對的最壞打算。

面對厚顏無恥的非法入侵者，中方保持了最大限度的克制。前線邊防官兵苦口婆心地勸阻咄咄逼人印兵，努力避免衝突。外交部多次交涉，曉之以理，動之以情，呼籲印方恪守邊境協議，主動撤出軍隊。但印方不僅不思悔改，反而變本加厲。

對中方希望印度汲取歷史教訓的呼籲，身兼國防部長的印度財長賈伊

特利放話稱，印度已非一九六二年的印度。此言代表了相當一部分頭腦發熱的印度人的心理。從地緣政治上看，印度地處印度次大陸，扼守世界上最重要的海上主航道，再加上人口優勢，其對自己的大國野心從不掩飾，曾公開聲稱印度洋就是印度的大洋。近年來，印度作為新興經濟體，經濟發展迅速，在國際舞台上的分量越來越重，越來越受到發達國家的追捧。綜合國力的提高讓許多印度人頭腦發熱，其大國野心惡性膨脹，對中國的防範與遏制也愈發積極。為此，印積極拉攏美日澳等國，打造「亞洲版北約」，在邊境地區屢次挑起事端，破壞邊界談判，製造兩軍對峙。

印度當然不再是一九六二年的印度，但中國更非一九六二年的中國。當印防長口出狂言的時候，恰恰忽略了這一關鍵。五十五年前，印度國力不及中國，對印自衛反擊一戰，中方打出了西南邊境幾十年的和平。如今，中國已躍升為世界第二大經濟體，經濟總量是印的五倍。印度人發熱的大腦是該降降溫了，如果依然不自量力，企圖以螳臂當車，只會比五十五年前輸得更慘。

2017 年 7 月 12 日

印拉攏美日「壯膽」說明自己心虛

絕非是時間巧合，就在中印邊境緊張對峙之際，印美日大規模聯合軍演在孟加拉灣拉開帷幕。此次軍演針對性十分明確，就是三方尋求結成更緊密軍事關係，共同抗衡中國。

這項名爲「馬拉巴爾」的軍事演習最早開始於一九九二年，起初只是美印兩國的雙邊海軍演習，在太平洋和印度洋交替舉行。二〇〇七年，日本以非永久性參與者身份首次參加演習。二〇一五年十二月，印美宣布將雙邊軍演擴大爲三邊演習，日本也就成了「馬拉巴爾」軍演的永久參與者。

與往屆相比，今年的聯合軍演是史上規模最大的一次。美、印、日三方都派出了航母或準航母參加，堪稱是一次「全航母」軍演，在武器裝備和綜合作戰能力標準上有了大幅提升。演練地點孟加拉灣位於太平洋與印度洋交界地帶，是美所謂「印亞太戰略」、日「南下戰略」及印「東進戰略」的交匯點，地理位置極其重要。軍演科目重點是反潛作戰，把對水下目標的偵察、預警、對抗、攔截等核心環節融爲一體，彰顯三國信任程度達到「準同盟國」的層次。

印美日三方不惜血本，組織如此大陣仗軍演，就是要提高對中國的封堵能力。而印度在與中方邊境對峙的敏感時刻，拉上美日「壯膽」，也是爲了提升自己向中國「叫板」的底氣。

上月底，印度總理莫迪訪美，與美總統特朗普再次確認了雙方在太平洋海域的緊密合作。華府同時宣布對印度的軍售大單，批准對印出售有全球霸王之稱的C-17運輸機，總價高達三億六千五百萬美元。同時，美還

準備向印出售二十億美元的無人機，用於印軍在印度太平洋海域的偵查與監控。莫特兩人以熱情洋溢三度「熊抱」昭告天下：美印是「眞正的朋友」，兩國合作翻開新的一頁。很明顯，美印一系列動作劍指中國，特別是兩國在軍事領域裏的合作，正是爲了抗衡中國不斷增強的影響力。

把中印邊境對峙放在印度外交及印美日互動的背景下，可以更加淸楚地看到，這是一起「有組織、有預謀」的挑釁行動。因而，也就不難理解，印方爲何挖戰壕、搭帳篷並增派援軍要與中國打「持久戰」，爲何選擇在莫迪訪美時公開披露中印對峙的消息並渲染數十億美元的軍售大單，又爲何在中方苦口婆心地奉勸印方撤出時，以空前規模的聯合軍演炫耀武力。

但越是拉外力「壯膽」，越說明自己「心虛」。印度公然進犯我領土，無視歷史，法理難容，不可能蒙混過關，更不可能取得國際社會理解。美日的戰略重心遠不在印度一方，印甘願充當美日遏制中國的工具，到頭來可能損人害己，落得個竹籃打水一場空的下場。

2017 年 7 月 13 日

日本扛旗TPP眼高手低

也許受到日歐自貿協議簽署的鼓舞，日本重拾信心，準備代替美國扛起TPP的大旗。日前，TPP十一國首席談判代表聚首日本箱根，探討「如何實現沒有美國的TPP」。日本牽頭組織此次會議，目的是繼續推進談判，令已胎死腹中的TPP「復活」。

美國退出TPP，受打擊最大的是日本。安倍許多經濟政策基於這一協定，特朗普廢除TPP，安倍經濟學在相當大程度上失卻了前進方向。同時，日本一直將TPP視爲抗衡中國的有效手段，原本想在TPP框架內，借助美國的領導力繼續掌控亞太地區經濟秩序，制衡中國日益增長的地區影響力。特朗普一打「退堂鼓」，安倍的許多戰略設想落空，反對派借機發動攻擊，內閣面臨巨大壓力。

特朗普上任前，安倍曾緊急飛往華盛頓，當面對特朗普曉以利害，特別強調中國可能會借機填補「眞空」，擴大在亞太地區的存在，試圖勸阻其留在TPP。眼見特朗普去意已決，安倍便聯絡澳洲等國，準備打造一個「沒有美國」的TPP。與歐洲率先簽署自貿協議更令安倍信心大增，在G20峰會上擺出了一副自由貿易領導者的姿態，矢言日本將發揮主導作用，推動TPP早日生效。

日本主導TPP，實際上是小馬拉大車，有點不自量力。從地緣政治上講，日本還是個「跛腳鴨」，遠不具有「世界一超」美國的號召力。奧巴馬憑藉美國的霸主地位，傾全力打造TPP，「胡蘿蔔加大棒」多管齊下，窮其二個任期，才勉強實現了預設目標。不知安倍有何魅力，能把其他十國聚集到自己的麾下。

從綜合國力上看，日本雖然是世界第三大經濟強國，但規模尚不及美國的三分之一，國內市場十分有限。而美國GDP佔TPP十二個成員國六成以上，美國退出，TPP實際上已不可能成軍。

而從TPP成員內部看，各國參加TPP目的各異，未必所有國家都贊成日方主張。日本、澳洲、新西蘭等發達國家目標基本一致，主張最小限度修改原有條款，特別是維持原有關稅水平，確保協議總體穩定，以防夜長夢多。而馬來西亞、越南等國加盟原本是看重美國市場，因而在關稅水平、外資限制上曾作了較大讓步。美國退出後，這些國家對TPP興趣索然，已準備另謀出路。如今日本挽留其繼續留在TPP，就要有更具吸引力的新優惠，加盟條件需重新談判。

野心終歸是野心，最終還得靠實力。即使日本如願以償，令TPP起死回生，但由於沒有美國參與，其影響力也將大打折扣，安倍隱藏在TPP背後的各種盤算終將是一場難圓的夢。

2017年7月14日

韓方吹半島「和風」值得鼓勵

　　韓國政府昨天向朝鮮提議，於本周五在板門店朝方一側舉行韓朝軍事會談，商討停止在軍事分界線一帶的敵對行為，下月一日，在板門店韓方一側舉行紅十字會談。在半島劍拔弩張、戰雲密布背景下，久違了的「和談」聲音重新回歸，彌足珍貴。

　　誠然，複雜、敏感的朝核問題，不可能因一次會談而畫上句號，但任何形式的接觸都是釋放一種善意，都有助於相互了解及緩和局勢，總比加碼制裁和武力威懾要好得多。

　　文在寅入主青瓦台，各界重新燃起「陽光政策」的熱望，期待其能像當年金大中、盧武鉉那樣，再次跨越「三八線」，實現南北方領導人的「第二次握手」。儘管韓當局也明白，「陽光政策」時過境遷，原路重返已不可能，但在韓不當半島「旁觀者」、要扮演「更主動角色」思想支配下，文在寅仍想放手一博，推動建立韓方主導的多邊外交談判架構。

　　從就職第一天起，文在寅就把朝核列為迫切需要解決的優先議題，短短兩個月間，已向朝方拋出不少橄欖枝。從願與朝最高領導人進行無條件對話，到提議韓朝聯合組隊參加明年韓國平昌冬奧會，再到批准三十一個民間團體接觸朝方，文在寅頻吹「和風」，希望能叩開北方的大門。

　　日前，文在寅在德國提出了解決朝核問題的「柏林構想」，明確韓方目標是，不推行敵視朝方政策，不謀求顛覆政權，不謀求吸收統一，共建沒有核武、戰爭風險和平半島。文在寅提議，從七月起全面停止在軍事分界線進行的敵對行為，在中秋節前後舉行離散家屬團聚活動。韓方此番提議舉行軍事與紅十字會談，正是落實「柏林構想」的第一步。

對韓新政府釋出的善意，朝方反應冷淡，不是明確拒絕，就是三緘其口，不作回應。對文在寅的「柏林構想」，朝方指先決條件是取消於下月舉行的美韓聯合軍演，並放棄在朝周邊增強武力的陰謀，如果韓國的提議是在攀附美國和同族競爭的舊框架下進行，朝鮮將不予以響應。朝方冷對韓倡議的主要原因是，其依然認爲朝核問題的本質是朝美關係，韓不過是美對朝遏制的附庸，韓在半島問題上並無實質性發言權。

另一個給韓潑冷水的是美國。文在寅制裁與接觸雙管齊下的政策改變與美立場發生了尖銳衝突，華府不止一次警告，對朝「先棄核，後談判」的立場沒有變，在不久前結束的「文特會」上，文在寅顯然並未說服特朗普接受其新立場。

萬事開頭難，解決朝核問題更是如此。無論結果如何，韓方倡議有助於緩和當前半島緊張，亦與中方倡導的「雙軌思路」相契合。惟美朝應相向而行，爲恢復互信、重啓對話創造條件。

2017年7月18日

美日印炫武：是宣示同盟還是虛張聲勢？

　　被外界冠以「全航母」軍演的美印日印度洋聯合軍演落下帷幕。或許是爲了擴大這場史上最大規模軍演的震懾力，三方在演習的最後一天向媒體開放，廣邀記者見證三方合作姿態。在美「印亞太戰略」、日「南下戰略」及印「東進戰略」的交匯點孟加拉灣海域，美海軍核動力航母「尼米茲號」一馬當先，日海上自衛隊「準航母」護衛艦「出雲號」及印度艦艇並排航行，預示三方在軍事領域的緊密合作，向中方炫耀武力。

　　對此次行動，中方從演習第一天就明確表示，中方對有關國家發展正常關係、開展正常合作不持異議，希望這種關係與合作不針對第三方，有利於維護地區的和平與穩定。此番表態顯然意有所指，在中印出現邊境對峙危機時，印拉攏美日高調軍演，當然不是爲和平與穩定而來，也並非「不針對第三方」，三方開展以中國潛艇爲假想敵的演練，並在演習結束時通過媒體大「秀肌肉」，目的不言而喻。

　　中印邊境對峙已有月餘，印方雖對外展示與中方一決雌雄強硬姿態，但內心卻越來越不自信，拉攏其他國家「壯膽」成爲其近期外交的主軸。在此期間，莫迪訪美，試圖搞定特朗普，爲自己冒險作「背書」。放大與美日聯合軍演的效應也是其中重要一環。此外，印還決定邀請東盟十國領導人，參加明年一月的「印度共和日慶典」，企圖將東盟拉入自己麾下。

　　印度一系列小動作均源於「心虛」，中方的淡定應對也令其更加不安。中國崛起令印憂心忡忡，既想在邊境地區挑起事端，又怕激怒中方，導致局勢失控，引火燒身。美日印同台「秀肌肉」，正是印方這種焦慮心理的體現，與其說是宣示「軍事同盟」，不如說是在虛張聲勢，藉以嚇

人。

近年來，美日印迅速走近是現實。但實際上，美日印對三邊合作是各取所需，現階段，三國哪怕是建立某種明確以抗衡中國爲目的或以應對「中國威脅」爲焦點的鬆散性組合都不可能，更談不上建立什麼政治、軍事正式同盟了。

美日印是三個截然不同的國家，處於不同的經濟發展階段，戰略目標各異，利益訴求各有不同，三方並無結盟的共同基礎。三國雖有對「中國威脅」的共同認知，但對「威脅」程度的判斷是不同的。除應對「中國威脅」外，三國均有與中國合作的一面，對合作的迫切性及廣泛性的認識也存在巨大差異。

美日印的「肌肉」嚇不到中國，反暴露出外強中乾的本質。當代國際舞台上，航母絕非是決定勝負的唯一因素，況且，中印一旦發生衝突，美日航母還眞未必會站在印度一方。對此，印方該有清晰判斷，勿在錯誤道路上越走越遠。

2017年7月19日

特朗普政敵緣何死抓「通俄門」不放？

　　由於有「通俄門」這一無法擺脫的「夢魘」，特朗普在對俄打交道時一直小心翼翼，對與普京的會晤更是如履薄冰，如臨深淵。但特普首會還是讓人抓住了把柄，「通俄門」事件再爆新料：在 G20 峰會期間，特普曾有過不為人知的第二次秘會，參加者只有特普兩人及俄方翻譯，兩人談話內容只有「天知地知，你知我知」。

　　白宮證實有過此次會晤，輕描淡寫地稱「不過是一場私人秘密對話」。特朗普本人推文中直斥此消息是「令人噁心」的「假新聞」。但面對雙方究竟談了些什麼、「兩個利益迥異的國家，緣何要如此秘密接觸」等等質疑，特朗普百口莫辯，真可謂是啞巴吃黃連，有苦難言。

　　特朗普對手死抓「通俄門」不放，只因這是其最大軟肋，是唯一可將其置於死地事件。在野黨及輿論界勢將拚盡全力「坐實」傳聞，把「通俄」帽子結結實實地扣在特朗普頭上。

　　追查「通俄門」可從根本上瓦解特朗普核心團隊，動搖其執政地位。「通俄」醜聞持續發酵，已令白宮多位大員丟掉烏紗，有的被迫辭職，有的被解職，且事件將特朗普女婿、兒子都捲入其中。上台半年來，特朗普內閣一直缺員運行，效率不彰。隨着「通俄門」調查的深入，白宮內人人自危，生怕不幸會突然降落在自己頭上。而本該效忠總統的 FBI 也刻意與特朗普拉開距離，新被提名的局長在出席參議院聽證會時，宣誓效忠憲法與法律，將「通俄門」調查到底，如果遇到總統施壓，寧可選擇辭職，也決不會妥協。新醫保法案在國會觸礁，令特朗普執政再次觸礁，白宮幕僚長普里伯斯也面臨被解職的危險。白宮罕有出現了「用工荒」，政府越來

越難以招攬到肯為總統效力的人才，特朗普執政被釜底抽薪，處境尷尬。

「通俄門」調查是打壓特朗普民意的有力工具。在美國民眾心目中，俄羅斯常常與獨裁、專制畫等號，普京也常被冠以「暴君」、「新沙皇」的「雅號」。作為國家最高權力象徵的總統有「通俄」嫌疑，在百姓心中是不可想像的，至少其人品及執政公正性將受到強烈質疑。特朗普本來民意基礎就不好，隨着「通俄門」事件持續發酵，其民意大幅插水，已成為史上支持率最低的總統。近期一項民調顯示，特朗普的支持率已下降到百分之三十六，與其形成鮮明對照的是，因怒懟特朗普而被解職的FBI原局長科米卻得到了百分之五十七民眾的信任，超過總統二十一個百分點。

「通俄」是未來壓垮特朗普的最後一根稻草。「通俄」事件一旦被證實，無論是「叛國」，還是「干預司法調查」，都是總統無法承受之罪責，特朗普將難逃被彈劾的命運。

2017年7月20日

「壯士斷腕」難挽頹勢 安倍「神話」已成歷史

在上台執政四年半之際，一直順風順水的安倍遇到了大麻煩。東京都議會選舉慘敗，打破了安倍「逢選必勝」的「神話」。選戰結束後，安倍續「走麥城」，民意支持率已跌破三成，步入「紅燈區」。為了「救亡」，安倍宣布在下月提前改組內閣，企圖以「壯士斷腕」氣魄，令選民重拾信心。但此次危機背景深刻，「斷腕」策略的實效恐與其期待大相逕庭。

說起安倍內閣的「替罪羊」，各界眾口一詞地指向女防相稻田朋美。這位極右防相上任不過十個月，但從首次以防相身份在國會接受質詢時被問哭，到年初在「地價門」醜聞中的「失實答辯」，再到公然在士兵中為自民黨拉票等等，其始終未擺脫是否有資格擔此要職的質疑。而其對軍事、作戰的外行，極端右翼史觀，以及輕浮的言談舉止、穿着打扮都令民眾反感，頻頻遭到社會各界炮轟。實際上，稻田早就成了一具「政治殭屍」，是安倍執政的「雞肋」，即使沒有內閣的提前改組，稻田遲早都會被拿下。安倍企圖利用剔除這塊「腐肉」來展示「斷腕」的決心，顯然不會收到太多正面評價。

在日本，改組內閣是執政者擺脫危機的慣常做法，安倍曾多次用過，也屢有斬獲。但安倍當前面臨的是更深層次危機，簡單對內閣進行修修補補，恐怕難以奏效。

表面看，安倍支持率大幅下降的直接原因，是其本人在森友學園、加計學園風波中的應對不當。但實際上，是民眾對安倍人品產生了懷疑。儘管民眾也明白，要成為職業政客，先要拋棄良知、誠實等高尚品格，但還

是希望，作爲首相要有起碼的公正，至少不要公權私用和獨斷專行。安倍在醜聞中的表現明顯觸碰到了「底線」，令民衆對其人品產生質疑。這恐怕不是一句輕描淡寫的「爲傲慢向國民道歉」及「深刻反省」就能取得原諒，就可重新恢復國民信任的。

長期以來，安倍無視在野黨和黨內的不同聲音，一意孤行地推行政策，依仗的正是憑藉居高不下的支持率。但社會早已厭倦了其獨斷專行、任人唯親作風，更對其領導國家走向何方感到迷茫。特別是美退出 TPP 對安倍內外政策帶來嚴重衝擊，在特朗普亞太戰略尚未明晰之際，過去一直追隨奧巴馬「亞太再平衡」戰略的安倍將無所適從，經濟被釜底抽薪，外交陷入空前孤立。隨之而來的是，民衆對安倍修憲眞實企圖和目的的質疑。

安倍當前的危機，是其機理、體質出了大問題，是政策背離了民意。安倍「神話」已然破滅，與其作無謂掙扎，倒不如順其自然，讓其永遠走進歷史。

2017 年 7 月 21 日

普京不再等待　美俄對抗重浮水面

　　為反擊美參眾兩院通過「極度挑釁」的對俄新制裁法案，俄總統普京日前親自下令，裁減美駐俄七百五十五名外交人員，並查封美使館在莫斯科的多所房屋。這種狠招在冷戰後可謂絕無僅有，莫斯科向美傳遞出明確訊號：普京很生氣，後果很嚴重。

　　普京在談對美報復行動時開誠布公地指出：「我們等待了相當長時間，覺得事情也許會有好轉跡象，希望這種情況會有什麼改變。但是現在看來，即使有一天它發生改變，也不會很快到來。」言語間有遺憾，也有無奈，美國會通過對俄制裁法案，打破了「俄美關係改善」的最後一絲幻想，莫斯科決定不再等待，針鋒相對展開反擊，以血還血，以牙還牙，美俄對抗重新浮出水面。

　　俄此舉是對美去年強驅外交官的「報復」。去年底，奧巴馬政府以「干預美大選」為由驅逐了俄三十五名外交官，查封了俄駐紐約代表處和駐華盛頓大使館兩個房產，並對俄情報總局和聯邦安全局等五個實體機構和四名俄情報總局高層官員實施制裁。也許太相信特朗普「親俄」鼓噪，普京一改強悍風格，雖十分不情願，但還是默默地嚥下了這口氣。莫斯科未循慣例對等驅逐美外交官，甚至未發布一份像樣的抗議，僅象徵性表示保留採取「報復性措施」的權力，並根據美候任總統特朗普所採取的政策，來決定下一步行動。

　　莫斯科對特朗普其實還是充滿希望的，特朗普本人也的確有意改善對俄關係，期望以此作為其外交新政的突破口。但天有不測之風雲，特朗普顯然過高估計了自己掌控局勢的能力。從上台第一天起，特朗普就諸事不

順，「通俄門」如影隨形般伴其左右，愈演愈烈，白宮多名要員丟掉烏紗，團隊核心受到衝擊，這把火幾乎燒到了自己頭上。巨壓之下，特朗普逐漸退縮，改善「對俄關係」的承諾、對普京讚賞淡出視野，其對烏克蘭、敘利亞等問題的立場也發生了改變，口胳也由合作變成了批評指責。

G20峰會上的特普首會一度被寄予期望，但在長達兩個小時的會面中，雙方顯然未能找到共同語言，不僅未能就重大戰略及地區問題取得一致，甚至對普京提到的外交財產問題，特朗普也未給出明確意見。不僅如此，特普「密會」還被美反對黨及媒體抓住「把柄」，在「通俄門」醜聞上又轟轟烈烈地放了一把火。

普京已看透了特朗普其人，由於「通俄門」不斷發酵，特朗普地位遠非想像中那樣鞏固，所受的制約遠超預期，俄美關係轉圜可遇而不可求，依然是遙遙無期。以「裁人封屋」為標誌，特朗普時代的俄美對抗大戲已拉開帷幕。

2017年8月2日

蒂勒森朝核「新論」還靠點譜

美國務卿蒂勒森昨天就朝核問題發表了一些新言論，令聽慣了華府戰爭威脅和恫嚇及朝核問題「中國責任論」的各方感到耳目一新，也引發美是否改變對朝政策的聯想。

蒂勒森的聲音確有許多新意。對朝鮮，蒂勒森用了四個「不尋求」，即不尋求政權更迭，不尋求政權垮台，不尋求加速朝鮮半島統一，不尋求藉口向三八線以北派兵；對中國，蒂勒森稱如今的朝鮮局勢只怪朝鮮，不怪中國；對和談，蒂勒森不排除在某個時刻，美還希望與朝鮮展開對話。

對蒂勒森的言論，各界褒貶不一。有人稱「太過軟弱」，是在向朝投降；也有人指這與特朗普總統「將對朝交戰作爲一種選項」的立場不符；但也有人稱讚，這是華府就半島局勢發出的「最勇敢聲音」。各方從各自利益、立場出發，得出的結論自然不同，但「褒」也好，「貶」也罷，這是從美方發出的十分罕見、還算靠譜的聲音，與中方立場有不少交匯點。

中方多次強調，朝核問題的實質是朝美關係，實現半島無核化、維護半島和平穩定符合各方利益，需要各方齊心協力，相向而行。作爲半島近鄰和負責大國，中方爲此作出了不懈努力，發揮着重要作用，這是有目共睹、無法否認的事實。中方敦促有關國家切實承擔起自己應盡的責任，眞正發揮建設性作用，推動半島問題重回和談正軌。中方提出的「雙軌思路」，既是針對朝方，敦促其放棄核導活動，也是針對美韓等，暫停刺激朝鮮神經的聯合軍演等行動，目的就是要緩和緊張局勢，爲對話創造條件。

但中方建議並未獲得美方積極響應。相當長一段時間以來，華府把向

中方施壓作爲解決朝核問題的主要出路，不斷把「大帽子」扣到中國頭上，期望中方創造奇跡。與中方「促和勸談」背道而馳的是，美韓等國既無意停止軍演，無意重返和談，更加速部署「薩德」系統，不斷發出戰爭恫嚇。對韓新政府發出的制裁、對話並舉的微弱聲音，華府也以「先棄核，後談判」立場未變給予斬釘截鐵的拒絕。正是美對朝敵視政策，才令平壤走「擁核」之路，也正是其不斷升級的制裁與威脅，才令朝核問題變得越來越複雜，越來越難解。

很明顯，蒂勒森言論與美新政府的一貫立場是相左的。暫不知其「新論」能否得到總統認可，亦不知這是否意味着美立場發生轉變，至於其能在多大程度上影響到半島局勢，現在下結論還爲時過早。

不要忘記，蒂勒森曾是宣布美對朝「戰略耐心」已經用盡、戰爭選項「擺上桌面」的第一人，也是「中國責任論」的重要推手。蒂勒森「朝核觀」是否成型，尚有待觀察。

2017 年 8 月 3 日

安倍故伎重施：絕地救亡？自掘墳墓？

剛入八月，安倍便迫不及待地親自「操刀」，對內閣進行了「大手術」，試圖絕地反擊，挽救不斷暴跌的民意。

屈指算來，這已是安倍二〇一二年十二月上台以來進行的第四次「大換血」。在新內閣名單中，十九名閣僚只有五人留任，其他十四人均為新面孔，「換血」規模、人數創下歷史之最。安倍對內閣進行史無前例的大改組，也從另一側面反映出，其確實遇到了史無前例的大麻煩。安倍此次動作着眼明年總裁連任布局，事關「修憲大業」鋪路，是爭取民心、實現鹹魚翻生的最後一招，頗有點破釜沉舟、背水一戰的悲壯意味。

既然是挽救民意，安倍第一刀首先砍向獲民眾「差評」的「問題閣僚」。文部大臣、農林水產大臣、法務大臣任職期間有不當言行，均被解職，內閣官房副長官荻生田光一因深陷加計學園醜聞被從內閣調整至自民黨內任職，再加上先前辭職的女防衛大臣稻田朋美，原內閣中的「腐肉」被悉數剔除。

為改變「只用自己人」、獨斷專行的形象，營造執政黨內團結氣氛，安倍刻意招攬了一批原本與其保持距離的「批評型」人物入閣。政策相對溫和的「岸田派」獲得重用，出任內閣要職，包括小野寺五典任防相、河野太郎拜外相、松山政司任一億總活躍相等等。其中新外相河野太郎是前自民黨總裁河野洋平之子，曾明確反對首相參拜靖國神社及政府的核電計劃。

另一重量級「批評」人物是新任總務相野田聖子。十九年前，年僅三十七歲的野田曾被時任首相小淵惠三招攬入閣，成為當時最年輕及唯一女

性閣僚，安倍再度出山後，野田被委任爲自民黨總務會長，僅次於總裁。野田一度被視爲最有力問鼎首相大位的女性，並在二○一五年試圖挑戰安倍。野田一直與安倍保持距離，曾多次抨擊其安保及人口政策，並質疑安倍品行，指責其「驕傲自大」。

「批評勢力」入閣並不意味着「歸順」，特別是「岸田派」執掌國防、外交要職，可能會對安倍極右政策形成牽制，影響安倍的執政效率。

此次改組中，倍受關注的是外相岸田文雄的動向。按照安倍安排，在外相位子上任職多年的岸田文雄轉任自民黨政調會長，負責黨內的政策制定。岸田雖然失去了外相大位，卻獲得了更大的自由空間。另一重量級人物麻生太郎獲留任副首相兼財相，權力猶存。安倍藉改組內閣爲明年連任掃平道路的企圖未必能實現。

安倍新內閣外表光鮮亮麗，內在矛盾重重、暗流湧動。安倍能否藉「換血」實現救亡，前景並不樂觀。弄不好救亡不成，反爲自己掘了個墳墓，被對手取而代之。

2017年8月4日

對朝制裁的關鍵在「制裁」之外

聯合國安理會日前一致通過2371號決議，對朝鮮實施更加嚴厲的制裁。朝方將爲其核導活動付出慘重代價：煤、鐵、鐵礦石出口遭禁，勞務出口受限，多個公民及機構被列「黑名單」，每年損失達十億美元以上……朝鮮方面嚴重違反安理會決議，多次試射洲際導彈，在「擁核」路上越走越遠，受到國際社會的制裁是順理成章的。中方歷來堅持半島無核化，朝方的挑釁行動與此目標背道而馳，中方贊成制裁決議是正大光明的，也體現出負責任大國的擔當。

新決議已經做出，下一步的關鍵是如何落實制裁，令朝核問題重回正軌。對此，各方立場並不一致，這不僅會影響制裁的效果，而且還可能導致半島局勢更加複雜，令朝核問題陷入更加無解的惡性循環。

中方一貫主張，制裁只是手段，不是目的。決議通過後，中國駐聯合國代表劉結一就明確指出，對朝制裁的根本目的是堅持半島無核化、堅持對話協商，反對半島生亂生戰。朝方要遵守相關決議，停止採取可能導致半島形勢進一步緊張升級的行動，其他各方應立即採取措施，爲恢復對話創造條件。王毅外長認爲，新決議包括對朝核導活動的「必要反應」及重啓「六方會談」、和平解決朝核問題兩方面內容，兩者同等重要，不可偏廢。王毅再次呼籲各方認眞考慮的接受中方提出的「雙暫停」倡議，並認爲這是目前最爲切實可行，最合情合理的方案。

但與歷次決議一樣，美方是爲制裁而制裁，把制裁當成了「目的」。特朗普在推特上再給中方戴「高帽」，稱中俄「投票給美國」，將給朝帶來「重大的金融衝擊」，但對如何利用制裁推動和談隻字不提。美駐聯合

國代表黑莉也只關注「朝鮮為其行為付出代價」，在肯定決議是懲罰朝鮮的重大舉措的同時，認為嚴厲程度仍然不夠。對新決議，美方態度是監督各方「全面落實」制裁內容，而對朝鮮，美方立場依然是「極限施壓」，迫使朝改弦易轍。美無意作出回應朝方安全關切，也不想停止刺激朝方神經的聯合軍演。而韓方行動更是令人匪夷所思，一面通過東盟峰會上的「不期而遇」，象徵性作出對話姿態；一面緊隨美國，將已入境的「薩德」系統悉數部署到位，並繼續通過聯合軍演炫耀武力。

迄今為止，安理會已對朝實施了六輪制裁，但朝核問題不但沒有解決，反而呈現出長期化、複雜化趨勢，主要原因是美方本末倒置，把制裁當成解決問題的靈丹妙藥。實際上，制裁的關鍵並不在制裁本身，而在制裁之外，美若認識不到這一點，此輪對朝制裁仍將無果而終。

2017年8月8日

美日澳南海攪局自取其辱

中國與東盟外長順利通過《南海行為準則》框架文件，不僅穩定了南海局勢，把爭議重新拉回到對話協商解決的正軌軌道，而且令中國—東盟走上淡化分歧、互利合作的坦途。這是本次會議最大亮點，在東盟成立五十周年重要時間節點上具有承前啟後的意義。然而，就是中國與東盟對會議成果倍感欣喜與驕傲的時刻，美日澳三個域外國家卻反其道而行之，通過發表聯合聲明聯手在南海攪局。

美日澳在聲明中全然不顧事實，妄稱中國在南海建設「軍事基地」，擔心中國取得南海控制權，指南海不應由中國聲索。三國甚至還拿早就被掃進歷史垃圾堆的「南海仲裁」說事，狂妄地要求中菲尊重所謂「國際裁決」結果。無獨有偶，日本於同一天出台新版防衛白皮書，老調重彈再炒「中國威脅論」，其中不乏中國在南海的所謂「威脅」，論調與三國聯合聲明如出一轍。

或許美日澳習慣了「好為人師」、「性喜出頭」，當南海形勢出現積極向好勢頭，中國東盟邁向互利合作雙贏局面時，三個與南海沒有半點關係的域外國家卻公開出面指手畫腳、說三道四，頤指氣使地「教導」別人如何動作。然而，南海各方並無人向美「求助」，亦無人請美「出頭」，三國主動出擊，反令其口口聲聲所言南海和平的虛偽性暴露無遺，是自討沒趣。

可悲的是，美日澳聯手拋出的聲明，未獲任何國家的響應，沒能在南海激起一點漣漪。中國外長王毅通過南海局勢積極向好及個別域外國家對外釋放消極信號的「鮮明對比」，直斥有些國家不願意看到南海穩定，引

導人們思考南海穩定反而不符合這些國家的利益。菲外交部則重申東盟在南海問題上的立場，對美日澳聯合聲明不予置評。而菲總統杜特爾特早前說得更直接，南海議題是「菲律賓與中國的事，和其他國家無關」。美日澳南海「強出頭」碰了一鼻子灰，既丟了面子，也失了裏子。

美日澳攪局南海，在相當大程度上是爲了刷存在感。奧巴馬時期，美「重返亞太戰略」着實令個別國家心理膨脹，企圖借外力謀取利益。然而，幾年下來，打「美國牌」的個別小國都被美當牌打了，惡化了與中國的關係，卻未能從美獲得任何實際利益。痛定思痛，有關國家及時調整外交戰略，摒棄了美等固守的冷戰思維，南海和平穩定，促進海洋和東亞合作，推動地區一體化，成爲不可逆轉的主旋律。美日等國失去了往日的「抓手」，「邊緣化」處境十分尷尬。

美等域外國家要想在南海發揮建設性作用，只能順應地區合作的潮流。南海向穩是大勢所趨，靠煽風點火謀取自身利益是行不通的，到頭來只能是自取其辱。

2017年8月9日

特朗普「火與怒」對解決朝核問題毫無助益

　　若論粗暴與任性，特朗普與金正恩還真有一拚。美情報部門有關朝已掌握核武器小型化技術、正以超乎預期速度邁向全面發展核武器的最新報告出台後，特朗普怒火中燒，放狠話讓朝「遭遇全世界從未見過的火與怒」。平壤一如既往不甘示弱，以突襲關島回擊特朗普的「火與怒」，威脅用「火星-12」中遠程導彈對美軍關島基地進行「包圍射擊」，並稱只待朝核武力總司令金正恩一聲令下，作戰方案隨時付諸實施。

　　特朗普「火與怒」的警告似曾相識，只是過去常出自朝方之口。針對美韓軍演及半島不斷升級的對峙事態，平壤曾不止一次揚言，要把首爾變成「一片火海」，要讓美「成千上萬次為其罪行付出代價」，並直言「已作好讓挑釁者嘗嘗朝強有力核打擊滋味的萬全準備」。如今，美方的警告越來越有「朝味」，特朗普與金正恩究竟誰更硬，還真難判定。

　　隔空的「口水戰」，雖發泄一時之憤，過足了嘴癮，但對解決問題卻是毫無助益。特朗普上台以來，對朝狠話不知放了多少，軍事威懾也做到了極致，但到頭來不僅未能解決問題，反令朝在擁核「快速道」上以超乎想像的速度一路狂奔，發展到今天擁有了對美的現實核威懾能力，這不能不說是特朗普政策的失敗。

　　在應對朝核問題上，特朗普至少犯了以下兩個方向性錯誤。一是過去相信制裁與武力威脅。相信制裁與武力威脅是美行走國際舞台的兩大「獨門暗器」，常被用於不肯「臣服」的國家，屢試不爽。但對朝鮮，卻失了效。不斷加碼的六輪制裁，非但未令朝鮮跪低，反令其安全關切更甚，擁核決心更堅。今年四月份炒得沸沸揚揚的「航母秀」，幾乎將半島推向全

面戰爭，平壤並未妥協，也未向華府乞降。究其原因，特朗普搞混了目的與手段的關係，揮舞「大棒」不過是爲和談創造條件，沒有談判桌上的對弈，朝核問題肯定無解。

二是推卸責任，把中國當作解決美國問題的「救星」。眾所周知，朝核問題本質是朝美關係問題。中方多次強調，朝核問題的解決需要各方相向而行，特別是美方要相向而行。但遺憾的是，美一面頻頻給中方戴「高帽」，讓中方承擔本該由其自己承擔的責任，一面不採取任何積極動作，對中方「雙軌思路」置之不理，並不時通過軍演給半島緊張局勢火上澆油，令朝核問題陷入惡性循環。特朗普口口聲聲要解決朝核問題，但實際上並未作好解決問題的準備。

「火與怒」只會激化矛盾，形成更加危險的對立，與半島無核化及協商談判解決朝核問題的目標越來越遠。

2017 年 8 月 10 日

美朝互懟非開戰　心理較量爭上風

　　美要「怒火打擊」，朝要「圍射關島」，美朝間相互威脅與警告，令半島局勢陷入新一輪緊張對峙。半島真的要開戰嗎？答案很清楚，大規模戰爭不可能，雙方互拚強硬，打的仍然是一場「心理戰」，是在比拼「嘴皮子」功夫。

　　當前，美朝間威懾性警告又有了進一步發酵。朝方稱，將於本月中旬完成有關軍事方案，並上報最高領導人，計劃用四枚「火星－12」中遠程導彈打擊關島，給特朗普一點顏色看看。至於何時發動攻擊，將由金正恩決定。美國防部據稱也已準備好對朝先發制人的打擊計劃，防長馬蒂斯更警告平壤，如果對關島採取行動，將導致其「政權滅亡」和「人民毀滅」。

　　半島再次「被開戰」，各方人心惶惶，唯美國務卿蒂勒森穩坐釣魚船。在評判當前劍拔弩張的對抗時，蒂勒森給民眾派出一粒「定心丸」，稱朝鮮局勢在過去二十四個小時未發生巨大變化，目前不存在迫在眉睫的威脅，美國人民晚上應該可以睡個好覺，毋須擔心過去幾天的誇大其辭。

　　蒂勒森之所以胸有成竹，是因為半島並無爆發即時戰爭的可能。蒂勒森所言「不存在迫在眉睫威脅」，既是指朝核能力尚不對美構成現實威脅，也是指美方無對朝即時開戰的計劃。而其所稱的「誇大其辭」，既是指外界對特朗普「怒火打擊」的過度解讀，也包括朝方「圍射關島」的虛張聲勢。美卿表態的「話外音」是：警告歸警告，實戰並非一觸即發。

　　很明顯，美卿是在為總統「解畫」，令特朗普有個台階下。按蒂勒森的理解，特朗普是在以金正恩聽得懂的語言傳遞強烈信號，旨在告訴朝

鮮，美完全有能力保護自己和盟友免受任何攻擊，朝方對此不要有任何誤判。把「怒火攻擊」理解爲對朝的先發制人打擊，並非特朗普原意。至於朝鮮方面，不可能想像在美發動襲擊情況下，平壤敢在「太歲」頭上動土，對關島發動襲擊。

應當看到，自聯合國安理會通過對朝實施新一輪制裁決議後，美朝對立加劇，半島局勢升溫。美朝間以「開戰」相互威脅，雖尚不至於導致大規模戰爭，但不可避免地引發新一輪地緣政治緊張。這無助於東北亞地區穩定，更不利於尋求朝核問題和平解決方案。美朝間互不信任加劇，在「備戰」陰雲下，並不能完全排除擦槍走火的意外發生。一旦雙方出現重大誤判，半島恐陷入萬劫不復的災難。

朝鮮半島不能生亂，更不能生戰，這是中方底線。強硬對超強硬的比拼，先發制人的威懾，都是走不通死胡同。美朝雙方必須保持清醒頭腦，以負責任的態度早作正確決斷。

2017 年 8 月 11 日

特朗普是該管管自己的嘴了

美朝相互威脅不斷升級，朝鮮半島戰雲密布，籠罩在一片山雨欲來風滿樓的恐怖氣氛中。這是繼「四月危機」之後，半島再次出現戰爭危局，一場大戰似乎已迫在眉睫，各方人心惶惶。與此「開戰」前氣氛明顯不協調的是，從華府內部傳出戰與和兩種不同聲音，更有六十四名國會議員聯名致信國務卿蒂勒森，請他「管管特朗普的嘴」，為其「火熱」言論降調。

實際上，無論是「四月危機」，還是此次戰爭疑雲，都是特朗普「口水」惹的禍。不過，這場「對陣」並不對等，一方是超級大國的總統、三軍統帥，另一方僅是朝官方通訊社—朝中社，金正恩並未露面。不知特朗普是否感覺到有失身份，至少外界對「開戰」的嚴肅性會心生質疑。

朝鮮半島真的會爆發戰爭嗎？基於理性分析，可能性微乎其微。從特朗普放狠話，要讓朝「遭遇全世界從未見過的火與怒」那一刻起，就注定雙方打的是一場「心理戰」。為回擊特朗普，朝威脅對美軍關島基地進行「包圍射擊」。隨後，特朗普向朝炫耀美核武實力，自詡其上任後即下令對核武庫進行了更新與現代化改造，如今它比以往任何時候都強大。再後來，朝方公布襲擊關島的詳盡計劃，包括使用四枚「火星-12」中遠程導彈，飛躍日本上空，飛行三千三百五十六點七公里，耗時一千零六十五秒，在距關島三十至四十公里處降落。緊接着，特朗普一天內兩次發聲，稱「火與怒」不夠強硬，軍事解決朝鮮的準備已全面就緒，「炮彈已經上膛」……

事態至此並未結束，平壤暫未作出回應，只是給「口水戰」畫上一個

頓號。如果朝方有進一步的威嚇，不知特朗普信手拈來，還會放出哪些不着邊際的狠話。

美議員力勸特朗普「收聲」是無奈之舉，卻找錯了對象，讓國務卿「管」總統的嘴實在是強人所難。特朗普發出「火與怒」後，蒂勒森也曾出面「打圓場」，指特朗普是在以金正恩聽得懂的語言傳遞強烈信號，旨在告訴朝鮮，美完全有能力保護自己和盟友免受任何攻擊。蒂勒森向民眾派出「定心丸」，稱朝鮮局勢在過去二十四個小時未發生巨大變化，目前不存在迫在眉睫的威脅，美國人民晚上應該可以睡個好覺。但特朗普顯然並未準備「下台階」，白宮批蒂勒森手伸得太長，國務卿只管外交，軍事行動是防長馬蒂斯的事，大家都應該聽總統的。

嘴長在特朗普身上，能管住嘴的只有他自己。朝核問題敏感複雜，各方都需要謹言慎行，為和談創造條件。經歷過「四月危機」的特朗普是該有所反思，管好了自己的嘴，世界就能少些震蕩、多點安寧。

2017年8月15日

最不該被忽略的「止戰」聲音

美朝兩國「隔空交火」，令東北亞緊張局勢急劇升溫，半島繼「四月危機」後再次步入開戰的臨界點。外界將全部注意力聚焦美朝下一步動作，卻忽略了最不該被忽略的「止戰」聲音，那就是美朝軍事衝突的最大受害者——韓國。就連文在寅發出的「未經韓國同意，美國不得動武」這樣最後通牒式呼籲，也如一石擊水，激起小小漣漪後，旋即被淹沒在一片戰爭的喧囂聲中。

面對不斷升溫的半島局勢，處在美朝對峙「夾縫」中的韓國頗為尷尬。一方面，朝方祭出的種種軍事打擊手段令韓恐慌，青瓦台多次呼籲朝方冷靜克制，停止挑釁；另一方面，韓無力獨立自主保衛安全，只好傍定美韓同盟，期待美為其撐腰，但卻堅決反對美方採取軍事行動，以免自己遭受朝的毀滅性打擊。

在此輪美朝較量中，文在寅一直持「反戰」立場，並多次發出「止戰」信號。文在寅表示，朝核問題即使經歷萬般曲折，也要用和平方式解決，韓的國家利益是和平，但和平不能通過武力獲得，半島不應再次爆發戰爭。在「八一五」韓「光復節」講話中，文在寅進一步對朝喊話，稱韓國不希望朝鮮崩潰，也不追求吸收統一或人為統一，制裁與對話並行是解決問題的開端。文在寅還承諾，若朝鮮保證履行南北協議，即使韓政府換屆也不會改變政策，韓將通過國會表決，使協議制度化。針對美方不斷釋放的戰爭威脅，文在寅直言，「未經韓方同意，不得動武」，朝核問題必須通過和平方式解決，美國的軍事行動需要獲得韓國的同意。

韓方呼籲並未獲得朝方任何回應。在平壤看來，朝核問題本來就是朝

美之間的事，韓作爲華府的「附庸」，無獨立自主外交，更無力影響局勢，在朝的外交布局中，韓不過是其要挾美的一顆籌碼。而特朗普更沒把韓方立場當回事，對朝是否開戰是白宮和五角大樓的職責，要經韓方批准方案簡直是天方夜譚，在美亞太戰略中，韓只是一枚棋子，至於韓是否有可能成爲美開戰的「炮灰」，遠非華府考慮的首要問題。

韓新政府也曾試圖影響美對朝政策。不久前，文在寅在訪美時，曾試圖說服特朗普接受制裁與和談並舉的政策。但華府對韓標新立異、與美不同調做法極爲不悅，明指美「先棄核，後談判」立場並無任何改變，給文在寅當頭潑下一盆冷水。

文在寅剛上台時，曾野心勃勃地想以南北和解爲突破口，奪回半島事務主導權。現在看來這不過是其自己的一廂情願。美方不同意，朝方不「感冒」，文在寅兩邊討好的「騎牆」策略處處碰壁，「邊緣化」的窘境並未有絲毫改觀。

2017 年 8 月 16 日

日本新外相是否還值得期待？

　　為挽救不斷暴跌的民意，日本首相安倍晉三本月初對內閣進行了改組。其中，最引人矚目的是對河野太郎的外相任命。由於河野太郎是日著名政治家、前副首相、「河野談話」的發布者河野洋平之子，其本人也主張與周邊國家修好關係，外界特別是中韓對其充滿了期待。但現實卻令人大跌眼鏡，河野在東亞合作系列外長會上的第一次公開露面就得罪了中韓，近期外交也未見其有什麼新舉措，昔日自民黨內的「異端分子」實際上已被安倍「招安」，雙方步調空前一致。

　　由於河野在會上對南海問題指手畫腳，大放厥詞，中日外長首次會面不歡而散。中國外長王毅對這位新人沒留情面，當着一眾媒體的面，稱對他的發言感到失望，並嘲諷其「很好地完成了美方交給的任務」。本想藉此次多邊場合立威的河野被一番搶白後，竟一時亂了方寸，表情尷尬。中國外長撇開外交禮儀，當面怒懟河野，可見對其表現失望至極，也說明其言論比不靠譜還離譜。

　　韓日外長會同樣鬧得很不愉快。按韓外交部對外公布的消息，雙方只是就慰安婦等問題彼此明確了立場。河野稱，不支持兩國就慰安婦協議進行重新談判，並要求韓方切實履行協議。康京和說，大多數民眾無法接受的協議，政府不可能履行，重新談判不可避免，並倡議成立「慰安婦特別工作小組」。

　　儘管中韓對日新外相的表現未有更多評論，但明顯看出對其失望。對其入閣安倍政府，各界幾乎是一面倒的認為，由於受其父親的影響，新外相可能對安倍右翼政策起到平衡、制約作用，在處理與鄰國關係中發揮

「正面作用」。但此河野已非彼河野，在處理對外事務上，並未見到這位新外相「子承父業」。

兩代河野雖血脈相承，但觀點與立場不盡相同。河野太郎的確也繼承了父親的一些外交思路，如重視發展與周邊國家的關係，反對首相參拜靖國神社等等。但兩人在涉及歷史、修憲等一系列重大問題上仍有巨大反差。河野洋平認爲不應該修改憲法第九條有關日本不保持陸海空軍及其他戰爭力量的規定，但河野太郎卻是修憲的積極推動者。在慰安婦問題上，河野洋平堅持「河野談話」，但河野太郎則擁護安倍戰後七十年講話。剛上任時，河野在被問及是否堅持「河野談話」時曾支支吾吾，顧左右而言他，給外界留下了一絲懸念。韓日外長會後，其立場已經很明確，小河野並未打算繼承「河野談話」的精神。

安倍重用河野，曾一度被解讀爲是向中韓釋放改善關係信號。但這一「把戲」旋即被現實戳穿。河野釋出的「信號」與安倍一脈相承，帶給周邊國家的仍是不安。

2017 年 8 月 17 日

「美國優先」、「美國人優先」與「白人至上」

連日來，一場近十年來最大規模的「白人至上主義」集會和騷亂，將弗州夏洛茨維爾這個名不見經傳的小鎮推進輿論漩渦。特朗普模糊不清的表態、搖擺不定的立場，令事態持續發酵，演變成影響全美的政治性事件。特朗普再次成爲各方批判的焦點，其影響大有取代「通俄門」醜聞之勢，成爲其總統任上又一大污點。

此類事件本不該發生。種族主義是美社會根深蒂固的頑疾，一百五十二年前的南北戰爭，摧毀了奴隸制，白人與黑人在法律上實現了平等。但實際上，眞正的平等從未到來，黑人等少數族裔被歧視、被隔離、被屠殺的事件依然層出不窮。由於有美在全世界引以爲傲的自由、民主、人權普世價值觀的約束，美種族主義思潮多在地下暗流湧動，並不敢公開擺上枱面，在社會上公開煽動種族仇恨，不僅會受到道義上的譴責，還會受到法律的嚴懲。

然而，近年來，美極右勢力抬頭，白人至上的種族主義思潮加劇。就其深層次社會原因而言，一方面，「九一一」事件、金融危機導致經濟不景氣，製造業萎縮，白人對社會心生不滿；另一方面，移民潮帶來少數族裔人口增加，與白人人口老齡化、少子化形成巨大反差，白人把怨氣發泄到外來移民頭上，形成「排外潮」。

就政治層面而言，特朗普的出現給種族主義注入一針催化劑。競選期間，特朗普趕走非法移民、修建美墨隔離牆的極端言論，受到低層白人藍領的熱捧。上台後，特朗普頒布「禁穆令」、收緊移民政策等極端舉措大獲白人支持，客觀上強化了白人的優越感，刺激種族主義思潮浮出地面。

　　類似事件即使發生了，也本該及時得到制止。過去。美雖不時發生針對黑人等少數族裔的歧視、仇殺事件，但多爲個案，還從未發生像夏洛茨維爾鎮這樣公開煽動種族仇恨的集會和動亂。作爲國家最高領導人，特朗普若從一開始就爲事件定性，旗幟鮮明持反對白人至上主義，事態或早就得到平息。但遺憾的是，特朗普在此重大原則問題上喪失了立場。首次發言即以「雙方責任」譴責騷亂，第二天迫於壓力，改口譴責白人至上主義者、新納粹主義和三Ｋ黨，第三天又再次改口，重彈「雙方責任」的老調。特朗普的態度，無疑是在爲種族主義者撐腰打氣，給社會帶來的衝擊和傷害絕不亞於騷亂本身。

　　特朗普態度何以反覆？根源在於其「美國優先」的治國理念。「美國優先」，實質上是「美國人優先」。從其對待移民的態度及上台後採取的各項措施看，「美國人優先」不乏「白人至上」的成分。若政治一旦被種族主義綁架，美國社會將永無寧日。

2017 年 8 月 18 日

一次規劃中美關係新時代的重要訪問

美國總統特朗普昨日抵達北京，開啓了對中國爲期三天的國事訪問。無論對雙邊關係，還是對世界的影響，特朗普此行都可稱得上是「一次特殊時期的重要訪問」。其「特殊性」在於，這是中共十九大後中方接待的第一位國事訪問的外國元首。其「重要性」體現在，習特將對兩國關係未來走向作出頂層設計，向世界傳遞中美關係健康、穩定發展的信號。

中美雙方對此次訪問傾注了全部心血。中方破例以「國事訪問＋」超高規格來接待，除循最高外交禮儀安排全套國事活動外，還安排了小範圍會談及非正式互動，使兩國元首有足夠時間對共同關心的重大國際問題進行深入的戰略性溝通。美方亦同樣，特朗普本人多次表達了對此訪在促進「美中合作」上的期望，並期待與習近平主席建立「強有力的關係」。

屈指算來，這已是中美兩國元首的第三次正式會晤。第一次海湖莊園會是兩國元首初次會面，習特就棘手的雙邊關係及迫在眉睫的國際熱點問題交換了意見，及時爲可能出現的雙邊關係惡化設定「止損點」，中美關係實現了平穩過渡。海湖莊園會後設立的四大高級別對話機制均已順利啓動並完成了首輪對話，「百日計劃」早期收穫成果豐碩，兩國已着眼制定「一年計劃」，雙方在朝核、反恐等領域的合作也在有序推進。一年來，中美兩國不僅未走向對抗和衝突，而且在管控分歧、擴大合作基礎上找到了新的利益交匯點，兩國關係正在步入健康軌道，兩國人民特別是美國民衆也從中獲取了實實在在的利益。

如果說海湖莊園會僅是「初識」、漢堡會晤是「加深了解」的話，那麼，此次北京「習特會」面臨的是「定方向」重大議題。借用美國務卿蒂

勒森的一句話，即是要確定未來五十年的中美關係。毋須迴避，也無法迴避的是，中美關係雖然有了一個良好開端，但背後依然暗流湧動，特朗普的「美國第一」原則與中國的「新時代外交」並不完全合拍，有時甚至存在尖銳對立。中美雙方在如何處理雙邊貿易逆差，如何對待朝核、伊核等地區熱點，如何應對氣候變化、反恐合作等全球問題上都存在明顯分歧。美對中國的飛速發展及「一帶一路」倡議心存疑慮和芥蒂。如果這些分歧得不到有效管控，中美關係就可能出現反覆，甚至倒退。

中共十九大提出了堅持和平發展、推動構建人類命運共同體的「新時代外交」理念。穩定的中美關係無疑是中國「新時代外交」的重中之重。中共十九大不僅描繪了中國未來發展的宏偉藍圖，也為兩國合作注入了新動力，提供了新機遇，中美關係的前景比以往任何時候都更光明和廣闊。

中國已走近世界舞台的中央，中美關係也應邁入「新時代」。期待「習特會」能為中美關係未來作出戰略規劃，指明發展航向。這不僅符合兩國和兩國人民的利益，也是中美兩個大國對世界的應有擔當。

2017 年 11 月 9 日

元首戰略引領「中美號」巨輪開啓新航程

舉世矚目的第三次「習特會」昨日在北京人民大會堂舉行。這一見證過幾乎所有新中國重大事件的重要場所，再次見證了中美關係邁入新時代的歷史性一刻。中美兩國元首達成重要共識，同意繼續發揮元首外交對兩國關係的戰略引領作用，推動中美關係得到更大發展。

習近平主席強調，當前中美關係正處在新的歷史起點上，中方願同美方一道，相互尊重，互利互惠，聚焦合作，管控分歧，給兩國人民帶來更多的獲得感，給地區和世界人民帶來更多的獲得感。

的確，中美關係正處於新的歷史起點，兩國領導人以卓越的智慧和勇氣爲「起點」奠定了良好的基礎。北京「習特會」成果豐碩，令世界矚目。在習近平主席和特朗普總統的親自見證下，中美企業家對話會締造奇跡，一舉簽下二千五百三十五億美元的大單，不僅刷新了經貿合作的紀錄，也創造了世界經貿史上的新紀錄。世紀大單的內容涵蓋能源投資、移動通訊合作、飛機採購、農產品進口、核電合作等等，範圍之廣，數額之大，可謂史無前例。國際社會爲中美兩國的「大手筆」感到震撼，也爲兩國元首的魄力所折服，由衷發出北京「習特會」有望成爲中美關係新起點的驚嘆。

事實再次說明，中美關係的互補性遠遠大於競爭，雙方合作的需要遠遠大於分歧，兩國經貿關係的本質是互利共贏，兩國人民都從中受益良多。對中方而言，通過與美國的合作，中國企業邁出國門，走向世界市場；而對美方而言，進軍中國市場可爲美國內經濟注入新動力，對提高就業，拉動生產均至關重要。這也從另一個側面印證了習近平主席講的一句

話，對中美兩國而言，合作中唯一正確的選擇，共贏才能通向更好未來。

北京「習特會」的成果遠不僅限於經貿合作。兩國元首爲未來中美關係作出的以「合作」爲基點的頂層設計，確保了「中美號」這艘巨輪在紛繁複雜國際形勢的驚濤駭浪中，始終沿着正確的航道前行。雙方「達成許多共識」是一無形資產，關乎兩國人民福祉，也關乎世界和平、繁榮與穩定，其意義和影響是用金錢無法衡量的。習近平親自當導遊，參觀故宮，從寶蘊樓的茶敘、太和殿的遊覽，到文物醫院的現場觀摩和暢春閣看京劇，特朗普親身體驗了中華文明的博大精深，了解了「龍的傳人」，其對中國的認識恐怕遠遠超越了會唱中文歌及背誦唐詩和《三字經》的外孫女。特朗普顯然爲古老的中國文化所折服，在與習近平會見時，其至少用了四次「非常感謝」表達對中方盛情款待，連其推特背景也換成了與中國領導人的合影。對今後如何與中國打交道，特朗普想必會有一番新的感悟。

北京「習特會」另一大成果是密切了兩位領袖間的關係。相對於今年四月份海湖莊園會的「初識」以及後來漢堡會晤是「加深了解」，此次北京會晤時間充裕，氣氛融洽，交流深入，兩人不僅對共同關心的雙邊及國際重大問題進行溝通，更對彼此脾氣秉性、興趣愛好都有了進一步了解。最高領導人間溝通越深入，相互間的信任度就會越高，就越能對兩國關係起到決定性引領作用，兩國間管控分歧的能力及關係的融洽性和堅韌性也會越高。

中共十九大確立了「兩個一百年」的奮鬥目標，中美也站上了兩國關係正常化四十五周年的重要節點。新時代中美關係藍圖如何描繪？需要中美元首拿出歷史擔當，作出政治決斷。

　　四十六年前，第一代中國領導人毛澤東、周恩來以「乒乓外交」撬動了中美關係，實現了兩國關係正常化，「跨太平洋的握手」打破了兩國隔絕的堅冰。三十八年前的中國春節，鄧小平在中美正式建交僅二十七天後開啓訪美行程，中美關係進入新階段。如今，承前啓後的歷史接力棒傳到了新的領航者手中，在習近平新時代中國特色社會主義思想指引下，中美關係即將再出發，邁向新征程。

　　奧巴馬時期，中美兩國首腦通過安納伯格莊園會晤、「瀛台夜話」、「白宮秋敘」、「西湖長談」，始終引領着中美關係的發展進程。美政權更迭後，兩國領導人在一年間實現了三次會晤，並進行了九次通電話、多次通信，爲可能出現的雙邊關係惡化及時「止損」，中美關係實現了平穩過渡，並有了良好開局。

　　中共十九大提出了堅持和平發展、推動構建人類命運共同體的「新時代外交」理念。中方將致力在和平共處五項原則基礎上發展同各國的友好合作，推動建設相互尊重、公平正義、合作共贏的新型國際關係。新時代中美關係無疑在中國倡建的「人類命運共同體」中佔有極其重要地位。

　　不畏浮雲遮望眼，只緣身在最高層。有了元首外交的戰略引領，「中美號」巨輪定將乘風破浪，永遠前行。

2017 年 11 月 10 日

普京獨家撰文《大公報》有玄機

　　昨天，俄羅斯聯邦總統弗拉基米爾・普京的大名赫然出現在《大公報》要聞版上。與以往不同的是，其身份不再是報道對象，而是《大公報》的作者，其大作《寄語APEC第二十五次峴港峰會：共同走向繁榮與和諧發展》凌晨六時甫一出街，即刻便圈粉無數，引來無數點讚，着實在本港及內地輿論界掀起不小波瀾。

　　APEC峰會將於今天在越南峴港拉開帷幕，屆時，普京將親自與會，並闡述俄方原則立場。這一立場的主要內容應該都包含在其在《大公報》公開發表的文章之中。從這個意義上講，《大公報》很榮幸起到了傳遞俄最權威信息的橋樑作用。

　　普京在文章中提出建立「大歐亞夥伴關係」的構想，並建議在歐亞經濟聯盟和中國「一帶一路」倡議對接的基礎上打造，並能夠接納其他成員加入。發展遠東地區是俄二十一世紀主要優先任務。按照普京的構想，「大歐亞夥伴關係」是APEC內部深度融合有效方案，俄非常重視將西伯利亞和遠東地區融入亞太經濟合作體系，將採取一系列措施提高這些地區的投資吸引力、讓俄企融入國際生產鏈。這一方案如果能夠實現，中俄合作將會再上一個新台階，「獨一無二的APEC夥伴精神」也將得到充分體現。

　　大國領導人出訪前投書媒體，闡述對會晤主要議題的原則立場，表達對訪問的良好期待，是通行的國際慣例。但APEC峰會在越南峴港舉行，普京卻選擇在香港的《大公報》發聲，其中當然有自己的考量。或許其看中的正是百年大公在輿論界的「泰斗」地位，最權威的聲音當然要由最具

公信力的媒體來發布，唯有《大公報》的消息才是眞眞正正、不打折扣、令人信服的聲音。

但玄機絕不僅限於此。《大公報》背靠的偉大國家——中國，恐怕才是普京眞正最爲看重的公信力。

中共十九大確立了「兩個一百年」的奮鬥目標，中國在習近平新時代中國特色社會主義思想指引下，開啓了建設新征程。十九大後的中國將深刻影響世界，中國的發展將爲全球提供機遇，爲各國注入「中國紅利」。中共十九大提出了堅持和平發展、推動構建人類命運共同體的「新時代外交」理念，其中許多政策主張與俄羅斯高度契合。中國是現有國際體系的受益者，更是維護者、建設者、貢獻者。可以預見，新時代中俄關係將更加牢固，合作領域也將更加廣泛。這其中就包括兩國在APEC機制內的合作。

希望普京總統未來向《大公報》撰寫更多文章，爲讀者提供更多獨家消息。當然，稿費是一定要付的，按編輯部「最高標準+」。

2017年11月10日

普京與大公：政治權威與媒體公信力

這兩天，《大公報》和普京在傳媒圈都「火」了一把。

《大公報》的「火」，是因爲在九日刊發普京親筆撰寫的大作「寄語APEC第二十五次峴港峰會：共同走向繁榮與和諧發展」。

這是本港的獨家新聞，同行盛讚：「大公，牛！」「《大公報》成了國際領袖T台」，「看到作者欄，你們顫抖了嗎！」……細細品味，分明能從同行恭賀的「長袍下」榨出「下面藏着的」一絲酸意，其中當有羨慕嫉妒恨。

普京的「火」，是因爲文章發表後，立即被無數狂熱粉絲置頂，在本港和內地意外掀起一波「普京熱」。

說「意外」，是因爲這股「普京旋風」來得有點突兀。普京近期未有訪華計劃，俄羅斯國內亦無重大事件發生，普京本人亦未有吸引人眼球的消息傳出，其參加的APEC峰會遠在越南峴港，與本港和內地均無關係。普京在不該有的時間、地點突如其來地登上許多報紙、網站的頭條，有點違背新聞規律。

有人說，該好好感謝普京，讓大公大出風頭。其實未必，這把意外之「火」由大公點燃，普京宣介了俄立場和主張，也收穫不菲，同時又着實讓一眾「普粉」大快朵頤。

其實，這已不是普京首次投書《大公報》。兩年前的十一月十七日，普京也曾親筆爲大公撰文，時間同樣是APEC峰會前，題爲「亞太經合組織：爲發展尋求開放與平等和合作」。那年，普京因訪問東南亞，將缺席該次峰會。但即便如此，作爲俄最高領導人，普京仍未忘記借助媒體發

聲，闡述俄羅斯立場及爲建設共同亞太大家庭所作出的努力。當時，普京的大作也像今天一樣，如一石擊水，激起層層漣漪，在輿論界引發長時間的熱議。

普京與大公，究竟是誰借誰「火」了？還眞難說得淸，因爲話題本身就很不嚴肅。在當今浮躁的社會，最不缺的就是「火」，少的是「火」熄滅後的冷靜和淡定。細細思量，普京與大公這把「火」，還眞引出一個嚴肅話題：政治權威與媒體公信力。

普京無疑是世界級最高政治權威。像俄羅斯一樣，普京在中國擁有無數擁躉，被奉爲戰鬥民族不屈不撓的「硬漢」。曾幾何時，揮動左臂、側着肩膀走路，被認爲霸氣十足，右腕戴表成爲風行社會的時尚，這就是「普京效應」。作爲超級大國的最高領導人，普京的任何言行和決策，不僅關乎「普粉」的喜怒哀樂，而且牽動着世界的神經，影響着世界的局勢，大意不得。

道理很簡單，大國領袖要借有公信力的媒體樹立政治權威。同樣的內容，普京在大公發聲是眞，在其他媒體出現，還眞未必有人信。

媒體的公信力也需要政治權威來提升。現今社會狂熱、浮躁，媒體更是病入膏肓。假新聞滿天飛，「標題黨」大行其道，媒體人親手把自己變成了「夕陽產業」。媒體要想繼續生存，必須重塑公信力，重新喚起民眾的信任。在人人都能當記者的時代，不隨波逐流、堅守新聞理想嚴肅媒體人彌足珍貴。像普京這樣的政治權威親自操刀當作者，「無冕之王」的金字招牌才會熠熠發光。

其實，就社會職能而言，政治家與媒體並無本質不同，區別僅在於，一個是靠權力來管理，一個靠言論去引導。

　　普京投書《大公報》，各司其職，相得益彰。至於誰借誰「火」了，
要較起眞兒來，都不是個事兒。

2017年11月11日

「沉默大多數」該為自己權益發聲
——西班牙「加獨」鬧劇對本港的啓示之一

西班牙加泰羅尼亞「獨立」鬧劇以「獨派」完敗而收官。自治區被中央接管，「獨派」頭面人物或鋃鐺入獄，或逃往他國被通緝，風波重創當地經濟，給社會和居民帶來的創傷也非短期就能愈合……事實再次證明，在當今世界和平發展大潮下，任何挑戰主權、分裂國家的圖謀都將受到唾棄，都不可能得逞。痛定思痛，「加獨」鬧劇對本港不無啓迪。

如果歷史可以重來，加泰局勢可能完全是另外一番景象。如果「反獨」的「沉默大多數」充分行使自己的權利，所謂的「獨立公投」根本就不可能過關，「獨派」的藉公投搞分裂圖謀也不可能得逞，加泰也就不會出現一系列動蕩事件。

遺憾的是，「沉默大多數」放棄了自己的抗爭權，選擇了隱忍和退讓。一方面，許多人心存僥幸，認爲一個地區的命運未必與自己有多大關聯，「獨派」口號喊得震天響，不過是虛張聲勢，未必眞能成事，自己的一張反對票，未必會對結果產生實質影響；另一方面，「獨派」大搞輿論和社會「恐怖」，在網絡和街頭以暴力手段打壓不同聲音，「反獨」人士身心安全受到威脅。出於明哲保身的考量，許多市民選擇了沉默。

「沉默大多數」的退卻，客觀上助長了「獨派」的囂張氣焰。在「公投」整個造勢過程中，「獨派」牢牢佔據了道義高地，社會陷入一邊倒「脫離西班牙獨立」的氛圍之中。反觀「反獨」民衆，在投票前幾乎無人發聲，鮮有人上街抗議。「反獨」的幾次大型集會都出現在公投之後，當馬德里當局企硬，警告加泰如果膽敢強行宣布獨立，中央將動用憲法第一

百五十五條，收回地方自治權，全面接管加泰時，民眾才如夢方醒，才敢於站出來撐統一。即便如此，由「反獨」團體「加泰羅尼亞公民社會」組織的最大一次群眾集會，參加者也不過三十萬人，與「獨派」動輒上百萬人的動員力大相逕庭。

或許，加泰「沉默大多數」寄希望於「無聲的抗議」，但實際上卻正中了「獨派」奸計。十月一日「獨立公投」當天，投票者僅佔選民總數的百分之四十二點三，其中有百分之九十的人支持獨立。於是，「獨派」在超過九成人撐獨上大做文章，而逾百分之五十七未投票的「沉默大多數」則被完全忽略。

加泰前車之鑒，香港後事之師。不要以為幾個受外部勢力支持的「跳樑小丑」掀不起大風浪，也不要認為「港獨」是遙不可及的天方夜譚。在涉及國家統一、領土完整的大是大非面前，緘默就是縱容。「港獨」威脅就在身邊，「港獨」分子正在行動，每一位有良知市民，都應發出「零容忍」的正義之聲，形成「老鼠過街，人人喊打」的氛圍。這既是市民的權利，更是一種職責。為了香港未來，市民不該作「沉默大多數」，莫讓香江重蹈加泰覆轍。

2017 年 11 月 16 日

以一己之私綁架民意不可能得逞

——西班牙「加獨」鬧劇對本港的啓示之二

大凡「獨」者，無不是打着「民族自決」的亮麗旗號，謀取見不得人的一己私利。加泰獨立公投鬧劇，攪了百姓生活，亂了社會秩序，也令一眾「獨派」頭面人物光鮮外衣下包藏的禍心暴露無遺。

加泰羅尼亞位於西班牙東北部，風景秀美，是最富庶的地區。如果沒有「獨立公投」這場風波，即使在國家經濟低迷的背景下，加泰民衆也應是自給自足，衣食無憂。

但一切都在兩年前發生了改變。當時，加泰民主統一黨聯合幾個傾向獨立的黨派組成政治聯盟，在選舉中贏得多數席位，共同推舉普伊格德蒙特出任自治區主席。普氏被媒體稱爲「天生的獨立主義者」，普氏弄權，令「加獨」走上了一條不歸路。

無論從西班牙國內環境，還是歐盟的態度，加泰「獨立」都是天方夜譚。但以普伊格德蒙特爲首的「獨派」何以敢冒天下之大不韙，明知不可能卻仍鋌而走險，皆因一己私利作祟。

普氏本無上台的機會，但由於各黨派鷸蚌相爭，令普氏意外得利，其作爲相互妥協的「可操縱」的對象被推上前台。普氏敢「獨」，原因有三：一是正是看準了加泰素有「獨立傾向」。有相當一部分民衆希望走自己的路，尋求獨立發展。以挑動民粹、推動獨立來樹立權威，遠比發展經濟、改善民生快捷得多；二是藉國家深陷債務危機落井下石。馬德里政局動蕩，自身難保，當無搞定「加獨」的實力，唯任由其敲詐。即使獨立目的達不到，至少可攫取更多自治權；三是基於其更大的政治野心。「獨

立」成功，普氏將成為「加泰共和國」第一位總統，可與西班牙首相及歐洲各大國領袖平起平坐。即使不成功，普氏也可能被奉「民族英雄」而名垂青史。

但普氏等「獨派」人士顯然低估了馬德里反分裂的決心，低估了西班牙人民捍衛國家統一的意志。拿加泰全民利益作賭注，進行政治賭博，終究會被人民拋棄，最後落得個鋃鐺入獄、流亡他鄉的悲慘下場。

本港也有自命不凡的「港獨」分子，名為爭取民主和自決，實為謀取自身利益。也許是無知者無畏，這批絕大多數出生於香港回歸之後的年輕人，連起碼的歷史常識都沒學會，便自詡是「本土意識」的覺醒者，要反把香港從國家分裂出去。「港獨」分子廣納本港激進、破壞力量，屢屢製造暴力事件，擾亂法治秩序，其行徑已與邪教、恐怖無異。「港獨」絕非出於什麼信仰，而是為了能從西方代理人那裏拿到大筆資助，維持奢華、無憂的生活，是為了提高曝光率，提升自己的人氣和政治籌碼。

歷史車輪滾滾向前，勢不可當，倒行逆施者終將被歷史淘汰。任何人、任何勢力想以一己之私綁架民意，都不可能得逞。不是不報，時候未到，「港獨」分子如若繼續為惡，終難逃報應和懲處。「加獨」推手的今天，將是「港獨」分子的明天。

2017年11月17日

鏟除「毒瘤」於萌生之時

——西班牙「加獨」鬧劇對本港的啓示之三

把形形色色的「獨」比作機體中的「毒瘤」，一點也不爲過。這些存在於機體中的因子，一旦遇到適宜的內外條件，便會迅速聚集、增生，形成惡性腫瘤，危害生命。去「獨」與切「瘤」一樣，宜早不宜遲，要乾淨、徹底地將其消滅於萌芽狀態。否則，一旦讓「瘤」成了「氣候」，肆意吞噬健康機體，治起來就難了，可能還要付出高昂的代價。

「加獨」萌生、蔓延早有先兆，若處置果斷，本不該走到攤牌的最後時刻。早在三年前的二〇一四年九月十九日，加泰議會就通過了一項法律，允許加泰舉行公投來決定自己的命運。同年十一月九日，加泰舉行了象徵式「獨立公投」。一年後，加泰議會投票贊成從西班牙獨立的決議，並推出了所謂獨立路線圖。二〇一六年十月六日，加泰議會通過法案，決定次年九月再次舉行獨立公投。今年十月一日，獨立公投如期舉行，「加獨」走上了不歸路。西班牙中央政府企硬，一面宣布公投無效，一面發布公告，正式接管自治區，並解除該地區領導人的職務。這場以「人民名義」製造的「獨立鬧劇」終於落下帷幕。「獨派」精英錯估了形勢，令富饒、美麗的加泰陷入空前危機。

誠然，由於族群、語言和文化的差異，以及複雜的歷史原因，加泰向來有一部分人懷有分離主義傾向。但如果沒有美歐民粹主義抬頭、歐洲債務危機、蘇格蘭獨立公投、英國脫歐、加泰右翼勢力操弄權術等等一系列內外因素的綜合作用，「加獨」也不會眞正浮出水面，更不會迅速發展成爲毒害社會機體的一顆「惡性腫瘤」。

　　維護國家統一與領土完整，是中央政府的憲法責任。制定於一九七八年的西班牙憲法第一百五十五條規定，如果某自治區未能承擔憲法與法律賦予它的義務，或其行為對國家整體利益造成重大危害，中央政府可以採取一切必要手段，強制其服從義務，保護國家整體利益。但從「加獨」萌芽、發酵的整個過程看，遭遇經濟危機的西班牙中央政府鮮有發出行使憲法權利的強硬警示，直到公投結果出爐，才不得不祭出最後的「殺手鐧」。

　　歐盟及歐洲大國明確「反獨」，亦是遲到的警告。如果從當地極端民族主義政客通過「西班牙拖了我們的後腿」煽動民眾不滿情緒，操縱「獨立運動」伊始，歐洲便旗幟鮮明地持堅決反對立場，明確脫離西班牙並不意味着自動成為歐盟成員，許多民眾恐不會對「獨立」充滿不切實際的幻想，投票取向或更為理性。

　　在本港，「港獨」勢力尚處於萌芽狀態。死硬「港獨」分子鳳毛麟角，雖掀不起大風浪，但其嚴重社會危害性和巨大破壞力卻是有目共睹，不容小覷。只有堅決、徹底剷除這股邪惡勢力，社會才能恢復安寧，經濟發展、民生改善方可得以推進。如果任由這顆「毒瘤」惡性發酵，本港可能會付出比加泰更慘重的代價。

2017 年 11 月 21 日

美重列朝為支恐國影響幾何？

美國總統特朗普昨日宣布，重新將朝鮮列入支持恐怖主義國家的名單。這樣，朝鮮再次與蘇丹、敘利亞、伊朗為伍，成為華府制裁的對象。美財政部將在一天後宣布對朝制裁的新措施，並將在此後兩周內實施到位。

何為支恐國家？此概念源於一九七九年美制定的「黑名單」，進入這一名單的條件是該國直接或間接支持了恐怖主義，後果是面臨美的一系列單邊制裁，包括限制美方援助，禁止對其進行武器出口和銷售，限制向其出口可能被用於軍事目的的物品，以及多種形式的金融制裁和其他限制。

特朗普在宣布這一決定時，提到了兩件事：一是金正男在馬來西亞遇刺事件；二是美國大學生瓦努比爾在朝被囚禁一年後，回到美國死亡。特朗普基於這兩起事件，認定朝重複支持恐怖主義行為，認為「早就應該」將其重列支恐國家。

說朝鮮「支恐」，其實有點言過其實。至少，這裏的「恐」，與通常理解的國際恐怖主義的內涵、外延均大相逕庭。重列朝為支恐國的兩點原因，也顯得過於牽強：金正男之死至今仍是一起無頭案，並未有充分證據證明平壤組織策劃了這起襲擊；而美大學生是回國後死亡的，其在朝是否經歷了折磨和虐待，也只是猜測。

特朗普選擇此時重列朝為支恐國，着眼點並不是為了解決朝核問題，而是對內顯示強硬姿態，平息質疑。對解決朝核問題，特朗普曾不只一次誇下海口，以舉行首腦會談利誘過，以航母壓境威脅過，以軍事打擊警告過……但平壤依然故我，不為所動。眼見朝核問題無解，國內質疑聲反

彈，特朗普總要做些什麼，刷刷存在感。

將朝重列支恐名單究竟影響幾何？特朗普本人心裏最清楚。

積極影響自然不必期待。對朝來說，在不在「黑名單」，結果都一樣，此番重返與當年被剔除一樣，談不上利，也談不上害。朝長期生活在制裁之中，與外界幾乎隔絕，為迫使朝棄核，美能用的招都用了，再多一輪制裁也無妨。連美國務卿蒂勒森也不得不承認，將朝重列名單「有很大象徵意義」，實際效果有限。

至於消極影響則是顯而易見的。美方此舉是在激化局勢，刺激朝方採取更加激烈的對抗，從導彈試射，到進行新的核實驗，任何冒險行動都是合乎平壤邏輯的可能選項。隨着將朝重列支恐「黑名單」，及即將到來的新一輪制裁，矢言破解朝核危機的特朗普親手關閉了對話的大門，以此迫使朝方在核問題上改弦易轍，更是天方夜譚。至於蒂勒森「不放棄與朝和平談判」的表態，恐怕也只是美國務院無奈的自嘲。

2017 年 11 月 22 日

印太戰略：地緣政治的烏托邦

在不久前結束的越南峴港 APEC 商界領袖峰會上，美國總統特朗普大力推銷其「印太」概念，提出美支持一個自由、開放的「印太」地區，強調「印太」在促進美經濟繁榮方面所扮演的重要角色。此番表態普遍被外界解讀爲特朗普的亞洲新政——「印太戰略」，以區別於奧巴馬的「亞太再平衡」。

實際上，無論從地理概念，還是地緣政治角逐上看，都沒有什麼「印太」戰略。就印度而言，美把其抬到與「太平洋」平起平坐的高度，也自感承受不起。特朗普演講時，通篇未用過「印太戰略」一詞，隨後所發表的有關特朗普亞洲行聲明及簡報中也沒有這一概念。實際上，所謂的「印太戰略」，不過是——「願景」和「構想」，是美加強與「印太」地區國家雙邊貿易的倡議。

「印太戰略」並不是什麼新名詞。作爲地緣政治概念，「印太」早在十多年前就已由印度學者提出，旨在聯合美印日澳建立針對中國的「亞洲版北約」。對此，其他三國學者都有回應，並進行過熱烈的討論，但均未上升到有關國家的國策，充其量是學術界的自娛自樂。後來，奧巴馬高調提出的「重返亞太」戰略，及安倍不遺餘力推動的「自由繁榮之弧」等等，都帶有「亞太版北約」的成分，但由於相關國家各懷鬼胎，對華態度也不盡相同，各種版本的「圍堵中國」方案均未能成事。

如今「印太戰略」沉渣泛起，一個直接原因是特朗普需要宣示其亞洲新政，需要一個能替代奧巴馬「亞太再平衡」戰略的「新概念」。而日本爲拉住與亞洲漸行漸遠的特朗普，重提建立美日印澳四國戰略對話。而中

印關係近期齟齬增加，中國在周邊大力推動「一帶一路」倡議引起印方警惕，中巴經濟走廊建設也刺激到印的敏感神經。特別是今年六月至八月間，中印雙方在洞朗地區出現嚴重對峙，印對華態度出現重大變化。澳洲方面雖然對「四國聯盟」興趣不大，但有借華提高地區話語權的需求，屢屢指摘中國在南海的正當行動。美日印澳出於各自利益和目的，在對華關係找到些許共同語言，令已經消亡的「印太」概念又流行開來。

說到底，「印太戰略」不過是地緣政治的烏托邦，隨着特朗普結束亞洲行，其熱度也會逐漸下降。特朗普是個生意人，推銷軍火、簽貿易大單貫穿其亞洲行始終，至於地緣政治博弈及亞洲領導力，對其來說，都是虛無飄渺的遊戲，特朗普並不感興趣。印、日兩國想玩，特朗普樂觀其成，但想讓美國挑頭，那就只能說「對不起」了。

唯一對「印太戰略」認真的是日本首相安倍，除做出正式回應外，還煞有其事地提到引領「印太秩序」的話題。不知是太想出風頭，還是太過幼稚，能鬧得出如此笑話的，也只有安倍了。

2017 年 11 月 24 日

美歐政壇緣何性醜聞頻發？

近期，美歐政壇平地起驚雷，突如其來地颳起一股揭露性騷擾的旋風。從倫敦到華盛頓，從政府到議會，從中央到地方……一連串醜聞接連曝光，一波波衝擊不斷襲來。道貌岸然的部長、議員被一層層剝掉光鮮外衣，終於露出卑鄙下流的「偽君子」嘴臉，骯髒齷齪，令人不齒。

政治本來就是骯髒的，與政治有關的一切都難言乾淨。美歐政壇熱衷於揭露性醜聞，並非要打擊邪惡，匡扶正義，而是要找打擊對手的「利器」，令其一夜間身敗名裂。因而，一樁醜聞被爆出後，各方最關心的往往是背後的政治動機和目的，熱衷於尋找幕後「推手」……至於誰是受害者？如何保護其權益？早就被拋到九霄雲外去了。

美歐政壇緣何頻發性醜聞？一個重要原因是，「政治精英」倫理道理水準的淪喪。曾幾何時，「政治精英」被奉為社會楷模，是普通百姓爭相效仿、學習的標杆，在人品上容不得有任何瑕疵。但現在，一切都變了。很難想像，一國總統可以開性派對，毫無羞恥地大肆享受奢靡生活。更不可理解，一超級大國最高領導人膽敢在辦公室與秘書做苟且之事，毫不考慮其臣民、家庭及社會的感受……如此醜聞，不勝枚舉。英國「女強人」文翠珊呼籲在國會建立「相互尊重文化」，可謂是有的放矢，但其中有幾多憤怒，又有幾多無奈。

傳統上。政治被認為是「男人遊戲」。半世紀前，民權運動、女權運動在西方蓬勃興起，但時至今日，針對女性的歧視和不公並未有根本性改觀，女性天然處於弱勢地位。美國廣播公司和《華爾街日報》聯合進行的最新民調顯示，有百分之四十八的女性說她們在職場遭遇過性騷擾，另有

百分之六十二的男性和百分之七十一的女性認爲，在美國性騷擾是一普遍現象。應當承認，目前揭露出來的性醜聞只是冰山一角，絕大多數受害者出於對工作、家庭等方面的考慮，選擇了隱忍。無論在政壇，還是的職場，性騷擾問題的嚴重性遠超想像。

女性的隱忍，絕非是大度與包容，而實屬迫不得已。這類事件常常發生於私密場所，取證難，訴訟時間漫長，手續繁瑣，成本巨大，令許多受害人望而卻步。在此類事件中，看似公正的法律並未眞正起到保護受害者的作用，實際上是在助紂爲虐。

更爲可怕的是政壇對性騷擾的「漠視」。一旦醜聞東窗事發，對當事人最嚴重的懲罰不過是丟掉烏紗，即使是這樣，還有人對其同情，爲其喊冤。西方政壇遠未形成「零容忍」的氛圍，客觀上助長了「精英」們的囂張氣焰，令其惡行更加肆無忌憚。

2017年11月28日

德國足協何以敢趟「藏獨」渾水

不久前，德國足球賽場發生了一起令人遺憾的事件，在中國U20隊與德國一俱樂部比賽時，看台上竟然出現了「藏獨」分子打出的「雪山獅子旗」，中國隊強烈抗議，比賽臨時中斷，後鬧事者被安保人員制止，比賽才得以繼續進行。事後，德國足協發表了立場模糊的表態，一方面，不希望有人「濫用球場故意挑釁客人」，另一方面將此惡劣政治事件歸於「言論自由」，呼籲中方「淡定對待」。

德國足協對事件定性喪失原則，顯然不能為中方所接受，雙方交流合作也受到干擾，中德剩餘的三場友誼賽已推遲到明年。若德國足協仍不思悔改，繼續趟「藏獨」渾水，雙方能否繼續合作將打上一個大問號。

國際足聯明確禁止在球場上搞政治，禁止在足球比賽場地懸掛任何政治性標語、從事任何政治抗議活動。長期以來，體育賽場不能政治化成為全球體育界一致認同的規則，也是世界體育精神的基本要義。但德國足協偏要反其道而行之，將涉及國家主權與領土完整的政治事件說成「自由表達觀點」，不僅違反了球場規則，更有悖於體育精神，實在令人匪夷所思。一個足球機構，本該崇尚體育健康發展，卻搞旁門邪道，非要玩「政治」，結果可能會玩火自焚。

德國足協何以敢趟「藏獨」渾水？一方面，德是「藏獨」分子相對活躍的地區，是「藏獨」「大本營」之一；另一方面，「藏獨」勢力在德政壇，特別是議會有相當一部分支持者，某些政客正是靠支持「藏獨」起家，是死硬職業反華政客。中德關係發展良好，「藏獨」勢力及其代言人無機可乘。默克爾政府是當今歐洲的「穩定器」，對西班牙「加獨」事件

發出明確的反分裂聲音，在英國「脫歐」、移民、右翼勢力壯大、保護主義抬頭等等都發出了與眾不同的聲音。「藏獨」勢力及其支持者施壓足協，挑戰中方底線，恐醉翁之意不在酒，是想借題發揮，破壞中德關係，向德政府發洩不滿。在這起事件中，某些德國右翼媒體煽風點火，推波助瀾，扮演了十分不光彩的角色。

美歐政客都曾打過「西藏牌」，奧巴馬、薩爾科齊、卡梅倫等都曾見過達賴，企圖向中國施壓，但到頭來都是偷雞不成蝕把米，嘗盡了投機的苦頭。默克爾也曾在二〇〇七年會見達賴，令中德關係陷入低谷，兩國經貿關係大受衝擊，執政黨內產生嚴重分歧，默克爾本人飽受批評。默克爾汲取了教訓，此後再也未打過「達賴牌」。

在國際舞台上，「藏獨」勢力早已被邊緣化，這是現實。作為一個體育機構，德國足協還是要專注本行，切莫玩「政治」，否則會死得很慘。

2017 年 11 月 29 日

朝完成「核導大業」重打美國的臉

　　昨日凌晨，朝方發射的一顆洲際導彈劃破夜空，也打破了半島近期難得的寧靜。平壤再次「走邊緣」，挑戰國際社會底線，也重重打了美國的臉，宣告特朗普對朝政策失敗。

　　至於這枚飛行五十三分鐘、高度四千四百七十五公里、距離九百五十公里的導彈，是否真如朝方所言能覆蓋美國全境，事實是否真像金正恩宣布的「今天終於完成」核導大業，尚需專家論證。但一個不爭的現實是，朝距「無核化」目標越來越遠，朝核問題更加無解，半島局勢更加高危。

　　毫無疑問，美對朝的錯誤政策是事態惡化的主因。朝發展核武是美國一手造成的，朝核問題久拖不決、危機不斷加劇，美應負主責。從一九九三年第一次朝核危機爆發至今，朝核問題一波三折，已走過了二十四個年頭。美對朝政策在接觸與遏制之間搖擺反覆，朝從最初僅有的五兆瓦的小型核反應堆，發展到今天令人談虎色變的核威懾能力，美是自食其果。

　　二十多年來，美對朝政策可分為三個階段：一是克林頓時期的「接觸政策」。第一次朝核危機爆發時正值克林頓上台，其迅速調整了老布什的強硬政策，派前總統卡特訪朝。後在中方積極斡旋推動下，達成了解決朝核問題的框架協議。此階段，朝美高官互有來往、關係融洽，朝核問題總體可控。

　　二是小布什時期的「遏制政策」。二〇〇一年小布什一上台，就徹底推翻了克林頓政策，並把朝列入三個「邪惡軸心」之一，導致第二次朝核危機爆發。其間，在中方的積極斡旋和不懈努力下，達成了「六方會談」機制，並進行了六輪會談，朝核問題一度取得重大進展，甚至出現朝方炸

毀寧邊核冷卻塔、啓動核設施去功能化這樣標誌性動作。但美方政策多有反覆，雙方嚴重不信任，終致「六方會談」破裂，半島和平曇花一現。

三是奧巴馬時期的「戰略耐心」政策。二○○九年，美韓同時「變天」，對朝政策轉向強硬，「陽光政策」被放棄，朝先行棄核成為對話談判的先決條件，朝核危機發生逆轉。實際上，奧巴馬對朝「戰略忍耐」與其「亞太再平衡」是一脈相承的，其根本不想解決朝核問題，而是要利用危機，挑動地區惡鬥，以增加在亞太的軍事存在，加快「重返」步伐。

特朗普上台，美對朝強硬遏制有增無減，朝重新被列入「支恐國家」名單，並不斷發出即將開戰的恫嚇。一時間，半島戰雲密布，危機一觸即發。

朝核危機的發展演變，已不只一次地宣告了美對朝政策的失敗，也不只一次地證明，任何武力威脅和制裁都不可能奏效，談判才是解決朝核問題的唯一正確途徑。

2017 年 11 月 30 日

壓美朝直接對話 國際社會不該只有呼籲

朝鮮凌晨成功發射洲際導彈震驚美韓，金正恩關於「完成核武大業」的宣示更令世界擔憂。平壤核材料、導彈及發射技術均取得長足進展，而華府應對乏術，原來的「定點清除」軍事計劃越來越不可行。種種跡象顯示，朝核問題正在步入一個新階段，國際社會對此絕不能坐以待斃。

朝核問題的癥結在美朝，破解難題的關鍵也在美朝。「六方會談」中斷後，奧巴馬政府一方面採取了「不接觸」政策，把平壤先棄核作為對話先決條件，朝被逼到了死角；另一方面，又不斷煽風點火，刻意製造緊張，為強化在亞太的軍事部署尋找藉口，配合實施「亞太再平衡」戰略。特朗普上台後，美朝對話如曇花一現，旋即被史無前例的軍事恫嚇和威脅所替代，美韓軍演、航母巡弋、重戴「支恐帽」等等，招招式式都在刺激朝方的敏感神經，令朝孤注一擲。

朝關注自身「安全」，本無可非議。但保障安全可有多種途徑，朝卻選擇了「擁核」這一極端方式，打破了核不擴散秩序，逾越了國際法和國際社會底線。朝雖宣稱自己已是「核大國」，但國際社會是不可能承認的，更不會接受其以「核」為籌碼進行「敲詐」。如果朝方依然一意孤行，其被孤立、被制裁的命運是無法改變的。

美朝對抗持續了半個多世紀，朝核問題更令雙方衝突一觸即發。雙方嚴重不信任，如果不能各退一步，重啟談判，美朝和解、關係正常化的可能性為零，朝核問題將永遠無解，最終很難避免兵戎相見，兩敗俱傷。

受朝核危機影響最大的中、俄、日、韓等周邊國家。一旦半島爆發戰事，韓首當其衝將變成廝殺的戰場。然而，近年來，韓對朝政策與其對和

平的期盼可謂南轅北轍。李明博放棄「陽光政策」，是導致朝方「翻臉」的重要原因，與美的頻繁軍演、引入「薩德」均令朝方嚴重不安，客觀上推動朝不斷「走邊緣」。日本更是東北亞安全的「麻煩製造者」和和平穩定的「破壞者」，扮演的角色並不光彩。「六方會談」中，日最關心的是解決「綁架問題」。「六方會談」破裂後，安倍內閣利用朝核危機，謀求突破和平憲法，並把美戰略重心固定在亞太地區。在解決朝核問題上，日方未起到任何積極、建設性作用。

朝核不僅是對地區安全的重大威脅，也是對世界和平的巨大挑戰。化解朝核危機，需要全世界共同應對，特別是齊心協力迫使美朝直接對話。這裏，既包括東北亞地區及周邊國家，也包括看似與此無關的域外大國，既包括亞太地區國際組織，也包括聯合國等全球性機構。爲避免朝核危機演變成全球「核災難」，國際社會眞該做點事了。

2017 年 12 月 1 日

特朗普要引爆中東「火藥桶」

　　中東，是當今世界最危險的「火藥桶」，「引信」正是巴以衝突。或許出於轉移國內焦點、搶奪中東事務主導權等等政治考量，特朗普欲在巴以關係上有所「作為」，結果恐將親手引爆這個危機四伏的「火藥桶」。一則「特朗普可能在未來數天內宣布承認耶路撒冷為以色列首都」的報道不脛而走，瞬間引爆輿論圈，更在中東投下一顆威力巨大的「震撼彈」。

　　特朗普在中東「玩火」，在一定程度上，是在兌現其競選承諾。特朗普歷來對奧巴馬的外交遺產嗤之以鼻，特別是對前朝壓制以色列謀中東和平的做法深惡痛絕。其在競選時就曾為以色列打抱不平，公開呼籲以總理內塔尼亞胡再忍耐一段時間，待其上台後即為以撐腰打氣，對美中東政策進行「大手術」。

　　特朗普此番在耶路撒冷問題上做文章，也算是言而有信。唯其忘記了，抑或是故意視而不見中東現實。中東當前形勢已與一年前大不一樣，一旦處理不好，中東脆弱的和平會被徹底打破，大規模地區軍事衝突在所難免。作為「玩火者」，特朗普很難逃脫「自焚」的下場。

　　過去幾年，ISIS肆虐，中東原有的地緣政治對立退居其次，被反恐合作大業所掩蓋。如今，ISIS有生力量已被消滅，雖仍有一些散兵游勇，但已很難組織起有威脅、有影響的大規模襲擊行動。中東地緣政治角逐重新浮出水面，成為影響地區形勢走向的主要矛盾。

　　不久前，俄羅斯、伊朗、土耳其三國領導人在索契聚首，聲明在敘利亞、反恐等問題上展開合作，共同徹底剷除敘利亞ISIS殘餘。三國走近，實際上是特朗普政策調整所致。土耳其發生未遂政變，美被指是此次行動

的幕後黑手，兩國關係陷入僵局，土只得另尋盟友。特朗普拒絕承認伊核協議，令雙方在解決核問題上的努力化爲烏有，伊被迫轉舵。而美俄關係在中東問題上一直是最大對手，即使在打擊 ISIS 有所合作，但醉翁之意不在酒。在地緣政治角逐上，俄、伊、土實際上已形成一種「準同盟」關係，在中東與美劃江而治，分庭抗禮。

中東醞釀着劇變，矛盾呈激化趨勢。黎巴嫩與以色列衝突一觸即發，以軍開始空襲伊朗在敘首都大馬士革附近的基地，以避免伊黎聯手在戈蘭高地興風作浪。也門內戰升級，沙特局勢不穩……中東「火藥桶」危機四伏。

特朗普若宣布耶路撒冷爲以色列首都，意味着其徹底放棄中東和平進程。屆時，巴勒斯坦勢中斷與美、以的一切往來，並將採取強硬報復措施。巴以衝突再起，勢把有關大國拖入一場曠日持久的戰火，後果不堪設想。

2017 年 12 月 5 日

安倍撐「一帶一路」：戰略「轉舵」？戰術應對？

日本參與中方「一帶一路」倡議，聽起來有點像天方夜譚，若聞知此言出自安倍之口，就更不可思議了。

日前，中日兩國企業巨頭匯聚東京，參加「中日CEO峰會」，首相安倍十分罕見地現身會場致辭，更十分罕見地盛讚「一帶一路」倡議，稱雙方「可大力合作」。按其原話，中日合作滿足亞洲旺盛的基建需求，這不僅對兩國的發展，也能對亞洲人民的繁榮作出貢獻，同時，中日的互惠經濟關係不僅限於兩國之間，兩國共同參與基建開發也將有助於國際貢獻。

這已不是安倍第一次對「一帶一路」表現出好感。今年六月份，安倍在一次國際會議上發表演講，稱「一帶一路」是「具有把東洋、西洋以及在其中多樣性地區聯繫起來潛能」的構想，同樣作出了「將進行合作」的積極表態。習慣了安倍「定式思維」的媒體沒能跟上「變化」，一時間竟不知該如何評價。半信半疑者，質疑其放「煙霧彈」，目的是爲了在德國G20峰會上實現與中方的首腦會談。信以爲眞者，分析其外交「轉舵」原因及日方加入「一帶一路」錯失的良機，建言如何彌補才能迎頭趕上。

兩次積極表態，就能證明安倍已改弦易轍？其實未必！不要忽略安倍「合作」後面的「但書」。在六月份演講中，安倍在「合作」前刻意加上「若條件成熟」的限定語，並期望把「一帶一路」與TPP自由且公平的經濟圈「融合」起來，在合作中塞進了許多「私貨」。在最近講話中，安倍同樣爲「一帶一路」合作設置了「前提」，即「必須使太平洋到印度洋成爲自由開放的地區」，確保「公平性和透明度不可或缺」。與擺上前台的

「合作」相比，安倍最想說的恐怕還是後面的「潛台詞」。

對中方「一帶一路」倡議，安倍內心可謂五味雜陳，矛盾重重。「一帶一路」獲得越來越多國家的響應，大批合作機遇被拱手相讓，日方在這一本世紀最宏大國際合作計劃中被邊緣化，自然心有不甘，對既將錯過的「末班車」充滿憂慮。同時，日方仍不肯放棄圍華、遏華的戰略，擔心參與「一帶一路」會加速中國的騰飛，令日更加被動。

安倍現在唱好「一帶一路」合作，還遠談不上什麼戰略上的轉向，本質上是戰術上的權宜之計。跟隨特朗普亞太政策起舞，將臭名昭著的「自由繁榮之弧」包裝成新的「印太戰略」，牽頭拯救已經死亡的TPP仍是安倍外交主軸。

中方與安倍已打了多年交道，深知言行不一是其本性。對安倍既要「聽其言」，更要「觀其行」，安倍對「一帶一路」真實態度究竟如何，且看其下一步將如何動作。

2017年12月6日

特朗普借為耶城「正名」調整中東「棋局」

特朗普即將承認耶路撒冷為以色列首都，此舉不啻一顆「重磅炸彈」，擊碎了中東脆弱的和平，也勢將點燃巴以衝突的戰火。聖城耶路撒冷命運多舛，見證過中東所有戰戰和和的風雨，如今勢難逃「多米諾骨牌」被推倒後的災禍。

「耶城」，是中東地區衝突的縮影。巴以雙方均把耶路撒冷視為首都，尊為「聖城」，其地位及歸屬一直是巴以衝突最敏感的問題。一九四七年，聯合國將耶路撒冷定義為「國際城市」。但一年後，以色列宣布獨立，耶路撒冷被分割為東、西兩部分，由約旦和以色列分別控制。一九六七年六日戰爭後，以佔領東耶路撒冷，自此開始控制整個耶城。但巴勒斯坦人依然把東耶路撒冷視為首都，國際社會也從未承認以控制耶城的合法性。即使以方於一九八〇年通過法令，宣布耶路撒冷為以色列不可分割的首都，國際社會也未妥協，聯合國隨即通過決議，譴責以吞併東耶路撒冷，指責其違反國際法。

正是基於這一國際共識，全世界無一國在耶城設使館，個別先前設使館的國家，後來也及時修正。美歷任總統對此均十分謹慎，一直維持使館設在特拉維夫的現狀。以方曾在一九八九年在耶城專門為美建館闢出土地，但美並未接受，一直空置至今。

特朗普的任性，打破了國際社會七十年的共識，廢棄了美長期秉持的慣例，不僅在國內引起軒然大波，而且在全世界招致所有國家的猛烈抨擊。唯一為特朗普「點讚」的是以色列，視特朗普為敢於直面挑戰英雄。但巴勒斯坦領導人則明確表示，此舉違反了國際法，將嚴重打擊和平希

望。巴解組織警告，如果特朗普眞的將使館遷到耶路撒冷，巴以間的所有協議將被廢除。巴以衝突在所難免，中東乃至整個世界將陷入新的動蕩。

爲耶城「正名」，只是特朗普中東新政的一部分。特朗普正在調整奧巴馬政策，準備下一盤「大棋」。

自特朗普上台後，美已進入以「美國優先」爲標誌的「特朗普時代」。就美中東戰略而言，特朗普正在作以下調整：一是改變奧巴馬戰略收縮策略，回歸美傳統中東政策，確立中東在美外交格局中的核心地位，重塑美地區影響力；二是修補、強化與地區盟友的關係，特別是重建奧巴馬執政時陷入僵局的與以色列及沙特的關係；三是摒棄以民主、人權爲特徵的人道主義干預，通過培育、扶持「代理人」，與伊朗、俄羅斯等對手展開地緣政治爭奪。

特朗普重新布局中東，是在下一盤「險棋」。稍有不愼，就會引發一場大危機，中東流沙，變幻莫測，隨時可能成爲埋葬美國的墳墓。

2017 年 12 月 7 日

大使館「孤立」聖城 當代美國的縮影

　　昨日凌晨，那隻懸了多天的「靴子」終於落地。特朗普正式宣布承認耶路撒冷爲以色列首都，並要求國務院啓動美駐以使館從特拉維夫搬遷至耶路撒冷的計劃。用不了多長時間，耶城將正式迎來美駐以大使館。

　　唯一給特朗普「壯舉」點讚的是以色列。以總理內塔尼亞胡稱這是「歷史性的一天」，中東和平向前邁進了一步。與內氏所言「和平」截然相反的是巴勒斯坦及整個阿拉伯世界，稱此舉是在動盪地區採取的煽動性一步，將助長「聖戰」，導致嚴重後果。哈馬斯更公開聲稱，特朗普此舉等於「開啓地獄之門」。

　　特朗普挑戰國際社會七十年共識，打破歷任總統遵行的慣例，充分彰顯了其「敢爲天下先」的「任性」，但「任性」背後的動機卻廣受質疑。對特朗普的「敢爲」，各方早有領教。從上台伊始的廢除TPP，到後來的「禁穆令」、修建美墨「長城」、退出「巴黎氣候協定」，以及轟炸敍政府軍基地、派航母到朝鮮半島炫武……特朗普一系列「驚人之舉」，常把世界嚇得目瞪口呆。若這些「說到做到」的傲慢措施，還與「美國優先」沾點邊的話，特朗普借耶城故意挑起中東爭端，眞可謂得不償失，就很難用其執政理念解釋得通了。

　　特朗普對以色列的「得」，難以彌補在中東的「失」。就地區角色而言，美爲耶城「正名」表明已公開站在以色列一邊，其中東及巴以衝突調停者的身份將徹底喪失；從和平進程來看，特朗普無疑是在開歷史倒車，令中東爭論的焦點重返已有原則共識的被佔領土問題上；從美自身安全看，此舉勢將引起巴勒斯坦及伊斯蘭世界的強烈反彈，令極端組織死灰復

燃，發動新一輪針對美國的報復行動；而從地緣政治爭奪看，特朗普鞏固與傳統盟友關係的初衷未必能夠實現，美贏得了以色列的芳心，卻開罪了整個阿拉伯世界，包括沙特在內的盟友都在批特朗普「不負責任」。

目前，共有包括美國在內的八十六個國家在以設有大使館，都在特拉維夫。特朗普首開惡劣先例，但不會引發連鎖反應。中方對此持明確反對立場，支持以一九六七年邊界為基礎、以東耶路撒冷為首都、擁有完全主權的獨立的巴勒斯坦國。聯合國和歐盟明確反對任何可能危害巴以和平的單邊措施，強調「兩國方案」不可替代。美耶城使館的「一枝獨秀」，引不來應者雲集的「春色滿園」。

昔日「全球領袖」，未來或淪「世界孤狼」，特朗普該認真反思。再過幾年，聖城耶路撒冷可能會出現一座美國使館，孤獨、突兀，形單影隻，與周邊環境格格不入。這，正是當代美國的縮影。

2017年12月8日

普京的俄羅斯

普京正式宣布參加二〇一八年總統大選。是新聞，也不是新聞。

說是新聞，明年大選日漸臨近，已經三度出任總統的普京，是否有意願繼續領導俄羅斯前行，各方極為矚目。普京明確表態，塵埃落定，算是給諸多猜測、紛爭畫上了句號。

說不是新聞，普京早已與俄羅斯畫上了等號，普京是俄羅斯的普京，俄羅斯亦是普京的俄羅斯，都是不可替代的「符號」。無論是對俄國內，還是對國際社會，普京若臨陣退縮，不再尋求連任，那才是「奇聞」一樁。參選本來就是順理成章之事，不值得大驚小怪。

普京顯然並未把宣布參選當成什麼了不得的大事，更未作刻意安排。一家汽車廠的活動，並不是作某種政治宣示的好地方，一句「確實沒有比現在更好的時機了」，說得有些輕率。但其既回應了民眾的期待，也表現出政治「大家」的灑脫。沒有豪言壯語，工人們的掌聲便是最好祝願。

沒人會懷疑普京參選，也沒人懷疑普京一定會贏。從坐上總統大位至今，普京一直享有超高人氣，無人出其左右。即使今天以最民主的形式馬上投票，其仍會贏得至少三分之二民眾的支持，這就是俄羅斯的政治現實。目前，已宣布參選的人員除普京外，還有俄自民黨領導人日里諾夫斯基、俄共中央主席久加諾夫、「亞博盧」黨創始人亞夫林斯基，以及電視台女主持人索布恰克等。前三位是「屢敗屢戰」的政治家，葉利欽時代就參與角逐總統大位，一直到現在，從未有過贏的希望。至於「八〇後」美女主持，是普京「恩師」、前聖彼得堡市長索布恰克的女兒，不過是大選的「點綴」，想藉機為自己抽水。

　　從二○○○年至今，普京總統、總理輪着做，在當今世界政壇絕無僅有，堪稱奇跡。與其說普京善權術，將「民主」玩弄於股掌之間，不如說「鐵腕政治家」的出現回應了時代呼喚，迎合了絕大多數民眾的期盼。老百姓其實很簡單，日常生活衣食無憂，能活得愜意，在國外不被人看不起，活得有尊嚴，就足夠了，誰能領導國家做到這一點，誰就是偉人。

　　十八年間，普京送走了克林頓、小布什、奧巴馬三任美國總統。想當年，三人風頭都不比普京低，但都歸於歷史。如今，特朗普雖勢頭正盛，但可以肯定的是，當其告別白宮時，普京依然穩坐克宮，繼續執掌俄帝國。孰成孰敗？還得交給歷史去評判。

　　曾幾何時，普京放話，「給我二十年，還你一個強大的俄羅斯」。如今十八年已過，「強大俄羅斯」初具雛形。贏得明年大選，普京將開啓一個新二十年。普京的俄羅斯，將是走向強大的俄羅斯，這是百姓一大幸事。

2017 年 12 月 12 日

限制移民適得其反 特朗普「治恐」藥不對症

　　恐怖襲擊，威脅平民生命，引發社會恐慌，其惡滔滔，天人共憤。但對弄權的政客而言，還真未必是百害而無一利。不知機緣巧合，還是命運安排，美歐恐襲頻發，好像都在證明特朗普的「政治正確」。恐襲炸彈聲聲，特朗普言辭鑿鑿。當得知紐約恐襲疑犯是通過「親屬鏈式移民」進入美國時，特朗普再次對移民政策舉起了砍刀，要廢止親屬簽證。

　　也許有現實的有力佐證，特朗普說話硬氣了許多。對現有移民政策，特朗普明確判定「威脅國家安全」，呼籲停止「鏈式移民」。特朗普還把矛頭指向政府「執法者」，要求國會強化對移民官員的逮捕和拘留機構，終結「移民體系中存在的欺詐和濫用」。看來，特朗普是要動真格的了。

　　單就此案來說，特朗普是對的。沒有親屬簽證，本案恐嫌烏拉不可能從孟加拉國進入美國，並取得永久居留權，當然也就沒有機會跑到曼哈頓製造襲擊事件。

　　但特朗普只說對了一半。入境美國的移民絕非必然是恐怖分子，導致其鋌而走險的是受到了不公平待遇，對美內外政策心生厭惡與反感，進而發展成實施反社會的暴力行動。本案恐嫌曾是生活在社會最低層的出租車司機，據其自己交代，發動恐襲的目的「什麼都有」，包括報復美在敘利亞等地區針對「伊斯蘭國（ISIS）的空襲」。這才是問題的關鍵，特朗普開出醫治恐襲的「藥方」顯然不對症。

　　美國本身就是一個移民國家。美二百餘年的發展，除天時地利條件外，還得益於其寬鬆的移民政策，得益於貢獻勞動力的外來移民，這是應當承認的歷史事實。但長期以來，種族問題一直是社會「頑疾」，從未得

到徹底解決，美國白人一面享受着外來族裔的廉價付出，一面抱怨社會治安惡化和工作機會減少，帶有種族背景的衝突時有發生。

過去，種族問題尚有人權、民主、平等等「傳統核心價值觀」的約束，即使存在事實上歧視和不平等，由於懾於法律、道德、倫理的規管，很少有人敢冒險將種族議題擺上枱面，公開宣揚「白人至上主義」。

但特朗普打破了百年禁忌，顛覆了傳統平等理念。修美墨「長城」、頒「禁穆令」、收緊移民政策……特朗普招招式式都明顯在以種族劃線，「美國優先」變身「白人至上」，催生出一系列矛盾與衝突。

如果特朗普真的廢止了「親屬鏈式移民」政策，相當一部分家庭恐陷入妻離子散的窘境。那些本無意犯罪的父母、子女或因此心生憤怒，走上報復社會和暴力恐襲之路。限制移民，或適得其反，不僅無助解除恐襲警報，反而會加劇種族矛盾，令美陷入更大的安全風險。

2017 年 12 月 13 日

美對朝立場：該信蒂勒森？還是特朗普？

朝核危局不斷升級，令華府寢食難安。美國務卿蒂勒森昨天作出全新宣示，稱美準備在沒有先決條件的情況與朝談判。此番表態被解讀爲「美對朝口風的重大轉變」，如果此言是眞，則意味着華府放棄了「任何談判都必須以朝鮮先放棄核武器爲基礎」一貫立場，半島和平多出一線希望。

爲了能讓人記住這一「轉變」，蒂勒森刻意在「不設條件」上加了許多「料」，稱談什麼都可以，甚至「可以談天氣」，什麼桌子也無所謂，「用方桌、圓桌」都可以談，唯一要求是平壤「願意談」，並走到談判桌前。如果蒂勒森是美外交的最終決策者，此番表態無疑是朝美啓動有關朝核問題談判的「重大分水嶺」，對東北亞乃至全球局勢的影響不言而喻。

問題的關鍵是，蒂勒森能在多大程度上代表美立場？國務卿在作出此番表態時是否預先與總統作過溝通？特朗普在多大程度上認可這一變化？不弄清其中細節，蒂勒森勾畫的美妙前景，不過是一座虛幻的「海市蜃樓」。

對蒂勒森的表態，白宮方面未有任何回應，既未證實，亦未證僞。最能引發聯想的是靑瓦台的「不宜評論」，指這雖是國務卿的發言，但不代表美政府的官方立場。與特朗普立場相比，蒂勒森的觀點更接近韓對朝政策，更可爲靑瓦台認可，韓應爲其點讚。但事實上，韓不僅未給美卿台階下，反對其兜頭潑下一盆冷水，原因正是不相信他的意見是代表特朗普。

中方對蒂勒森講話同樣持懷疑態度，並未急於對美立場是否作出實質調整下結論。外交部發言人僅原則性重申，中方歡迎一切有利於緩和局勢、推動對話解決問題的努力，並未賦予蒂勒森講話以特別重大含義。

　　主管外交的國務院，被認為不代表美官方立場，蒂勒森這個國務卿當得實在窩囊。很明顯，在朝核問題上，特朗普與蒂勒森存在重大分歧，但決策權在白宮，而不在國務院。更悲催的是，白宮也不知道如何處理這塊「燙手山芋」。特朗普上台已近一年，其間曾有過「與金正恩對話」的浪漫表態，有過給中方「戴高帽」，希望中方施壓解決朝核問題的天真幻想，也有過全方位制裁、迫朝主動棄核簡單思維，更有過航母大舉壓境、對朝即時開戰的軍事威懾……美軟硬兼施，用盡了所有招數，朝核問題沒解決，自己卻迷失了方向。

　　平壤日前通過俄向美傳話，希望同美就「核僵局」直接對話，向華盛頓尋求安全保證。但連朝方也弄不清究竟該與誰談，誰才是決策者。美外交政出多門，前後矛盾，自亂陣腳，讓全世界看笑話，更不可能打破朝核僵局。

2017 年 12 月 14 日

中韓宜就「薩德」建立監查溝通機制

韓國總統文在寅已抵達北京，開啓對中國爲期四天的國事訪問。縱觀兩國關係近年來經歷的跌宕起伏，文在寅此訪可謂來之不易，彌足珍貴。雙方都期待此訪能令中韓關係「實質性復原」，能令雙方站上新起點、新開始，攜手邁向新時代。

儘管在文在寅訪華前，韓媒引述青瓦台人士公開呼籲，希望「最好別提薩德」，但中方恐很難如其所願。中韓關係成也「薩德」，敗也「薩德」，只要有「薩德」在韓的實際存在，想讓中方視而不見，實在是強人所難。況且，朝核問題是雙方會談的核心議題，這也與「薩德」有直接關聯。

訪華前，文在寅就「薩德」問題作出了「三不承諾」：一是不追加部署「薩德」；二是不加入美國主導的地區導彈防禦體系；三是不發展美韓日軍事同盟。爲消除中方關切，文在寅進一步強調，今後韓將格外注意不把「薩德」用於防禦朝核武和導彈以外的地方，不會損害中國安全利益。

應當說，文在寅的態度還算是誠懇，甚至希望中方「換位思考」，理解韓面對朝核威脅的苦衷。但態度歸態度，在涉及國家安全的大是大非問題上，僅憑口頭「承諾」就想讓中方徹底消除擔憂，未免過於天眞。韓能置兩國大局於不顧而執意引入「薩德」，就能在必要時拋棄「承諾」。口頭上東西又能有幾何約束力！

韓媒對中韓未來同樣擔心，指雖然兩國在十月三十一日發表共同協商結果，但「薩德」問題似乎隨時可能重新浮出水面，「薩德」問題凸顯了中韓關係的虛弱根基和戰略利益不同，從對方立場出發考慮問題並予以最

大關照，努力使摩擦最小化，這才是外交。這裏的「關照」，顯然更多地是指中方。中方在韓未撤「薩德」情況下，同意修復雙邊關係，可謂釋出最大善意。但「外交」絕不容以犧牲安全爲代價，只要有「薩德」在，中韓關係「根基」就是「虛弱」的，就很難恢復到「薩德」前的「蜜月期」。

實際上，韓方「三不承諾」有許多漏洞。韓是基於美韓「薩德」協議作出上述承諾的，中方旣無知情權，亦無監查權。從技術上講，「薩德」監控範圍的轉變是分分秒秒的事，不知韓方如何落實其「只用於朝核防禦」的承諾？即便完全相信韓方誠意，在美主導「薩德」運行的現實面前，韓將如何約束美遵守「三不承諾」？

中韓關係不會因文在寅訪華而進入「後薩德時代」。爲落實「三不承諾」，雙方宜建立起某種監查溝通機制，以隨時掌握「薩德」運行情況，防止出現誤判。此機制雖不能消除「薩德」威脅，但可最大限度降低中方擔憂，這在現階段也算是一權宜之計。

2017 年 12 月 15 日

澳洲該向誰說「站起來了」?

近期,遠在中國千里之外的澳洲突然「變臉」,掀起了一股「反華」浪潮。一時間,「中國滲透論」、「中國間諜論」、「干預內政說」沉渣泛起,空氣中瀰漫着濃濃的火藥味,溫文爾雅的澳洲搖身一變,成了不可理喻的「反華旗手」。連總理特恩布爾也披掛上陣,援引毛主席那句氣吞山河的名言「中國人民站起來了」,宣示「澳大利亞人民站起來了」。

對澳洲這股突如其來的「逆流」,中方進行了強硬的外交應對。外交部不點名地批評「澳洲領導人」的有關言論,認為其毫無原則地迎合一些媒體不負責任的報道,「毒害了中澳關係氣氛」。澳駐華大使安思捷也十分罕有地被中方召見,進行了「重要談話」。中國駐澳大使也會見了澳外交部代理次長。澳分析人士預測中方會有「進一步報復行動」,對兩國關係前景擔憂。

實際上,中方從未逼其「下跪」,也從未看低過澳洲人,澳洲人民站沒站起來,跟中國沒有半點關係。長期以來,中方視澳為平等合作夥伴,與其發展互利互惠的經貿關係,澳洲賺得盆滿缽盈,是中國改革開放的最大受益者。至於澳洲人是站着,還是跪着,甚至躺着,是澳洲人的事,只要自己感到舒服就行。

澳總理對中方宣示「站起來」了,顯然是找錯了對象。這句話對英國說,倒情有可原,因有歷史等各方面因素,時至今日,澳洲名義上的國家元首仍然是英國女王,對英說「站起來了」,至少可表明「反殖民」心態。對美國也有得說,美澳雖為同盟關係,但大家都心知肚明,兩國實際地位是「美主澳從」,在「主人」面前敢於挺直腰板,不愧為一種勇氣和

膽略，能釋放出追求獨立自主的意願。而對中國宣示「站立」，除令人驚異外，什麼特別含義也難解讀不出來，真枉費了澳洲這番苦心安排了。

政客就是要玩弄政治。若把此次反華事件，放在澳洲選舉這背景下看，就不難找到其中原委。澳洲明年即將舉行大選，執政自由黨情況不妙，與另一大對手工黨旗鼓相當。如果在地方選舉中頻頻失利，不光自由黨士氣受挫，還可能導致自由黨—國家黨執政聯盟喪失國會多數議席，特恩布爾可能大位不保。況且，特氏本來在自由黨內根基就淺，地位脆弱，不在政壇上弄出點大的「響聲」，可能很快就會被掃地出門。政治是骯髒的、殘酷的，特恩布爾操刀反華，多少也有點無奈。

假以時日，這股逆流勢將成過眼煙雲。但應當引起警覺的是，澳政壇右翼勢力崛起，社會上排外情緒日益加劇。澳洲在政治上「反華、排華」、經濟上紅利通吃的現實不應再繼續下去了。否則，不知哪天「站起來」的澳洲又「跪下」了，就會再次把髒水潑到中國身上。

2017 年 12 月 16 日

「後ISIS時代」≠「後反恐時代」

隨着伊拉克、敘利亞、伊朗等國陸續宣布極端組織「伊斯蘭國」被剿滅，中東地區進入了「後ISIS時代」。但「後ISIS時代」並不等於「後反恐時代」，恐怖襲擊警報仍未解除，國際反恐戰距最後勝利還很遙遠。

前車之鑒，後事之師。ISIS之所以能夠迅速崛起，雄踞中東多年，相當大程度上源於美歐的麻痺與輕敵。十幾年前，ISIS還是一支寄生於「基地」組織之下名不見經傳的小股武裝。奧巴馬上台後，美因要「重返亞太」而急於從中東抽身，特別是中東、北非「顏色革命」爆發後，當地出現了巨大的安全眞空。擊斃本・拉登，是反恐戰的重大成果，美樂觀地認爲反恐大業已告完成，開始把戰略重心從反恐轉向亞太地緣政治爭奪。

ISIS武裝乘機坐大，宣布建立「伊斯蘭國」，舉起了國際恐怖主義的大旗。其間，雖有中情局等機構頻次示警，但均未能引起最高決策層的重視。直到該組織頻繁殺害人質，攻城略地，勢如破竹，伊拉克大半國土淪陷，這支最兇殘的恐怖組織才開始被重視。剛剛撤離的美軍被迫重返，不得不聯合五十四個國家和歐盟、北約、阿盟等組成國際聯盟，於二〇一四年九月開始對ISIS進行軍事打擊。

經過三年多的艱苦清剿，ISIS作爲軍事、政治上的實體已不復存在，但威脅並未削除殆盡，一旦條件成熟還會捲土重來。其一，ISIS丟掉的只是大城市，在當前中東各國持續動盪、宗教派別爭奪不斷激化的條件下，ISIS殘餘已化整爲零，由明轉暗，蟄伏地下，展開其擅長的運動戰、游擊戰；

其二，ISIS與西方聖戰期間，以索馬里青年黨、博科聖地爲代表的非

洲恐怖組織，以及東南亞六十餘個激進組織宣布效忠，ISIS有能力利用其提供的庇護，積蓄力量，在中東之外建立新的據點；

其三，ISIS說教極具號召力，幾年間，數千美歐叛逆青年被招募，赴中東打聖戰。如今，這些人陸續從中東戰場退出，通過各種途徑返回國內。ISIS影響力仍在，還會通過網絡向全球擴散，世界各地，特別是西方還會有新的追隨者湧現。

常言道，打蛇要打七寸。反恐只有剷除恐怖主義滋生的土壤，才能取得最後勝利。但全球範圍內的貧富差距加大，西方世界右翼勢力的崛起，及特朗普奉行的極具種族歧視色彩的「美國優先」政策，均與彌合社會撕裂、消除種族對立等反恐目標背道而馳。

「後ISIS時代」，最危險的不是恐襲，而是心理上滋生的「刀槍入庫，馬放南山」盲目樂觀。當前的形勢依然複雜多變，任何鬆懈都會令反恐大計毀於一旦。

2017年12月19日

特朗普真敢與中俄「對手」同時對抗？

美國總統特朗普的首份國家安全戰略報告如一石擊水，給當今躁動的世界再添幾分不安。最令人矚目的是，特朗普同時把中俄兩個大國打入「另冊」，將其定位為美「戰略競爭對手」，與伊朗、朝鮮「流氓政權」及恐怖主義組織並稱為美國家安全利益的「三大挑戰」。報告字裏行間透出一股股陰冷殺氣，從中能嗅出濃烈的「冷戰」味道。

單從報告字面看，各界對「對抗」的擔憂並非空穴來風。但特朗普是否真的願意將其落到實處，以及是否有能力將其落到實處，都是大問題。從近一年特朗普執政看，其一系列舉措與報告所確定的方向背道而馳，報告與美退出 TPP、勁削國務院開支等實踐有諸多矛盾之處，存在相當大的落差。

針對中俄「威脅」，特朗普在報告中的確說了許多狠話，包括「挑戰」、「侵蝕」、「修正主義大國」、「取代美領導地位」等等，但其在強化「競爭」理念的同時，並未完全放棄「合作」。對華，特朗普明確指出「美國需要中國」，將與中國繼續合作，在台灣問題上，特朗普也未放棄「一個中國的政策」的承諾。對俄，特朗普以CIA協助俄方成功挫敗恐怖分子對聖彼得堡的襲擊陰謀，大讚與俄合作的好處，這與報告中嚴厲、強硬口脗大相徑庭。特朗普在是否與中俄「戰略競爭對手」對抗上，還是為自己留有相當大迴旋餘地的。

針對特朗普的國安報告，中俄的反應十分相似。中方批是「冷戰思維」、「零和遊戲」，俄方指「帝國味道」、「單極世界」，均得出美不惜任何代價維持其在國際舞台上明顯衰弱「優勢地位」的企圖不可能得逞

的結論。中俄反應的一致性，源於雙方對世界格局及未來國際秩序的共同認知，源於業已建立起來的「全面戰略協作夥伴關係」。美與中俄同時展開對抗，只會令雙方進一步走近，結果只會令中俄「威脅」更加嚴峻，美絕無勝算的可能。

沒有與中俄的合作，美另外「兩大挑戰」不僅無解，還可能愈演愈烈。朝核問題已走入死胡同，其癥結雖在美朝雙方，沒有中方的調停和斡旋，斷難走出僵局。中東地緣爭奪已重新浮出枱面，俄與伊朗等國已結成某種利益聯盟，挑戰美領導地位，伊朗核問題也可能因美政策調整而再度激化。反恐鬥爭雖進入「後ISIS時代」，但美依然面臨嚴峻的恐怖威脅，沒有國際合作，特別是與中俄的合作，這顆「毒瘤」不可能剷除。與中俄對抗，恐令特朗普所稱的另外「兩大挑戰」更加嚴峻。

特朗普要應對「三大挑戰」，與中俄合作是唯一正途。俗話講，識時務者為俊傑，相信特朗普會審時度勢，分清主次，不會圖一時之快，將國家帶入「冷戰」深淵。

2017年12月21日

美公然威脅聯合國蠻橫！無恥！

膽大妄爲！蠻橫霸道！無恥至極！似乎很難再找到其他更恰當的詞語，來形容美在聯合國的所作所爲。

本周四，聯合國大會將就一份反對美承認耶路撒冷爲以色列首都的決議案進行表決。各成員國雖對美心存畏懼，但對原則問題會有最起碼的判斷，表決結果篤定是美國慘敗。於是乎，特朗普親自出山，十分罕見地向聯合國所有成員國發出郵件，要求他們不支持這一決議案，同時還發出威脅：美國會記住對此決議案投下贊成票的國家，切斷對這些國家的援助。美駐聯合國代表黑莉忠實落實總統指令，稱會逐一記錄各國對決議案的投票情況，威脅在聯大投票反對美國將招致報復。

美國的邏輯很簡單：拿我的錢，就要爲我辦事。至於所辦的「事」是否符合國際法，是否有悖聯合國憲章，是否有違最基本的外交禮儀，一切都不在話下。在特朗普的眼裏，美國就是全世界，全世界只能唯美獨尊，順我者昌，逆我者亡。

這是美的一貫心理。過去，美歷任領導人爲了自己的形象，對實施全球「霸權」還稍作包裝，還會找一些人權、民主等普世價值來粉飾，即使對一些桀驁不馴的國家大打出手，也會打出反專制、反獨裁的旗號。但特朗普上台後，連這塊「遮羞布」也被拋棄，開始赤裸裸地硬銷「美國優先」理念。威脅聯合國，對抗全世界一百多個國家，顯然早已超越「任性、魯莽」的範疇，已不再只是特朗普的性格問題。

特朗普的「火」，源於不久前安理會的表決。同樣是聖城耶路撒冷的地位議題，十四個國家一致投票贊成反對美承認耶路撒冷爲以色列首都，

美不得不動用其作爲常任理事國的一票否決權，令該決議案胎死腹中。美在安理會慘遭「打臉」，感到自己很沒面子，黑莉在投票後就曾放言，這是「對美國的侮辱，美不會忘記此事」。

耶路撒冷問題，極其複雜，極爲敏感，是非曲直顯而易見。特朗普爲耶城「正名」，在中東「玩火」，打破了國際社會長達七十年的共識，廢棄了美歷任總統長期秉持的慣例，不僅在國內引起軒然大波，而且在全世界招致所有國家的猛烈抨擊。唯一「點讚」的是以色列，視特朗普爲敢於直面挑戰的英雄。特朗普決策成爲無人響應的「獨唱」。

可以預測，聯合國的表決將毫無任何懸念地以壓倒性優勢獲得通過，儘管不具法律效力，但對美國際形象將是一記重擊。美妄自尊大，挑戰聯合國，威脅全世界，明顯是高估了自己的影響力。當美向全球發出的指令不被理睬時，不知特朗普會作何感想，不知其該如何收場，才能挽回顏面。

2017年12月22日

特朗普顏面掃地 美號召力蕩然無存

在剛剛結束的聯合國緊急特別會議上，各國無視華府恐嚇，以一百二十八票贊成、九票反對的壓倒性多數，通過了反對美承認耶路撒冷爲以色列首都的議案。特朗普遭受到其上任以來最沉重一擊，顏面掃地，美國際形象遭遇重創，「美國優先」淪爲「美國孤立」，其全球號召力蕩然無存。

特朗普曾在其首份國安戰略報告中提出，「用力量求和平」。不知是特朗普蠻橫「號召」引來反彈，還是美國「力量」有所下降，美靠「力量」並未在聯合國「求得」其渴望的「和平」，在一邊倒的譴責聲中，美成了落寞無助的孤家寡人。

投票支持美國的，除了美、以兩個當事國外，另外七國分別爲危地馬拉、洪都拉斯、馬紹爾群島、密克羅尼西亞、瑙魯、帕勞和多哥，總人口加起來不過三千三百萬，國土面積僅區區二十八萬平方公里，均是中美洲和南太小國，對外依賴外援，對國際事務無話語權，若不用放大鏡，在地圖上很難發現其存在。作爲世界超級大國的美國，最後要靠這些彈丸小國「抬轎」，怎一個「慘」字了得。

與此形成巨大反差的是，包括中國在內的幾乎所有大國都投了贊成票，其中既有與美戰略目標、價值觀分歧巨大的「金磚五國」和所有伊斯蘭國家，也有美在歐亞兩大洲的主要盟友，包括英、法、德及日、韓等等反美國家的人口和面積佔到了全球百分之九十以上。人心向背，美心中當有杆秤。

特朗普放的狠話，也的確嚇退了一些國家。投棄權票或未參與反對票

的國家有美近鄰加拿大、墨西哥，也有美盟友澳洲、菲律賓，還有曾被美讚爲「新歐洲」的羅馬尼亞、匈牙利等中東歐國家。與其說這些國家事不關己而高高掛起，不如說是其顧及美「斷財路」的威脅而故意逃避。棄權也好，缺席也罷，只要不投反對票，實質上都是對美國霸權的無聲抗議。

聯合國還是主持公道的。根據聯大決議，任何聲稱改變聖城耶路撒冷性質、地位或人口組成的決定和行動都不具備法律效力，是無效的，且必須遵照安理會相關決議予以撤銷，並促請所有國家根據安理會第四七八號決議的規定，不在聖城耶路撒冷設立外交使團。想必美駐聯合國代表黑莉已認眞記下所有支持這一立場的國家，不知特朗普如何兌現「斷財路」的警告，美若對全世界發起制裁，自己恐離滅亡也就不遠了。

聯大決議不具法律效力，若美執意將使館遷往耶城，聯大也無計可施。但聯大投票結果彰顯出強大的道義力量，其約束力絕不亞於任何法律文件。美對此應該有所思考，莫一意孤行，與全世界對抗。

2017年12月23日

是大國　就該常出去轉轉

英國皇家海軍日前發布消息，稱其「聖愛爾班」號護衛艦連續三天跟蹤一艘俄軍艦，終於在聖誕夜前夕將這艘名爲「戈爾什科夫」號的護衛艦「護送」出北海。

此事並未在英俄間引起大的不快。英國防大臣韋廉信雖在發表評論時措辭強硬，稱「英國人不會被嚇倒」，指軍方「將毫不猶豫地保衛英國水域，決不容忍任何形式的侵犯」，但英俄雙方都明白，俄一艘軍艦不可能對大英帝國作「任何形式的侵犯」，雙方「你來」、「我往」，各取所需，彼此都會給「台階」下。

其實，比一艘軍艦抵近「威脅」大得多的事例還有很多。就在去年十月中下旬，俄「庫茲涅佐夫海軍元帥」號航母與另外七艘艦船通過英吉利海峽，浩浩蕩蕩開赴地中海敘利亞戰場，對俄此次「冷戰結束以來最大規模的軍事調動」英方也未較眞，有艦船「護送」，並未有衝突。英已習慣了俄不定時「秀」軍力，俄對自己不斷被尾隨也見怪不怪，雙方喊喊口號，做個姿態，也就各走各的路了。

蘇聯解體後，俄的確有過一段長時間的蟄伏期。當時，俄國內經濟瀕臨崩潰，實力一落千丈，被迫收縮戰線，從全球退居獨聯體。近年來，隨着經濟逐漸復甦及「強軍」計劃穩步推進，俄軍開始重塑全球影響力。俄軍重振雄風，不僅裝備實現了更新換代，而且還重啓了戰略轟炸機全球巡航，其潛艇、戰艦頻繁出沒於各大洋，與西方對手在歐洲、東北亞、中東等地展開了激烈爭奪。在歐洲，北約驚呼「熊出沒，注意！」俄潛艇頻繁在地中海、大西洋等水域活動，活躍程度堪比冷戰時期，對成員國構成重

大威脅。在亞洲，日本等國也不堪俄戰機、軍艦在其家門口的「滋擾」，頻頻對俄軍事「威脅」發出警告。

針對俄軍不斷「秀」肌肉，西方除屢屢示警外，似也無更好的應對之策。領海、領空之外都是國際空間，任何人都有通過、飛越的權利，俄軍之舉並未有違反國際法之處，別人無權說三道四。至於說「活躍度」，俄軍方統計了北約在俄邊境附近的演習及戰機飛行次數，指其活躍度遠超俄軍，俄軍必須針鋒相對予以反制。「只許州官放火，不許百姓點燈」，這種強盜邏輯到哪兒都說不通。

是世界大國，就會在全球有利益，就該常出門轉轉，看看自身安全是否受到威脅，利益是否遭到侵犯。在第一次，總會有人驚呼「狼來了」，並會受到「野心膨脹」、「安全威脅」等指責。待「非常事件」常態化，各方習以為常了，自然會降低譴責的調門。俄軍的做法，對中方突破「島鏈」包圍圈不無裨益。

2017 年 12 月 27 日

普京民意如山 何須DQ政敵

俄羅斯中央選舉委員會日前作出決定，禁止反對派領袖納爾瓦尼參加明年總統大選，原因是其因貪腐問題被判有罪，不符合參選資格。消息一出，西方輿論界即刻炸了鍋，指「普京怕了」，為了連任不擇手段，提前將對手DQ出局，以確保獲勝。

這也符合西方對普京的一貫評價。在他們眼中，凡「獨裁者」，都是無惡不作、玩弄權術的小人，凡「暴君」，絕不容有任何異己力量，一旦出現便會無情打壓，置其於死地而後快。DQ政敵，順理成章地就被貼上「政治打壓」的標籤。

事實果真如此嗎？普京真的「害怕」納爾瓦尼的挑戰？別看輿論炒得沸沸揚揚，俄民眾其實清楚其半斤八兩。這位所謂「領袖」，不過是造出的「王者」，為了讓人相信這一「神話」，西方將「唯一可能挑戰普京地位人選」、「普京最大對手」等等桂冠一古腦戴在他頭上，彷彿沒有其參與，俄大選就是一場無代表性的「鬧劇」，其合法性和認受性就會受到質疑。

納爾瓦尼也常以「最強挑戰者」面目示眾。在得到登記所需的一萬五千個提名後，其揚言「一定會戰勝普京，在選舉中勝出」。當中選會拒絕將其登記為候選人時，納氏對其「犯罪前科」隻字不提，卻威脅將中選會告上法庭，並號召民眾聯合抵制大選。

納爾瓦尼雖被尊為「反對派領軍人物」，實際上卻是金玉其外，敗絮其中，遠沒有外界吹噓的「影響力」。歷次支持其參選的集會，追隨者寥寥無幾，被DQ後，真正為其打抱不平也只是西方一些媒體，俄社會平靜

如常。至於其「抵制大選」的鼓噪，充其量不過是大選的點綴和談資，根本改變不了什麼。相反，納氏的「號召」涉嫌違法，恐面臨刑事調查，參選不成，卻可能惹上新的官司。

　　作爲坐擁百分之八十支持率的獨立參選人，普京犯不上用如此低俗的手段來保證勝選。普京宣布參選前，沒有人懷疑其會激流勇退，不再尋求連任。而在其宣布參選後，更沒有人懷疑過他的成功，並做兩手準備。俄大選是一場沒有懸念的角逐，普京的挑戰不是選舉本身，而是其勝選後如何解決剛剛有起色的經濟難題，及如何繼續帶領俄實現全面復興的「強國夢」。執政是靠業績的，縱觀俄近二十年的發展，連反對派也很難找到令人信服的突破口，只能攻擊其「執政太長」、「把國家變成個人圖利的道具」。至於納氏所稱「你是糟糕總統」的結論能否獲得民衆認可，只能留待明年三月在投票中去檢驗了。

　　普京民意如山，是必須面對的現實。詆毀是沒有用的，唯有尊重。大選是俄羅斯自己家的事，該選擇誰，百姓會憑良心作出判斷，眞的不需要別人來指教。

2017 年 12 月 28 日

「慰安婦」協議：先天「怪胎」焉能長命

韓「慰安婦」問題專案組日前公布了調查結果，證實朴槿惠政府與日方達成的「慰安婦」問題協議原來是一份「陰陽協議」，於己有利的對外公開，是爲「陽」，而於己不利及可能引發社會爭議的則被列爲「秘密條款」，是爲「陰」。韓方指協議「在程序和內容上有嚴重缺陷」，應重新談判。但日方則寸步不讓，威脅「1mm都不會改變」。看來，韓日兩駕馬車經過短暫「並跑」後，將再次面臨分道揚鑣。

出現這樣的結果是必然的。與其說協議是韓日雙邊成果，倒不如說是美日韓的三方共識。文本中雖然找不到「美國」字眼，但自始至終都留有美方抹不掉的痕跡。作爲美日韓三方爲謀求地緣政治利益，暗中媾和誕下的「怪胎」，「慰安婦」協議先天惡疾纏身，後世焉能保佑其長命百歲。

幾十年來，「慰安婦」問題，一直是橫亘在韓日間一道不可逾越的障礙。朴槿惠政府執政初期，也曾對日本軍國主義復甦保持高度警惕，對日在「慰安婦」問題上的態度持強烈批評立場，並將解決此問題作爲實現兩國首腦會談的先決條件。自美大力推行「亞太再平衡」戰略後，施壓韓日解決慰安婦問題，打造美日韓東北亞「鐵三角」就成爲美亞太戰略的重點。也許是不堪美方壓力，或想無原則的討好日方，朴槿惠的立場在二〇一五年韓日恢復邦交五十周年發生了一百八十度的大轉彎，並於十二月「突襲」簽署了協議。

誰在協議中獲利？毋須深究便顯而易見。最大受益者是日本，沒有承認「慰安婦」問題的存在，更沒有道歉、謝罪，安倍便以區區十億日圓「買斷」了「慰安婦」爭議的話語權，而且對這筆資助的解釋是「治愈

金」，而非韓方始終堅持的「國家賠償」。美也從中受益頗豐，韓日走近，意味着美日韓三方統一戰線形成，爲未來建立「三角同盟」奠定了基礎，美對中國的圍堵、遏制少了份後顧之憂。

　　韓方在「交易」中卻實實在在當了回「冤大頭」。不僅在「慰安婦」問題上失去了話語權，更在亞太外交上被人牽着鼻子走，其周邊外交警報頻傳。犧牲最大的是韓國民衆，協議中塞進了許多有辱國格、侵犯受害者利益的「秘密內容」，包括迎合日方期望棄用「性奴」一詞，承諾說服民衆接受協議，以及不支持在第三國設立慰安婦紀念像、紀念碑等等。民衆成了政府「刀俎」下的「魚肉」，幾十年抗爭成果，被朴槿惠一朝悉數出賣。朴槿惠入獄，是否蒙冤，尚無定論，但僅就「慰安婦」交易這一點，其恐終生難獲韓民衆的諒解和饒恕。

　　也毋須將韓日關係惡化看得過重。實際上，協議簽署至今，韓民間抗議從未中斷，兩國並未進入「蜜月期」。兩國再冷點也無妨，至少雙方可都冷靜下來，認眞思考該如何處理重大原則問題。

2017 年 12 月 29 日

2017：中國走近世界舞台中央

即將過去的二〇一七年，世界局勢動盪不安，國際熱點層出不窮。「特朗普現象」衝擊波動搖了國際秩序，給全球帶來巨大不確定性。作爲全球發展的「新動力」和「穩定器」，中方致力「全面推進中國特色大國外交」，成就斐然，舉世矚目，爲世界和平與發展作出了重大貢獻。

當今世界，最重要的國際關係無疑是中美關係。中美關係穩，則世界安，中美關係變，則世界亂。一年來，習近平與特朗普共進行了三次會晤，兩國最高領導人由「初識」，到「了解」，再到「深交」，中美關係也由海湖莊園會的「平衡過渡」、漢堡會晤的「穩步前行」，發展到北京會晤的「確立方向」。中美兩國不僅未走向對抗和衝突，而且在管控分歧、擴大合作基礎上找到了新的利益交匯點，兩國關係正在步入健康軌道。習特「三會」開啓了中美關係新時代，推動兩國合作站上了歷史新起點，令這巨輪能乘風破浪，始終沿着正確的航向前行。

周邊形勢趨穩，是今年中國外交最大亮點。南海局勢持續降溫，中國與東盟提前達成「南海行爲準則」框架，同時宣布啓動「準則」實質性案文的具體磋商，某些域外國家藉南海滋事的企圖始終未能得逞。中方妥善處理了印軍越境而引發的洞朗對峙事件，捍衛了我國家主權和領土完整，中印大局也未受到嚴重衝擊。中韓關係打破僵局，文在寅實現了其上任後首次訪華，並就「薩德」問題鄭重作出「三不承諾」。中日對立趨緩，政黨及民間交流開始恢復。「朝核」問題有驚無險，東北亞避免大規模軍事對抗，中方「雙軌思路」及「雙暫停」倡議受到越來越多國家的支持和肯定。

　　達沃斯世界經濟論壇，是習近平主席二〇一七年外交的「開篇之作」。中國領導人通過在年會上的發言及在聯合國日內瓦總部的演講，闡述了中國在積極參與全球治理及推進經濟全球化進程再平衡上的政策主張，集中回答了「世界怎麼了、我們怎麼辦及中國怎麼做」等核心問題，體現了負責任大國的新擔當。

　　中方還成功舉辦了「一帶一路」國際合作論壇。會議總結經驗、凝聚共識、明確方向，令這一中方發起並主導的倡議和構想愈來愈具吸引力，也給周邊和世界帶去更多利益。中俄全面戰略協作夥伴關係持續深化，合作範圍已拓展至北極。中國與非洲、阿拉伯及拉美國家的合作也得到長足推進。

　　中國正「日益走近世界舞台中央」。中共十九大明確了以「推動構建新型國際關係，推動構建人類命運共同體」為核心的中國特色大國外交方向。相信在新的一年裏，中國將以更寬廣的胸懷，更大的責任擔當，更加積極的作為，開創造福本國和世界人民的「外交新時代」。

2017年12月30日

2018

國際重大事件

美國挑起貿易摩擦受到抵制

中國擴大開放推動世界共贏

半島局勢積極變化障礙猶存

熱點頻發牽動中東地緣博弈

中國特色大國外交開創新局

印尼強震海嘯造成重大傷亡

拉美多國大選政治版圖生變

英國「脫歐」一波三折前景未明

法「黃馬甲」運動暴露深層矛盾

中美元首會晤達成重要共識

細數新年賀詞之「最」「大BOSS」祝福有玄機

二〇一七尚餘音裊裊，二〇一八已如期而至！

一年過去了，各國領袖總會在歲末年初發表一番感言，對過去一年的政績作出總結，對新一年方向提出希望，是為「新年賀詞」。故而，「新年賀詞」，也就成為評判該國政策走向、預測國際風雲變幻的重要參照。

「新年賀詞」也是一種「年終盤點」，雖是「走形式」，但也頗講究「竅門兒」。成績一定要說足。諸領袖們手握大權，到頭來卻一事無成，自己都不好意思「跨年」；但問題也得點到。若國民富足安康、一片祥和，幹嗎還需要一眾總統、首相執政。「新年賀詞」的玄機在於：重點要濃墨重彩地包裝政績，再加些「口號」渲染，讓人聽來舒心、悅耳，但問題與矛盾亦需一筆帶過，且多放在對新年「期待和祝福」聲中不經意提及。

俗話講，外行看熱鬧，內行看門道。看元首們的「新年賀詞」，重點不在其「熱熱鬧鬧」地做了什麼，而是其在新年提出了哪些祝願。期待「強大、振興」者，過去的一年多半是蹉跎與停滯；呼籲「團結、和諧」者，弦外之音是有太多紛爭和衝突。「希望」便是「問題」之所在，這便是「新年賀詞」的「門道」。

「最冗長乏味」的賀詞當屬印度。莫迪總理通過廣播向全國問候新年，洋洋灑灑數千言，聚焦「積極印度」向「進步印度」的轉型，談到「新青年」、「清潔印度」、穆斯林婦女權益保護、男女平權、外交重點等等，內容包羅萬象，儼然一份「國情咨文」。莫迪去年的日子並不好

過，政治、經濟、軍事、外交諸事不順，因而需要把該說的都說到。至於聽眾，恐怕除了「新印度」一詞外，其他內容並未入腦。

「最駭人聽聞」的賀詞非朝鮮莫屬。金正恩一面手握「在我桌上」的「核按鈕」，恫嚇可對美全境發動核打擊；一面向「南方」喊話，要派團參加平昌冬奧，並祝冬奧會圓滿成功。平壤賀詞是威脅？還是示好？抑或是兩者兼而有之？着實讓世界丈二和尚摸不着頭腦。倒是韓總統文在寅平實得多，稱二〇一八年將集中一切力量改善人民生活，讓民眾感受到民生變化。

「最令人鼓舞」的賀詞是歐洲。深陷「脫歐」泥淖的英國首相文翠珊提出「重拾信心與驕傲」，影響力日衰的法國總統馬克龍要「重振歐洲雄風」，面臨難以克服組閣危機的德國總理默克爾期待「讓分裂的德國更有凝聚力」。歐洲「三駕馬車」口號震耳欲聾，政策宣示也的確催人奮進，但背後卻不知含有多少「無奈」，是整個歐洲分化與衰敗的現實。

「最有野心」的賀詞是日本。安倍雖未直接提及「修憲」，但其將二〇一八定調為「改革實行之年」，已說明了一切。在過去的一年已站穩腳跟的安倍已「瞄準長期執政」，值此歲末年初「在遠望二〇二〇年和更遠的未來」。

「最沒創意」的賀詞，是普京對「仍堅守崗位的各界人士以及履行軍人職責的官兵」的祝福，包括醫生、飛行員、列車員等等小人物。而「最有創意」的賀詞，則非特朗普莫屬，其「特別」之處，一則未像其他人一樣發表廣播電視講話，而依然故我地「推特治國」，發「推文」向各界拜年；二則是「祝福所有人新年健康快樂」，其中既有「朋友、支持者」，也包括「敵人、憎恨者，甚至那些不誠實的假新聞媒體」。

　　這裏的「創意」無關褒貶、好壞之喻。普京坐擁逾八成民眾支持，並不需要「標新立異」，只要有眞情實感即可打動人。而給美國和世界帶來巨大不確定性的特朗普，還是需要有些「創意」的，得罪人太多，連「祝福」也不忘出口「悶氣」。至於，特朗普一聲「快樂」能否獲得「敵人」的原諒，二〇一八年能否像其所言，「將是美國偉大的一年」，則見仁見智，只能留待年底去評判了。

　　二〇一八年，已經掀開了第一頁。不管「大BOSS」們如何設想，平頭百姓其實很簡單，衣食無憂、生活安定，即爲「福」。「福」者，佑也，說開來，不過是向上天祈禱「一口田」，包括代表房樑的「一」、人丁興旺的「口」和土地的「田」。一個人有房住、有田種、子孫滿堂，就足夠了，這正是民眾對新年的「最大期待」。

2018年1月2日

朝核非「兒戲」豈能在「核按鈕」上鬥氣

四十六年前，中國通過「乒乓外交」，撬動了大國關係，推動了中美建交。而今，朝鮮最高領導人金正恩如法炮製，利用「平昌奧運」，向南方伸出橄欖枝，並初有斬獲：中斷近兩年的朝韓板門店熱線得以重啓，兩國高級別會談也有望在本月九日恢復。

新年僅過三天，半島形勢「大逆轉」，「驚喜」來得很突然，一時間竟讓人有些懵懂。細細品來，在此輪南北互動中，朝方主導了進程，韓方跟進及時，亦功不可沒。金正恩在新年賀詞中釋出「改善朝韓關係」積極訊號後，韓方即刻表示「歡迎」，並不失時機地提議與朝展開不限時間、地點和形式的「三不限」對話，提議九日在板門店「和平之家」舉行高級別會談。當韓統一部確認朝方於當地時間三時三十分打來電話，測試板門店聯絡官電話和傳真運行是否正常後不久，朝方即已正式宣布重新開通朝韓直通電話渠道。

或許早已習慣了朝方的喜怒無常及「超強硬」應對，各方對金正恩主動放下身段，推動改善南北關係一時還不太適應，更有一些國家對其動機提出質疑。有分析指，朝方此舉意在「離間」美韓同盟，企圖從韓找到打破僵局的「突破口」，逼美對話。也有人指金正恩是想在東北亞下一盤「大棋」，重塑大國地區合作新格局。也有人指，朝示好是一枚「煙霧彈」，不排除朝方再「走邊緣」、於近日再試射導彈的可能。但不管怎樣，南北互動與接觸，總好過對抗和衝突，是一件值得支持和稱讚的「好事」。

中方始終堅定不移地推進半島無核化目標，致力於維護半島和平穩

定，致力於推動通過對話協商、以和平方式解決半島核問題。對此次南北互動，中方明確表態「歡迎並支持」。

當認真反思並適時「相向而行」的是美國。很明顯，華府對南北對話神速到來並未作好準備，在應對上也缺乏章法。在金正恩發出的「戰」與「和」兩大訊號上，「核按鈕就在辦公桌上」的威脅更吸引美國眼球。特朗普反唇相譏，稱自己的「核按鈕」比金正恩的更強大。美駐聯合國代表黑莉重申不接受朝擁有核武，並警告其勿再試射導彈，否則將面臨更加嚴厲的制裁。華府對南北對話不屑一顧，指在朝核問題上將堅持原先立場，在朝宣布無核化前，不會認真看待朝韓談判，會繼續對朝進行最大程度的施壓和制裁。如此應對，與半島局勢緩和趨勢顯得格格不入，了無新意。

朝核非兒戲，美若不想相互毀滅，就勿在「核按鈕」上鬥氣。與朝直接對話，是美作為一個負責任大國為地區和平與穩定應盡的國際義務，也是其唯一能做的可贏得各方口碑的「實事」。

2018年1月4日

「伊朗之春」緣何來去匆匆？

新年前後，伊朗局勢動盪，吸引了全球目光。示威來時氣勢洶洶，從十二月二十八日第二大城市馬什哈德爆發群眾示威起，三天內即蔓延至全國，預示着一場「大事件的開始」。騷亂去時渙然冰釋，革命衛隊果斷出手，向多省派出軍隊，迅速平叛，「伊朗之春」僅持續六天便宣告失敗。

從外部勢力插手、挑動街頭動亂、推翻現政權等方面看，這場騷亂符合「顏色革命」的所有特徵。伊朗長期處於西方圍困之中，對「顏色革命」並不陌生。早在二〇〇九年，伊朗就曾經歷過一場聲勢浩大的「綠色革命」。當時，總統選舉引發街頭示威，美等西方國家乘機煽風點火，引爆一場最大規模的騷亂。後來，伊朗也是革命衛隊出擊，令國家順利渡過難關。與八年前的「綠色革命」相比，伊朗此次騷亂可謂是小巫見大巫，官方將其定性為「煽動叛亂」，還稱不上是真正意義上的「革命」。顯然，經歷過「顏色革命」的伊朗，對美等西方玩的這套把戲已有了免疫力。

說這場騷亂是「顏色革命」，也有點抬舉了示威者。參與抗議的民眾多是被剝奪了福利的窮人、無業游民等下層群眾，是一盤散沙，原「綠色革命」的精英均游離於邊緣。抗議口號從「雞蛋太貴」、「生活不快樂」，到「魯哈尼去死」、「無恥哈梅內伊滾出伊朗」，不一而足。示威群眾以民生、經濟訴求為主，主題雖已從抗議物價過渡到政府下台，但在尚未形成推翻政權共識前便已夭折。一場無策劃、無組織、無政治目標的烏合之眾，掀不起大浪，失敗是必然的。

伊朗是政教合一的政權，其對局勢的掌控能力是「一選一變天」的西

方難以想像的。哈梅內伊既是國家最高領導人，又是最高精神領袖，其直接掌控軍隊，而軍隊把控着諸如石油、天然氣、礦藏等資源，無「譁變」風險。民選總統是執行者，即使政府垮台，也不影響政權根基。當局吸取了以往的教訓，及時對推特、Instagram、Telegram 等社交媒體採取了斷網、限速、關閉代理服務器端口等措施，切斷了內部串連、外部煽動的渠道，有效抑制了騷亂的蔓延。

特朗普愚蠢的應對起了反作用。特朗普在伊核問題上出爾反爾，在伊朗本來口碑就不好，其正中下懷後的幸災樂禍，以及不加包裝的赤裸裸干涉，不僅激起絕大多數民眾的反感，也給伊朗反擊提供了證據。

更為重要的是，美通過「顏色革命」樹立了太多反面「樣板」，「阿拉伯之春」後的突尼斯、利比亞、埃及、敘利亞等都是前車之鑒。隨着「民主夢」破滅，世界已從幼稚走向成熟，「顏色革命」早已失去了吸引力，再難成功。

2018 年 1 月 5 日

摸一摸特朗普朝核問題的「底線」

　　新年一過，朝核問題急劇降溫。中斷近兩年的朝韓板門店高級會談將於今天重啓，美國總統特朗普破天荒地釋出願與金正恩展開有條件對話的信號，並表示「百分百支持」朝韓對話，希望會談內容能「超出奧運會範疇」。朝鮮半島暫時告別一觸即發的軍事衝突，而能否就此走向持續和平，最終將取決於美對朝政策「底線」。

　　各方對美究竟在其中扮演了何種角色，評價不一。從朝美互比「核按鈕」，到特朗普無美施壓力、就無朝韓對話的「搶功」，美在其中似乎只是順水推舟，送了朝韓雙方一個人情。但這只不過表象，從美韓特殊關係及雙方地位看，美的角色即便不是主導，但也絕非是無足輕重的「旁觀者」和「第三方」。儘管白宮仍然懷疑朝方誠意，指在朝作出棄核明確努力前，對朝韓間任何形式對話「不會當眞」，但把此次對話視爲一場「兒戲」，恐也不是華府的眞實態度。

　　美對朝新政是否已成型？單從特朗普言行，的確難有結論。關於對話，特朗普從競選到上任都不止一次說過與金正恩會面，稱兩人可「一邊吃漢堡，一邊就朝核問題進行協商」，「對金正恩很生氣，但從來沒說不見面」。美國務卿蒂勒森更是多次放話要舉行美朝會談，包括無條件談判。關於戰爭，特朗普曾宣布「對朝的戰略忍耐時代已經結束」，與朝對話「是浪費時間」，「軍事干預選項」提到議事日程等等。在行動上，特朗普派出航母赴半島海域懾朝，軍事衝突一觸即發。美到底是要「戰」，還是要「和」，似乎沒人能說得清。

　　但朝核對美威脅現實存在，特朗普不會視而不見。與奧巴馬「戰略忍

耐」相比，特朗普對朝政策最鮮明的特點是「極限施壓＋接觸」，即用盡一切手段向朝施壓，迫使其改弦易轍，實現雙方接觸，在不尋求「政權更迭」情況下，達致半島無核化目標。

特朗普對朝新政至少包括以下幾個方面；其一，美半島目標是無核化，而不是朝鮮政權。正如美國家安全顧問麥克馬斯特所言，「朝鮮半島徹底、永久、可驗證的無核化」是美所有紅線中「最不可侵犯的」，美「沒有中間立場，沒有妥協」；其二，「和平」解決朝核是美首要選項，同時不排除包括戰爭在內的其他「所有選項」；其三，「極限施壓」是手段，最終目的還是逼迫平壤重返談判桌，美對與朝直接對話抱有期待；其四，美致力尋求包括中國在內的大國支持，謀求盡快解決朝核問題。

當然，這些「底線」並非出自特朗普之口，是通過邏輯分析「摸」出來的，不知其在多大程度上符合實際。朝韓穩定對話能否開啓半島和平新局，特朗普是關鍵。

2018年1月9日

解決朝核：一口吃不成胖子

也許受到了板門店會談的「鼓舞」，韓國總統文在寅在新年第一場記者會上誇下海口，要在任內解決朝核問題。與其說是「承諾」，不如說是「希望」，對韓總統的「美好願景」，難言否定，唯有祝福。

儘管各方均對南北重啓會談給予了充分肯定和極高評價，但作為「當局者」，韓方還是要保持清醒的頭腦。如果把解決朝核問題比作一次「萬里長征」的話，板門店會談充其量不過是微不足道的「一小步」，或者說「邁步」前的「準備」，因為，雙方根本就未觸及朝核問題。

文在寅曾不止一次誇口稱，要在半島和平進程中發揮主導作用。但主導要靠實力和地位，實際情況總與韓方願望存在較大落差。單就此次重啓對話而言，朝方放下身段在前，韓方功勞在於相向而行，並且徵得了華府「默許」。沒有美國點頭，韓也只能作半島事務的「旁觀者」。任內解決朝核，文在寅的口氣大得有點不靠譜。

朝對半島問題的癥結看得比韓透徹。涉及參加平昌冬奧、離散家屬團聚、紅十字會接觸等事宜，可以與韓談。至於「核」，談話對象是美，不是韓，朝對此分得很清楚。韓不可能消除朝安全關切，更無力替美締結和平條約。此次會談雖氣氛融洽，但韓一提無核化問題，朝立馬翻臉，最後在共識文件中連離散家屬團聚也未提。究其原因，不同議題需要不同對象，「核」不在朝韓對話之列。

韓方也說過，「一口吃不成胖子」。板門店對話後的當務之急，不是解決「核問題」，而是如何維繫來之不易的「和諧氣氛」，落實會談達成的各項共識。儘管南北成功重啓對話，但半島和平依然十分脆弱。有分析

指，朝方對話是緩兵之計，是爲其核導計劃爭取時間，不排除平昌冬奧後朝方會有更激烈行動。美方態度充滿不確定性。特朗普表面「百分百支持」朝韓對話，並再次釋出願與金正恩展開有條件對話的訊號，但這不過是展示一種姿態。白宮懷疑朝方誠意，指在朝作出棄核明確努力前，對朝韓間任何形式對話「不會當眞」。美對朝政策未變，「先棄核，後談判」，這就是特朗普所稱的對話「條件」。

無獨有偶，就在朝韓在「和平之家」握手言和之時，美「卡爾文森」號航母已行進在赴西太平洋的途中。平昌冬奧期間，美航母戰鬥群將在半島附近海域巡弋，相信朝不會認爲，美爲半島送上的是「和平禮」。

唯有行穩，方能致遠。路要一步步走，切莫好高騖遠，讓暫時「勝利」衝昏了頭。文在寅要在任內解決朝核問題，那他的任期將會相當長，長得可能看不到邊際，長得讓人喪失希望。

2018年1月11日

習近平就朝核兩度發聲釋放何種訊號

　　平昌冬奧會爲劍拔弩張的南北對峙按下「暫停鍵」，朝鮮半島繼六方會談破裂後再一次出現和平轉機。當前的會談能走多遠？「雙暫停」會否只是曇花一現？平昌冬奧後半島局勢將走向何方？一切都有極大不確定性。在此關鍵時刻，習近平先後與文在寅、特朗普通電話，就半島局勢及朝核問題兩度發聲，再次凸顯出中方在半島問題上影響力和特殊重要作用，傳遞出和平解決朝核問題的重要訊號。

　　習近平在通話中，明確表態支持南北對話，充分肯定朝鮮半島形勢出現的積極變化。的確，從二〇〇九年朝方宣布退出六方會談後，半島局勢就脫離了多邊機制約束，呈自由落體式惡化。八年多時間裏，朝方不斷「走邊緣」，完成了五次核試，核導技術取得長足進展，直到去年十一月底，朝成功試射可覆蓋全美的洲際導彈，金正恩宣布「完成核武大業」。國際社會祭出一輪輪嚴厲制裁，美對朝政策從奧巴馬的「戰略忍耐」過渡到特朗普的「極限施壓＋接觸」，但都未能阻擋住朝「擁核」步伐，韓方也在特朗普一次次軍事打擊威脅中惶惶不可終日。在此背景下，南北雙方最終能夠坐下來，心平氣和談溝通話合作，無疑是一大幸事。

　　既然半島緩和「來之不易」，就顯得彌足珍貴，應倍加珍惜。習近平在與文在寅通話中，希望平昌冬奧會不僅爲韓朝對話帶來契機，而且能成爲朝鮮半島形勢好轉的開端。在與特朗普通話中，習近平呼籲各方應該共同努力，把來之不易的緩和勢頭延續下去。中方立場十分明確，當前的緩和不應是暫時的，而應長期延續。

　　中國領導人的呼籲顯然意有所指。當前形勢可謂「挑戰與機遇並

存」，南北對話重啓的「機遇」，並不能掩蓋背後深刻的分歧。單就板門店會談而言，朝韓雙方雖都小心翼翼，但在一些細節和技術層面也時常出現分歧，朝方甚至放話「不排除退出平昌冬奧」，稍有不慎，對話就可能出現反覆。最大的不確定因素還是美國，美對與朝對話、重啓六方會談，從未做過認真表態，甚至還繼續派航母到半島海域炫耀武力，美對外釋出的訊號矛盾百出。能對美施加實際影響的，只有中方。特朗普也承認，美方重視中方在朝鮮半島問題上的重要作用。

和平解決朝核問題，是中方對半島未來發出的明確訊號。習近平指出，中方願繼續同包括美方在內的國際社會一道，密切溝通、相互信任、相互尊重、加強合作，推動朝鮮半島問題朝着妥善解決的方向不斷取得進展。中方是朝核危機處理機制的「要角」，是東北亞安全「穩定器」，隨着南北會談的推進，中方的作用將日漸凸顯。

2018年1月17日

「特朗普時代」周年　不確定世界更加不確定

　　特朗普上任一周年，收到的最好禮物莫過於來自白宮「御醫」的體檢報告：總統健康狀況非常好，認知測試滿分，不僅能順利完成這個任期，就是再連任一個任期都完全符合要求。

　　也許是爲了回應外界越來越多的質疑，特朗普在體檢中主動要求加入不是必查項的精神健康測試。據說，醫生還特別選了一組比較難的問題進行測試，結果其完成得非常好，得了三十分滿分的成績，遠遠高於二十六分的「正常」標準和十六分以下的阿爾茨海默症患者。

　　一國最高領導人的身體狀況，往往被視爲最高國家機密。作爲超級大國的領袖，特朗普曾多次被指精神方面有問題，本來就不是一件很光彩的事。如今，白宮「御醫」親自召開一場奇怪的記者會，對外正式闢謠，卻給人一種此地無銀三百兩的感覺。

　　白宮一位副幕僚長曾透露：「了解特朗普，就像是了解一個小孩子想要什麼。」醫學歸醫學，白宮體檢報告不過是一家之言，未必能澄清一切疑問，各界對總統是否「思維敏捷、認知正常」，會有自己的判斷，得出自己的結論。

　　去年初，衆多分析家在預測新年國際關係走向時，都不約而同地聚焦特朗普上台，將此列爲影響國際關係走向最重要因素。一年過去了，這一預測不幸被言中，特朗普如「孩子」般「任性」，把全球玩弄於股掌之間，成功搞亂了世界，令未來更加變幻莫測。

　　特朗普喜歡說「假話」。據美媒統計，特朗普在過去一年間，共說了一千九百五十多個謊言，遍及其大大小小無數次公開演講和日常生活，連

髮型都是假的。媒體對其的評價就是，特朗普的人生就是由一連串謊言、誇張及錯誤信息組成，他不能忍受一天不發推特或者發表講話。總統與媒體互懟，孰真孰假，還真不好判斷。

特朗普高度「自戀」，永遠只相信自己，不信任別人。一年過去了，其執政團隊仍有許多職位空缺，無人願與其為伍。原來的團隊早就分崩離析，連「國師級」政客都被清除，憤而大罵總統家人「叛國」。新年裏，組「班子」是特朗普揮之不去的痛。

特朗普喜歡「大破」，卻不知要「立」什麼。對外，特朗普親手廢除了TPP、埋葬了《巴黎協定》、退出了聯合國教科文組織、擱置了伊朗核協議……在特朗普大刀闊斧的變革下，國際秩序搖搖欲墜。對內，特朗普以「推特治國」重塑總統角色，拋棄了傳統價值觀，排擠了建制精英，顛覆了國內政治生態……但一年過去了，美民眾仍在問，特朗普到底想幹什麼？

新年伊始，人們還是免不了對未來作一番預測。在不確定的未來世界中，最不確定的因素依然是特朗普。

2018年1月18日

溫哥華集團「驢唇」對不上朝核「馬嘴」

　　為在朝核問題上刷存在感，特朗普腦洞大開，竟想起了六十多年前朝鮮戰爭期間的「聯合國軍」。由美、加牽頭召集的溫哥華外長會日前落下帷幕，會議盜用「國際社會」名義，討論了朝鮮半島安全與穩定問題，試圖對朝「發出統一信號」。會議雖金玉其外，有二十國的擁躉，實際上卻敗絮其中，是一「不合法、不具代表性、不合時宜」的「三無產品」。

　　這是一次十分奇怪的會議。美牽頭「聯合國軍」，卻又不想、也無力重組「聯合國軍」，動機奇怪；新年過後，朝韓重啓板門店會談，半島迎來彌足珍貴的和平轉機，美卻逆流而動，欲對朝實施進一步制裁，時機奇怪；菲、泰、荷、比、盧等國均與朝核無關，從未關心過半島問題，卻被邀請來共謀大事，而中、俄作為朝核對話機制主要構建者和利益攸關方卻被排除在外，對象奇怪。

　　很明顯，美拒邀中、俄與會，就是想排除「雜音」，完全掌控會議議程，確保發出統一而明確的「美國聲音」。從這個意義上講，美國目的達到了，會議「成果」體現了美「實現朝鮮半島全面的、可控制的、不可逆轉的無核化」立場，反映了美「不承認朝擁核」並加大對朝制裁的態度，包括規避安理會決議、對朝實施海上封鎖等等。

　　會議中最為尷尬的角色是韓國。一方面，板門店會談重啓，韓方功不可沒，雙方已進行過多次接觸，就朝參加平昌冬奧達成一系列共識，南北對話進展順利；另一方面，又不得不聽從華府指令，赴溫哥華為美制裁作「背書」，小心翼翼地維護美韓同盟。儘管韓方宣稱，多數國家支持對朝制裁與對話並行，但韓方對話的聲音顯然不佔主流，甚至都未能蓋過日方

宣稱的朝韓對話為核武爭取時間的「陰謀論」。溫哥華外長會的調子與當前半島緩和形成強烈反差，不禁令人對平昌冬奧後的局勢走向捏一把汗。

溫哥華會議成果不可能獲得朝核有關各方認可。中方質疑會議的合法性和代表性，批評其凸顯「冷戰思維」，不合時宜。俄方也明確表示相關安排「不能接受」，不期望會議可以達成什麼建設性成果，此類活動對半島局勢正常化有損無益。朝方則更直接，認為此次會議是「挑釁」，稱朝致力於並堅定地盡一切可能反擊制裁，並為對話和對抗做好了準備。

華府規避安理會另起爐灶，是一齣鬧劇，在國際舞台上出了個大洋相。中方明確指出，在沒有半島核問題重要參與方與會的情況下召開此類會議，無法推動問題的妥善解決。解決朝核，歸根到底還得重啟六方會談。溫哥華集團與朝核，「驢唇」對不上「馬嘴」，對半島和平無半點助益。

2018年1月19日

冷戰思維緣何在美根深蒂固？

　　美國防部公布的新國防戰略報告，延續了白宮國家安全戰略報告基調，指「國家間戰略競爭」是美國防的「首要關切」，明列中、俄為主要競爭對手。對此，中方痛批報告充滿冷戰思維和「零和」博弈，蓄意歪曲中國國防和外交政策，渲染大國戰略競爭，犯了根本性錯誤。俄外長拉夫羅夫也表示「遺憾」，直言美「試圖通過對抗概念來證明自己的領導地位」。

　　談到美外交、國防政策，最常用的詞是「冷戰思維」，最常見的呼籲就是摒棄「冷戰思維」。冷戰思維成了美對外戰略的代名詞。冷戰雖早在上世紀八十年代末就已退出歷史舞台，但其「遺產」對當今世界的影響遠遠沒有結束。冷戰思維何以陰魂不散，最主要的原因，就是美國的固守。

　　何為冷戰思維？說白了，就是霸權主義和強權政治。冷戰結束後，美保守勢力不顧世界多極化趨勢，依然企圖靠武力維護單極世界，推行世界霸權主義。按照通行的解釋，冷戰思維包括：一是對手思維，冷戰期間，美對外戰略的主要指向是蘇聯，冷戰結束後，美在全球失去對手，急於樹立新的敵人；二是絕對安全，美本身已是世界最強大國家了，但仍擔心來自別國的威脅；三是漠視別國安全需要，把別國對安全的關切和追求，理解為對美安全威脅；四是強權政治，用武力或武力威脅將自己的意志強加於別人，不尊重他國主權和民族選擇；五是用爭霸史、挑戰史看待新興國家，將新興國家的發展視為對自己的挑戰；六是推行漁翁戰術，故意挑起事端，自己從中得利。

　　冷戰思維何以在美根深蒂固？首先，美是冷戰的「勝利者」，在長達

半個世紀的兩大集團對峙、兩個超級大國爭霸中，美笑到了最後，成為冷戰終結的受益者。蘇聯解體、東歐劇變之後，美成為世界唯一超級大國，在政治、經濟、軍事、外交上處於絕對領導地位；其次，冷戰思維不僅僅是一種意識和觀念，而是一整套組織架構。在歐洲，有美主導的北約及與英、法、德等大國特殊同盟關係，在亞洲，有美日、美韓、美澳等同盟，美軍事基地遍布全世界，常駐歐洲、日本、朝鮮半島、中東、非洲等各戰略要地。讓美放棄冷戰思維，等於讓其放棄冷戰成果，放棄其藉冷戰獲取的全球利益和對世界的「領導」。

在美國，冷戰思維遠非「死而不僵」的「冷戰殘餘」，而是滲透到骨頭裏的理念，是對外戰略的根基。美不會輕易放棄冷戰思維，就如同其不會輕易放棄世界一樣。美對中、俄的冷戰思維從來沒變，只不過在「大國競爭」中越來越力不從心。但歷史遲早會證明，美固守冷戰思維絕無出路，只會加速自身衰落。

2018年1月23日

「全球化」對陣「美國優先」特朗普達沃斯孤掌難鳴

在達沃斯論壇即將舉行的最後一刻，特朗普終於暫時搞定了政府關門紛爭，懷揣着「美國優先」方案，風塵僕僕地趕赴瑞士，出席這場來自一百多個國家三千多世界精英的聚會。

對特朗普在達沃斯的角色，有人稱為「踢館者」，也有人稱為「非典型」參會人，給人的總體感覺就是「獨行俠」，與會議氣氛格格不入。這也難怪，一個反全球化的民粹主義者，非要踏足全球化大本營，如狼入羊群，想讓人笑臉相迎的確很難。

本屆達沃斯年會的主題是「在分化的世界中加強合作」，討論內容包括捍衛「巴黎協定」及促進自由貿易等等議題，總基調與特朗普政策針鋒相對。若講「分化的世界」，最大「分化者」正是特朗普，不管其是否出席，都將成為眾矢之的。論壇所說的「合作」，在很大程度上也是各方在反特朗普上的合作。

美總統歷來對達沃斯不「感冒」。從論壇一九七一年成立至今，只有克林頓在二〇〇〇年出席過其三十周年年會。特朗普此番與會，也算是在近十八年間首開先河。

明知達沃斯是一道「鴻門宴」，特朗普緣何執意與會？首先是推銷自己。據白宮發言人透露，特朗普將在達沃斯論壇上宣傳自己的執政理念，維護「美國優先」的原則。雖然這一理念很難獲得與會者認可，但至少可以起到一定平衡作用，特朗普不想讓論壇成為眾口一詞譴責美國的場所；其次是要展現領導力。特朗普欲藉達沃斯展示其對美國的領導力，向精英講一個「成功經濟」的故事，還要展示美對世界的領導力，證明美雖然收

縮戰線，但「一超」地位無人能撼動，更無人能取代；達沃斯本就是一場精英集會，各國政要、銀行大亨、總裁、明星雲集，特朗普對自己的精英身份看得比總統還重，不想缺席此次亮相的機會，雖然是「另類」展示，但也足以搶人眼球，成爲世界焦點。

但達沃斯論壇是「全球化聯盟」，絕非是特朗普表演的舞台。中國派政治局委員劉鶴與會，中方主張勢對論壇議程有重要引領作用。中方主調將與去年習近平發表的「共擔時代責任共促全球發展」主旨演講一脈相承，將集中在介紹中共十九大精神，推介構建人類命運共同體理念。特朗普還有另外兩個強勁對手，一位是「西方自由民主價值最後捍衛者」德國總理默克爾，另一位是「歐洲全球化旗手」法國總統馬克龍，兩人早已摩拳擦掌，準備一齊對美說「不」。

特朗普人未到，瑞士已出現街頭示威，民間組織還發起了「特朗普不受歡迎——滾出達沃斯」請願活動。特朗普場外面對抗議，場內孤掌難鳴，形勢十分不妙。

2018 年 1 月 24 日

安倍無禮文在寅無情　日韓關係惡化難逆轉

　　平昌冬奧會把朝韓兩個死對頭拉到談判桌，卻未能改變漸行漸遠的日韓關係。對韓方在慰安婦協議上的立場反覆，安倍已顯得十分不耐煩，揚言要藉出席平昌冬奧開幕式之機，當面向文在寅提出抗議，要求韓方切實履行雙方協議。

　　安倍發狂，有違外交禮儀，有失領袖風範。去別人家做客，總要講點規矩，縱有理不清的恩怨情仇，總不至於當面撕破臉，令主人下不了台。

　　實際上，日方一直用安倍出席平昌冬奧吊着韓的胃口。韓外長康京和去年十二月訪日時，曾當面轉達文在寅的盛情邀請，但安倍卻打起了太極，顧左右而言他。後來，文在寅又親自與安倍通電話，再次邀請其出席，但日方仍以視國會日程再作定奪來敷衍。據日政府人士透露，「要讓首相前往平昌，需要完善條件，但韓方淨做相反的事，情況正變得日益嚴峻」。很明顯，日方已把安倍赴平昌冬奧與韓履行慰安婦協議掛鈎，把安倍平昌之行視爲「恩賜」。文在寅不履行協議，安倍就不爲其「站台」。如此小國寡民心態，實在太不厚道。

　　對日方所謂「完善條件」，韓方恐實在難以滿足。對安倍而言，慰安婦協議可能是一道美國見證下的「聖旨」，是必須遵行的國際條約。但對文在寅來說，這不過是一顆失公平的歧視性協議，是前政府訂立的不平等條約，是對韓廣大民眾，特別是慰安婦幸存者的背叛。從文在寅上任第一天起，韓新政府就表示不會接受協議，並提出與日重新展開談判。但日方不爲所動，自始至終明確拒絕。

　　慰安婦協議之爭，反映出日韓關係的眞實狀況，折射了兩國極度不信

住。韓方始終對日本否認侵略、拒絕承認慰安婦問題心存芥蒂，對安倍政府復甦軍國主義的右翼政策保持高度警惕。雖然在美力壓下，兩國簽訂了屈辱的慰安婦協議，但短暫的「蜜月期」如曇花一現，最終仍免不了分道揚鑣。日韓關係再度「冰封」是歷史的必然，降溫趨勢恐難逆轉。

日韓兩國關係惡化的另一個重要因素，是美國態度的轉變。去年十一月，特朗普開啓亞洲行，日韓在小心翼翼爭寵的同時，相互間的分歧和猜忌也暴露無遺。韓方注意到，特朗普在日逗留三天兩夜，而在韓只有兩天一夜，這是「厚」日「薄」韓。日方也注意到，文在寅在爲特朗普設的歡迎晚宴上，特別邀請慰安婦幸存者出席，這是給日「上眼藥」。

特朗普日、韓行主打軍火推銷，並要求兩國負擔更多防務費用，其間還談到朝核、南海等眾多議題，唯對兩國間最大分歧點—慰安婦協議隻字未提。對撮合日韓「結盟」，特朗普遠沒有奧巴馬那麼上心。

2018年1月25日

全球對壘特朗普 達沃斯發出反保護主義最強音

　　達沃斯第四十八屆世界經濟論壇年會已進行了三天，幾乎所有與會者異口同聲地發出反對貿易保護主義、支持全球化最強音。美國總統特朗普處境十分尷尬，場外有數千人示威抗議，場內找不到一個同盟者，「美國優先」成為眾矢之的。

　　在任何多邊場合，美國往往都是中心。與會者對待美國客人如眾星捧月，都想先聽聽華府對議題的高見。美也早已習慣了這種「中心」待遇，習慣了引領磋商、討論方向的「領導」角色。唯此次達沃斯論壇大不同，作為「踢館者」，特朗普從一開始就不受期待，即使其打破十八年慣例，高調宣布與會，也被安排在最後一天發言，明顯是不想讓他攪了會場氣氛。

　　本屆達沃斯年會精神與去年一脈相承，「在分化的世界中打造共同命運」的主題中有中國的智慧與貢獻。一年前，在達沃斯論壇和聯合國日內瓦總部，中國國家主席習近平發表了《共擔時代責任共促全球發展》和《共同構建人類命運共同體》的主旨演講，在國際社會引起廣泛共鳴。中共中央政治局委員、中財辦主任劉鶴在本屆年會致辭中，詳細闡述了中國經濟高質量發展的方向和目標，承諾將推出「超出國際預期」的新的、力度更大的改革開放新舉措，貢獻全球發展。劉鶴講話最終落腳點是維護多邊主義，堅定支持多邊貿易，促進世界發展。這是習主席去年達沃斯演講精神的延續，彰顯中方「在分化的世界中」繼續高舉全球化大旗的決心。

　　在全球化問題上，各大國領袖立場與中方高度契合。印總理莫迪在演講中暗批特朗普推行保護主義，承諾「印度會繼續開放貿易」。德總理默

克爾雖深陷組閣泥淖，但仍堅持與會，明確對「單邊行動和保護主義」說「不」，承諾「德國在世界舞台是不會退縮，將致力尋求多邊方案解決共同問題」，法總統馬克龍對多邊主義遭受各種攻擊表示擔憂，呼籲實現兼具包容性和可持續性的全球化發展。馬克龍更一語雙關地指出，「有些人不願意往前走，但他不應該成為別人前進的障礙」，其指向不言自明。

達沃斯論壇匯集了七十位國家元首或政府首腦、三十八位國際機構領導人及三千名商界精英出席，既是一場大國宣示經濟政策的外交盛宴，更是一次全球化力量與保護主義逆流的激烈博弈。會場內外都形成了特朗普單槍匹馬挑戰全球精英的格局。

特朗普即將發表自己的演講，達沃斯又一場重頭戲即將上演。不管特朗普如何辯解，「美國優先」攪亂全球，是很難否認的客觀現實。達沃斯向全世界發出全球化最強音，美若仍一意孤行，只會越來越脫離世界，最終被滾滾時代大潮所拋棄。

2018 年 1 月 26 日

中日關係乍暖還寒 重回正軌尚需加溫

　　中國國務院總理李克強在會見來訪的日本外相河野太郎時，用「乍暖還寒」一詞形容當前的中日關係。一方面，日方近來在對華關係上釋放了正面信息，兩國關係積極面增多；另一方面，中日關係仍面臨不確定因素。中方希望雙方在今年中日和平條約締結四十周年之際，能重溫條約精神，使今年成爲中日關係重返正常發展軌道的機遇之年。

　　李克強總理對中日關係現狀的評價一語中的。其中，既肯定了兩國關係出現改善的積極勢頭，又點出了可能影響兩國關係的不利因素，並指出「重回正軌」的年內目標和希望。

　　近半年來，安倍對華多次釋出「善意」，中日關係出現「回暖」跡象。去年七月，習安會在德國漢堡舉行，安倍表達想加入「一帶一路」倡議的意願。十一月，兩國領導人在越南峴港再次會見，安倍表示，願以二〇一八年中日和平友好條約締結四十周年爲契機，積極探討在互聯互通和「一帶一路」框架內合作。同月下旬，日經團聯組織了一支二百五十人的龐大代表團訪華，就「一帶一路」下日企應有舉措進行洽談。今年一月五日，安倍再次表示，冀今年能成爲日中兩國人民都承認的兩國關係長足改善的一年。二十二日，安倍在國會發表施政演說時，又談到雙方「協力」發展安定友好日中關係，爭取雙方民間交流在今年「獲得飛躍進展」。

　　安倍如此密集地對華發聲，且總體基調友好、平和，這在過去從未有過。而其頻頻提及中日和平條約四十周年的特殊意義，比過去泛泛談友好更具體，反映出日方的緊迫感。

　　過去，中方回應安倍華麗詞藻時，用得最多的一句話是「聽其言，觀

其行」。安倍的「善意」是否是「誠意」？是眞心想與華修好，還是釋放「煙霧彈」？中方存在深深質疑。

客觀講，安倍對華態度的「轉變」，有相當大「被迫」的成分。特朗普上台後，雖也把中國列為「戰略競爭對手」，但行爲方式已與奧巴馬「亞太再平衡」時有明顯不同。美希望更多地發揮日本的作用，而不是一味搭美國的「便車」。日對自己被擺上抗華、遏華的前台感到被動，也越來越感到力不從心。安倍每每提到參與「一帶一路」倡議，都附加了「但是」，或是「條件成熟」，或是「對接印太戰略」。再加上中日雙方在歷史問題、領土問題的原則分歧未有絲毫變化，安倍的示好，更像是一權宜之計。

中日關係挑戰與機遇並存，習習「暖風」中仍夾雜着陣陣「涼意」。中日能否重回健康發展的軌道，考驗雙方政治智慧，特別是日方是否能把握住機遇，眞正與中方相向而行。

2018年1月30日

美緣何現在拋出「克里姆林宮報告」？

在距三月十八日俄大選還有不到兩個月之際，美財政部公布了一份名為「克里姆林宮報告」的黑名單，準備對俄一百一十四位政界人士和九十六名商業人士實施制裁。對美此舉的「直接且明顯的意圖」，克宮發言人佩斯科夫給出了明確答案，那就是試圖對俄羅斯大選造成影響。

美現在拋出「克里姆林宮報告」，看起來有些奇怪。若着眼於新制裁，這份連總理梅德韋傑夫、外長拉夫羅夫、議會上下兩院主席等等高官悉數納入龐大名單，不知該如何實施？難道美準備對俄全面封殺？若是為了顯示強硬對抗姿態，美大可拿若干對美真正威脅的個人或公司「開刀」，效果要比制裁所有「寡頭政客」好得多。若是為了主持公道，像美所言是為解決對「莫斯科在烏克蘭的侵略行動、干涉別國內政及侵犯人權」的關切，這與特朗普的理念有明顯衝突，其從未真正關心過烏克蘭問題，也早就拋棄了人權等傳統價值觀。美駐俄大使亨茨曼在對此報告解釋時，甚至迴避了「追加新制裁」字眼，只原則性談到是為了落實總統去年簽署的對俄制裁法案。

克里姆林宮的判斷沒錯，美現在公布制裁「黑名單」，正是針對俄大選。與美特檢調查的俄干預美大選的「通俄門」一樣，俄版「通美門」正在上演，兩者的區別僅在於「戲」中的主角、情節和演繹方式各有不同。

干預大選有兩種方式：一是培養、扶持代理人取而代之，即臭名昭著的「顏色革命」。在俄搞「顏色革命」，推翻「獨裁者」普京，是美預謀、策劃已久，無奈俄反對派不成氣候，新老反對派頭面人物換了一茬又一茬，卻都是「扶不起來的阿斗」，無人能對普京構成實質威脅。就本次

大選來說，俄反對派領袖納瓦尼雖被包裝成普京的「頭號勁敵」，但實際上在俄影響微乎其微。俄中選委日前禁止納氏參選被西方解讀為「清除政治對手」，但這種炒作與事實相去甚遠。

二是使用謀略手段，影響輿情民意，進而左右大選結果。「克里姆林宮報告」實際上是普京政、商界的「朋友圈」，美曝光普京的「小圈子」，對其「抹黑」，目的是揭露俄大選是假民主，坐實當局對選舉的操控，這就是一種謀略手段。

美對俄實施新制裁，與其對俄「戰略競爭對手」的定位一脈相承。恐很難能有人相信，特朗普會為烏克蘭主持公道，對俄實施報復。一切都是藉口，戰略博弈使然，打壓「對手」的大方向確定了，藉口總會找到。此外，美國內「通俄門」調查越來越逼近總統本人，特朗普現在拋出「克里姆林宮報告」，也有自證清白、洗刷罪名的考慮。

2018年1月31日

沒有與「對手」的合作 「新美國時刻」寸步難行

　　美國總統特朗普昨天發表了其首份國情咨文，將其執政的一年稱爲「新美國時刻」，將中俄定位爲「挑戰美國利益、經濟和價值觀的競爭對手」。對此，中方直斥這是「冷戰思維和零和博弈的過時觀念」，明確指「合作是中美雙方唯一正確選擇」。

　　特朗普此番表態並不意外。此前，美先後公布了「國家安全戰略報告」和「國防戰略報告」，把「國家間戰略競爭」當作「首要關切」，明列中俄爲主要競爭對手。國情咨文延續了這一基調。特朗普演講前，白宮已透出風聲，試探外界反應。

　　縱觀特朗普此次長達八十分鐘的國情咨文演講，不難發現其中的兩大特點：一是自誇；二是競爭。

　　特朗普把「新美國時刻」形容爲「有史以來最好一刻」，顯得頗爲自豪。在演講中，特朗普談到了經濟增長和失業率下降，提及「偉大稅改」及一億五千萬基礎建設計劃，給中產階級及勞動者帶來的福音，也談到了美「強大軍力」和「強大核力量」，等等。一句話，在他的領導下，美實現了「再次偉大」。不得不佩服特朗普的超凡定力，在美政壇和社會嚴重撕裂、「美國優先」引來全球撻伐、政治精英均不肯與其爲伍的殘酷現實面前，沒有第二人敢標榜「最好一刻」。

　　特朗普十分熱衷「競爭」，不講「合作」。這或許與其經歷有關，特朗普已年過七旬，在冷戰時代生活的時間長過許多人，「冷戰思維」也更牢固。在特朗普看來，美國正面對一個「充滿競爭的世界」，朝鮮、古巴等「流氓政權」是威脅，需要加大制裁；ISIS等恐怖組織是威脅，需要繼

續圍剿並保留關塔那摩監獄；中俄「修正主義大國」是「侵蝕美安全與繁榮」的威脅，已超越過去定義的「競爭者」，變成「戰略對手」，需要緊急應對；現存貿易秩序、TPP、巴黎協定都是威脅，挑戰「美國優先」，需要按「美國標準」重新修訂。為了贏得「競爭」，美需要重建核武器，需要建立起一支「無與倫比的力量」。

實際上，「競爭」與「合作」是矛盾的統一體，「競爭」中有互利互惠的「合作」，「合作」中也有捍衛自身利益的「競爭」。特朗普將「美國優先」奉為「聖旨」，這其中無疑有去年訪華時與中方簽署的兩萬億經貿「大單」的「裝點」，這份「成績」靠「貿易戰」是打不來的。特朗普在發言中用了近十分之一的時間談朝鮮，沒有與中、俄等「對手」的合作，朝核問題注定無解。

特朗普生性好鬥，找幾個「對手」倒也無妨。但萬勿自我陶醉，在「競爭」中迷失方向。沒有與「戰略對手」的合作，其「新美國時刻」將寸步難行。

2018年2月1日

國際格局大變革 中英合作空間闊

在國際關係大變革、國際格局面臨重塑的背景下，英國首相文翠珊展開的上任後首次訪華，倍受世界矚目。中英合作出手不凡，兩國企業達成總額高達九十億英鎊的商業協議，內容涉及「一帶一路」建設、金融、創新、農業、科技等廣闊領域，兩國將共同建設雄安科技城和青島創新產業園，中英企業家委員會隆重登場，未來將成為雙方深化「一帶一路」框架下合作的重要平台。中英外交新年開新局，為不確定的世界注入了正能量。

如此成果，取決於兩國領導人政治決斷力，也有賴於雙方在互利互惠合作上的共識。二〇一五年十月，習近平主席訪英，將中英關係提升至「面向二十一世紀全球全面戰略夥伴」層次，宣示中英合作步入「黃金時代」。但此後，英國遭遇了「脫歐」、政府倒台等一系列重大變故，中英關係遭受衝擊，出現了波折。中企投資的欣克利角核電項目一度被擱置，英國內甚至出現派新航母到南海巡航等不和諧音。但雙方並未放棄對務實合作的探索，隨着國際局勢的變化，中英合作的重要性進一步凸顯，着眼長遠戰略合作、拓展合作領域的呼聲日益高漲，兩國關係得以重返正軌。

實際上，中英「黃金時代」新征程還只是起步。在世界大發展大變革大調整、國際格局顛覆性重塑的大潮中，中英合作空間巨大、前景廣闊。

就中方而言，中共十九大提出了堅持和平發展，推動構建人類命運共同體的外交理念，構建中英命運共同體既是兩國的客觀需求，也是國際社會的共同期待。同時，由於美戰略「收縮」，中英在氣候、貿易等全球及地區問題上將承擔更大的責任。

從英方來說，「脫歐」是其揮之不去的夢魘，英面臨國際角色再造的嚴峻挑戰。英歐關係剪不斷理還亂，短期內看不到平穩過渡的前景。由於英在歐洲地位和角色的變化，美英關係同樣面臨障礙重重的重建。毫無疑問，「脫歐」後的英國將更加獨立自主，但問題是長期對美依賴的英國，尚未學會獨立地走自己的路。

機遇總是與挑戰相伴而生。英國是老牌西方國家，對中國的固有偏見和警惕不會輕易消除。在參與「一帶一路」建設問題上，商界普遍態度正面，抱有較高熱情，較少將其與政治因素聯繫起來。「懷疑論」多來自學術界及政府智囊，擔心中國藉機「擴張」，輸出中國發展模式和意識形態，建議政府提高警惕。

中英潛力的充分發揮，要靠雙方在務實合作中不斷增強互信。中方要加強推介，消除英方疑慮，英方也應相向而行，摒棄過時的舊觀念。海闊憑魚躍，天高任鳥飛，相信兩國元首共倡的中英「黃金時代」增強版的實現不會太遙遠。

2018年2月2日

挑撥中拉對立　美卿欲復活「門羅主義」

也許是「美國後院」思維根深蒂固，美卿蒂勒森在開啓其上任後首次「拉美行」前，還不忘爲該地區國家「上一課」。在得州大學演講中，蒂勒森把「新帝國主義」帽子扣在中國頭上，警告拉美國家不要過度依賴與中國的經濟關係。現代許多中國人是從小喊着「打倒美帝國主義」口號長大的，如今卻被戴上這頂奇怪的帽子，實在滑稽。蒂勒森此番言論，不由得讓人想起早已死亡的「門羅主義」。

從美國角度出發，蒂勒森的憂患意識還蠻強的。蒂勒森對「中國正在拉美站穩腳跟」表示擔憂，指責「中國正利用經濟影響力將該地區接入自己的軌道」，警告各國可能要爲此「付出代價」，呼籲各國「保護主權」，防止「潛在掠食者」進入。但就拉美而言，美卿顯然「踩」過了界。與中國發展關係是利是弊？中國是帶來利益的「合作夥伴」？還是損害「主權」的「掠食者」？拉美各國自有判斷，毋須美杞人憂天。蒂勒森越俎代庖，替人「行道」，動機存疑。

蒂勒森的「憂」，實際上是美國的「疑慮」。時至今日，美依然用冷戰思維看待拉美，將其視爲他人禁足的「後院」，挑撥離間是美掌控拉美的一貫伎倆，現在仍在使用。蒂勒森此行旨在復活「門羅主義」，繼續維持美對拉美霸權及單邊干涉的權利。

二百年前，美國還是弱小國家。面對比它「塊頭」大得多的西班牙、英、法、俄等歐洲列強，美敢於提出「門羅主義」，公開向其亮出不應再殖民美洲，禁止再涉足美洲國家主權事務的立場，體現出一種魅力和遠見。

　　「門羅主義」之所以能夠成功，是因爲美當時站上了道義制高點，順應了歷史發展方向和潮流。在當時君主立憲制在世界處於統治地位時，美民主共和制作爲當時人類最先進的社會制度，備受各方推崇並轉化成外交優勢。「門羅主義」的「非殖民原則」適應了拉美各國尋求獨立的潮流，起到了阻止殖民主義復辟的作用，受到了各國的認可和歡迎。

　　當今世界已發生了翻天覆地變化，多極化趨勢銳不可當，巴西、阿根廷等拉美新興國家崛起，其面臨的主要問題早已不再是傳統歐洲列強，而是如何從「美國後院」走向世界。美國角色已現反轉，從「反殖民」的積極力量蛻變成拉美發展的障礙。現代美國給了拉美什麼利益？一道正在建設中的美墨邊境牆就說明了一切。

　　二〇一三年，時任美卿克里宣布「門羅主義」時代已經結束，任何復活「門羅主義」的企圖都是在開歷史倒車，都不可能得逞。美只有順應時代融合潮流，與拉美關係才會有前景。挑撥中拉對立是短視行爲，得不償失。

2018年2月6日

美強化核武庫「後冬奧外交」添不確定性

　　韓國平昌冬季奧運會即將舉行。朝韓重啓板門店會談後一個月後，有關朝參與冬奧的事宜已全部確定，儘管中間經歷了不少波折，但相對於兩個月前還處於大戰一觸即發的南北雙方而言，現在的成果堪稱空前絕後，朝韓「冬奧外交」大獲全勝。

　　事已至此，美方不得不承認最初的判斷有誤。當金正恩在新年致辭中，破天荒向韓發出對話倡議時，美方並未當眞，特朗普不僅未對此作出正面回應，還與朝玩起了比拼「核按鈕」遊戲。華府把朝「橄欖枝」當作一種毫無誠意的權宜之計，是一個「迷魂陣」，目的是分化對朝制裁，離間美韓關係。美雖接受韓重啓對話、推遲軍演等建議，但也不過是讓南北試試水溫，對結果未抱過高期待。

　　但後續結果似有些出乎意料。特別是當朝確定由國家「禮節元首」、「三朝元老」、有政壇「常青樹」之稱的金永南出任團長時，美方不無震驚。這意味着，朝韓推動的「冬奧外交」已不只是「姿態」，各界對朝韓「元首」在冬奧「不期而遇」抱有極大期待。驚喜還不止這些，朝代表團還包括金正恩胞妹金與正，後續人員還可能有朝「二把手」、勞動黨中央委員會副委員長崔龍海。朝方如此「大陣仗」派出超重量級要員與會，令韓方感動，認爲「這顯示出朝方對改善韓朝關係的決心和誠意」，同時，也引發冬奧期間「美朝互動」的聯想。

　　平昌冬奧還未開幕，輿論界已把目光聚焦在「後冬奧外交」。朝韓「冬奧外交」的最大成果在於，半島實現了「雙暫停」。但半島問題的癥結在「核」，南北對話並未觸及這一核心問題。朝韓「冬奧外交」是否可

持續？是否能眞止成爲朝核問題的「拐點」，關鍵依然是美方態度。

綜觀整個南北關係緩和進程，美方應對令人大跌眼鏡。表面上，美方也曾不止一次表示，歡迎朝韓對話，並希望取得積極成果，但實際上，美對朝極限施壓的政策未有絲毫改變，特別是還進一步加強了對朝軍事打擊的準備。

朝方態度很明確，只能與美談「核」問題。近期，華府大玩「核」火，不僅將中、俄、朝等列爲主要核威脅，還打破奧巴馬時期消減核武器的做法，大幅降低使用核武器的「門檻」。從美「國家安全戰略報告」，到「國防戰略」報告，從「核態勢評估」報告，再到特朗普的「國情咨文」，美一以貫之的基調是強化核威懾。這無疑會刺激到朝敏感神經，加劇其「安全關切」。

華府現行核政策與解決朝核問題南轅北轍，增添了「後冬奧外交」的不確定性。沒有「六方會談」多邊機制保障，讓朝方「棄核」恐是天方夜譚。

2018年2月8日

朝為何一定要在冬奧前大閱兵？

在平昌冬奧會正式開幕的前一天，朝在平壤金日成廣場舉行了大規模建軍節閱兵式，一萬三千多名士兵等共計五萬人參加了盛典。而在同一時刻，參加平昌冬奧開幕式的朝代表團、藝術團、啦啦隊陸續抵達韓國。兩幅圖景截然不同，顯示出半島局勢的詭異與複雜。

關於朝可能於八日閱兵早有傳聞，各界極為關注。此前，外界尚抱有一絲僥幸，認為朝方為支持平昌冬奧、營造南北緩和的氣氛，或許會取消這一安排。但事與願違，如歷次預測一樣，朝以其一貫特立獨行的風格行事，各方再次被打臉。那麼，朝緣何一面推動南北和解，一面繼續炫耀武力？此次閱兵又釋出何種信號？

首先，閱兵是為了凝聚國內力量，樹立領袖權威。朝喜歡閱兵，每逢建國、建黨五年、十年大慶，或已故領導人誕辰周年等，朝經常會舉行盛大閱兵。金正恩尤其喜歡檢閱部隊，自二○一一年上台以來，朝已舉行過七次大閱兵，包括紀念金正日誕辰七十周年、金日成誕辰一百、一百零五周年，紀念《停戰協定》簽署六十周年、慶祝建國六十五周年、勞動黨建黨七十周年等等。每次閱兵，朝國內上下均群情激奮，對偉大領袖山呼「萬歲」，自豪感、榮譽感、使命感爆棚。今年是朝建軍七十周年，金正恩顯然不想因冬奧而放棄這次愛國主義教育的極好機會。

其次，閱兵是為了強化對美核威懾，逼迫國際社會接受其事實擁核的「現狀」。每次閱兵，朝鮮都會把最先進的武器拿出來亮相。去年十一月二十九日，朝鮮成功試射了「火星－15」型洲際導彈。這款導彈各方面性能均比「火星－14」有了大幅度提高，可搭載大型重量級核彈頭，射程覆

蓋美國全境。金正恩全程觀摩了導彈試射，並自豪地宣布朝實現了導彈強國目標，「完成了國家核武歷史大業」。不出所料，這款最新型「火星−15」導彈在閱兵式上正式亮相，爲持續兩個多月的分析、揣測畫上句號。這無疑會對美造成極大心理震懾，可能影響到美未來對朝政策走向。

最後，閱兵是針對平昌冬奧，對各方期待的美朝互動表明不妥協態度。爲不至於影響到平昌冬奧的融洽氣氛，朝對閱兵的安排相對低調。儀式只邀請了部分外國武官現場觀摩，未對境外媒體開放，朝電視台也未進行現場直播。針對多奧期間美朝互動的種種猜測，朝方正式回應，不會出於政治目的攬勝冬奧會，也無意與美方會面，閱兵正是這一強硬立場的體現。

閱兵，同樣是朝「冬奧外交」的部分。由此可以看出，朝對韓、對美採取了不同對策，釋放出軟、硬兩種信號。

2018年2月9日

不知華府是否聽懂了「博鰲強音」

在博鰲亞洲論壇上，習近平主席發表了題爲「開放共創繁榮創新引領未來」的主旨演講，在概括總結中國改革開放四十年來光輝歷程、輝煌成就及寶貴經驗的基礎上，莊嚴宣示中國將推動對外開放再擴大、深化改革再出發，向全世界傳遞出「中國開放大門只會越開越大」的「時代強音」。

「博鰲強音」體現了戰略家的胸懷和大國的擔當。改革開放絕非權宜之計，它是攸關中國前途命運的歷史抉擇。四十年來，中國在改革中取得了自身的發展壯大，在開放中實現了與各國的合作共贏，對世界發展作出了重大貢獻。正如習近平在演講中所指出的，改革開放這場中國第二次革命，不僅改變了中國，也深刻影響了世界。如今，世界已進入新時代，中國的發展仍然是世界的機遇，對繼續擴大開放、深化改革的宣示，表明中國願意與全世界分享這一機遇，希望各國都來搭乘中國發展的快車。

「博鰲強音」內容豐富、措施具體。中國下一步將如何擴大對外開放？通過習主席宣布的十大新舉措，未來的路向已十分清楚。這些重要舉措包括大幅度放寬市場准入、創造更有吸引力的投資環境、加強知識產權保護、主動擴大進口等等方面。在落實這些舉措上，習主席承諾將盡快使之落地，宜早不宜遲，宜快不宜慢，努力使開放成果惠及中國企業和人民，及早惠及世界各國企業和人民。

「博鰲強音」具有極強針對性和現實意義。不容迴避，當今世界風雲變幻莫測，單邊主義、貿易保護主義抬頭，特別是特朗普政府以「美國優先」爲名，帶頭舉起了保護主義大旗，準備與全世界打貿易戰，致使多邊

貿易體制遭遇嚴重挑戰，經濟全球化面臨巨大困難。面對這股逆流，國際社會憂心忡忡，世界再次陷入向何處去的重大抉擇。習主席在博鰲論壇上的宣示，標誌着中方以空前的自信和氣魄擔負起維護國際秩序的重任，用實際行動爲世界發展注入強勁動能。中國的「博鰲強音」有「定海神針」之效，將對世界走向產生深遠影響。

有人把中方新舉措與特朗普貿易戰聯繫起來，認爲這是對美貿易戰的「回應」，此觀點心胸、視野都過於狹窄。但若認爲這與美保護主義政策毫無關聯，也未免太過天眞、浪漫。正因爲出現了以美國爲首的時代逆流，「博鰲強音」才更具現實性和迫切性。

習主席在演講中用「三個滾滾向前的潮流」描述當今世界，包括「和平合作的潮流滾滾向前，開放融通的潮流滾滾向前，變革創新的潮流滾滾向前」，這正是當今時代大潮。不知華府是否聽懂了其中的深刻意涵：誰逆流而動，誰就會落後於時代，誰就會被歷史淘汰。

2018年4月11日

特朗普「感謝」的背後暗藏玄機

中國國家主席習近平在博鰲亞洲論壇發表的主旨演講中，做出「中國開放的大門只會愈開愈大」的莊嚴宣示，並宣布了中國擴大開放重大舉措，意義重大，影響深遠。世界吃了顆「定心丸」，稱「中國是一座穩定的燈塔」。業界為之振奮，讚中國開放再升級利好全球。反觀美國則極不厚道，又「抽水」，又「攬功」，還不合時宜地再度「施壓」。

中國作出如此重大政策宣示，特朗普當然不會裝聾作啞。習主席演講結束後不久，特朗普便不失時機地拋出一篇推文，稱「非常感謝」中國領導人就關稅和汽車壁壘作出的友好表示，以及其有關知識產權和技術交流的啟發。在特朗普的眼裏，中國發布的系列措施成了應急的「權宜之計」，是迫於美貿易戰壓力所作出的妥協與退讓。中國深化改革、擴大開放都是特朗普的「功勞」。

正是基於這樣一種誤判，白宮方面更得寸進尺，竟要「聽其言，觀其行」，聲稱「只有表態是不夠的，我們還要看中國的行動」。儼然以一副勝利者的姿態，對中方指手畫腳。

看來，美國人真要補補課了。到今天，中國改革開放已進行了四十年，是不可動搖的基本國策。十八大以來，中國新舉措不斷出台，開放步伐越來越快。十九大報告同樣強調深化改革擴大開放，「堅持打開國門搞建設」。去年年底召開的中央經濟工作會議再次提出，要在開放的範圍和層次上進一步拓展。在上月結束的全國兩會上，政府工作報告就明確提出，要擴大電信、醫療、教育、養老等領域的開放，下調汽車、部分日用消費品等進口關稅。在知識產權問題上，報告也早就提到「強化知識產權

保護，實施侵權懲罰性賠償制度」等等。這與美國挑起貿易戰無任何聯繫。

長期以來，中方一直堅持自己的判斷、立足自身發展需要、按照自己的時間表積極穩妥地推進開放，不論是全球化如火如荼、許多國家不得不出讓主權的時代，還是保護主義興風作浪、一些國家威脅關大門的非常時期，中方始終有自己的判斷，開放的步伐從未受到外力的干擾和左右。那種把中國開放新舉措同中美貿易戰掛鈎，實在淺薄，是對中國國情的無知。

無知者無畏。那些想看「中國實際行動」的人是打錯了算盤。中國的開放是對全世界的開放，並不只是對美。美企圖以貿易戰相威脅，讓中國變成一個門洞大開、毫不設防的自由市場，是痴心妄想。同時，中國的開放是對講規矩的國家開放，不適用於那些破壞貿易規則的國家。

美自身分量幾何，特朗普要有一個客觀、清醒的認識，切勿因夜郎自大、高估了自己而貽笑大方。

2018年4月12日

貿易戰：中國是在為美「操閒心」？

　　儘管美方作出了談判解決紛爭的姿態，但由於其毫無誠意，中美貿易戰的陰霾仍然未消除，雙邊貿易摩擦升級為大規模直接衝突的可能性依然存在。近期，有人對中方「打，奉陪到底，談，大門永遠敞開」的立場提出質疑，對我有理有據地奉勸美方「休戰」感到疑惑，認為既然美是在「搬起石頭砸自己的腳」，中方何不樂觀其成？既然美已到了危險邊緣，中方何必苦口婆心勸其懸崖勒馬，何不順勢加上一腳。中國是不是在為美「操閒心」？

　　如果貿易戰僅僅是中美之間的事，處理起來倒也簡單，「兵來將擋，水來土掩」，見招拆招就是。如果中方只有「戰鬥到底」一手，定要拚個「魚死網破」，倒也痛快，一腳踹下懸崖就是，何必婆婆媽媽。

　　但事情遠沒有這樣簡單，特別是涉及中美兩個世界級大國，貿易戰中沒有贏家是不爭的事實。對貿易戰，中方立場有兩個基本點：一是不想打，貿易戰是「損人害己」之舉，對雙方都沒好處；二是不怕打，如果美方執迷不悟，執意開打，那就放馬過來，中方有底氣打贏這場戰役。

　　在貿易戰尚未打響之際，中方仍然立足於「休戰」。所謂「損人害己」，「損人」方面，中方自有應對，會千方百計把損失減少到最低限度，但「害己」也是必然的。貿易戰損害美自身貿易、加重消費者負擔、影響就業、增加金融風險、衝擊現存多邊貿易機制、損害大國信譽等等，都是美不得不面臨的後果。美決策者若是雲裏霧裏看不清，或者心存僥幸，中方就該說明白。

　　那麼，美自己算不清這筆帳嗎？別高估了美國人的智商，從特朗普誇

人中美貿易逆差、恫嚇要對華加徵千億美元「關稅」、關稅加碼前未與任何幕僚商討，以及一邊揮舞制裁大棒、一邊要談判等等的現實看，白宮內部決策是混亂的，白宮的帳房先生也不是個明白人，還真未必能算得清這筆帳。讓兩國民眾爲一個魯莽總統的誤判「埋單」，顯然不是一件幸事。

但中國「不想戰」，絕非是在向美示弱。相反，中方強有力的反擊，已經擊中美方要害，打到了其痛處。當今世界，中國實際上已經擔負起全球貿易體系「守護人」的重擔，且得到世界各國的擁戴。中美貿易戰的意義和影響早已超越雙邊範疇，是全球化力量與反全球化逆流的一次公開對決，美試圖用強力逼迫中國束手就擒，「是一個遠逝的夢想」。因爲，中國輸不起，世界更輸不起。

中國不是爲美「操閒心」，而是在捍衛自己的利益，維護世界貿易秩序。美要想談，就要有一個談的誠意，切勿一再誤判形勢，淪爲世界「公敵」。

2018年4月13日

化武襲擊：美對他國開戰的最蹩腳理由

日前，美攜手其歐洲盟友英、法，以巴沙爾當局針對平民使用化學武器爲由，對敘利亞大打出手。儘管美國明擺着是在說謊，這場軍事行動毫無正當性和合法性可言，但想要阻止戰爭，國際社會顯得空前無力。

相似的一幕發生在去年四月四日。就在政府軍取得節節勝利，敘利亞局勢有所緩和之際，在西北部伊德利卜省反對派控制的的城鎮發生化武襲擊事件，造成數百人的傷亡。美認定這是俄、敘空軍所爲，但兩方均對此堅決否認。三天後，特朗普親自下令，向敘政府控制的機場發射了五十九枚「戰斧」巡航導彈，對敘利亞境內目標直接進行軍事打擊。至於事件眞相到底爲何？美再也不作探究。

此次事件與去年幾乎同出一轍。敘政府軍幾近取得對反政府武裝的決定性勝利，首都大馬士革周邊殘餘勢力即將被肅清，敘利亞戰局即將出現根本性變化。與此同時，俄、土、伊三國領導人舉行了第二次峰會，將在敘利亞問題展開進一步合作，非常狀況再次出現。在東古塔地區發生疑似化武襲擊，導致七十餘平民喪生、數百人受傷。西方多國再次異口同聲地認定肇事者就是敘政府及其支持者俄、伊等國，並在事實眞相撲朔迷離之際，迅速採取軍事行動，用一百零五枚導彈爲平民復仇。

漸漸地，美國人口中的化武襲擊事件已有規律可循。每當敘政府軍取得階段性勝利，美等西方國家盟軍不直接介入衝突，就無法改變戰局時，化武襲擊就會「不失時機」地出現；在襲擊中受害的從來都是平民，尤其是婦女、兒童，反對派武裝以及已被擊潰的ISIS恐怖分子都不是襲擊對象；敘政府軍從來不把化武作爲戰鬥手段，在不該使用的時間、地點偏要

用，也從木趁襲擊造成的大量人員傷亡攻佔某些戰略要地，使用化武似乎就是爲了激怒西方，純粹是在玩貓捉老鼠的遊戲；事件幕後黑手就是政府軍，結論都是當即由美國作出，無需調查、論證，更無需等待眞相大白。

有中國網友在談到美國、北約時，形象地諷刺道，我們知道他們在說謊，他們也知道自己在說謊，他們也知道我們知道他們在說謊，我們也知道他們知道我們知道他們在說謊……但他們依然在說謊。

不由得想起十五年前的伊拉克戰爭。美以伊拒絕交出子虛烏有的生化武器爲由，繞過聯合國安理會，單方面發動「打伊倒薩」軍事行動。眞相在多年後才漸漸浮出水面，證明是一場「大烏龍」，但戰爭的發動者卻未受到任何懲罰。

化武襲擊，早就是美對他國開戰的藉口，因爲人所共知，所以最蹩腳、最無說服力。打你沒商量，在敘利亞問題上，美只信武力，不信眞相。

2018年4月17日

美不該向朝「凍核」之舉大潑冷水

　　舉世矚目的「文金會」周五即將在板門店舉行，美朝雙方也已就「特金會」展開了外交接觸，半島局勢正在走向緩和。為了營造「文金會」的和諧氣氛，朝韓雙方各有退讓，朝方決定暫停核試驗及導彈發射，韓方也決定暫停美韓「關鍵決斷」軍演，停止對朝宣傳廣播，國際社會對此普遍稱讚。但與此同時，美國內的疑慮聲也在與日俱增，擔心這是朝方為換取放寬制裁而設的一個「局」，呼籲華府不要輕易放棄對朝強硬立場，勿掉進朝的「棄核陷阱」。

　　美智庫「科學與國際安全研究所」日前發表報告，指在朝北部城鎮發現一處新的疑似核工廠，朝近期向國外出售的可用於核反應堆和高純度石墨正是出產於該廠。報告懷疑朝「棄核」的誠意，懷疑朝方保留部分核設施，將製造更多核武器。白宮內部也指出，朝在宣布暫停核試時，未提及銷毀現有核武，也未使用「無核化」一詞，這說明金正恩並非真心棄核。

　　朝是否真心「棄核」？是否真要把工作重心轉向經濟建設？現階段的確難下結論。朝鮮核計劃搞了幾十年，自稱「核武大業」已經完成，在未取得任何保障和回報情況下，只為與美、韓領導人會晤，就輕易放棄，顯然太過理想化了。但與半年前半島劍拔弩張的緊張對峙相比，朝方作出的一系列姿態，顯然是一大進步，緩和局勢、建立互信是談判的必要條件，是通向半島無核化的必經之路。

　　過去，朝方也曾多次有過「棄核」，六方會談也在半島無核化問題磋商中取得過積極進展，但朝並未放棄其核計劃，這是事實。但另一不容忽略的事實是，每當朝在兩難間猶豫、徘徊時，美在國際舞台上的所作所為

都是在強化朝「擁核」的決心。試想，如果美方滿足朝在安全問題上的合理關切，真誠對待六方會談，朝方或不至於鋌而走險；如果美遵守國際秩序和他國主權，不發動伊拉克戰爭，不推動中東、北非「顏色革命」，不對利比亞等國大打出手，半島無核化願景或早已達成。實際上，正是美在不斷提醒朝方：落後就要捱打，沒有核這把「撒手鐧」，就沒有自身安全。

美切莫認為當前成果是其「極限施壓」奏效。緩和緊張是朝自身需要，韓方改變政策、相向而行，功不可沒。如果美在朝「棄核」問題繼續搞過去玩「極限施壓」，不光「特金會」可能泡湯，半島可能會重返動盪。

美方也莫寄希望於朝「棄核」一蹴而就。「棄核」是談出來的，其過程絕不比「擁核」簡單。懷疑、質疑無益於解決問題，營造互信現在就應開始。對半島出現的任何積極因素都應肯定，應與大勢相向而行，而不是大潑冷水。

2018年4月24日

「文金會」能否成為半島「開創性轉折點」?

朝鮮半島南北和解的車輪，以超乎想像的速度滾滾向前。繼平昌冬奧「破冰」後，雙方最高領導人會晤即將登場。屆時，金正恩將歷史性跨過「三八線」，南下板門店，到韓方一側的「和平之家」晤文在寅。這是朝最高領導人首次踏上韓國土地，也是繼二○○○年和二○○七年時任韓總統金大中和盧武鉉分別在平壤會晤金正日後的第三次朝韓峰會，其歷史意義及對現實、未來的影響不言而喻。

板門店，是冷戰的產物，是朝美對立、朝韓分裂的集中體現。朝韓領導人選擇在板門店會晤，就是要向外界表達雙方致力提升互相信任、推動半島和解的決心和意志。

應該講，南北雙方對此次會晤都極為重視，希望將其打造成和平解決半島問題的「里程碑」和「開創性轉折點」。平昌冬奧後，半島出現的這股難能可貴的「和平暖流」並未中斷，雙方積極推動特使外交，釋放出相向而行的積極意願，致力提升雙方政治互信，將「文金會」日期大大提前。

為保證會晤取得積極成果，金正恩親自「操刀」，確定了十分廣泛的會談議題，不僅談民族感情、南北合作，也可以談半島無核化，談朝美關係正常化。朝方還宣布「停止核試驗及洲際彈道導彈發射試驗」，朝鮮勞動黨七屆三中全會作出「集中一切力量進行社會主義經濟建設」，向外界釋出「工作重心」轉移和「戰略路線」調整的重大信號。

韓方亦同樣。總統文在寅自二十二日起停止一切外部活動，閉門青瓦台，全身心投入板門店會晤的準備。為向對方釋出善意，韓方還暫停了與

美的「關鍵決斷」聯合軍演。

從平昌冬奧「破冰」，至隨後的一系列外交互動，南北雙方已營造出必要的政治互信，「板門店宣言」可期，雙方或就半島無核化、構建半島持久和平、改善南北關係、加強南北合作等等議題達成廣泛共識。

「文金會」成功與否，還要看能否以此帶動朝美對話。實現半島無核化及東北亞局勢的根本轉變，關鍵在美國。朝韓雙方均有意以「文金會」為驅動，推動美朝實現對話，以從根本上緩解半島軍事緊張，並構建持久和平機制。但從美方來說，一方面，美堅決反對朝鮮「擁核」，不惜以「權限施壓」、全面制裁和軍事威脅逼朝「棄核」；另一方面，又對南北飛速走近、實現和解措手不及，擔心朝核問題降溫令美失去干預亞太事務的重要「抓手」。

青瓦台在談到「文金會」時，曾發出呼籲，「希望所有韓國人都團結起來，讓此次峰會成為和平解決半島問題的開創性轉折點」。這一願望是否能實現，下一步的「特金會」是最大看點。

2018年4月26日

「文金會」釋不戰訊號 或終結半島軍事威嚇

　　二〇一八年的朝韓首腦會談，比預期來得更早些。在南北雙方的共同努力下，「文金會」今天正式登場，平昌冬奧形成的這股「和平暖流」即將結出果實。縱觀朝韓峰會的籌備過程，不難發現，同宗同源的民族色彩十分突出，南北雙方向外界釋放出半島不想戰、不容戰的明確訊號。

　　在會談地點上，雙方並未循許多國際慣例，選擇朝韓以外的第三地，而是不離開朝鮮半島，確定在板門店韓方一側的「和平之家」進行。這與當年金大中、盧武鉉北上平壤會晤金正日如出一轍，北方最高領導人跨過「三八線」，破天荒踏上南方領土，與當年南方領導人北上朝鮮寓意一樣，都是開創歷史的偉大壯舉。

　　在議題設置上，半島無核化問題顯然不是韓方能決定得了的，但金正恩迎合了韓方要求，對會談議題持相當大的開放態度，會晤中不僅談南北和平與合作，也可以談核問題，談對美關係問題，談半島無核化及簽署和平協議。這與先前朝只與美談核問題的一貫立場大相逕庭。

　　在會晤的細節安排上，韓方也特別突出了民族特色。在晚宴菜單中，有以韓牛為原料的炭火烤肉，平壤玉流館的朝鮮冷麵，還有韓國傳統特色的杜鵑酒、「文培酒」。為了能讓喚起金正恩留學伯爾尼的青春歲月，韓方還特意準備了一道改良版的瑞士土豆。晚宴一道甜點的標牌上標示有半島地圖，兩國領導人會談的座椅為韓傳統傢具，設計象徵着連接，最上方也雕刻有半島地圖。因兩幅地圖中均含有有爭議的「獨島」，竟意外引起了日本方面的抗議。雙方共植「和平樹」，表達對半島和平的願望。

　　文在寅在當選韓國總統後曾談到，作為民族整體，我們必須擁抱朝鮮

人民，不管我們喜歡不喜歡，我們必須承認金正恩是他們的領袖和我們的對話夥伴。我們血脈相通，不能再相互殘殺。「如果半島統一，我要做的第一件事就是拉着母親的手，去她的故鄉看看」。其民族情結溢於言表。

　　金正恩在新年賀詞中也談到，冬奧會將是展示民族地位的良機，我們衷心祝願冬奧會取得成功，作爲血脈相通的同一民族，對同胞舉辦的活動同感歡喜並相互幫助，理所當然。正是從這份賀詞開始，南北關係破冰。

　　在國際舞台上，一個國家、一個民族往往因內部紛爭不可調和，才給外力介入創造了條件，這樣的先例不勝枚舉。「文金會」籌備特別突出同宗同源的民族特點，一方面，是在宣示半島事務的主導權；另一方面，是在向外界釋放半島「不戰」的明確訊號。這一訊號的指向性十分明確，「文金會」舉行或許爲半島戰爭威脅和恫嚇畫上句號。

2018 年 4 月 27 日

渡盡劫波兄弟在 相逢一笑泯恩仇

　　朝韓領導人歷史性跨越板門店軍事分界線，在全球矚目下成功舉行了會談，簽署了《板門店宣言》，發表了共同協議。板門店再次見證了歷史，成爲半島和平的轉折點。中國外交部新聞發言人華春瑩發表評論時，引用魯迅先生的一句詩，「渡盡劫波兄弟在 相逢一笑泯恩仇」，表達了中方對會晤成果的熱切期待。

　　用「超預期」來形容此次會晤，毫不誇張。

　　其一，會晤提前舉行「超預期」。平昌冬奧結束後，就在各方普遍質疑南北「和平暖流」能否持續時，朝韓雙方在三月二十九日及時宣布，朝韓首腦會晤將於四月二十七日舉行；

　　其二，會談成果「超預期」。就在會晤舉行的最後一刻，許多分析家仍然懷疑雙方會否談及核問題，質疑「議題不設限」的官方說法，並把半島無核化作爲衡量會晤成敗的標準。但板門店傳出的佳音消除了一切疑慮，「雙方一致確認了通過『完全棄核』，實現半島無核化的目標」，並宣布「停止一切針對對方的敵對行爲，爭取年內宣布結束戰爭狀態」；

　　其三，對未來互動的詳細安排「超預期」。雙方商定，文在寅今秋訪問平壤，首腦會晤保持連續性，雙方還將通過定期會談熱線通話磋商。爲使半島和平延續有多邊保障，雙方宣布將力促朝韓美或朝韓美中會談。至於雙方擬在開城設立共同永久聯絡室、在五月舉行高級軍事對話、「和平地帶」構建等等後續安排，均是鞏固「文金會」成果必不可少的重要舉措。

　　用「劫波」一詞形容多災多難的朝鮮民族，並不誇張。南北政治對

立、軍事對峙、經濟隔絕的冷戰狀態已持續半個多世紀,雖不及印度神話中四十三億三千二百萬年一個「劫波」那樣久遠,但對一個同宗同源的民族來說,幾十年戰時狀態實在太長。其間,時任韓國總統金大中和盧武鉉曾先後於二〇〇〇年六月和二〇〇七年十月訪朝,分別發表了《南北共同宣言》和《南北關係發展與和平繁榮宣言》,雙方舉行過多次官方會談和一系列民間交流,半島在「陽光政策」的照耀下經歷過一個「小陽春」,但旋即被更嚴重的對峙所取代。李明博在二〇〇八年上台後,全面放棄「陽光政策」,提出「無核、開放、3000」政策,即在朝「棄核」和開放的前提下,韓幫助朝在十年內將人均收入提高至三千美元。朝方堅決拒絕,半島重回冷戰,核試驗及導彈發射行動不斷,零星軍事衝突時有發生,甚至一度瀕臨最後攤牌。

南北「恩仇」難「泯」,此番「相逢一笑」隔了整整十一年。「三八線」見證歷史,跨越起來很難。幾十年間,尚只有兩位韓總統跨過這條分界線,在四月二十七日前,北方領導人還無一人越過這條線;「三八線」也在創造歷史,跨越起來又很簡單。金正恩大步流星越過分界線,再邀文在寅回跨,踏足北方領土,一分鐘內實現首腦互訪,沒有任何障礙。金正恩感慨這一步「花了這麼久」,也感懷:朝韓分裂之線不難邁,踩過的人多了,就會消失。

此次「文金會」,大到地點的選擇、議題的設置和宣言的內容,小到晚宴餐點、座椅設計等等細節安排,都特別彰顯了民族特色,宣示朝鮮民族有能力自己解決問題,向外界傳遞出南北不想戰、不容戰、共護半島永久和平的明確信號。金正恩在留言簿題詞中寫道:「新的歷史從現在開始,和平時代站在新的起點」,同樣表達了對和平的強烈期待。

今年以來，半島局勢持續緩和，但「走回頭路」的風險依然存在。最大的不確定因素仍然是美國。無獨有偶，在朝韓首腦會談的前一刻，白宮公布了新任國務卿蓬佩奧秘訪朝鮮的照片，讚其在幫助總統實現半島無核化努力中「工作出色」，「搶功」意味明顯。特朗普也在當天連發三條推文，盛讚中方作用，稱朝鮮半島戰爭即將結束，美國人民該為此自豪。

特朗普的「自豪」源於一個危險誤判，即朝方態度轉變、「文金會」舉行，皆因美方「極限施壓」奏效。更為危險的是，雖然外界瘋傳「特金會」將可能在五、六月間舉行，但白宮從未放棄過「先棄核，後談判」的原則立場。如果平壤不從，不光會晤可能泡湯，「極限施壓」隨時會再加碼，「文金會」營造的和解可能瞬間遭到破壞，半島形勢可能會急速逆轉。

半島能否開啓「和平時代」，中方作用至關重要。過去，中方作為六方會談的核心成員，在溝通各方、推動半島無核化上功不可沒。近來，中方提出的「雙軌思路」，有效推動了半島緊張降溫和南北接觸。上月，朝鮮領導人金正恩訪華，與習近平主席會晤，當面向中方通報了半島局勢發生的重要變化，並就堅持實現半島無核化目標、維護半島和平穩定、通過對話協商解決問題達成廣泛共識。

中方未來將繼續在朝核問題上發揮不可或缺的作用，推動美朝直接對話，構建東北亞和平機制，助力「開啓半島長治久安的新征程」。

2018年4月28日

「特金會」攸關半島「願景」能否變成現實

　　朝鮮半島正以超乎想像的速度走向緩和。韓國總統文在寅用「半島新和平時代」來形容剛剛結束的朝韓首腦會晤，稱《板門店宣言》是宣告朝鮮半島不會再有戰爭與核威脅的和平宣言，他堅信朝韓雙方會不斷增進互信，努力緩和緊張局勢，共創半島新和平時代。從年初至今，朝韓雙方主導了半島和解進程，取得舉世矚目的成果。但透過表面的熱絡和喧囂，還應該清楚地看到，「文金會」成果並不穩固，朝核問題「要角」——美國尚未登場，半島「新時代」能否來臨？朝鮮戰爭能否像特朗普所言「要結束了」，關鍵要看「特金會」。

　　「文金會」成功落幕後，南北方都採取了一系列實質性舉措，彰顯「半島新和平時代」的來臨。朝鮮方面把鐘表撥快半小時，採取首爾標準時，承諾於五月關閉豐溪里核實驗廠，並廣邀西方媒體現場觀摩，力求整個過程公開、透明；韓方也從五月一日起拆除軍事分界線附近的擴音廣播設備，停止氣球、傳單等一切對朝敵對行動。在與金正恩會晤中，韓方還向朝轉交了朝鮮半島新經濟構想的相關資料，其中包括發電站建設等。若無特別意外，南北雙方將很快推出經濟合作新項目。

　　有媒體用「三喜臨門」形容文在寅二〇一八的「開門紅」。一喜是平昌冬奧成功舉辦，「文金會」圓滿落幕，半島緊張局勢驟然緩解，其可能成為今年諾貝爾和平獎的最大熱門人選；二喜是其用無可爭議的「政績」為連任鋪平了道路；三喜是其最大政治對手朴槿惠一案連一案，恐將牢底坐穿，未來或永無出頭之日。

　　種種跡象顯示，文在寅正在兌現其競選承諾，「奪回半島事務主導

權」。就目前而言，其是否已達到「奪回」目標尚待商榷，但南北雙方通過一系列有膽識、有勇氣的舉措，已嚴重衝擊並動搖了華府的主導地位。

國際輿論在盛讚「文金會」、高度評價《板門店宣言》時，也都注意到其中的「風險」，即雙方完全未觸及朝方「棄核」的具體措施。從這個意義上，《板門店宣言》描述的只是一個政治願景，半島如何實現無核化目標？怎樣結束戰爭狀態？韓方從美獲得的授權有限，有關事項只能由朝美來談。

對「文金會」及當前半島和平進程，美方可謂是半推半就，未向韓下令堅持會談的先決條件，已是格外開恩。對未來的「特金會」，美方也是迫於形勢，有主動接觸的成分，但更多是順水推舟，被「文金會」和國際輿論「拖下水」。

下一階段的「特金會」是朝核問題的「重頭戲」，預計將是一場激烈的交鋒。無論怎樣，美唯有順應當今半島大勢和潮流，才會得到國際社會支持和尊重，畢竟半島問題除美方私利外，還有南北雙方的和解意願，以及周邊國家對和平與安全強烈期待。

2018 年 5 月 1 日

半島局勢緩和 安倍緣何「心酸」?

半島急速降溫，國際社會普遍稱讚，唯安倍內心卻是「酸溜溜」的。

有兩件事為證：一是安倍以為韓會第一時間向其通報「文金會」情況，將與文在寅通話列為「最優先事項」，為此不惜調整訪問中東行程，但空等一整天也未等來文在寅的電話；二是安倍也想見金正恩，與朝談綁架日本人問題，但苦於渠道有限，只能委託文在寅代為傳話，後被告知，話已帶到，對方未置可否，安倍嘆日朝對話遙遙無期，綁架問題依然只能寄託於美韓。

安倍確實有點急了。今年以來，半島和解高潮迭起，但日本完全被「涼」在一邊，昔日半島問題最活躍、最強硬一分子，如沙漠中的一滴水被突然「蒸發」，「日本元素」彷彿被刻意排除在外。更為憂心的是，日本在未來可能還插不上嘴，不論是美朝雙邊會談，還是美朝韓、中美朝韓三方、四方會談，完全沒有日本的位置，日被排除在東北亞和平進程之外。屋漏偏逢連夜雨，安倍在朴槿惠時期苦心經營的日韓關係正常化，也隨着文在寅上台化為烏有，慰安婦問題再次成為雙方無法逾越的障礙。

正所謂期望越高，失望就越大。安倍的失落，源於其對自身分量的過高估計。今年之前，日還是「朝鮮牌」打得最響的國家。每當朝方有核試、導彈發射等行動，日方又是部署攔截，又是譴責、制裁，表現得最為活躍，比美、韓還積極、激進。有時甚至等不及盟友發話，即單方面宣布加碼制裁。安倍渲染朝核威脅的戰略意圖很明顯：對內，是為了擴大自衛隊行動範圍，為修憲鋪路；對外，是為了緊緊拉住美，鞏固美日同盟基石。

　　除此之外，安倍還有極不厚道的一面，想利用朝核進行投機。早在二〇一三年五月，安倍就曾頂住美、韓壓力，秘密派特使訪朝，商討安倍訪朝的可能性，以期打通日朝聯繫渠道。此後，日方與朝當局一直有秘密接觸，甚至一度傳出雙方就綁架問題達成協議，朝方同意對此事件重新展開調查。安倍欲在對朝關係上取得突破，有其「高明」之處，其看中的正是半島南北對峙激烈、美朝對話機會渺茫、中朝關係撲朔迷離等等不確定因素，如果能夠成功，日將成爲半島問題溝通的「橋樑」，將坐實日在朝核問題的核心地位。不過，安倍顯然高估了自身影響力，打造半島「核心」確不自量力，結果是竹籃打水。

　　其實，日在半島問題上本來就可有可無。無論是過去的六方會談，還是現在南北和解，日總要在核心議題之外加入「私貨」，一直被視爲「另類」。安倍「心酸」源於內在焦慮，怕被美拋棄，怕被忽略。但從目前看，各方都不會認眞地陪着日方玩兒，安倍的「醋意」短期內恐很難消退。

2018 年 5 月 2 日

從韓國災難片《流感》說起……

駐韓美軍和戰時作戰指揮權，是韓國極其敏感、複雜的話題。看過金成洙導演的災難片《流感》的人，應該不會忘記其中一個情節，當疫情瀕臨失控、疫區民眾爆發大規模騷亂時，駐韓美軍決定派出戰機進行轟炸，而坐鎮指揮的韓國總統束手無策。後來，劇情突然逆轉，抗病毒血清出現，總統不惜以動用首都防空導彈擊落美轟炸機相逼，才迫使美國人在投下炸彈的最後一刻取消了行動。這就是半島現實：韓雖然是主權國家，但安全要由美軍保護，「戰時狀態」的認定及戰與不戰，最終決定權不在韓總統，而在駐韓美軍司令。

由於話題敏感，韓各界在談到駐韓美軍時均謹言慎行，一般不主動挑起爭議。最近，韓總統外交安保特別助理文正仁卻捅了個「大簍子」。也許被「文金會」的勝利衝昏了頭腦，或是對南北和解前景過於樂觀，這位助理在美媒撰文稱，若朝鮮半島實現停和機制轉換，美軍駐紮韓國缺乏正當性。消息一出，輿論大譁，青瓦台忙不迭以總統文在寅的名義闢謠：美軍駐韓問題屬於美韓同盟範疇的問題，與和平協定的簽署毫無關係，不要把個人觀點與總統立場混為一談。

從邏輯上講，這位學者出身的助理說得沒錯，如果朝鮮半島真的實現了和平，駐韓美軍將喪失常駐的正當性。但發表此番言論錯在不合時宜：一則朝韓首腦會談雖然取得圓滿成功，但如何落實還存在相當大不確定性，半島緩和遠未達到不可逆的程度，發生重大變化的風險仍存；二則「特金會」可能在五、六月間上演，此時談美軍撤離問題，會引發特朗普不必要聯想，令美國人心生不快。

戰時作戰指揮權同樣。上世紀五十年代初期，朝鮮戰爭爆發，當時的李承晚政府爲扭轉敗局，將作戰指揮權交給了美軍主導的「聯合國軍」。一九七八年，作戰指揮權移交給了韓美聯合司令部。直到一九九四年，韓才收回了和平時期的作戰指揮權，但戰時作戰指揮權仍在駐韓美軍手中。

盧武鉉時期，韓積極推行「自主國防」政策，並於二〇〇六年九月正式向美提出戰時作戰指揮權問題，並獲得美方認可。按當時韓美雙方達成的協議，美方將於二〇一二年將戰時作戰指揮權移交韓方。但李明博上台後改變了政策，不再主張收回這一權力。時值奧巴馬政府實施「重返亞太」戰略，韓美雙方互有所需，戰時作戰指揮權移交被無限期擱置。去年總統選舉期間，文在寅曾把收回戰時作戰指揮權作爲自己的競選目標，但上台後審時度勢，極少提及此話題，更未明確時間表。

半島和解尚處進行時，現在距談駐韓美軍的事還差十萬八千里。各方且莫急，否則會弄巧成拙。

2018 年 5 月 3 日

朝核問題：中國從未離開未來作用更大

在「文金會」圓滿落幕、「特金會」積極籌備，東北亞局勢可能出現巨變的時刻，中國外長時隔十一年首次訪朝。朝鮮最高領導人金正恩昨天會見了中國國務委員、外交部長王毅，會談中透出的訊號頗耐人尋味。

王毅明確表達了三層意思：一是爲落實「習金會」共識而來，即「把兩國最高領導人商定的事情辦好、辦實」；二是中方支持並祝賀朝韓首腦會晤成果，並用「劃時代」一詞稱讚「板門店宣言」；三是中方支持朝戰略重心轉向經濟建設。而金正恩同樣強調了三個重點：一是鞏固和發展朝中友好合作是朝方堅定不移的戰略方針；二是高度評價中方爲朝鮮半島和平穩定所作出的積極貢獻；三是願同中方加強戰略溝通，實現半島無核化。

雙方表態看起來像外交辭令，實際上寓意深刻。近一段時間以來，有關中方在半島問題上「邊緣化」、「靠邊站」、「吃醋」、「無用」等言論不絕於耳，一些別有用心人士，蓄意製造話題，挑撥中朝、中美關係，把「習金會」、中聯部長宋濤訪朝及國務委員、外長王毅訪朝等等，統統解釋爲是中方爭奪半島問題「主導權」，防止被排擠出局。金正恩和王毅的表態說明，在半島和平進程中，中方過去貢獻巨大，未來角色不可或缺。

實際上，在半島問題上，中方從未離開過。從朝核問題產生第一天起，中方就高舉無核化、協商談判解決爭端的大旗，勸和促談，一直扮演着地區和平「穩定器」的重要角色。在東北亞戰雲密布、美航母大兵壓境、衝突一觸即發的時刻，中方半島「不容戰」的政策宣示，對扭轉半島

局勢至關重要。中方提出的「雙暫停」方案和「雙軌」思路對南北對話發揮了重要的引領作用。

半島未來和平進程，中方更不會缺席。半島問題的關鍵是美朝關係，無論是「習金會」，還是「文金會」，實際上都是在為「特金會」創造條件。不管中方是否直接參與，沒有中方的努力，「特金會」能否舉行、能否取得實質成果都是一個大問號。很難想像，沒有中方參與，美朝能就半島無核化達成一致，並走出紙面，落到實處。更不可想像，東北亞持久和平機制會沒有中國參與。如果朝方能夠如願實現戰略重心轉移，中方改革開放的經驗、地理上的優勢及經濟合作的傳統對朝經濟建設至關重要，更是其他各方不可替代的。

在半島問題上，中方最大利益和終極目標是無核化和地區和平穩定。通向這一方向的任何雙邊、三方、四方和六方會談都在中方倡議之列，「中國邊緣化」是一偽命題。當前，半島形勢逆轉的風險仍很大，需要中國這枚「定海神針」。中方作為空間不會縮窄，只會越來越大。

2018年5月4日

美以不變應萬變 半島和平依然脆弱

　　朝中社十六日凌晨突然發布公報，緊急叫停擬於當日舉行的南北高級別會談，同時指出美國也應對朝美首腦會晤的命運三思，理由是韓美近日開展針對朝鮮的大規模聯合軍演。消息一出，輿論大嘩，人們熾熱大腦彷彿被兜頭潑下一盆冷水，頓時從陶醉中猛醒：原來半島和平依然脆弱，不堪一擊。

　　自新年以來，南北和解突然步入快車道。朝方派出高級別代表團參加了平昌奧運，朝韓首腦實現了歷史性會晤，發表了《板門店宣言》，做出不戰宣示，確認了無核化目標。隨後，朝美雙方就舉行「特金會」達成一致，地點與時間均已敲定。局勢緩和似乎已成為一股潮流，分析家對前景抱有巨大期待，業界也摩拳擦掌，準備進軍半島，尋覓商機。人們已很少再談戰爭、核威脅等等話題，半島幾十年的恩恩怨怨一夜間煙消雲散，東北亞和平彷彿已然降臨。

　　然而，朝方一份公報讓人看到，被渲染得轟轟烈烈的半島和平不過是向好的「勢頭」，如果不悉心呵護，形勢會隨時逆轉，瞬間重回原點。

　　半島問題的癥結是無核化，關鍵是朝美關係。從這一角度看，現在所取得的一切成果均未觸及問題本質，都是在做「鋪墊」，是為「特金會」及朝美無核化談判營造氣氛、創造條件。俗話講，解鈴還須繫鈴人，真正能解開半島問題死結的，只有美國。

　　且莫指責朝方出爾反爾，也別妄下朝方「善意」是緩兵之計的斷言，朝方「翻臉」有其理據。應當看到，在半島局勢緩和漸成趨勢的背景下，美韓重啟軍演是一大倒退，與當前形勢格格不入。試想，一方在另一方軍

事威脅下坐向談判桌，何來平等磋商，即使達成協議都無疑於繳械投降。

今年以來，朝方採取了一系列降低半島緊張局勢的舉動，包括宣布停止舉行核試驗和中遠程導彈發射活動，釋放三名被關押的美國公民，宣布將於本月二十三日至二十五日舉行廢棄豐溪里核試驗場儀式等等。連韓總統文在寅也認爲，朝方的態度是眞誠的，朝已啓動無核化進程，朝韓首腦會談達成的協議內容正在得到認眞落實。但美方卻是以不變應萬變，一直用「特金會」吊着朝方胃口，死守「先棄核，再談判」立場，堅持在朝「棄核」前，不放鬆「極限施壓」等等，而對朝廢棄核試驗場等實質舉動，也未賦予「先棄核」的特別含義。

對朝方宣布暫停南北高級別會談，中方希望有關各方都應互相釋放善意，彼此尊重合理關切，相向而行，積累互信，共同爲通過對話協商解決問題創造有利條件和氛圍。這正是當前半島問題的關鍵，美韓應三思而後行，當前的緩和局面來之不易，值得倍加珍惜。

2018 年 5 月 17 日

半島無核化無任何成功模式可循

　　不知是腦袋進水，還是故意激怒朝鮮，美國家安全顧問博爾頓竟一本正經地提議，要朝循「利比亞模式」棄核。此言無疑於是對朝的公開羞辱，平壤怒斥這是「極度刺激性的言論」，警告如果美方只想強迫朝單方面棄核，朝將不得不重新考慮是否對即將舉行的美朝領導人會晤予以積極響應。對所謂「利比亞模式」，中方明確表態「從來不贊成」。

　　何謂「利比亞模式」？亦即是「以棄核換補償」的無核化模式。在卡扎菲主導下，利曾於上世紀七十年代開始實施核計劃，到本世紀初，已建成十一處核設施。二〇〇三年十二月，卡扎菲宣布「徹底放棄大規模殺傷性武器」，並接受國際原子能機構的核查，向西方全盤交出了手中的核研發成果。作為回報，美解除了制裁，摘掉了「支恐帽」，並與其建立了外交關係。當時，利成了西方國家盛讚的棄核「典範」，卡扎菲也從美國死敵搖身一變，成為朋友，曾經風光一時。此為利比亞的「棄核模式」。

　　然而，好景不常，美等西方國家在中東、北非策劃的「顏色革命」很快燒到利比亞。利國內於二〇一一年出現大規模反卡扎菲示威遊行，並得到歐美等國公開支持，聲勢越來越大。從三月十九日起，法英美等西方國家對利發起空中打擊，在國際上原本非常孤立的卡扎菲一敗塗地。七個月後，卡扎菲落入反對派武裝之手，慘遭殺死。隨後，利比亞進入軍閥混戰的動盪時期，至今仍未平息。此為利比亞「亡國模式」，其給本國人民帶來的深重災難至今沒有結束。

　　與此有關聯的是同樣發生在二〇〇三年的伊拉克戰爭。美以伊擁有大規模殺傷性武器並暗中支恐為由，發起「打伊倒薩」行動。美軍派出地面

部隊，一路進擊，如入無人之境，僅用時一個月，就已控制伊全境。當年年底，薩達姆被美軍抓獲，三年後被送上絞刑架。此為美軍直接入侵、推翻主權國家政權的「伊拉克模式」。

無論是「利比亞模式」，還是「伊拉克模式」，對平壤都是刺激。沒有核武器這一「撒手鐧」，國家就沒有安全，放棄這一「撒手鐧」，就有亡國的危險。正是美在國際舞台上的窮兵黷武，才不斷強化了朝鮮的「擁核」決心。如今，美要朝接受「利比亞模式」，無疑於用利亡國的結局和卡扎菲慘死的命運來影射朝鮮和金正恩政權，朝方何以能平靜接受。

冷戰結束後，美國創造了許多「模式」，但無一成功。朝核問題無論從其技術水平，還是牽涉的大國利益，都具有其特殊性。半島無核化應立足於半島現實，無任何成功模式可循。美企圖從過去的「模式」中尋找破解朝核之道，注定行不通。

2018 年 5 月 18 日

文在寅訪美能否重續半島和平進程？

韓國總統文在寅昨日下午啓程訪美，今天將與美總統特朗普舉行單獨會晤，重點圍繞朝鮮無核化、半島永久和平實施方案及朝無核化後如何提供光明未來的保障等等。文在寅此行肩負着與美探討縮小美朝在無核化問題上的分歧，力保「特金會」成功舉行的重任，意義重大。

文在寅原本任務並不複雜。「文金會」後，文在寅即把工作重心轉向了「特金會」，美朝領導人能否如期會晤，關係到脆弱的半島和解進程能否持續下去。前有平昌奧運營造的南北和解氣氛，後有「文金會」的成功舉行及「板門店宣言」的原則性政策宣示，美朝間也實現了面對面私下接觸，再加上國際輿論一邊倒的喝彩聲，文在寅乘東風，順勢而行，「特金會」幾乎是板上釘釘的事情。

然而，形勢在一夜間出現大逆轉。朝方以美韓舉行針對朝的大規模聯合軍演等挑釁與對抗行動爲由，突然宣布暫停朝韓高級別會談，並威脅取消已提上日程的朝美首腦會談。如今，半島形勢撲朔迷離，前景莫測。隨着高級別會談無限期推遲，朝韓間原本商定的一些後續合作也受到影響。原定的五月中旬進行的朝韓將軍級軍事會談、離散家屬在光復節期間的團聚活動、雙方紅十字會間的工作會談，以及南北共同組團參戰八月份雅加達亞運會等等，均被無限期擱置。半島和解進程實際上已處於停擺狀態。

朝方在宣布中止南北會談時曾明確提到，只要致使會談中止的嚴重事態得不到解決，將很難與韓國重新坐在一起，今後北南關係方向取決於韓方行動。針對這一呼籲，韓國防部也明確回應，韓美年度例行軍演將照常，規模不會縮減。這裏的例行軍演，既包括現正在舉行的「超級雷霆」

聯合演習，也包括擬於八月舉行的「乙支自由衛士」聯演。韓軍方還專門闢謠，指韓美間從未就縮小「乙支自由衛士」聯演規模有過交涉。如果朝韓間均不想妥協，雙方恢復高級別會談的可能性十分渺茫。

特朗普本來就質疑朝方和解是「緩兵之計」，認定是美「極限施壓」的結果，朝近來出爾反爾將進一步強化其判斷。在這種情況下，文在寅要說服美相信朝誠意，在無核化上與朝同步行動，相向而行，同時滿足朝方合理安全關切，難度比以前要大得多。

好在美方依然按計劃籌備「特金會」，特朗普表態不尋求「利比亞模式」棄核及願向朝提供安全保障等，也算得上對朝釋出善意。而朝方也一直把與美會談作為重要努力方向，不到萬不得已，不會輕易放棄這次與美直接接觸的機會。預計，「特金會」不會「流產」，唯在六月十二日會晤前還會出現不少出人意料的波折。

2018年5月22日

「特金會」泡湯　責任完全在美方

在中、俄、美、英、韓五國國際記者團的見證下，朝方正式宣告完成了對豐溪里核試驗場的廢棄工作。這標誌着朝方在實質「棄核」道路上邁出第一步，也是繼朝二〇〇八年象徵性炸毀核冷卻塔後，再次向世界宣示半島無核化的決心。然而，本該迎來美方善意回應的朝鮮，等到的卻是特朗普一紙取消峰會的通告。

豐溪里核試驗場位於朝北部咸鏡北道吉州郡，作爲目前外界所知的朝唯一核試場地，豐溪里見證了二〇〇六年十月至二〇一七年九月間進行的六次核試驗，經歷了朝核發展的整個過程。朝關閉豐溪里的象徵意義和國際影響遠超任何「棄核」舉動。

當朝方宣布舉行豐溪里核試驗場廢棄儀式時，韓總統文在寅曾對其意義談到三點：一是爲實現完全「棄核」邁出第一步，宣告無核化進程的啓動；二是爲成功舉辦朝美會談展現誠意；三是朝鮮正在認眞落實朝韓首腦會談達成的協議內容。應當說，這一評價切中要害，朝方也已經做到了。

今年以來，朝方採取了一系列降低半島緊張局勢的舉動，包括參與平昌冬奧會，停止舉行核試驗和中遠程導彈發射，實現「文金會」並達成《板門店宣言》，釋放三名被關押的美國公民、廢棄豐溪里核試驗場等等。朝方一貫堅持「棄核」與「援助」分階段、同步走策略，如今在未獲得美任何經濟回報和安全承諾的情況下，率先「棄核」，在這一事關國家安危的重大問題上採取了靈活立場。對朝誠意與善意，中方給予了高度評價，國際社會也充分鼓勵、歡迎和支持。無論從法理上，還是從道義上，朝方舉動都應當贏得美方「相向而行」。

　　遺憾的是，美方對此一直反應冷淡，並未對朝「棄核」行動賦予實質意義，似不想給朝臉上「貼金」。部分專家和智囊甚至指，豐溪里核試驗場多條隧道坍塌，周圍岩石出現移位，大部分設施已不再適宜繼續使用等等。言外之意，朝方廢棄之舉是迫不得已，是順勢而為。

　　對半島的和解進程，美方錯誤地認為是其「極限施壓」的結果，並一再聲稱在朝「棄核」前，不會放鬆這一策略。對朝方釋放的善意，美方始終不肯相信，認為這是其「緩兵之計」，是在「戲弄」美方。一段時間以來，美方用「特金會」吊着朝方胃口，對朝實質「棄核」誠意視而不見，對朝建立互信善意置若罔聞。不僅如此，還與韓重啓聯合軍演，甚至提出被朝斥為「無知、愚蠢」的「利比亞模式」。所有這一切都是極不合時宜，都是對半島和平大勢的背叛。

　　美一直堅持「先棄核，後談判」。如今，朝做出了「先棄核」姿態，球已回到承諾「後談判」的美國一方。「特金會」泡湯，責任完全在美方。美「以不變應萬變」，不是一個負責任大國的應有策略，特朗普「走着瞧」，也不是一位大國領導人的應有態度，而取消美朝峰會，更是與當前半島來之不易的和解進程背道而馳。

2018 年 5 月 25 日

特朗普對美朝峰會又「愛」又「怕」

在朝方炸毀豐溪里核試驗場、宣示「棄核」決心後幾個小時，特朗普宣布取消原定於六月十二日在新加坡舉行的美朝峰會。然而，二十四小時不到，特朗普再改口，稱正與朝商討，峰會仍可能會照常舉行。

特朗普取消峰會後，隨即下令美軍做好準備，以「回應朝愚蠢舉動」。唯其並未意識到，比朝「舉動」更愚蠢的，是特朗普取消峰會的決策。特別是在朝方炸毀核試驗場、半島無核化宣告啓動的關鍵時刻，這一決策更不可思議。

消息一出，國際社會一片嘩然。中方希望朝美雙方保持耐心，互釋善意，相向而行。全力推動峰會的文在寅悵然若失，表示「不解和非常遺憾」，指半島無核化進程不該被推遲。聯合國對此「深表關切」，俄、英及峰會舉辦地新加坡均表示「遺憾」，整個世界籠罩在一片「不解」與「失望」悲觀氣氛中。

從內心來講，特朗普是熱衷於「特金會」的。特朗普性喜標新立異，要做前任不敢做、做不到的事情。自上台以來，特朗普退出「巴黎協定」、收緊移民政策、推行單邊主義、四處挑起貿易戰等等，在國際社會口碑不佳，特別是近期要退出伊朗核協議，更引發美信任危機。近來，南北和解進程快速推進，也爲舉行美朝峰會創造了條件。解決朝核問題頗具挑戰，又可贏得口碑，值得去嘗試。

正是基於這份「衷情」，特朗普在南北和解過程中，兩次派高官秘密訪朝，與朝面對面溝通峰會事宜，並明確敲定了會晤的時間和地點，這已是破天荒的壯舉。當白宮高官發表一些刺激性言論時，特朗普親自出面

「補鑊」，稱不尋求朝以「利比亞模式」棄核，並願爲其提供安全保護等等。這一切都說明，特朗普還是希望「特金會」能夠如期舉行。

但特朗普也有「三怕」。一怕會晤無法取得成果。美朝秘密接觸及韓方反饋的信息，使其越來越感到朝核問題的複雜性，美朝雙方在「棄核」問題上存在原則分歧，如若雙方會晤無果而終，不僅不能爲自己贏得面子，反爲反對黨提供攻擊口實，進而影響中期選舉；二怕會落入金正恩「圈套」。美方一直質疑朝「棄核」誠意，認爲半島和解是朝「緩兵之計」。與對朝核問題爛熟於心的金正恩談無核化，不僅特朗普自己心中沒底，連團隊都爲其捏把汗；三怕親手捧上朝核這塊「燙手山芋」，卻應對乏術，剪不斷，理還亂，令美陷入漩渦，成爲眾矢之的。

隨着六月十二日大限臨近，特朗普的焦慮與擔心日益強化。媒體也爆出其多次找團隊徵求意見，猶豫、徘徊於見與不見之間。思前想後，特朗普眞難做最後的取捨。

2018 年 5 月 26 日

安倍「阿Q精神」解決不了與俄領土爭端

日本首相安倍晉三結束了其寄予厚望的訪俄之行，惟乘興而去，空手而歸，未達成任何共識。連日媒都找不到此訪的「興奮點」，只好聚焦普京遲到了四十八分鐘，記者會取消了原定提問環節等等。簡言之，安倍再次遭遇到老朋友普京的怠慢。

唯一令安倍感到滿足的是，其與普京實現了兩人之間的第二十一次面對面會談，他也得以第二十一次提出解決領土問題。安倍談領土問題時開誠布公：「這是我計劃中的主要任務」。普京回應也襟懷坦白，但「一語雙關」：對南千島群島五項共同經濟活動的落實情況感到滿意，對領土問題須「繼續耐心尋找解決方案」。

有媒體認為，安倍的「失敗」，主要是因為「太着急」，錯判了俄的「溫度」，欲速則不達。安倍曾期待憑藉與普京良好的個人關係，讓其主導解決領土問題，特別是普京今年三月再次當選俄總統以後，俄面臨西方制裁，客觀上形成可能令普京做出政治決斷的有利環境。但現實遠不是日方想像的那樣。與其說安倍出現「誤判」，不如說是其不肯面對現實，而用「阿Q精神」來聊以自慰。

「任內解決領土問題」，安倍誇下海口，為自己設定了不切實際的目標。普京態度如何？俄「溫度」到底幾何？其實只要回顧一下歷史和雙方會談細節，聽一下普京的公開表態，答案已十分清楚。普京早就談過，俄領土很大，但沒有一寸是多餘的。對北方四島，普京更明確談到，俄日間不存在領土問題，南千島群島屬俄，戰後國際文件明確規定，國際上公認。至於經合項目，普京明確說，這與領土問題沒有聯繫，更不是雙方締

結和平條約的條件。

可悲的是，安倍選擇性遺忘了這一切，在社會上誇大俄方談判的意願，不斷強化雙方合作的政治涵義，憑空畫出了一張解決領土問題指日可待的「大餅」，成了名副其實的阿Q，在虛無飄渺中自嘲、自解、自我陶醉。更可悲的是，當欺騙不斷重複，連安倍自己都信以為真了。

阿Q十分喜歡投機。安倍不惜以突破西方制裁為代價，主動拉近與俄關係，不惜砸下血本，與俄開展在爭議領土上的經濟合作，滿滿的都是「套路」，目的就是要換取俄方讓步的「政治回報」。這一點普京心知肚明。

「阿Q精神」，說白了，就是那些需要勝利而又無法得到勝利的人，用來維持自己精神平衡的一種騙術。安倍太渴望成為「勝利者」，但總擺脫不了「失敗者」的宿命，只能用這劑藥方來自欺欺人。不管承認與否，收回「北方領土」，在安倍任內不可能，恐怕在其有生之年也做不到，除非其長生不老。

2018年5月29日

「特金會」：且行且珍惜

舉世矚目的「特金會」一波三折，在經歷了一番劇烈震盪後，重回「照常舉行」的原點。這正是朝核問題的複雜之處，在事態落幕前，一切都有變的可能，「特金會」尤為如此。雖然美朝雙方正密鑼緊鼓地籌備此次峰會，但在兩位領導人落座前，誰也不敢妄言「板上釘釘」，可寄託的希望只有：且行且珍惜。

有媒體形容「特金會」之變如坐「過山車」。但坐「過山車」者都是知道結果的，相信在經歷一番大起大落、驚險刺激後，總會平安回到出行的原點。但特朗普口風變幻帶來的是結果的不確定性。從不顧朝「三思」警告、堅持會晤，到書面通告峰會取消，再到仍有可能、但會延期，直至最後確認六月十二日仍在新加坡舉行，特朗普變化之快令人目不暇接，國際社會的心境亦隨之起伏，或悲或喜，或彈或讚，或可惜遺憾，或迷惑不解，情節之曲折遠勝「過山車」。

「特金會」之變，正是美朝間極度不信任的體現。美始終懷疑朝方會談誠意，對其採取的一系列善意舉措半信半疑，認為是「緩兵之計」，擔心峰會是一場「鴻門宴」。而朝方也同樣，其「棄核」之舉未換回美方任何回報，如果按美方要求繼續「棄」下去，無疑於將保護安全的「撒手鐧」拱手相讓，自己主動把頭伸進美方「絞索」，最後下場可能比利比亞還慘。這種「零信任」狀況仍未有改觀，特金一天不見，形勢出現一百八十度大逆轉的可能性就無法完全排除。

當前「特金會」籌備多集中在時間、地點、程序、禮儀等細枝末節，雙方或尚未就會談議題及最後成果進行認真磋商，或即使進行過磋商，但

距離共識還相當遙遠。不久前，美朝圍繞「利比亞模式」的激烈交鋒，表明雙方在「棄核」的認知和步驟上存在巨大差異。而白宮方面發出的各種相互矛盾的聲音，也說明美方內部觀點、立場的不統一。隨着峰會日益臨近，各方雜音也會越來越多，若較起真來，一句話就可能毀掉一場會談。

「特金會」達成何種成果算是成功？朝韓《板門店宣言》正式發出不戰宣示，並確認了半島無核化目標，如果美朝峰會簡單重複「文金會」的成果，恐很難說是成功。美朝雙方之所以均十分重視此次會晤，是因為只有「特金會」才能真正觸及半島的核心問題—無核化。美希望朝方全面、可核查、不可逆、徹底棄核，而朝關心「棄核」後美方可提供什麼樣的補償和安全保證。雙方是否能就半島無核化達成「分階段、同步走」共識，是本次峰會最大難點，也是最大看點。

朝方炸毀核試驗場，在「棄核」路上邁出第一步。美將如何回報？或是觀察「特金會」成敗的風向標。

2018年5月30日

安倍「插足」勢為「特金會」注入負能量

安倍又要去見特朗普了。對外界而言，這算不上大事，兩人已會談六次、通話二十次，再多一次也無所謂。但對安倍來說，卻意義非凡，其特別之處在於趕在美朝峰會前先舉行「特安會」，成功實現了對「特金會」的「插足」。如此一來，恐也就沒人再說日本被邊緣化的閒話了。

不知是安倍的誠心打動了特朗普，還是特朗普想多聽點意見，兩人半小時通話即敲定了會晤。「特金會」本來就一波三折，不到最後一刻，沒人知道結果。而今，安倍又來「插足」，給峰會平添了更多不確定性，日本因素勢為峰會注入負能量。

今年以來，半島局勢迅速降溫，打了安倍一個措手不及。一直以來，安倍都是在打「朝核牌」，為強化自衛隊力量提供佐證，為突破和平憲法鋪路。半島局勢的變化，令安倍失去了一個極佳的「發力點」，帶給安倍的不是欣喜，而是憂慮。特別是「習金會」、「文金會」都舉行了兩次，本不可能實現的「特金會」也箭在弦上，日本完全被拋在一邊，實在尷尬。安倍也努力嘗試突破，也想與金正恩見面，與文在寅計較過，向特朗普抱怨過，但皆因位卑權輕，未受到足夠重視。如今，成功「插足」「特金會」，應該算得上安倍的一次重大突破了。

從內心講，日並不希望看到東北亞出現現在的「和局」，這既不利於其內外政策的實施，也會弱化美日同盟。安倍自上台以來在亞洲所作的一切，歸結到一點，就是希望恢復冷戰對峙局面，依託美日同盟這塊基石，製造美日韓應對中俄朝的戰略格局，達到「圍堵」中國的目的。因此，日不願意看到美退出TPP，不願意南海局勢降溫，也不願意看到鍾情「陽光

政策」的文在寅上台。因此，也就不難理解，每當中美關係、朝韓關係出現一些積極緩和跡象時，安倍總是迫不及待地要見特朗普，極盡勸說、誘導、利用之能，對美決策施加影響。雖非事事都能如願，但仍樂此不疲。

安倍見特朗普要談什麼？其一，強化美日同盟是必不可少的，在安倍看來，無論東北亞局勢如何變化，美日同盟永遠重要，日不應在大變局中被冷落；其二，綁架問題是一定要談的，這是日本每談必提的核心話題，這次日本雖然缺席，但特朗普一定要把話遞過去；其三，中短程導彈威脅問題，談核武器時，別忘記對付日本的中短程導彈，不要忽略日方安全關切；最後，提醒特朗普注意朝方可能設下的「陷阱」。

安倍關注的一切，與半島無核化這一中心議題南轅北轍。如果「特安會」成功，「特金會」就有點懸了。要說「陷阱」，安倍的「陷阱」可能比金正恩可怕得多。

2018年5月31日

半島無核化：俄從未缺位也不想越位

俄羅斯外長拉夫羅夫昨日訪朝，在平壤與朝最高領導人金正恩舉行了會談。這是繼二〇〇九年俄朝中斷互訪後，俄外長時隔九年再度踏足朝鮮國土，也是在「特金會」舉行前，朝核問題另一利益攸關方—俄羅斯向外界表達立場。

對於俄外長此訪的意義，有人說要刷存在感，防止被邊緣化，也有人稱是意在彰顯「大國保證」。這些解讀均是以爭奪半島問題主導權為前提做出的，未必是俄真實想法。

關於俄的位置和作用，拉夫羅夫其實已經說得很清楚：其一，俄堅定支持半島無核化進程，在聯合國安理會框架內願意支持那些符合包括朝鮮在內有關各方利益的協議；其二，在取消對朝鮮制裁前，朝核問題解決不可能是全面的，「一步到位」確保無核化是不可能的，應該進行階段化討論；其三，俄自認為無權以任何形式介入美朝間的磋商和談判。換言之，朝核問題的癥結在美朝關係，俄方的作用在於勸和促談，保障半島和解進程持續，而非越俎代庖，去介入美朝磋商。從這個角度講，俄方作用不可或缺，並不存在被邊緣化的問題。

實際上，在朝核問題上，俄一直發揮着應有的建設作用，從未有過缺位。六方會談時期，俄作為其中重要一方，多次提出自己解決問題的倡議，為保證會談成果作出了重要貢獻。六方會談中斷後，俄與國際社會一道譴責來自各方的挑釁，呼籲恢復六方會談。去年上半年，當美大兵壓境，形勢一觸即發時，俄明確發出了不容半島爆發戰爭的呼籲，敦促各方冷靜、克制，早日回到對話軌道上來。今年以來，半島形勢趨緩，俄及時

發聲，充分肯定和支持來之不易的和解進程，對朝、韓雙方展現的靈活姿態大加讚賞，支持朝參加平昌冬奧，鼓勵「文金會」舉行及《板門店宣言》達成，高度評價朝炸毀核試驗場的「棄核」行動。對特朗普突然「變臉」，宣布取消美朝峰會，俄表示不解和遺憾，並希望「特金會」最終能夠舉行。當特朗普態度再度反轉，稱會晤照常舉行時，俄同樣是第一時間發聲給予了肯定和支持。

在朝核問題上，中俄立場高度契合，在堅持半島無核化、通過談判協商解決問題等原則上，不存在任何分歧。俄方多次提到中俄方案，支持中方提出的「雙軌思路」，指出半島和解進程「符合俄中制定的路線圖」。如果說，中方是半島和平與穩定的「定海神針」，那麼，俄也是其中十分重要的「穩定器」。朝方的安全關切和保證，美韓提供不了，朝未來的經濟建設更離不開與中俄的合作。不論未來風雲如何變幻，中俄在半島問題默契合作都將繼續。

2018 年 6 月 1 日

再議特朗普

再過一個多月，特朗普上台就一年半了。雖非什麼紀念日，再認識一下他也無妨，只因這個名字出現的頻率實在太高，已融入人們日常生活。

綜觀美國歷史，恐怕還真找不到哪位明星大腕能像特朗普這樣製造出如此多新聞話題，更沒有哪位總統能像特朗普這樣把世界攪得天翻地覆。特朗普要當一位不一樣的總統，唯命運總喜歡與一些桀驁不馴的「挑戰者」開玩笑，其「不一樣」的目標實現了，惟與初衷相反：在美國內，怨聲載道，在國際上，成了孤家寡人。

以往的美國總統可不是這樣。不論走到哪裏，都是中心，前呼後擁，好不威風。倒不是其人廣受熱愛和擁戴，而是美國的「塊頭」放在那兒，喜不喜歡，都要裝出一副笑臉，生怕有得罪之處，而招致報復。現在，情況則大不相同，膽大一點兒的國家明確說，不歡迎特朗普來訪。膽小點的內心雖是老大不情願，但也只能作歡喜狀，安保、禮儀上小心翼翼，生怕這位「美國一哥」突然翻臉。

特朗普是位喜歡煽風點火的人。從其上台以來，這位總統大人三天一小火，五天一大火，直把國際秩序燒得面目全非，把世界各國燒得人心惶惶。特朗普的推特便是「火源」，每天清晨一覺醒來，人們習慣性地會關注一下推特，看看又有何驚世之舉，又放出了哪些幺蛾子。而特朗普確實不負眾望，每天都會有一些不俗之舉，給人們乏味的生活帶來新鮮刺激。

特朗普是位反覆無常的人。「特金會」一波三折，中美貿易戰跌宕起伏，G7變G6+1……世界從充分領略到了特朗普的「善變」。立場搖擺，出爾反爾，特朗普「變」得毫無徵兆，毫無邏輯和規律，迅雷不及掩耳，

讓人恐懼，令人擔憂。凡此「善變」之事，皆是來不得半點馬虎的國際大事，但在特朗普眼裏，都成可操弄的「兒戲」。在全球範圍內，恐再難找出像特朗普這樣舉重若輕的第二人。

特朗普是位「破壞者」。在美國內，凡是奧巴馬的東西，特朗普都棄之若敝屣，弄得全社會雞飛狗跳，直呼傷不起。在國際上，美退出了TPP、「巴黎協定」、聯合國教科文組織、伊核協議，打破了國際社會及美國內幾十年來對耶路撒冷地位的共識……特朗普毀了一個「舊世界」，卻未建立起來「新世界」，人們越來越感覺到生活的無序和無助。

但特朗普也有其執著一面。最執著的莫過於一直被其奉爲「至寶」的「美國第一」理念。爲了實現這一理念，特朗普不怕被批煽風點火，無懼被指喜怒無常，也不擔心背上「破壞者」的罵名。

這就是特朗普，一位不服輸、卻並未成功的政治家，一位與任何前任都不一樣的美國總統。

2018年6月5日

一口吃不成胖子 莫讓「特金會」迷失方向

　　就目前的最新消息，「特金會」暫時敲定於六月十二日上午九日舉行。為何說「暫時」，皆因其中存在的變數太大，不到最後一刻，誰也無法保證不會生變。隨着會晤日期日益臨近，各類雜音也紛至沓來，有探風試水的，也有投機鑽營的，還有表達美好願望的。也許被當前籌備順利衝昏了頭腦，而忘記了其曾經有過的波折，外界為「特金會」人為設定了一些不切實際的目標，應當加以警惕。

　　美朝間鬥了幾十年，現在能坐在一起面對面談判，談半島和平與穩定，已是開創歷史。雙方若能就延續當前半島和解進程達成共識，也算得上了不起的成就。再進一步，如果雙方能形成一份共同聲明，美方承諾解決朝方合理安全關切，將採取具體措施，放棄以武力相威脅，朝方承諾分階段「棄核」，並原則上擬訂時間表，這次峰會定將成里程碑。

　　就目前磋商看，雙方在一系列原則問題上遠未形成共識，要保證「特金會」成功，雙方還需聚焦無核化核心議題利用最後幾天時間作艱苦努力。

　　然而，近期傳出的一些信息，明顯對「特金會」寄予了過高期望。韓媒日前放出口風，稱文在寅有意飛赴新加坡，加入「特金會」，由美、韓、朝三方簽署和平協定，宣布半島結束戰爭狀態。「特安會」也即將登場，安倍也想介入美朝峰會，強加綁架問題。如果再加上以前有關半島統一、美軍撤離等等傳言，「特金會」已然迷失了方向。

　　暫且不論半島和平協定沒有中方首肯，不會生效，單就目前美朝間「零互信」現狀，簽署和平協定還遠不具備條件。一紙空文保證不了半島

和平，這一點美、朝比任何人都清楚。而日方的綁架問題更與半島無核化這一核心南轅北轍，若果真成為「特金會」議題，無疑是轉移了焦點。這些話題不僅無助於美朝峰會取得成果，而且可能干擾峰會的籌備。

在半島無核化這一核心議題上，美朝間依然存在原則分歧。朝方一方面宣示「棄核」的堅定意願，另一方面依然堅持「分階段，同步走」的行動策略。而美方則要求朝「完全、可驗證、不可逆」棄核，並把取消制裁放在朝「棄核」之後。而特朗普關於由中日韓負責對朝「棄核」提供補償的言論，不僅有違邏輯，也與朝一貫訴求相去甚遠。

俗話說，一口吃不成胖子，一步跨不到天邊。凡事都要循序漸進，腳踏實地，一步一步地走，而不能急於求成。朝核問題尤其如此，不能寄希望於美朝一次峰會解決半島全部問題，否則會事與願違，欲速則不達。「利比亞模式」差一點令「特金會」流產，其中教訓值得各方深思。

2018年6月6日

應對美貿易保護主義 中歐要勇擔國際責任

在特朗普四處煽風點火、貿易戰陰霾籠罩全球的背景下，中國和歐盟的立場和應對之策備受關注。面對來勢洶洶的保護主義逆流，作爲世界上分量最重的兩大經濟體，中歐能否達成統一戰線，不僅關係到中歐關係走向，也決定着全球自由貿易的命運。

由於自身龐大的經濟體量及與美經貿關係的密切程度，特朗普挑起貿易戰，中歐首當其衝成爲目標，這是無法迴避的現實。當前，中美磋商已進行了三輪，從中方「美若興戰，一切歸零」的示警式聲明，及美出爾反爾的立場反覆來看，雙方談判有成果，但並不順利，未來前景不容樂觀。在美宣布對歐盟徵收鋼鋁關稅後，G7集團分裂成G6+1，歐盟做出了強硬回擊，並拿出八頁紙的報復清單，並得到了歐盟委員會的批准，準備從下月起實施針對美商品的報復性關稅，美歐貿易戰已是箭在弦上。

如果中美、歐美兩場貿易戰眞的打起來，傷害的不僅是當事三方，而是整個世界。幾十年一體化成果將受到嚴重衝擊，國際貿易秩序將受到毀滅性破壞，全球經濟將陷入大混亂。

應當看到，儘管歐盟擺出了一副應戰到底的架式，但仍希望與美達成妥協。起初，歐盟並不相信美眞會對傳統盟友開刀，在美宣布準備加徵關稅後，第一時間希望得到豁免。對美攤牌，歐盟實在感到意外，反擊受制於眾多因素。由英國脫歐、債務危機及極右勢力崛起對歐盟衝擊巨大，其影響力和凝聚力均處於低谷，反制乏力。歐盟內二十八個成員間分歧巨大，有主戰的，也有主和的，也有逍遙自在的，很難就向美「開戰」達成最終決策，反制效果存疑。而歐洲軍事防務主要依賴於美國，安全與貿易

同等重要，反制有顧慮。因此，儘管貿易戰一觸即發，歐盟並未放棄通過
磋商達成協議的努力。

應對美貿易保護主義，中歐是否可能聯手？應當看到，制約因素是客
觀存在的。首先，如果把貿易戰賦予政治色彩的話，兩場戰爭的政治含義
有本質不同，歐洲在對華關係上也有合作和遏制的兩面性，雙方聯手抗美
並不現實；其次，歐盟本身在對華貿易上也頗有微詞，對於美對華在知識
產權保護、開放市場等領域施壓樂觀其成，其在未來也可坐收漁利。

但美方蓄意挑起貿易戰，是歷史大倒退，中歐在此原則問題上立場是
一致的，合作是有堅實共同基礎。無論從保護 WTO 規則、促進全球自由
的經濟層面，還是從維護國際秩序、捍衛公平正義的政治層面，中歐都有
責任攜手應對挑戰。當前，尤其重要的是勿各行其是，防止被美各個擊
破。這不僅是符合中歐共同利益，也是在關鍵時刻對世界的貢獻。

2018 年 6 月 7 日

朝方「以靜制動」的策略考量

舉世矚目的「特金會」下周即將舉行，具體的時間、地點均已敲定，唯會談最重要的日程、議題等卻未有定論。峰會平添了一份神秘感，外界霧裏看花，也給預測成果增加了難度。

縱觀此次峰會整個籌備過程，不難發現一個奇怪現象，大部分信息都是美、韓等向媒體透露的，而朝方幾乎全程保持緘默。順利也好，挫折也罷，即便出現一些需要駁斥、澄清的傳言，朝方都巋然不動。正是千磨萬擊還堅勁，任爾東西南北風。

「特金會」的籌備，實際上從四月份美中情局長、候任國務卿蓬佩奧秘密訪朝就已開始。但特朗普顯然對蓬與金正恩的溝通心裏沒底，見與不見在大程度上要看「文金會」的成果。四月二十七日，文、金牽手共跨「三八線」，雙方通過《板門店宣言》作出不戰宣示，並確認了半島無核化目標，會晤取得圓滿成功。此後，特朗普才認真考慮見面問題，文在寅也全身心撲在峰會上，在美、朝間傳遞相關立場信息，力促「特金會」舉行，使半島和解進程延續下去。儘管後來特朗普曾抱怨文在寅有意拔高朝方意願，但也由此看出，文在寅的確在美面前為朝說了不少好話。後來，「特金會」籌備一波三折，從板門店搬到了新加坡，從朝方威脅取消，再到特朗普幾番搖擺，一路走到今天。

在整個過程中，朝方一直是守口如瓶。蓬佩奧兩度秘密訪朝、峰會細節磋商，文在寅辛勞奔波等等，無一出自朝方之口。唯一一次例外，是美韓重啓聯合軍演令朝十分惱火，美國家安全顧問博爾頓要朝循「利比亞模式」棄核再火上澆油，朝一氣之下不僅取消了朝韓高級別會談，而且警告

退出「特金會」。此舉等於是爲美要朝無條件「棄核」劃定了紅線。

　　此後，朝再次轉向緘默。對文在寅也要赴星，加入峰會，並由美朝韓三方發表和平宣言等傳聞，朝未發表任何意見。對安倍要趕在峰會前舉行「特安會」，把綁架問題加入會談議題，朝未置可否。甚至對日前傳出的美要朝承諾「棄核」時間表等消息，也沉默以對。既未對特朗普被建議不作任何讓步、會談進展不順利將隨時離場而惱怒，也未對特朗普可能邀金正恩於秋季造訪海湖莊園而興奮。

　　儘管緘默符合其一貫行事風格，但在當前情況下，朝鮮「以靜制動」有其策略考量。會談前不妨請對手將底牌盡情亮一亮，然後再做應對，即所謂後發制人。實際上，沒有美方的相向而行和實質性妥協舉措，外界所傳的三方和平宣言、單方面「棄核」時間表等，朝方都是不可能接受的。爲何不作反駁或澄清？爲何不重審「分階段，同步走」立場？這也許正是朝方的高明之處。

2018年6月8日

G7蛻變敲響西方同盟的喪鐘

　　G7國家領導人峰會即將在加拿大魁北克上演。談到此次峰會，各界不約而同地用「史上最分裂」來形容。相似的一幕已在日前G7財長會上演，美財長姆努欽成了六國一致討伐的對象。對特朗普來說，G7峰會就是場「鴻門宴」，儘管其十分不情願，但被逼無奈，不得不硬着頭皮去接受這場「以一敵六」的鏖戰。

　　貿易關稅問題是無法迴避的焦點，G7也因此變成了G6＋1。自六月美國對盟友加徵關稅正式生效以來，歐、加、墨均矢言報復，歐盟委員會日前已批准了相關報復清單，並將於七月生效。目前，特朗普並未有任何妥協的跡象，歐洲反制也已箭在弦上，美歐貿易戰一觸即發。

　　G6＋1的分歧遠不限於關稅問題。無論是「巴黎氣候協定」、自由貿易秩序及和平與安全等全球性問題，還是伊核協議、中東等地區性問題，美歐立場均南轅北轍。在G6領導人集體訴求與特朗普「美國優先」理念間根本找不到契合點。

　　實際上，G6也非鐵板一塊。六國雖有一致利益，但參會盤算各不相同。加拿大是此次峰會的東道主，輿論分析其可能帶頭「圍毆」特朗普。有白宮官員透露，美正制定針對加拿大採取更多經濟處罰措施。英法德被稱爲歐洲「三駕馬車」，三國雖在反對美貿易保護主義上立場一致，但英同時會顧忌脫歐後的美英關係，法要爭奪歐洲主導權，德要捍衛傳統價值觀和多邊體制，在應對特朗普步調上不會完全一致。日赴會不光希望美對日赦免加徵關稅，還要堅定支持特朗普，加固美日同盟。

　　曾幾何時，G7作爲「富國俱樂部」，團結協作，其樂融融，談笑間

就已敲定了全球格局。然而，近年來，G7風光不再，再難以唯我獨尊，閉門決定全世界的命運。

從G7到G8，再到G8變G7，直到今天的G6＋1，昔日的「富國俱樂部」正在走向沒落。當俄加盟G7時，不會有人相信莫斯科會融入其中。烏克蘭危機後，俄被除名早在預料之中。二〇〇八年金融危機後，沒有新興大國的參與，西方已無力擺脫危機，G20作用凸顯，取代G7成為國際經濟秩序重建的重要平台。

G7不再刻意展示團結，分裂已是即成事實，西方同盟的喪鐘敲響。七巨頭聚首，除一番唇槍舌劍的激烈爭執外，恐一事無成，連共同聲明都難達成。現在的G7既解決不了全球貿易問題，也解決不了地緣政治問題，淪為名副其實的「清談館」。失去美國的G7，已不再是G7，剩下的G6群龍無首，各懷鬼胎，更是一盤散沙。G7前景如何？借用特朗普最喜常說的一句話：走着瞧。

2018年6月9日

半島和平邁出關鍵一步 無核化還需「中國智慧」

在全球數千記者共同見證下，美朝最高領導人特朗普與金正恩在新加坡實現了歷史性會晤，並就未來美朝關係發展、半島無核化、半島和平機制建設等問題達成基本共識，簽署了聯合聲明。中方對特金會成果給予了高度評價，強調將繼續在半島問題上發揮建設性作用。

用「世紀握手」來形容特金會，名副其實。美朝間隔斷了七十餘年，其間經歷過戰爭和戰爭恫嚇，雞犬之聲相聞，老死不相往來。用王毅外長的話講，「今天，兩國最高領導人能夠坐在一起，進行平等對話，本身就是在創造歷史」。儘管臨到會晤前最後一刻，仍有諸多不確定因素存在，但兩國領導人表現出對複雜局面超凡駕馭能力，既未發生「隨時離場」的尷尬，也未出現冷場、對峙的意外，會晤自始至終都在友好、和諧氣氛中順利進行，雙方友善互動傳遞出重要的和解信號，其喻義不亞於落到紙面上的聲明。

當然，特金會最重要成果還在於聯合聲明。聲明再次確認了《板門店宣言》，承諾繼續推動「半島完全無核化」目標。從這個意義上講，特金會是文金會的延續，是對朝韓峰會成果的繼承，以不戰和無核化為中心的「板門店精神」已由南北共識拓展到美朝共識。這也意味着朝方將不再尋求發展核力量，美方也將不再以付諸戰爭或者軍事相威脅，雙方在和平解決朝核問題上邁出實質步伐。

在解決朝方安全關切方面，聲明強調「將共同努力，建立持久穩定的半島和平機制」，對未來雙邊關係，聲明使用了「新型朝美關係」的表述，並強調這是「遵照兩國人民的意願」，「推動和平與繁榮」等等。相

對於《板門店宣言》，這又是一大進步，爲美朝關係的未來發展及半島永久和平開闢了全新可能。而美朝間關於尋找戰俘和失蹤人員遺體的共識，更爲兩國間下一步具體合作找到了突破口。

但機遇中也暗含挑戰。在半島無核化方面，聯合聲明中並未出現美方特別強調的朝「棄核」時間表，也未出現美方一直堅持的「全面、可驗證、不可逆棄核」要求，而朝方一直主張的「分階段，同步走」原則及美取消制裁時間表均未有體現。在雙邊關係及半島和平機制上，「新型朝美關係」的含義是什麼？雙方對將如何推動半島和平機制的建立？由哪些方面參與才能保證此機制的「持久性和穩定性」？和平協定如何簽署等等細節，聲明均未涉及。因此，聯合聲明只是對美朝和解作出原則性宣示，是一份政治宣言，而非行動綱領。

應該說，美朝雙方均對會晤採取了務實態度，摒棄了許多不切實際的幻想和目標，找到了現階段最大利益契合點，從而保證了會談成功。朝核問題十分複雜敏感，解決起來不可能一蹴而就。但只要雙方有解決問題的政治意志，半島就會不斷向持久和平的方向邁進。

但只有政治宣言是不夠的，還要有行動綱領去落實，只有這樣，政治解決半島問題方可步入可持續、不可逆的進程。中方明確指出，願同有關各方一道，繼續致力於實現半島無核化和建立半島和平機制。

自上世紀九十年代初第一次半島核危機爆發以來，朝核問題跌宕起伏，一直牽動着國人心弦。長期以來，中方堅持實現半島無核化，堅持維護半島和平與穩定，堅持通過對話協商解決問題，並爲此作出了不懈努力，從化解美朝間的尖銳對立，到六方會談勸談促和，一直扮演着地區和平「穩定器」的重要角色。半島局勢的緩和與中方的不懈努力密不可分。

　　去年，當美軍大兵壓境，半島戰雲密布、衝突一觸即發的時刻，中方「不容亂、不容戰」的政策宣示及「雙軌」思路，對扭轉半島緊張局勢，引領南北對話發揮了重要作用。今年以來，半島出現難得的緩和勢頭，中方適時發聲，保證了和解進程的持續。兩次習金會至關重要，令中朝關係步入健康發展的軌道。無論是「平昌冬奧外交」，朝方廢棄核試驗場，還是文金會、特金會，只要有利於半島和平與穩定的，中方均給予支持和鼓勵，當出現波折時，中方及時表明態度，呼籲各方以大局為重，相向而行，多做有利於半島和平與穩定的事。

　　朝核問題，本質上是美朝關係問題。特金會成功落幕，半島和平邁出關鍵步伐，但也只是「萬里長征」中的第一步。美朝敵意根深蒂固，一次峰會不可能從根本上改變缺乏互信的現實。沒有中方的政治擔保和直接參與，美朝難建立「新型關係」，半島不可能簽署和平協定，更不可能建立起持續穩定的半島和平機制。特金會後，世界將看到怎樣的「重大改變」，需要國際社會共同努力，更離不開中國這顆東北亞安全的「定海神針」。

　　半島和平是一長期過程，唯有循序漸進，方能實現無核化目標。在解決朝核問題上，中方過去從未離開，未來更不會缺席。「中國智慧」將繼續貢獻半島和平進程，這是一個負責任大國應有的國際擔當。

2018 年 6 月 13 日

美朝「破冰」亟待六方會談「護航」

　　舉世矚目的特金會取得出人意料的成功，兩國領導人就未來美朝新型關係、半島無核化、半島和平機制建設等問題達成重要共識，並白紙黑字簽署了聯合聲明。半島和平已邁出關鍵一步，未來的關鍵在於落實，六方會談可為此提供機制保障。

　　美朝聯合聲明的確是份好文件。如果聲明內容能夠兌現，朝鮮半島這個威脅地區安全的「火藥桶」將被排除，東北亞將步入一個全新的時代。但聲明也暗含巨大風險。由於措辭過於籠統，落實起來有極大不確定性，也給外界提供了廣闊的想像空間。落實聲明可能會比達成協議更難，半島無核化及地區和平是十分漫長的過程，局勢逆轉可能性依然不小。

　　在解決朝核問題上，美朝峰會與六方會談，實際上就是核心與保障的關係，兩者缺一不可。過去，六方會談的成功，關鍵在美朝有意接觸，而六方會談的破裂，也是因為美朝拒絕談判。特金實現了世紀握手，美朝關係已經破冰，令六方平台重新獲得了着力點和方向感。

　　美朝關係的最大風險在於缺乏互信基礎。極其不信任衍生出瘋狂敵意，朝走上了「擁核」之路，美威力相逼，雙方幾乎兵戎相見，美朝關係在長達半個多世紀的時間裏始終未走出冷戰狀態。特金會還只是初識，並未從根本上改變此前「零信任」的現實。「美朝新型關係」的建立充滿挑戰，稍有不慎，任何偶發事件都可能使雙方努力前功盡棄，關係重回原點。正如此次特金會成事離不開各方呵護和促進一樣，美朝未來關係同樣需要多邊保障，以便其排除干擾，始終沿着和解的正確軌道前行。

　　兩點確定不了一個穩定的平面。美朝要合作建立「半島長久穩定和平

機制」，沒有相關利益方的參與，顯然是不現實的。中方是半島停戰協定締約方，沒有中方簽字，半島和平協定在國際法律是無效的。而半島任何和平與安全機制均注定是多邊架構，雙邊機制不可能持久，也不會穩定。

半島全面無核化，既是中方努力目標，也是國際社會共同期待。要想讓事實上「擁核」的朝鮮「棄核」，最關鍵的是要滿足其合理安全關切，打消其重蹈伊拉克、利比亞覆轍的顧慮。當前條件下，美方提供的任何安全保證，哪怕是簽署和平協議、建交，都很難完全取信於朝。安全保障還需要包括中俄在內的大國來提供，否則都是空談。至於朝經濟建設的重心轉向，則更離不開與周邊國家的合作，其重要性可能超過美朝雙邊合作。

儘管半島無核化之路荊棘密布，但只要美朝和解初衷不改，總會達至終極目標，六方會談將助力半島和解進程，為落實特金會成果保駕護航。

2018年6月14日

若眞心希望半島和平 就別在特金會中找輸家

　　大凡比賽，總要爭個輸贏。有人把特金會也看成「比賽」，視爲一場「外交角力」，也要從中找出個贏家和輸家。較流行的說法是，金正恩大勝，在未作出任何新承諾的情況下，成功實現了與美最高領導人的會晤，特朗普慘敗，先前要求朝方所做的豪言壯語均未兌現，反而對朝作出重大讓步，特別是準備取消美韓聯合軍演。

　　事實果眞如此嗎？非也。任何人若眞心把半島和平與穩定放在首位，都不會在特、金間找輸家，更不會把聯合聲明視爲一文不值的廢紙。特金會實是美朝雙贏，而且不僅僅是兩國雙贏，更是東北亞安全的共贏，是全世界和平的共贏。

　　論輸贏，關鍵在「標準」，要看把「終點」設在哪裏。朝方致力於無核化，要把工作重心轉向經濟建設，希望當面將此訊息傳遞給美方，並推動降低美朝緊張關係。朝方目標達到了。通過「世紀之會」，美同意朝分階段逐步「棄核」，雙方「將共同努力，建立持久穩定的半島和平機制」，建立「新型美朝關係」，這都在一定程度上滿足了朝方「安全關切」。而特朗普叫停聯合軍演，則可視爲對朝炸毀豐溪里核試驗場等「棄核」措施的回報，承諾互訪，更可使峰會成果得以延續。特金會令美朝緊張關係出現「徹底轉變」，朝將此定調爲「外交勝利」，實至名歸。

　　對美方而言，這又何嘗不是一場「勝利」。朝方重申二〇一八年四月二十七日與韓方簽署的《板門店宣言》，承諾努力實現半島完全無核化，這難道不是美方一直努力追求的目標，而尋找戰俘及失蹤人員遺骸，難道不是美方的期待。更別說美朝打破長達七十餘年隔離，實現「世紀握手」

的象徵意義，因爲，這不僅是對美朝關係的貢獻，也是對世界和平的貢獻。朝鮮的「外交勝利」，同樣也是美國的「重大成就」。

「失敗論」者，實際上是烏托邦主義者，是爲美朝首次峰會設定了過高目標。若以朝是否制訂「棄核」時間表論成敗，美確實是輸家。但朝若堅持「同步走」原則，同樣要求美就經濟補償、簽署和平協議、撤軍提供時間表，並將其作爲成敗的標準，朝同樣也不是勝利者。一次峰會不可能解決朝核全部問題，兩國領導人認識是清醒的，而會晤未受到輿論的誤導和綁架，實爲明智之舉。

特金會中也有「輸家」。「輸家」是靠戰爭或鼓噪戰爭而大發橫財的美軍工利益集團，「輸家」是企圖利用半島危機轉稼矛盾，解決自身問題的投機者，「輸家」是那些根本不願看到半島和平與穩定的偏執狂。「輸家」有，但絕不是特朗普和金正恩，也不是美國和朝鮮。

2018年6月15日

鞏固「雙暫停」成果　力促半島入良性循環

　　特金會後，美決定無限期暫停美韓聯合軍演。這是迄今爲止，美方爲緩和半島緊張局勢作出的最大、最具實質意義的舉措，也被視爲對朝無核化宣示及「棄核」行動進行的善意回應。至此，朝方暫停了核試驗，美方暫停了軍演，中方提出的「雙暫停」倡議事實上得以實現。外交部發言人在對此回應時談到，這證明中方的「雙暫停」倡議合情合理，切實可行。

　　美暫停軍演符合國際大潮，但眞當特朗普作出決策時，還是引起了不小震動。最感錯愕的是韓方，韓決策層對此一無所知，不得不第一時間去核實美方用意，文在寅緊急召開國家安全委員會會議，研究對策，並令國安委與美溝通協商具體事宜。同樣感到驚異的是五角大樓，年度例行「乙支自由衛士」軍演將在八月展開，相關準備工作已經開始，特朗普突然叫停，軍方措手不及。但最高統帥已作出決策，軍方也只有遵守，在宣布取消八月軍演的同時，尋找替代方案。

　　雖然特朗普的決定在美國內遭到不少批評，其韓日等亞洲盟友也心生不解和憂慮，但對半島和平來說絕對是一大幸事，符合當前東北亞局勢緩和的勢頭，也契合包括中國在內的國際社會的共同期待。

　　毋庸置疑，美韓聯合軍演是半島動蕩之源。長期以來，美韓都要在半島周邊海域進行三大軍演，包括「關鍵決斷」、「鷂鷹」和「乙支自由衛士」。隨着半島局勢不斷激化，美韓軍演的地點越來越靠近北方，規模越來越大，武器性能也越來越高端。特別令朝難以容忍的是，聯合軍演的指向性越來越具體，從定點軍事打擊，到登陸戰、特種部隊的突擊和「斬首行動」等等，美韓已明確把滅亡朝鮮及消滅平壤政權作爲目標任務。

特朗普在談到軍演時，也形容其爲「具有挑釁性、昂貴的戰爭遊戲」。的確，頻繁的演習如終日懸在頭頂達摩克利斯之劍，令朝恐慌、憤怒。爲展示強硬立場，朝不得不通過措辭強烈的聲明警告，通過一次次核試驗和導彈發射活動回擊。回顧朝核問題歷史，不難發現，美韓不斷擴大和提高軍演規模之日，正是朝大踏步邁向「擁核」之時。朝鮮半島陷入軍事威脅與「擁核」螺旋式上升的惡性循環，已難以分清孰因孰果。「雙暫停」終於使半島跳出這一「怪圈」。

半島首次出現良性循環的可能，十分難得。值得注意的是，美暫停軍演附帶「但書」——「美朝對話持續」。換言之，如果對話出現波折，美韓軍演隨時可能再啓。要落實特金會成果、推動美朝對話持續進行，有賴於各方保持耐心，不懈努力，令政治解決半島問題進入可持續、不可逆的進程。

2018 年 6 月 16 日

世杯告訴你一個「不一樣的俄羅斯」

不久前，與一位久未謀面的老友小聚。談及即將舉行的俄羅斯世界杯，老友直言不敢去，特別是太太堅決反對，原因是這個國家太亂。專制、蠻橫、搶劫、殺人⋯⋯人們從掌握國際話語權媒體的報道中，形成了對俄羅斯極其黑暗的刻板偏見，「戰鬥民族」成了「強盜」的代名詞，嚇退了包括老友在內的眾多旅行者。

現實果真如此嗎？當然不是。世界杯進行到現在，開幕式氣勢恢宏，賽程順風順水，組織井井有條，俄羅斯向世界展示了其被選擇性遺忘的另一面。一些膽戰心驚來俄的記者和球迷，漸漸打消了原有顧慮，開始靜下心來認真審視這個被妖魔化的國家。

世界杯剛剛發生了一個小插曲。紅場附近一輛的士突然衝擊人群，撞傷包括外國球迷在內的八名路人。由於歐洲各國不斷發生汽車恐襲事件，人們下意識聯想到這可能是一場恐襲。但與其他國家不同的是，莫斯科民眾並未四散逃命，而是一擁而上，追出幾十米，將「兇嫌」當街制服。俄羅斯人勇猛的個性由此略見一斑。

俄羅斯人是友善的。相處久了，就會體會到這個強悍民族柔情的一面。在街頭問路，並沒必要時時提防被騙，許多市民友好、包容，會順路或專程把你帶到目的地。由於天氣原因和民族傳統，俄羅斯人喜酒，但絕不「拼酒」。三五知己聚在一起，讓別人喝酒，自己要先乾爲淨，顯示誠意。眾人皆醉，唯我獨醒，是很沒面子的事情，到處炫耀會讓人看不起。

俄羅斯人敢愛敢恨。若是真朋友，俄羅斯人可以推心置腹，無所不談，能把整顆心掏出來，放在枱面上任由審視。但俄羅斯人容不得污辱、

欺騙和蔑視，一旦認定是「敵人」，定會追殺到底，置諸死地而後快。世界杯是俄羅斯人引以爲傲的大事，來的都是客，東道主向八方賓客敞開了熱情的懷抱。俄羅斯飽受恐怖主義之苦，對恐怖分子恨之入骨。因此，莫斯科街頭才會上演路人合力「緝兇」的畫面，才會有黑海、波羅的海兩大艦隊同時加入世杯安保，也才會用反導系統防止恐襲、用滅火水彈對付足球流氓等絕無僅有的果斷舉措。

說俄羅斯獨裁並不恰當。若一人一票選舉是「眞民主」，俄羅斯民主可謂是貨眞價實。普京高達百分之七十六點六九的得票率，都是一人一票實打實爭來的，不容有半點馬虎，比現在許多「民主樣板」走得更前。

當然，俄羅斯不乏惡警敲詐勒索，有「光頭黨」當街殺人，也有辦事效率低下，還時常遭遇恐襲，但這與許多歐洲國家別無二致，遠不是他的全部。俄羅斯山美水美，人更美，趁世界杯去看看，你會發現一個完全不一樣的國度。

2018年6月19日

蓬佩奧這牛皮吹得實在有點大

　　曾多次炒作「中國間諜」威脅的原中情局局長蓬佩奧，在當上國務卿沒有幾天即露反華強硬派嘴臉。在底特律演講時，蓬氏大放厥詞，一面爲特朗普挑起的「全球貿易戰」傾力護航，一面威脅要在非洲發力，驅除中國影響力，讓非洲走「美國模式」。

　　打不打貿易戰，是美國的事，特朗普自己就能做主。至於說非洲，這位國務卿大人的牛皮吹得實在過了頭，除美一廂情願外，至少得先問問人家非洲願不願意，聽聽中國是否想離開。憑一句話就讓非洲接受「美國模式」，就能把中國趕出去，蓬佩奧還眞把自己當成「救世主」了。

　　從美外交布局看，非洲從未佔據過主要位置。原因很簡單，美對這個落後的「窮朋友」根本看不上眼。冷戰結束後，無論是克林頓的「非洲增長與機遇法案」、小布什的「防止愛滋病緊急救援計劃」，還是奧巴馬的「電力非洲」、「青年非洲領導人倡議」等等，都未在非洲留下特別痕跡。

　　特朗普上台後，開始重視非洲，並着手制定新非洲戰略。一則，與被其視爲「戰略對手」的中國展開全方位競爭，平衡中國日益增長的影響力；二則，看好非洲蘊育着巨大商機，與其合作可能會給美帶來經濟紅利；三則，特朗普需要修補與非洲國家的關係，改變其國際形象。

　　特朗普非洲新政的核心在於，在「美國第一」的前提下，逐步改變以往無償援助的方式，以多元化、多視角、多途徑推動與非洲國家的經貿對接與合作。這十分符合特朗普「商人」個性，美不再繼續作非洲的「冤大頭」，而希望通過「商業對接」，合作共贏，但落腳點仍是美國獲利。

　　今年三月，特朗普派時仼國務卿蒂勒森訪非，主要任務有兩項：一是挑撥中非關係，二是推銷美非洲新政。然而，蒂勒森的「非洲之行」並未成功，美方倡議並未收穫到掌聲，而「接受中國資金將喪失主權」的「離間計」，也被非盟委員會主席一句「我們有自己的意願」當場懟回。蒂勒森灰溜溜提前回國，不久即被解職，「非洲新政」至今也未能走出紙面。

　　實際上，特朗普「非洲新政」是抄自中國的山寨貨，中方倡導的「合作共贏，共同發展」，被特朗普悉數收入囊中，但與中方政策不同的是，美方案處處散發着投機和銅臭味。

　　不論特朗普如何裝點自己，但在非洲人心目中，印象最深的還是其臭名昭著的「屎坑」論，是其來自骨子裏對非洲的歧視，是美污辱性移民政策，是「顏色革命」和利比亞戰爭，是「美國第一」與非洲發展的衝突……試想，一個連報告都在「抄襲」的傲慢國家，如何能取信於非洲，又怎能驅除中國影響力。

2018年6月20日

美蛻變成破壞國際秩序的「獨行俠」

　　美國再退群，這次是聯合國人權理事會。當地時間十九日下午，美國務卿蓬佩奧與駐聯合國大使黑莉同時宣布，美國正式退出這一機構。

　　至此，美國已退出五個大群，包括跨太平洋夥伴關係協議（TPP）、《巴黎氣候協定》、聯合國教科文組織及伊核協議等。這都是特朗普的「戰果」，有的是全球性組織或條約，有的是涉及地區熱點的多邊協議，這位「另類」總統打着「美國第一」的旗號，正逐漸退出國際社會，正逐漸蛻變成孤立於世界的「另類成員」。

　　美為何要退出人權理事會？顯然是該組織做了讓特朗普生氣的事。其一，人權理事會對美「零容忍」移民新政持完全否定態度，認為這一做法導致父母與孩童分離，嚴重違反人權，是在「虐待兒童」；其二，理事會怠慢了美盟友以色列，對其進行了「不公正」的批評，當美將使館遷至耶路撒冷引發當地暴力衝突，該組織曾組織調查並通過決議，譴責以色列過度使用暴力；其三改革無進展，用美卿的話說，特朗普上任以來，一直推動理事會改革，但一年多以來不見進展，如今該機構既無公平選舉，又充滿偏見，已無法達到推動人權的目的。道不同不相「共謀」，美與這個被其稱為「無恥的虛偽機構」說了再見。

　　美不斷退群，最受損的是其國際信譽。美國退出的群，有的是其親手打造，有的被其利用多年，如今卻出爾反爾，主動放棄履行國際職責和義務，任何一個負責任大國都不會做這等蠢事。對人權理事會的批評，美從未想過從自己身上找原因。美對移民新政負面效應視而不見，對中東政策引發的一片譴責聲充耳不聞，對四十五比二的大會表決結果也無動於衷，

卻反指理事會不公平、不改革、名不副實，實難服眾。

其實，特朗普早就不在乎什麼信譽了。美行事一貫我行我素，無論是過去的「先發制人」、「軟實力外交」，還是現在的「美國第一」，美向來唯我獨尊，什麼聯合國、國際法都不在話下。但美在過去還是有所顧慮，雖壞事做盡，卻仍要找台階下，立個「守法、守信」的牌坊。但現在，美是一不做二不休，擺出了一副「老子天下第一」，「失信於世人」又能奈我何的架式，徹底撕下了偽裝。

一年多來，人們已逐漸適應了沒有美國的世界。包括中國在內的世界大國，勇敢地承擔起了國際責任，捍衛來之不易的《巴黎氣候協定》，保護歷盡磨難的伊核協議，維護大勢所趨的多邊主義和全球化成果。沒有美國，天塌不下來，地球照樣運轉。唯美失去世界，恐非幸事。畸形的「美國第一」扭曲了一個超級大國，造就了一個破壞秩序的「獨行俠」，不知其未來還能走多遠。

2018年6月21日

特朗普「天平」上的「人權」與「利益」

　　近日，一張洪都拉斯兩歲紅衣女孩嚎啕大哭圖片走紅網絡。由於特朗普「骨肉分離」政策，她的媽媽將被拘捕，女孩將被迫與母親分離，被帶往其他地方另行安置。相似的一張圖片，是三年前土耳其男孩海灘伏屍照，當時難民船在駛往希臘的途中翻覆，三歲男孩不幸遇難，被沖到海灘。

　　同樣的紅色上衣，同樣的難民、移民問題，同樣令人動容的悲慘結局，不同的只是，一個在歐洲，一個在美國。三年前的歐洲慘劇，三年後正在美國上演，如火如荼，看不到盡頭。

　　男孩伏屍照曾引發歐洲對難民問題的大討論，一些國家雖暫時調整了以往簡單、粗暴的強硬做法，但排外情緒依然高漲，問題至今無解。也許不堪強大的內外壓力，或受到照片的觸動，特朗普頒令，叫停了邊境執法時「骨肉分離」的做法。但特朗普同時強調，這不代表改變移民政策，美將繼續實行「零容忍」政策，對成年非法入境者仍將一律提起刑事訴訟。新法令不具溯及力，此前已被拘捕的二千三百多名兒童前程未卜。

　　一張小小的圖片，實為大社會的縮影，百姓與政客態度迥異。有人把女孩看作「舒特拉名單」中的紅衣女孩，將「骨肉分離」政策比作「納粹暴行」，斥責這種極不人道的殘忍做法。一對美國夫婦還主動為女孩發起募捐，短短六天即有一千五百萬美元到帳，成為 FB 史上最大數額的單筆捐款。而政客卻是鐵石心腸，特朗普一面召集幕僚，要求「快把它搞定」，一面施壓國會，企圖突破任意拘留不超過二十天的限制，無限期拘押非法移民家庭。至於特朗普所說的「惻隱之心」，實為冷漠無情的鱷魚

淚。

美移民新政，也反映出政府在人權理念上的變化。在特朗普的天平上，「人權」與「利益」並非是平衡的兩端。特朗普「唯利是圖」，只要能帶來「利益」，人權、自由等核心價值觀一文不值，可隨時棄之如敝屣。「美國優先」實際上就是「利益至上」。聯合國人權組織曾對美「骨肉分離」政策進行過激烈討論，異口同聲地認爲這是在「虐待兒童」，要求停止這種嚴重違反人權的惡行。特朗普要其閉嘴，以退群擺脫羈絆。

在人權保護上，美自身惡行纍纍，卻仍要以此爲藉口攻擊他人。每年，美國務院每年都會發布年度人權報告，對包括中國在內的許多國家說三道四，指責別人違反人權。美仍在繼續扮演「人權衛士」，以道德裁判官自居，對他國國內事務和人權狀況橫加指責，完全忘記了自己對人權的蔑視和破壞。

一張圖片記錄一段歷史。美若再談人權，先要捫心自問，看看自己屁股後面是否還有一堆抹不去的屎。

2018年6月23日

埃爾多安「政治強人」地位得以鞏固

　　提前十七個月舉行大選，對土耳其總統埃爾多安來說，是一場「政治賭博」。現在看來，埃爾多安成功了。埃爾多安以超過半數的得票率贏得了總統選舉，不僅粉碎了反對派誓將選舉拖入第二輪的計劃，而且終結了土近百年的議會共和制政體。通過這次帶有「全民公決」意味的信任投票，埃爾多安地位將更加穩固，將進一步鞏固其「政治強人」的基礎。

　　從個性而言，埃爾多安與普京有相似之處。兩人都是政壇「常青藤」和「強權人物」，善用民族情感，喜以強硬應對。普京在賀電中談到，選舉結果充分證明埃爾多安具有高度政治權威，證明其內外政策得到廣泛支持。這是一位「政治權威」對另一位「政治權威」的評價，可謂一語中的。

　　埃爾多安是土政壇老將。從二○○三年擔任政府總理至今，埃爾多安從總理到總統，歷經十五年屢戰屢勝，所向披靡，享有崇高威望。在其帶領下，土走向現代化，致力消除貧困，人均收入翻了三倍。埃爾多安對內削弱軍方勢力，打擊庫爾德人起義，對外奉行務實外交，巧妙周旋於美歐俄大國之間，謀求成為伊斯蘭世界領導者。經過十餘年的努力，埃爾多安成功將土打造成中東重量級大國，成為各大國都不可忽視的地區「玩家」。

　　但埃爾多安未來的執政之路也充滿「挑戰」，甚至是「嚴峻挑戰」。近年來，土經濟再次陷入不景氣的夢魘，里拉大幅貶值，失業率居高不下，外國投資者紛紛撤離等等，政府為爭取民心而打出的「社會福利牌」難以為繼。埃爾多安雖在第一輪勝出，但中左勢力上升已是無法迴避的現

實。議會中「一超多強」格局雖然未變，但「正發黨」失去了單獨過半優勢，「一超」地位受到削弱，「多強」影響正在上升，政治分裂呈加劇之勢，反對黨或抱團制衡右翼保守政府，政府將受到更多掣肘。

在外交上挑戰並不亞於國內事務。土在大國間搞平衡，有效緩解了與俄及美歐間的關係，獲得許多實惠和利益，提升了國家的國際地位。但在刀尖上跳舞終歸不是長久之計，稍有不慎就會人財兩空，兩邊不討好。

由於與西方交惡，土耳其與俄羅斯自然走得越來越近，即使出現了擊落俄戰機事件，兩國友好合作也未受到實質影響。但土俄關係的最大隱患是敘利亞問題，特別是在對待巴沙爾政權問題存在尖銳對立。由於難民、「入盟」及打擊庫爾德人等問題，土與歐美關係十分微妙。儘管埃爾多安也將修復關係置於重要位置，但短期內恐難奏效。

總統制的確立，令埃爾多安擁有了更大權力，理論上也為其長期執政奠定了基礎。但埃氏江山能否長久，還要看其今後的新作為。

2018年6月26日

從桑德斯被逐看美國社會的兩極分化

　　不久前，白宮女發言人桑德斯一家八口到一名爲「紅母雞」的餐廳用餐時，遭遇尷尬一幕。餐廳老闆在員工要求下，直接對其下了「逐客令」，原因是其爲特朗普效勞。事件並未造成太大不快，桑德斯禮貌地離開了，並表示自己「總是盡最大可能善待別人，包括意見不同者」。餐廳老闆也未因得罪這位白宮大人物而後悔，稱其必須顧及員工感受，下次再遇到同樣情況仍會這樣做。

　　當事雙方平和分手，並未影響網絡對事件的發酵。支持桑德斯者批老闆是「偏執狂」，是一位「心胸狹窄的法西斯主義者」，不該把政治歧見帶入日常生活，號召網友杯葛這家餐廳。更多支持餐廳的人發起反擊，盛讚餐廳堅守了底線和信仰，是眞正的美國人管理，「謝謝你們爲我們站起來」，並向大衆高度推薦「紅母雞」。

　　桑德斯並不是第一位在公共場合遭遇不公平對待的白宮官員。此前，美國土安全部長尼爾森在華盛頓一家墨西哥餐廳就餐時，就曾遭遇過抗議和圍攻，下場比桑德斯還慘。原因同樣是特朗普對移民的「零容忍」政策和「骨肉分離」作法激起民憤，而尼爾森一直爲其「站台」。

　　類似事件看似偶然，實則是美社會對待特朗普態度的眞實寫照。如果不是極度的憤恨，講生意經的餐廳絕不會拒絕送上門來的顧客，更不會把對特朗普的不滿，遷怒於其閣僚。

　　有意思的是，美近期多項民調出現了一幕令人費解的「怪相」。一方面，有約百分之四十的受訪者認爲，特朗普是近四十年來美七任總統中最差的一位，其放蕩不羈的張狂個性、踐踏人權的「骨肉分離」政策、四處

煽動貿易戰的做法等等令人生厭，認為其根本不配當總統；另一方面，特朗普民意支持率創上任以來新高，從剛上任時的百分之三十二，到一個月前的百分之四十，一直回升到現在的百分之四十五，超過上任五百天的百分之四十四的克林頓，平了同是百分之四十五的奧巴馬和里根。雖然，特朗普的不支持率仍然高達五成，但這已是歷史最低點，說明美國民眾對特朗普的接受度大幅提升。

「最差總統」與「支持率新高」同框，看似詭異，實則反映了美社會的高度分化，呈現出涇渭分明的兩極狀態。支持者更加堅定地支持，反對者則更加堅決地反對。特朗普的粉絲團依然是其鐵桿粉絲，為其所做的一切叫好。反對者則從失望到更加失望，出現拒絕白宮幕僚就餐的荒唐一幕也在情理之中。而中間民眾則出現搖擺，逐漸向特朗普方面傾斜。

最新民調令唱衰者大跌眼鏡，特朗普作了那麼多「壞事」，卻依然擁有眾多追隨者。中期選舉鹿死誰手？還真很難說。

2018年6月27日

美政壇社會「特朗普化」十分危險

　　有人把特朗普比作「闖進瓷器店裏的一頭公牛」，並不為過。自上台以來，特朗普搞亂了美國，砸碎了世界，「瓷器店」裏能毀掉的幾乎蕩然無存。但令人不解的是，特朗普民意不降反升，正在被越來越多的美國民眾接納。特朗普執政五百天，成功將共和黨綁在了自己的戰車上，「特朗普化」已成為美政壇和社會一個顯著特徵。

　　去年年初特朗普剛上台時，許多共和黨人對其並不看好，刻意與其保持距離，唯恐其偏執個性及「另類」執政風格影響到自己。現在，一切都變了，共和黨不再羞於談論特朗普，甚至打出「比特朗普更特朗普」的旗號，並在預選中屢有斬獲。

　　美中期選舉出現了一個奇怪的新「風向標」，特朗普支持誰，誰就贏，反對誰，誰必輸。弗吉尼亞州共和黨參議員預選，三名候選人爭打特朗普牌，其中科里・斯圖爾特刻意模仿特朗普競選風格，突出「更加特朗普」特色，並獲特朗普發推支持，贏了。同樣的一幕出現在南卡羅來納州，凱蒂・阿靈頓靠特朗普投票日當天的「背書」及狠批對手「對特朗普不忠」，擊敗了深耕該州二十餘年的老牌共和黨人桑福德，勝了。幾場競爭下來，共和黨內出現寒蟬效應，批特朗普成了「十分危險」的禁忌。

　　在「特朗普效應」持續作用下，共和黨整體「特朗普化」。隨着一批傳統共和黨人的隱退，共和黨正在被特朗普重新定義，由一個主張有限政府、支持自由貿易的政黨，轉向強硬保守、民粹色彩濃郁的新型政黨。正如老牌共和黨人、前眾院議長博納所嘆，已沒有共和黨，有的是特朗普黨。

　　與政壇「特朗普化」相適應，美社會對特朗普的認可度也在上升。美近期民調出現「史上最差總統」與「支持率再創新高」同框的尷尬局面，表明社會的兩極分化，與「反特朗普者更加反對」同在的是「挺特朗普者更加支持」，且民意天平有向特朗普傾斜的跡象。坐擁執政優勢及經濟發展可圈可點的政績，特朗普贏得中期選舉並非遙不可及的夢。

　　美政壇和社會全面「特朗普化」絕非幸事。基於「美國優先」和重建全球領導地位，美可以漠視一切國際規則與共識，無所顧忌地挑起全面貿易戰，不惜以全球經濟大動蕩爲代價，逼各方向其看齊；爲了重塑身份認同，美可以打破百年種族問題禁忌，堂而皇之地鼓吹民粹主義，宣揚「白人至上」，就連不可思議的「骨肉分離」政策都有大批擁躉。受到民調鼓舞的特朗普，會在這條十分危險道路上越走越遠。

　　美國之變，出人意料，打破了一切規律，顛覆了所有定式思維和邏輯推斷。看來，世界不得不作好與這位「亂世梟雄」長期打交道的準備。

2018年6月28日

美俄關係破冰　特朗普似在下一盤大棋

　　或許受到近期民意大逆襲的鼓舞，特朗普終於下決心擺脫國內羈絆，要與俄重修於好，「全面改善雙邊關係」。美國家安全事務助理博爾頓與普京敲定，將於七月十六日在芬蘭首都赫爾辛基舉行「雙普會」。

　　「雙普」雖未見面，但俄美關係已破冰。特朗普上台以來，受制於國內兩黨對俄政策的普遍共識及美外交慣性，顧忌愈演愈烈的「通俄門」調查，對俄總體上延續了打壓加制裁的策略。去年八月，特朗普簽署了對俄羅斯、伊朗等國制裁法案。今年初，美又公布了追加制裁的克宮「黑名單」，二百餘名俄政要及商界精英上榜。美空襲敘利亞，美聯合二十餘西方國家與俄打的「間諜大戰」，都是在給俄「上眼藥」。在這一背景下，「雙普會」籌備本身就預示着「破冰」。

　　特朗普對俄雖不時揮舞「大棒」，但對普京卻一直心懷敬意，上台至今，從未發表過刺激性言論。普京競選連任成功，特朗普親自致電「祝賀」，還引發一場不小的風波。今年 G7 峰會時，特朗普邀請俄赴會，並直言克里米亞屬於俄羅斯。去年七月 G20 漢堡峰會，「雙普」首次見面，一聊就是兩個小時。十一月 APEC 峴港會議，兩人再次相遇，「多次接觸」，並「短暫交換看法」。只因美國內政治氛圍不佳，「雙普」雖惺惺相惜，卻一直未能正式會談。

　　「雙普會」是一次遲到的峰會，美俄破冰是一場遲來的變局。若不是因美國內各方反對和「通俄門」調查，特朗普可能早就做到了。值得注意的是，這是繼「特金會」後，特朗普又一次重大外交行動。種種跡象顯示，特朗普正在歐亞大陸下一盤大棋。

特朗普想必看過布熱津斯基的《大棋局》，其核心就是美應在歐亞大陸這塊世界上人口最多、自然資源最豐富、經濟最活躍的板塊上行使力量，防止可能威脅美利益的任何潛在超級大國崛起。當前，國際關係處於大破、大立的深刻調整時期，其中最大變化是中國的強勢崛起對地緣政治的衝擊，中國「一帶一路」的推進與美地緣經濟戰略的碰撞。在美「大棋局」中，「遏華」因素的佔比上升，且越來越具緊迫性。

「特金會」後，在朝方尚未有任何「棄核」新舉措的情況下，特朗普主動宣布「不再有朝核威脅」，「聯朝」意圖明顯。美俄間固然在敘利亞、反恐、軍控等等方面有合作的需要，但特朗普選擇在中美貿易戰開打、兩國摩擦不斷增加情況下，主動對俄示好，其動機頗耐人尋味。

不管美「聯朝」、「聯俄」目的能否達到，但歐亞板塊格局已然生變，其中是否有「制華」的一面，值得密切關注。

2018年6月29日

美俄關係改善：說不易行更難

　　關於美俄峰會的話題，早在特朗普競選時就曾提過。如今即將變成現實，雙方敲定將於七月十六日在赫爾辛基舉行「雙普會」。這是兩國領導人首次正式會晤，比預期晚了很多，說起來的確來之不易。而峰會能否令雙方冰釋前嫌，步入「全面改善關係」的新軌道，做起來將更難。

　　在國際關係實踐中，一次大的外交政策調整，總會基於某些更大利益的驅動。就當前美俄關係而言，似乎看不到這一點。

　　在國際合作上，儘管美在許多問題上需要俄相向而行，但並未有想像中那樣緊迫。敘利亞形勢漸趨穩定，ISIS勢力已被剷除，對美安全威脅已大幅降低。烏克蘭大局已定，俄已全面掌握局勢走向，美已難有新作為。伊核問題膠着，但就俄立場而言，似很難附和華府做法，給美幫不上什麼忙。軍控問題，兩國於二〇一〇年簽署、二〇一一年生效的核裁軍條約已滿七年，雙方也已互換了戰略核武庫數據，但特朗普對此興趣索然，並未想在這一領域有所作為。

　　至於說「聯俄遏華」，則更不可思議。中俄走近固然有平衡美霸權的因素，但絕不是主導。中俄關係奠定基於對國際關係準則的共同認知，建立在雙方經濟結構的互補性及互利共贏的合作理念之上，其牢固性和穩定性毋庸置疑，絲毫不遜於美與盟友的關係。中俄的共同利益遠大於美俄，美要想在中俄間「釘楔子」，作投機，恐怕是找錯了對象。

　　美俄改善關係動力明顯不足，可持續性令人質疑。但合作總歸好於對抗，特別是兩個重量極大國間關係走向緩和，對誰都是一大幸事。從烏克蘭危機、敘利亞內戰，到美國內「通俄門」調查，美對俄制裁不斷加碼，

但俄並未妥協，美也未撈到任何好處。同時，俄飽受美等西方國家制裁困擾，經濟形勢惡化，在國際舞台上舉步維艱。兩國都有改善關係的願望和需求，終令「雙普」個人的惺惺相惜走向政策調整，美對俄由隔絕、封鎖轉向「選擇性接觸和選擇性抵制」。

但一次「雙普會」，不可能解決美俄間結構性矛盾。美俄間戰略目標相左，在重大國際問題立場上存在尖銳對立，兩國合作很難邁出大的實質步伐。「雙普」作爲堂堂兩大國元首，卻無法互訪，不得不選擇在第三國見面，足以說明美俄關係的複雜性。

美國家安全戰略報告和特朗普國情咨文，均明確將俄列爲「戰略對手」。美俄關係要想實現正常化，至少要過「三道坎」：其一，特朗普如何改變美國內對俄的固有偏見；其二，如何有效給「通俄門」調查降溫，破解影響兩國關係的死結；其三，雙方能在多大程度上找到合作的共同語言。

2018年6月30日

美歐該對非洲難民有個認眞交代

連日來，美非法移民問題、歐難民爭議再次引爆輿論，西方文明大國又被推到風口浪尖。美爆發七百場示威，全國同時燃起抗議「戰火」。歐盟峰會領袖對難民問題爭得面紅耳赤，雖就建立域外難民中心達成共識，但北非各國無人願意接單。

歐盟峰會前，一艘載有二百三十名難民的救援船被意大利、馬耳他拒絕入境，如「皮球」般被踢來踢去，困在海上長達六天。「難民問題再次成爲困擾歐洲的熱點」，歐盟峰會一定要議出個結果，於是有了一晚上長達八個小時的「馬拉松談判」，二十八國元首徹夜不眠。與歐洲領導人相比，特朗普要輕鬆得多。一邊是民衆在四十度高溫下的遊行和「下台、彈劾」的怒吼，一邊是特朗普卻在新澤西州一所高檔私人俱樂部裏打高球，優哉游哉，示威者連其人影都未見到。

歐洲難民危機與美非法移民問題確有不同。歐洲處於非洲難民的前沿，面對的是非法入境者，最主要任務是將難民擋在境外。而美遠在千里之外，又隔着大西洋，並不會受到非洲難民潮的直接衝擊，涉及的只是對難民身份的甄別和入境人數的限定，一紙總統「禁穆令」就足以應對。但美歐相同的是，都是對道義及法律責任的推卸，是對以往遊戲規則的改變。特別是特朗普上台後實行的「零容忍」政策，把一大批本該由美安置的難民擋在境外，從另一側面加劇了歐洲難民危機。無論是歐洲拒絕難民船入境，還是美收緊移民政策，本質上異曲同工，都是要把危機轉嫁他人。

美歐是否應該在難民問題上負有責任？看一下問題的由來與實質，答

案十分清楚。毋庸置疑，難民問題源於貧困與動蕩，民眾如果在自己的家中衣食無憂，誰也不會遠渡重洋，冒着生命危險，到他國謀生。相對於非洲落後國家而言，西亞、北非本算不上貧窮地區。但近年來，美發動阿富汗、伊拉克戰爭，美歐強勢輸出民主，大搞以政權更迭為核心的「顏色革命」，再加上 ISIS 等恐怖勢力的崛起，西亞、北非成為最危險、最動蕩的地區。以利比亞為例，卡扎菲時期，利政府曾與歐洲簽署協議，共同打擊難民偷渡。但在卡扎菲被推翻後，利比亞群龍無首，處於無政府狀態，根本無力阻止難民進入歐盟。動蕩加劇了貧困，貧困令地區更加動蕩，終於匯成一股勢不可當的難民潮。

美歐一手製造了這場難民危機，如今卻將其視為一塊誰都不願染指「燙手山芋」，於情於法都極不適當。客觀講，難民更是西方政策的受害者，無論是應對現實危機，還是對歷史負責，美歐都不該敷衍了事，應對難民有個認真交代。

2018 年 7 月 3 日

美若打響第一槍 中方必迎頭痛擊

如果特朗普政府不改弦易轍，美將於六日開始對五百億美元從中國進口商品加徵百分之二十五的關稅。作為反擊，中方將對美產品採取同等力度、同等規模的對等措施，捍衛自身正當權益。中美貿易戰將正式開打。

這是中方和全世界都不願意看到的最壞結果。這不僅使中美雙方貿易磋商所達成的積極成果全部付諸東流，而且會損害全球化進程和多邊貿易體制遭受重創。如果特朗普繼續任性地將貿易戰進行到底，對二千億甚至四千億中國商品加徵關稅，並點燃對歐、加、墨等國的貿戰烽火，作為中美關係穩定「壓艙石」的經貿合作將不復存在，現存國際秩序和國際法準則將遭受毀滅性破壞，「新冷戰」鐵幕將把全世界拖入一場大動蕩。

為了避免貿易戰發生，中方進行了不懈努力。自美發出貿易戰警訊以來，中方一直與美保持溝通，曉以利害，奉勸美方以兩國大局和世界人民利益為重，及時懸崖勒馬，勿做損人害己的蠢事。中國國家主席特使、中央政治局委員、國務院副總理劉鶴與美總統特使、財政部長姆努欽曾在北京和華盛頓進行過多輪談判，雙方以「不戰」為前提，致力通過對話協商解決紛爭，在擴大美對華出口、雙邊服務貿易、雙向投資、知識產權保護等領域達成一系列重要共識。但遺憾的是，每當磋商取得積極進展、化解貿易戰出現曙光時，美方就置起碼的誠信於不顧，出爾反爾，隨心所欲地製造新事端，並以不斷加碼的制裁相要挾。中美貿易摩擦走到最後攤牌，是美方一手挑起的，也完全是由美方輕諾寡信造成的。

的確，中國迅速發展是不爭事實。但中國發展非但不是威脅，反而是世界重大機遇。四十年來，中國的改革開放推動了全球化進程，為世界經

濟發展注入了強大動力，美方也從合作中獲取了巨大利益。二〇〇八年全球金融危機爆發後，中國在關鍵時刻起到了「穩定器」的作用，以對世界經濟增長高達百分之三十以上的貢獻率，帶動了包括美國在內的全球經濟復甦。如果把這也當成一種威脅，要以貿易戰打壓，真乃滑天下之大稽。

中方在爭取最好結果之同時，已做好最壞打算。面對一個毫無誠信、不講規矩的「強盜」，中方唯有拿起武器，進行自衛反擊。中方不想戰，但是絕不懼戰。中方不打第一槍，但美若執意興戰，中方定將以牙還牙，予以迎頭痛擊。

中方的反擊體現出一個負責任大國的擔當。美為一己之私，置全世界人民利益於不顧，在全球挑起貿易摩擦，嚴重破壞世界貿易秩序，損害貿易夥伴關係，在全球是不得人心的。美方的戰爭是非正義的，而非正義的戰爭注定是要失敗的。

中方有以習近平同志為核心的黨中央堅強領導，有我國獨有的制度優勢，有國家意志的高度統一，有包括香港同胞在內的全國人民的緊密團結，有改革開放四十年形成的強大國力，一定會打贏與美國的這場貿易戰。

2018年7月5日

美貿戰為禍全球 中方為世界而戰

　　隨着七月六日美加稅大限的臨近，中方已做好應戰的全部準備。中國海關總署明確表示，如果美執意興戰，中方加徵關稅措施將在美方措施生效後「即行實施」。商務部也表示，如果美啟動加徵關稅，打擊的是全球產業鏈，是對全世界開火，中方絕不會向美貿易霸凌主義逆流低頭。

　　特朗普緣何一定要打這場貿易戰？近年來，國際格局發生了深刻的變化，特別是二〇〇八年金融危機後，世界步入了一個大調整、大變化的動盪時期。新興經濟體迅速崛起，國際話語權不斷增加，西方集團對局勢掌控能力受到削弱，G20代替G7成為決定世界經濟走向的重要平台。

　　特朗普上台後，面臨一個最大的戰略困境是，國際格局劇變與美應對乏力之間的矛盾。世界「一超」地位受到挑戰，美應對左支右絀，顧此失彼，越來越被動。於是，特朗普打出「美國優先」的旗號，顛覆了傳統地緣政治認知，開始以地緣經濟理念推行新的全球治理，進行全球範圍內的「貿易再平衡」。在美對外政策中，地緣經濟的權重超過地緣政治因素。在美國內，「美國優先」表現為「白人至上」和種族色彩濃烈的「骨肉分離」移民政策。在國際上，「美國優先」則表現為美退出TPP、巴黎協定等多個多邊協議，未來不排除退出WTO，還體現為要求盟友補償其安保開支等。通俗講，美要砸爛一切在其看來令美利益受損的多邊體制，過去佔去的便宜都要「吐」出來。貿易戰是特朗普新理念的重要一環，雖會激起全球撻伐，但還是一定要打的。

　　為何選擇中國打響第一槍？當今國際格局劇變的最主要因素是中國的崛起。在美看來，中國的迅猛發展改變了地緣力量對比，「一帶一路」順

利推進了美影響力。美十分信服「修昔底德陷阱」，如果任由中方成功實施「中國製造2025」，順利推進「兩個一百年」戰略目標，美世界霸主地位早晚被取代。特朗普已不滿足於去年訪華時二千五百億美元的大單，也不再理會中方陸續推出的一系列擴大開放舉措，更無視其在談判中作出的承諾，執意要與中方攤牌，用貿易戰遏制中國的崛起。中美貿易戰是早晚要發生的，早一天更好，可使我們少一點幻想，多一份應對。

應當清醒地認識到，美現階段的「退縮」，絕非是輕易讓出霸權，而是以退為進，建立一個更加由美主導、更加符合美利益的新秩序，是為了更加牢固地維護其絕對霸主地位。但令世界無法容忍的是，美國目標的實現，是以破壞全球自由貿易體系為代價，以犧牲他國利益為前提，是想用「貿易恐怖主義」逼全世界就範。

美對中國打響第一槍，也就是在向全世界宣戰。為了維護自身正當權益，為了捍衛全球自由貿易秩序，為了制止這股時代逆流，中方必須打好、打贏這關鍵性一役。而美將為挑起戰火付出慘重代價，並對由此帶來的一切後果承擔全部責任。

2018年7月6日

狙擊貿戰逆流　中國有底氣更有信心

　　美方無視善意相勸和嚴正警告，於當地時間七月六日00：01（北京時間六日12：01）起，對第一批清單、價值三百四十億美元的中國商品加徵百分之二十五關稅，對中國打響了第一槍。中方即行反擊，於同日同時對同等規模美國產品加徵同比例關稅。中美貿易戰如期而至，兩國關係勢步入動盪期，全球經濟復甦勢受拖累。

　　談起貿易戰，人們就會想到日本。當年，美一紙廣場協定，剎停了日本資本瘋狂擴張的腳步，將其打入二十多年經濟衰退的「冷宮」，到現在都沒緩過勁來。中國會否成「日本第二」？答案當然是否定的。「打，奉陪到底」絕非口號，中國有說到做到的充足底氣，有贏得最後勝利的堅定信心。

　　中國的改革開放進行了四十年，綜合國力有了巨大提高，早已不再是任人敲詐、勒索的時代。目前，中國是世界第二大經濟體、第一大工業國、第一大貨物貿易國、第一大外匯儲備國，儘管在許多方面，中美間還有差距，但兩國之戰已不是非對稱戰爭。美商務部長羅斯曾談到，美策略就是要中方「感受到更多痛苦」，那麼，中方反擊也會擊中美軟肋，令其更痛，付出比中國更大代價。

　　中國經濟形勢穩定健康，抵禦外部風險的能力大增。近年來，中國供給側結構性改革順利推進，高質量發展已成為中國經濟主旋律，經濟增長已由過去的依賴出口轉向消費主導，國內消費連續多年成為帶動增長的主要動力。中國擁有十四億人口的龐大市場，其潛力是包括美在內的任何國家都無法比擬的。只要做好自己，中國就不會被任何戰爭和訛詐擊垮。

　　任何大國都不會「把雞蛋放在一個籃子裏」，美國市場遠非中國商品出口的全部。在推動構建「人類命運共同體」理念指引下，中國全方位、多層次、寬領域的對外合作進入新時代。特別是近年來，中國在積極參與已有國際機制建設的同時，大力加強了中國主導的對外合作機制建設。上合組織、金磚國家會議、中歐、中非、中國與東盟領導人峰會等機制，令中國走上無限寬廣的國際舞台。在中國經濟增長「火車頭」帶動下，「一帶一路」、亞投行等喜報頻傳，正在把越來越多的國家納入與中國的互利合作。中國外貿布局更多元、更合理，不會因與美一家的衝突而受重創。

　　美應當清醒認識到，貿易戰是一場非正義戰爭，不僅不會迎來喝彩聲，反而會引起全球聲討。歐、日等西方大國、新興經濟體雖在與華經貿合作中存在這樣那樣的分歧，但在維護多邊貿易體制上目標是一致的，國際社會將會團結協作，形成合力，共同狙擊單邊主義和貿易保護主義這股時代逆流。美在國際舞台上只會更加孤立。

　　貿易戰的結果只會是「一損俱損」。想必特朗普在給中國製造麻煩時，並不是要把兩國合作打個片甲不留。中方自衛反擊是以戰止戰，打的同時，談的大門始終敞開。奉勸美放棄任何幻想，及早收手，重回談判桌。

2018年7月7日

共擔民族大義　共克貿戰時艱

　　美國違反 WTO 規則，悍然發動了迄今為止人類經濟史上最大規模的一場貿易戰，對中國打響了第一槍。中方為捍衛國家核心利益和人民群眾利益，被迫作出必要還擊。這是一場沒有硝煙的戰爭，但殘酷程度絕不亞於兩軍陣前真刀實槍的公開對壘。中國經濟勢必受到衝擊，百姓生活也會受到影響。中美貿易戰是中方最不願意看到、卻不得不應對的嚴峻挑戰。值此關鍵時刻，包括香港同胞在內的每一位中華兒女都應以國家、民族大義為重，同仇敵愾，萬眾一心，堅決擊退這股單邊主義逆流，為中國發展和世界進步打出一片新天地。

　　無需迴避，貿易戰將給中國經濟和百姓生活帶來「陣痛」。中國實體經濟將面臨挑戰，外向型企業首當其衝將受到影響，可能出現減產或倒閉，員工收入可能下降，甚至丟掉飯碗。隨着中方對美大豆等農產品祭出的反制措施，國內市場某些門類的商品可能出現短缺，價格上漲，民眾生活成本增加。貿易戰將會引發匯率波動，造成人民幣貶值，百姓資產縮水。中國外貿順差減少，將影響央行外匯儲備，人民幣銀根緊縮，市場流動性進一步萎縮，企業融資將雪上加霜，會更加困難。而貿易戰對金融市場的影響更是顯而易見，中美關係及世界經濟發展充滿不確定性，股市會隨之起伏振蕩，民眾利益會嚴重受損。

　　然而，正如中方一直強調，貿戰沒有贏家，只會一損俱損，中方在經歷痛苦的同時，美方可能要付出比中方更慘重代價。中方的精準反制直擊特朗普票倉，美農業勢受重創。從特朗普發出貿戰威脅第一天起，美業界便人心惶惶，農民以公開發廣告等各種形式，闡述貿易戰危害，呼籲政府

勿走極端。中美貿易戰剛打響，美農場主支持自由貿易組織連發兩條聲明，斥特朗普是「從我的口袋裏面搶錢」，指貿戰令農民利益「受到嚴重影響」。特朗普內心壓力其實也很大，本想藉此抬拉中期選舉行情，但效果恐適得其反。如果繼續一意孤行，選民就會在中期選舉中「票償」，不僅會改寫議會政治版圖，甚至會終結其總統連任的美夢。

表面上看，美發動貿易戰是為了貿易逆差，實則不然，其背後有更大陰謀。如果僅是為了逆差，去年特朗普訪華時簽署的二千五百億美元的經貿大單，已可滿足美方的胃口，白宮該舉行「慶功宴」大賀特賀。如果是為了逆差，中方在今年幾輪談判中作出的擴大對美石油、天然氣等產品進口的承諾，也足以令美「謝恩」。但美方一直出爾反爾，輕諾寡信，越來越暴露出其遏制中國的真實目的。

中國「陣痛」是必須承受之痛。面對美方的無底線敲詐和貿易霸凌，中方已退無可退，唯有一戰。因為，中方一旦退縮，付出的代價將遠不是「陣痛」，而是喪失經濟主權，淪為美國附庸，這種打擊是毀滅性。

如果妥協，「中國製造二〇二五」計劃將不復存在，中國致力推進的新一代信息技術、航空航天設備、海洋工程設備、高技術船舶、新能源裝備、高鐵技術、工業機器人等等將拱手讓給美國，美將在代表二十一世紀生產力方向的高科技領域永遠保持領先地位；如果妥協，中方將放棄「一帶一路」倡議和構建「人類命運共同體」理念，任由美為所欲為，橫行世界；如果妥協，中國「兩個一百年」的發展目標將成泡影，中華民族偉大復興的夢想將永遠無法實現；如果妥協，現在自由貿易體系和多邊機制將受到毀滅破壞，單邊主義和貿易保護主義圖謀將會成功，美將徹底打碎一切公平、透明的 WTO 規則，完全根據「美國優先」意志重組世界貿易秩

序。

正如中方所言，美啓動徵稅，是在向全世界開火，也是在向自己開火。中國反擊旣是在爲自己而戰，也是爲世界而戰，中國的戰爭在國際上並不孤單。在美全球貿易戰的威脅下，歐盟、加拿大、印度、日本、俄羅斯等國紛紛出台了自己的反制措施，一旦美升級摩擦，其面對的將是來自全球的反擊，美將陷入全世界聯手反制的汪洋大海。

中方從不認同「修昔底德陷阱」，無論在經濟上，還是在軍事上，都無意與美兵戎相見，更不想衝擊、取代美世界霸主地位。但中方絕不允許自身發展服務於「美國優先」，更不允許「美國優先」玩轉整個世界。

中國「陣痛」是可承受的短期之痛。針對美每一步貿易戰舉措，中國政府均提出了詳細的反制清單，制定了嚴密而有針對性的應對方案，在重創對手的同時，將自身損失和風險降到最低。相信以習近平同志爲核心的黨中央有能力、有智慧，充分發揮有中國特色社會主義的制度優勢，帶領全國人民打好、打贏這場戰爭。貿易戰不會永遠打下去，美遏制中國崛起的圖謀終不會得逞。

中國發展不會一帆風順，未來還會遭遇到各種風險與挑戰。但外部壓力越大，中國凝聚力就越強。只要中國人民團結一致，自強不息，任何人、任何勢力都阻擋不了中國改革開放的步伐。貿戰「陣痛」過後，將是一個更自信的中國，也將是一個更加穩定的世界。

2018 年 7 月 8 日

中國以更開放姿態應對貿易戰

　　美國貿易戰來勢洶洶，在全球引發普遍憂慮。單邊主義、貿易保護主義回潮，全球化步伐勢受重創，世界經濟復甦前景不明。連日來，中方一面對美給予針鋒相對的反擊，一面釋出繼續深化改革、擴大開放的清晰信號，給世界增添了一份穩定感。

　　從美向中國打響貿易戰第一槍起，中方就已明確宣布，將堅定不移地深化改革、擴大開放，為世界各國在華企業創造良好營商環境。李克強總理日前在中國—中東歐國家論壇上，談到中國經濟「三個不變」：經濟長期向好的基本面不會變，市場化改革的取向不會變，擴大開放的決心不會變。換言之，面對美開歷史倒車，中方不會退縮，將推出更多市場化和擴大開放舉措，中國將繼續扮演世界經濟「穩定器」、拉動增長「火車頭」的角色，為各國發展提供更多機遇。

　　李克強進一步指出，搞單邊主義、保護主義沒有出路，打貿易戰不會有贏家，應當堅決捍衛以規則為基礎的多邊貿易體制，共同推動貿易自由化。這一表態，等於向歐洲及世界發出攜手應對貿易戰的倡議。

　　實際上，不管是否發生貿易戰，中國都在持續推動深化改革、擴大開放。特別是中共十九大後，這一進程跑出了「加速度」，步入了「快車道」。十九大提出實現中華民族偉大復興中國夢的「兩個一百年」奮鬥目標，而「推動形成全面開放新格局」是實現該目標的重要保證，因為，「只有改革開放才能發展中國」。今年的政府工作報告，再次釋放擴大開放強烈信號。中國政府承諾將全面開放製造業，擴大電信、醫療、教育、養老、新能源汽車等領域開放，有序放開銀行卡清算，放開外資保險經紀

公司經營範圍，放寬或取消銀行、證券、基金管理、期貨、金融資產管理公司等外資股比限制，統一中外資市場准入標準等等。如此開放力度連國外也感意外，直嘆「超預期」。在今年四月的博鰲亞洲論壇年會上，習近平主席進一步宣布了中國擴大開放的十二大舉措，並再次向世界承諾：中國開放的大門不會關閉，只會越來越大。

中國改革開放的步伐，是根據自身經濟發展需要、按計劃穩步推進的，與貿易戰全無關聯。中方既不會因美方威脅、訛詐而盲目加速，也不會因美方「關閉大門」而停滯不前。中國的發展不會唯美馬首是瞻，更不會以犧牲民族利益和損害自身合法權益爲「美國優先」站台。

美方爲一己之私，置全世界人民利益於不顧，挑起並升級貿易摩擦，全球產業鏈將受到衝擊，自由貿易秩序面臨「新冷戰」威脅。但經濟全球化是世界經濟發展潮流和人類文明進步大勢，是任何力量都阻擋不了的時代洪流。貿易戰是對全球的威脅，也只有全球聯合起來，形成廣泛統一戰線，才能擊退美國挑釁，挫敗其陰謀。中國以更開放姿態迎接貿易戰，是給動盪的世界吃下「定心丸」，也會給國際社會打贏這場戰爭增添勇氣和力量。

2018年7月9日

中國會否成「日本第二」?

談起貿易戰，有最刻骨銘心記憶的當是日本。上世紀八十年代，日本資本瘋狂擴張，「日本製造」充斥全球，美國人驚呼「日本將和平佔領美國」。已穩坐世界第二大經濟體寶座二十餘年的日本，開始向美經濟「一哥」地位發起迅猛衝擊。於是，美決定對日出手，一紙廣場協議及後續的超級三〇一調查，將日本打回原點，打入二十餘年的經濟停滯，日本崛起被成功遏制。今天的中國，會否成為「日本第二」?

的確，現在的形勢充滿挑戰。無論你實力多麼強大、多麼自信，被世界「一超」盯上，並被明確列為「戰略對手」進行打壓，終究不是幸事。況且，今天的中國與當年的日本有許多相似之處，包括出口帶動本國經濟增長的佔比相當高，房地產處於較高水平，該領域投資佔GDP比重過大，經濟負債率偏高，違約風險較大，都處於經濟結構調整和轉型初期，整體上抗風險能力較弱等等。在對美貿易戰中，中國相對處於弱勢地位。

但中國國情與三十年前的日本迥然不同，面臨外部環境也與過去大相逕庭，中美關係與中日關係的性質更存在本質區別。只要中國應對得當，穩紮穩打，將會最終贏得這場「戰爭」。

經濟全球化、一體化進程經過了三十年的發展，早已形成你中有我、我中有你的融合格局。以「非歧視性原則」、「公平貿易原則」、「透明度原則」為核心的WTO準則已是全球共識，捍衛自由貿易秩序、維護多邊體制是國際社會共同呼聲。美大開歷史倒車，只會更加孤立。隨着貿易戰持續擴大，國際社會勢將形成「反貿戰統一戰線」，齊聲對美說「不」。

　　而中美關係與中日關係更在本質不同。作爲二戰戰敗國，日經濟是美一手扶持起來的，在政治上要依賴美，在軍事上人靠美保護，反映在經濟上必然是對美妥協。實際上，從美決定向日開刀那一刻起，勝負格局已定。而中美關係是平等的大國關係，所有應對決策都將根據自身民族利益和需要自主作出，無需看任何人眼色。

　　中方一直主張在互利共贏基礎上發展與各國友好關係，既不謀求世界霸權，也不搞以強凌弱，已形成一個全方位、多層次、寬領域的「朋友圈」。中國外交布局可在相當大程度上化解美貿易戰的衝擊和影響。更爲重要的是，中國擁有十四億人口、尚未完全開發的龐大市場，這是任何國家都無法比擬的優勢。近年來，中國經濟正在向內部消費轉型，承受貿戰衝擊的能力已大幅提升。中國只要做好自己，任何戰爭都不會對其構成致命威脅。

　　中國不會成「日本第二」，但從不拒絕以史爲鑒。日本失敗敎訓也是一筆財富，對中國應對貿戰定有所啓迪。

2018年7月10日

半島生變：是朝出爾反爾？還是美一廂情願？

「特金會」後朝美雙方的第一次高層接觸不歡而散。雙方對外表態存在巨大「溫差」，美卿蓬佩奧稱「在幾乎核心問題上取得進展」，但朝卻批美提出了「強盜性要求」，對會談結果表示「極其憂慮」。從美卿此訪未獲金正恩接見，及雙方南轅北轍評價來看，蓬佩奧今年的第三次朝鮮之行以失敗告終。

如此結果，實際上在蓬佩奧先前就已初露端倪。當時，美國家安全事務助理博爾頓對外放風，稱美已制訂了一項計劃，要朝在一年之內解除其核武器和彈道導彈計劃，並將磋商該計劃作爲蓬佩奧訪朝的中心任務。現在看來，蓬佩奧的確就是懷揣這份時間表赴朝，囊中確無他物。

難怪朝方震怒，一年「棄核」方案實際上是差點令「特金會」泡湯的「利比亞模式」翻版，甚至比「利比亞模式」更激進、更急於求成。近一段時間以來，關於朝「棄核」時間表流傳有多種版本，既有特朗普「大爆炸」式「一次性」速成「棄核」，也有朝方在六個月內把一些核彈頭、洲際導彈和其他核物質運到海外，美把朝從「支恐」黑名單中刪除的交換棄核，還有蓬佩奧談到過的在兩年至兩年半時間裏，即在特朗普四年總統任期結束前獻禮式「棄核」。對林林總總的傳聞，朝方無論是官方、還是民間均無任何回應，這份緘默實際上是在正告美方，解決朝核問題沒那麼簡單，這些方案都不可行。

在「特金會」聯合聲明中，朝方雖再次確認「板門店宣言」，承諾爲朝鮮半島完全無核化努力，但若將此簡化爲朝單方面、無條件「棄核」就大錯特錯了。聲明中的「努力」是雙向的、長期的，美勿心存朝「繳械投

降」的幻想。朝一直主張，半島無核化要「分階段，同步走」，不僅朝制訂「棄核」時間表，美同樣要顯示誠意，相向而行，拿出補償及安全保障的時間表。但美卻只求速戰速決，強調「全面、可核查、不可逆」棄核，並在此前繼續維持制裁。這才是雙方最大分歧，蓬佩奧此次訪朝不僅未拉近雙方距離，反令朝更加憂慮。

至於特朗普將朝對美批評歸咎於中國，稱中國對朝發揮了負面影響，並將此與中美貿易戰聯繫起來，更屬荒唐。外交部發言人明確談到，中方在半島問題上立場是一貫的，並將繼續做出貢獻。而在中美貿易戰上，究竟是誰講誠信、有擔當、負責任，誰出爾反爾、輕諾寡信，則是一目了然。

半島生變，不在朝出爾反爾，而在美一廂情願。朝在評價蓬佩奧訪問結果時談到，此次高級別會談，不僅未能加強朝美間的信任，反而造成可能動搖朝方無核化意願的危險局面。想必美方已聽清了其中傳出的不祥之兆。

2018年7月11日

應對美貿易霸凌升級　國際社會應攜手共進

　　就在美首批五百億美元加稅清單還未完全實施之際，特朗普政府打出了升級摩擦的「第二張牌」。美貿易代表辦公室公布了對額外二千億美元中國輸美產品加徵百分之十關稅的清單。五百億加上兩千億，美對華貿易戰的「標的」已升至二千五百億美元，這在人類文明史上絕無僅有。中國商務部、外交部齊發聲「將作出必要反制，堅決維護自身合法權益」，同時，還呼籲國際社會共同努力，共同維護自由貿易規則和多邊貿易體制，共同反對貿易霸凌主義。

　　從美向中國打響貿易戰第一槍起，中方就已明確指出，美方是在向全世界開火，也是向自己開火。中方既是為自己核心利益而戰，也是在為世界多邊秩序而戰。不必懷疑中方意志和決心。中方已做好萬全應對，商務部日前已出台對在貿易戰中受損企業的紓困措施，相關組合政策也在完善之中，力求將自身損失降至最低。更無需擔心中方會關閉大門。中方將以更加開放的姿態迎接貿易戰，中國深化改革、擴大開放已步入快車道，今後將會跑出更大的「加速度」，開放大門只會越開越大。

　　中美貿易戰是一場持久戰，中方將集中所有優勢、智慧和力量，痛擊美「軟肋」，讓特朗普早日收手；貿易戰是一場心理戰，中方將淡定、冷靜應對，善於團結，勇於鬥爭，穩紮穩打，打出一片新天地；貿易戰也一場機遇戰，中方將開啓新一輪改革開放，將外部壓力轉化成國內經濟轉型升級的動力，推出更多惠及世界的舉措，創造更多助力全球發展的新商機。

　　這是一場針對全世界的戰爭。在經濟全球化的今天，國際分工格局早

已實現了由產業間到產業內和企業內分布的轉化，形成「你中有我、我中有你」的全球產業鏈，某一商品或服務價值的實現分工精細，環環相扣，牽一髮而動全身。美貿易戰打擊全球產業鏈，一損俱損，沒人能獨善其身；美貿易戰開創了違反國際規則的惡劣先例。從《一九四七年關稅貿易總協定》，到《馬拉喀什建立世界貿易組織協定》，自由貿易和多邊規則體系來之不易，是現代國際貿易的基石和核心。這是人類文明發展的重要成果，是全球貿易不容侵犯的準則。美逆歷史潮流而動，強推單邊主義，將令世界進入無序狀態，進而威脅全球經濟復甦，沒人能置身度外。

中美貿易戰，「是一場單邊主義與多邊主義、保護主義與自由主義，強權與規則之戰」。在這場正義與非正義的殊死較量中，任何明哲保身、聽之任之、「口惠而實不至」的行為，都是對美陰謀的縱容和支持，而任何乘人之危、落井下石、「在背後打冷槍」的行徑，更是對全球利益的出賣和背叛。中國已站在狙擊貿易戰的前沿，將發揮中流砥柱作用。相信每一個講誠信、負責任的國家，都能認清這場戰爭的實質，擔負起國際義務，「站在歷史正確的一邊」，與中方一道，合力擊退這股時代逆流。

2018年7月12日

美要朝「向越南學習」背後的陰謀

美卿蓬佩奧結束了其履新後的首次亞洲行，雖先後到了朝、日、越三國，但朝鮮之行當屬重中之重，說服朝接受美方制訂的「棄核」計劃是此行主要目的。蓬佩奧顯然未能完成特朗普交辦的任務。朝方「強盜性要求」、「極其憂慮」的評價，反映出其在朝遭遇的尷尬。在朝鮮碰壁後，蓬佩奧在越南對朝發出「向越南學習」的呼籲，雖未聞朝方回應，但此番言論肯定不會給朝沮喪的心理帶來快感。

也許感到自己身輕言微，蓬佩奧在對金正恩的喊話中搬出了特朗普，稱在朝鮮「複製越南模式」，是特朗普總統的意思。美希望朝效法越南，與美締結起夥伴關係，從而「走上同樣繁榮的道路」，「給朝鮮帶來奇跡」。蓬佩奧不經意間爆出美方又一重大政策規劃。對待朝鮮，「棄核」只是第一步，下一步將解決朝政權、制度和內外政策走向，與美建立緊密型夥伴關係是重點。只是半島無核化第一步還沒着落，就想邁第二步，替朝「規劃」未來，美實在過於着急了。

越南與「美帝」打了幾十年，突然成了美號召學習的「亞洲樣板」，成爲「一個國家跟隨美國以求得自身發展的」成功「模式」和「道路」，這是對歷史的莫大嘲諷，恐怕連越南自己也感到受之有愧。

美要朝向越南學習，最看重的是中越關係矛盾的一面。冷戰結束後，越南實行改革開放，與美關係實現了正常化。越美建交二十幾年來，兩國關係進展迅速，雙邊貿易從零開始到現在已突破四百億美元。去年年底，特朗普到訪，兩國簽署了總額爲一百二十億美元的經貿合作協議。最引人矚目的是兩國軍事合作的長足進展。自奧巴馬政府實行「重返亞太」戰略

以來，越美軍事互動進入「蜜月期」，美不僅全面取消了對越軍售禁令，大幅提升美售越武器水平，還邀越參加旨在打造南海對華包圍圈的環太軍演，美軍航母時隔四十三年「重返」越南峴港。越在南海問題上為美所用，成為美制華、遏華的一顆「棋子」。

但美忽略了中越合作的一面。就政治層面，中越政治互信程度高，高層交往頻繁。越方認同中方構建人類命運共同體的外交理念，支持中方在國際和地區事務中發揮更大作用。就經貿合作，中越雙邊貿易額高達千億美元，中國是越第一大出口國、第一大資金來源國，這是美不可替代的。即便在雙方有衝突的南海問題上，雙方也都主張通過談判協商和平解決爭端。越南力求在中美間搞平衡，左右逢源，以爭取保障利益最大化，不會輕易站向美一邊。

美企圖借挑撥中越關係來離間中朝關係，是冷戰思維的表現，是注定不可能得逞的。

2018 年 7 月 13 日

美土「經濟戰」將引發地緣政治格局變化

上周，美對北約盟友土耳其突然發難，宣布對從土進口的鋼鋁關稅提高一倍至百分之五十和百分之二十。作為反擊，土方於十五日對從美進口的部分產品大幅加重關稅，涉及汽車、酒精飲料、煙草產品、化妝品等等。美土經濟戰正式開打，勢對全球及地區形勢產生深遠影響。

土總統埃爾多安將此次危機定性為美「背後捅刀」的「政治陰謀」，指其「目的是要土耳其在所有領域投降」，矢言在「對抗經濟敵人的國家戰爭」中，土不會屈服，更不會投降。埃爾多安威脅斷絕與美國的夥伴關係，表示將通過轉向新市場、新合作夥伴及新聯盟來打贏這場「經濟戰」。

美土「交戰」，再次印證了國際關係中那句老話：世界上沒有永恆的朋友，沒有永恆的敵人，只有永恆的利益。土耳其是美在中東地區的重要盟友，也是北約中唯一的伊斯蘭國家。土耳其坐擁橫跨歐亞大陸、並控制黑海與地中海間唯一通道的地位優勢，長期以來，一直扮演着美「打手」的角色。如今，土慘淪「棄子」，成為「美國優先」的殉葬品。

有人稱，美土「經濟戰」是「一位牧師引發的戰爭」。其實未必，美土衝突矛盾由來已久，美牧師布倫森被扣事件不過是引燃戰火的「導火索」。美土同盟實為冷戰產物，由於有共同的敵人蘇聯，土為取得西方「保護傘」，選擇了加入北約、與美結盟。冷戰結束後，蘇聯安全威脅消除，土加入北約的原始基礎弱化，土西方化進程步履維艱，與歐美齟齬不斷。美長期支持庫爾德民主聯盟黨，將其視為打擊敘利亞巴沙爾政權及ISIS武裝中堅力量。但土認為庫爾德民主聯盟與庫爾德工人黨為一丘之

貉，同是恐怖組織。在對俄關係上，美土亦漸行漸遠，在美重啓對俄制裁時，埃爾多安卻與普京惺惺相惜，不斷走近，特別是去年土決定從俄購買 S-400 導彈，令北約內首現俄製武器。

　　兩年前，土發生未遂軍事政變，土政府以涉嫌參與恐怖組織及間諜活動爲由拘捕美籍牧師布倫森。此後，美多次就釋放布倫森向土交涉遭拒，兩國關係持續惡化。如今，特朗普下定決心拿土開刀，外交風波終於演變成經濟戰，兩個「貌合神離」的盟友徹底攤牌。

　　土耳其里拉崩盤或者只是開始，許多新興市場國家可能成爲下一個倒下的多米諾骨牌。美土之「戰」不只是雙邊衝突，而具有全球意義。隨?美全球貿易戰的展開，更多地緣政治利益的契合，成爲聯合抵抗美的潛在籌碼。世界力量正在重組，全球格局正在變化，土俄伊關係走向、中土關係變化均都不可避免地打上美國烙印，值得密切關注。

2018 年 8 月 16 日

中馬關係「唱衰論」可休矣

馬來西亞總理馬哈蒂爾昨晚抵達杭州，開啓爲期五天的訪華行程。由於其一上台即叫停中方與大馬上屆政府簽署的價値達二百二十億美元的三大合作項目，並在競選期間多次抨擊中國投資，引發各界對大馬新政府外交政策走向的揣測及中馬關係未來走向的憂慮，馬哈蒂爾此行備受關注。

九十三歲馬哈蒂爾是大馬政壇老將，也是一位頗具爭議的政治領袖。上世紀八、九十年代，馬哈蒂爾擔任政府總理，領導國家實現了經濟騰飛，令大馬成功躋身「亞洲四小虎」，被稱爲馬來西亞現代化的工程師。與此同時，其權威式領導方式及裙帶式工作作風廣受質疑。中國對馬哈蒂爾並不陌生，在位期間曾七次訪華，對發展中馬關係作出重要貢獻，曾被習近平主席稱爲「中國人民的老朋友」。

未來的中馬關係走向何方？馬哈蒂爾訪華本身就已說明了一切。馬哈蒂爾在再度就任大馬總理三個月，即把出訪目的地定在中國，中國也成爲其訪問的首個非東盟國家。此訪將爲中馬合作帶來更多確定性，令中馬關係惡化的「悲觀論」不攻自破，也令某些西方國家挑撥離間的陰謀破產。

馬哈蒂爾以九十多歲高齡重返政壇，顯示出其超凡的能力。遠離大馬最高權力十五年，馬哈蒂爾的首要任務是重塑權威。其對原總理納吉布的清算及對原政府政策的抨擊等等，都是爲了重塑權威，展示出新政府的新氣象。叫停中資項目旣有經濟考慮，也與大馬國內政治因素息息相關。馬哈蒂爾執政的核心是減少公共債務，中馬合作項目難免會受到衝擊。

但即便馬哈蒂爾在使用最嚴厲措辭抨擊中國投資時，也從未說過要廢止中資項目，更未在對華關係上作出戰略轉變的意思表示。相反，馬哈蒂

爾一再強調中馬關係的重要性，表示歡迎中國公司來馬投資。在中馬三大合作項目上，大馬新政府也只是暫停，未來將與中方展開協商。遺憾的是，某些西方媒體出於政治目的，無限放大馬哈蒂爾的「競選語言」和兩國技術層面的爭議，刻意忽略了中馬戰略層面合作的穩定性、可持續性，向外界傳遞出中馬關係倒退的不實信號。

大可不必對中馬未來過於擔心。馬哈蒂爾本人一向崇尚亞洲價值觀，主張區域一體化，特別是東亞一體化，早在上世紀九十年代中就已提出「泛亞鐵路計劃」。大馬新政府施政重點是發展本國經濟，中國是大馬第一大貿易夥伴，也是其第一大外國遊客來源國，與中國的合作對大馬經濟意義重大。中馬經濟互補性強，雙方在「一帶一路」框架內的合作尚有相當大未被挖掘的潛力。

中馬合作項目的一些波折，並不是觀察兩國關係的風向標，「唱衰論」可休矣。

2018年8月18日

誰將添補美土交惡的眞空？

美土反目，如狂泄的里拉般一路下行，已接近「斷裂點」。昨天發生的美駐土使館槍擊事件，是土民衆反美情緒的宣泄，美土關係雪上加霜。

有人稱，美土關係將是「鬥而不破」，美不會把佔盡地緣政治優勢的盟友推向對手懷抱，雙方不會「分道揚鑣」。但現實是，經歷了此輪制裁與反制裁，美土關係已傷筋動骨，全國近半GDP瞬間被蒸發的土耳其，不會原諒美「背後捅刀」的「政治陰謀」，從官方到民間反美情緒高漲，美土關係再難回到從前。

誰將添補美土關係惡化的眞空？別指望歐洲。歐洲與土經貿關係密切，土耳其金融動盪，歐洲也受到波及。但總體看，這一風險在可控範圍內，歐洲對事態發展多持觀望態度。歐洲自身也處於困難時期，即使有意出手相助，但也能力有限。近年來，土與歐洲關係並不好，其複雜程度並不亞於美土關係，特別是雙方因難民問題屢爆衝突，歐洲實在沒有調和美土矛盾的政治意願。

土總統埃爾多安威脅斷絕與美國的夥伴關係，表示將通過轉向新市場、新合作夥伴及新聯盟來打贏這場「經濟戰」。土可能的盟友與夥伴包括俄羅斯、伊朗、烏克蘭、中國等，埃爾多安表示將以本國貨幣與這些國家進行貿易。由此可見，土已日漸把目光集中到新興市場國家，期望以此爲突破口，打破美的封鎖與制裁。

土對美最大的地緣政治籌碼是其獨特的地理位置。土直接控制出入黑海的博斯普魯斯海峽，扼守俄黑海艦隊出入地中海的唯一通道。如果失去土耳其，美將再也無法通過土牽制俄。土外交重點的轉移，將改寫歐亞政

治格局，將引發新一輪大國博弈，美、俄、伊等國均會被牽涉其中。從這個意義上講，美土交惡或是引發地緣政治力量重組的一場大變革的前奏。

許多人對土與潛在新盟友的關係並不看好。土與俄近期雖不斷走近，但土作爲北約成員國與俄戰略利益存在尖銳衝突，兩國信任基礎薄弱。土耳其與伊朗同爲中東大國，土對伊坐大心懷芥蒂，兩國在敘利亞問題上的立場分歧巨大。中土關係則更爲複雜，過去半個多世紀土不斷給中國製造麻煩，迄今爲止，土仍是東突分裂勢力盤據的大本營之一。

但應當看到，當前世界的最大威脅來自美國。由美一手挑起的貿易戰正在破壞現存國際規則和秩序，正在把世界經濟拖入衰退的深淵。由於自身基礎薄弱，新興市場國家在與美的對抗中處於弱勢地位，土里拉之災或成爲一張多米諾骨牌，在新興市場引發連鎖反應。面對共同威脅，新興市場國家惟有求同存異、抱團取暖，方可把損失降至最低。

2018 年 8 月 21 日

特朗普「更衰的日子」還在後頭

美多家媒體把八月二十一日稱爲特朗普「總統任期中最糟糕的一天」。一個小時之內，兩位鐵桿親信——前私人律師科恩和前競選經理馬納福特被雙雙定罪，特朗普說自己「很悲傷」。對馬納福特被定罪，他稱與己毫無關係，而對科恩認罪，他揮揮手轉身離開，拒絕回答任何問題，無奈之外還是無奈。

科恩與馬納福特是「通俄門」調查的兩個關鍵人物。目前，兩人皆被判定爲金融犯罪，科恩承認違反美國競選資金相關法律、逃稅和銀行詐騙等罪名，馬納福特被裁定犯有五起稅務詐騙、兩起銀行詐騙和一起隱匿海外銀行帳戶罪等「八宗罪」，但許多罪行與特朗普有關。如科恩「封口費」案，科恩當庭承認在二〇一六年夏，其按照「一名公職競選人」的指示，向丹尼爾斯等兩名艷星支付了「封口費」，對公眾隱瞞了可能對這名候選人及其選戰不利的信任。這名候選人顯然就是特朗普，科恩認罪可能給特朗普帶來法律上的大麻煩。

兩位親信栽在了「通俄門」調查上，不是第一個，也不會是最後一個。特朗普團隊如驚弓之鳥，人人自危。對此，特朗普再次搬出調查是「一場政治迫害」，是一種恥辱，不僅未起到滅火的作用，反讓更多人認爲其心虛。而馬納福特被罪名「不涉及我」的表態，是在「甩鍋」，更令其團隊軍心渙散。作爲總統，特朗普擁有赦免兩人的權利，但如果使用此項特權，可能會帶來更大的政治風險。

對特朗普而言，「通俄門」調查沒有最糟，只有更糟。由特別檢察官穆勒領銜的「通俄門」調查越來越接近事實眞相，共有三十二人被起訴，

其中五人被判有罪。對馬納福特的庭審，穆勒親臨法庭現場，頗有向特朗普示威的味道。

穆勒團隊的調查極為專業。穆勒參加過越南戰爭，做事一絲不苟，有一股「堅持到底」的韌性。其調查團隊經驗豐富、被認為具有一流職業水準。穆勒接手「通俄門」調查時，社會、媒體曾出現過其調查是否超出權限、調查過程是否存在偏見等質疑，特朗普從一開始就將此定性為「政治迫害」，並多次公開施壓，呼籲停止調查。但這一切都未能動搖穆勒一查到底的決心。面對質疑、施壓、猜測、中傷等等雜音，穆勒及其團隊始終保持沉默，用事實說話。隨着一系列黑幕被揭開，外界質疑煙消雲散，特朗普施壓也越來越蒼白無力。

「通俄門」調查會持續下去，一隻無形的「絞索」正逼向事件的幕後主謀特朗普。或被特檢傳喚，或被定罪，或面臨彈劾……一切皆有可能。特朗普最不願意看到的種種結果都在後面，讓我們拭目以待。

2018年8月23日

澳政壇殺出「黑馬」 中澳仍難「陰轉晴」

澳洲執政黨內昨天再次上演「逼宮」大戲，特恩布爾落敗。歷史總是驚人地相似，昔日曾「逼宮」阿博特、並成功取而代之的特恩布爾，今朝卻以同樣方式下台，黯然告別了其近三年的總理生涯。財長莫里森成為「黑馬」殺出，竟意外當選為自由黨新黨首，坐上了總理的寶座。

客觀講，特恩布爾在位時，對中澳關係並未做過什麼好事。剛上任時，因特是一名資深政治家，在中國話題上「思考深，有水平」，兒媳又是中國人，中方一度對其抱有期待。但現實卻大相逕庭，特執政的三年是中澳關係加速惡化的三年，當前的中澳關係被認為是三十年來「最糟糕」，在中國與西方國家關係中「最差」。

這一局面是澳執政當局一手造成的。在一眾保守派別政客的鼓噪下，澳洲上演了一幕幕反華「鬧劇」，背後總導演正是特恩布爾。澳洲頻頻向中國發難，政界、媒體競相抹黑中國，「中國威脅論」、「中國滲透論」甚囂塵上。澳洲大肆渲染恐華、仇華情緒，製造寒蟬效應，炒作華商「竊取澳國家機密」，污衊中國留學生從事「間諜活動」，指責澳許多議員被中國收買。一時間，澳洲杯弓蛇影，人人自危，經貿合作擱淺，留學生紛紛撤離，中澳關係大幅後退。

究其原因，有內外兩大因素。從國內講，澳洲矛盾的對華政策折射出其「焦慮感」一方面，澳洲需要與中國經濟的合作，需要中國龐大市場。僅以去年為例，澳洲對華出口額為七百四十五億美元，進口四百九十二億美元，順差高達二百五十三億美元，同比增長超六成。沒有中國，澳洲將出現近二百億美元的貿易逆差。作為澳洲出口支撐的鐵礦石絕大部分運到

了中國，且澳方擁有完全定價權。另一方面，澳對迅猛增長的中國心存恐懼與不安，特別是擔心中國投資威脅到澳洲國家安全。於是才有了特恩布爾「澳洲人民站起來了」匪夷所思的言論，也不斷出現「中國經濟侵略論」、「中國干預澳洲政治論」等等。

就外部因素而言，最重要的還是美國和中美關係。在中美爆發貿易戰、矛盾尖銳化背景下，作爲美最可靠盟友，澳洲表現更積極、更活躍、更激進。這在南海問題上特別明顯，澳洲已成爲美制衡中國的急先鋒。

特恩布爾雖然下台，但制約澳對華政策的內外因素均未變，中澳關係依然「危」大於「機」。新總理莫里森如何處理對華關係，尙不得而知。但中方已注意到，這匹「黑馬」過去一直視中國企業爲競爭對手，曾親手扼殺過中國企業在澳洲的投資和收購。就在上台的前一天，他還親自宣布，以國家安全名義禁止華爲和中興參與澳洲5G網絡建設。

2018年8月25日

一國總統不該有的吝嗇與小器

中國有句老話，叫死者爲大。旣然人已經去了，就不必要再計較過去的恩怨糾葛，一切都要以逝者爲重，讓他有尊嚴地一路走好。但身爲美國總統的特朗普，竟然連這點起碼的肚量都沒有。共和黨資深參議員麥凱恩因病去世，特朗普打破慣例，否決了白宮方面發表官方哀悼聲明的提案，代之以簡短的總統推文。此事讓人眞切感受到了美政壇的世態炎涼。

即使這條寥寥無幾的推文，也被美媒抓住把柄。在這個一句話的推文中，特朗普只對麥凱恩家人「致以最深切的慰問和敬意」，並未有對逝者的緬懷。因爲只要涉及緬懷，就不可避免地要有對功績的評價，特朗普對麥凱恩實在無話可說。

其實，有關內容在白宮事先準備好的聲明中都有。聲明中對麥凱恩在軍事方面及對參議院的貢獻給予了高度評價，並將其稱爲「英雄」。但特朗普顯然不願違心讚揚不喜歡的對手，即便是對一位逝者，也十分吝嗇。

麥凱恩是美重量級政治家，無論從其分量，還是其影響，絕對配得上那份未發出的白宮聲明。越戰時，麥凱恩在執行任務時被俘，曾被關押長達五年半時間。這段傳奇經歷成就了麥凱恩，成爲其開啓政治生涯的資本，其仕途從亞利桑那州議員到聯邦議員，一路順遂。麥凱恩兩度競選總統，一次在二〇〇〇年黨內初選時敗給了小布什，一次是在二〇〇八年敗給了民主黨人奧巴馬。

雖同爲共和黨人，但麥凱恩與特朗普關係很僵。黨內預選時，特朗普就對麥凱恩在越戰中被俘十分不屑，認爲這算不上「英雄」。特朗普上台後，曾力推取消奧巴馬的醫保計劃，並公開讚賞俄總統普京是眞正的領

袖，均引起了麥凱恩的強烈不滿，兩人矛盾更加公開化。麥凱恩批評特朗普的自我主義，暗指其正使美國走向「不成熟的、虛假的民族主義」。當得知自己將不久於人世，麥凱恩曾親自告訴白宮，不希望特朗普出席他的葬禮。特朗普拒發白宮聲明，也算是遵行了麥凱恩的遺囑，兩人真可謂「鬥到死」。

美政壇與媒體卻比特朗普大度得多。前總統奧巴馬、小布什、克林頓等均發表了熱情洋溢的緬懷之詞，悼念這位「真正的美國人」、「特立獨行的鬥士」、「崇高理想的守護者」。美主流媒體也把麥凱恩稱為「真正的英雄」，他的逝世標誌着「國家高於一切」美國時代的結束。美多地降半旗，悼念麥凱恩。

今年年初，特朗普曾作過一次精神狀態認知評估測試，並取得滿分的「完美」成績。不過，特朗普在麥凱恩去世一事上的處理實在不高明，與一位大國總統應有的胸懷明顯不稱。

2018年8月28日

特朗普「諉過」中國太荒唐

對特朗普的「善變」，全世界早已見怪不怪。在朝鮮問題上，特朗普再次把這一秉性發揮到了極致。二十日，特朗普還信誓旦旦講「很可能」再次面見金正恩。然而，話音未落，四天後的二十四日，特朗普突然變卦，叫停了國務卿蓬佩奧的朝鮮之行，令朝核問題生變，美朝關係驟然緊張。

對於此次變故，特朗普在推文中給出的理由是，朝方在半島無核化上沒有取得足夠進展。的確，「特金會」後，朝方在「棄核」上並未有任何新舉動，而美情報機構近來還發現，朝仍在繼續秘密研發其核武器和彈道導彈。特朗普倍感「挫折」。

但朝官媒卻另有說法。在美宣布取消國務卿訪朝幾天後，朝《勞動新聞》罕有發聲，指美表面上尋求對話，暗地裏卻秘密軍演，駐日美軍特種部隊仍在搞襲擊平壤的演習。

美朝會晤「流產」其實早有預兆。新加坡「特金會」，雙方僅原則性強調《板門店宣言》關於半島無核化的政策宣示，特朗普並未從金正恩那裏拿到其心儀已久的「棄核」時間表，影響美朝關係的最大隱患並未排除。蓬佩奧七月份訪朝以失敗告終，美朝關係已響起警報。從美卿訪朝未獲金正恩接見，外界已明顯感覺到了雙方關係的寒意。此後，雙方對會談結果南轅北轍的評價更印證了這一猜測。蓬佩奧稱「在幾乎所有核心問題上取得進展」，但朝卻批美提出了「強盜性要求」，對會談結果表示「極其憂慮」。朝方震怒事出有因，美卿此行說白了就是「勸降之旅」，懷裏只揣着華府擬訂的朝「棄核」時間表，自己卻沒有任何相向而行的舉措，

放誰身上也不可能接受。蓬佩奧離境時，已預示其很難再次踏足朝鮮。

　　美朝關係已然生變，特朗普竟未能從中嗅出一些「異味」，只能怪自己太過麻木。但特朗普未必是後知後覺。美中期選舉日益臨近，特朗普太想靠「解決了朝核問題」拿分，太想美朝關係取得實質突破，把新加坡峰會的熱絡延續下去，以至於無視此後出現的種種警號，一廂情願地活在自己營造的虛無世界裏。

　　對於失敗，特朗普從不在自身找原因，而是要卸責，找人「背鍋」。像上次蓬佩奧訪朝失利一樣，特朗普故伎重施，又把槍口對準了中國，批評中方立場有變，由於中美爆發貿易戰，中方不再積極推動無核化進程。

　　實際上，特朗普是揣着明白裝糊塗。中方半島無核化立場及在推動半島和平進程中所發揮的建設性，世人有目共睹，特朗普心中自然有數。「形勢改善向好時不攬功，反覆曲折時不諉過」，這就是中方在半島問題上的一貫表現。特朗普「諉過」中國實在荒唐，再講話時眞該三思。

2018 年 8 月 29 日

美韓軍演重啓之日　將是半島和解歸零之時

連日來，一波三折的美朝關係驚現大逆轉。繼特朗普親自拍板，取消國務卿蓬佩奧訪朝後，防長馬蒂斯再火上澆油，進一步暗示將重啓美韓軍演。如果此言成眞，無疑是朝鮮半島局勢的大倒退，今年以來的和解進程及取得所有和平成果將一夜歸零，戰爭陰霾或重新降臨。

馬蒂斯在新聞發布會上稱，美暫停原定與韓聯合舉行的幾項主要軍事演習，是爲了落實美朝領導人新加坡會晤成果而採取的善意舉措，目前，美方沒有計劃暫停其他軍演。言外之意，如果美方「善舉」換不來平壤「棄核」，美將中止「暫停」，重啓軍演。

無論從理據上，還是從邏輯上，美方威脅都是站不住腳的。迄今爲止，暫停聯合軍演是美對朝作出的唯一「善意舉措」，應當被理解成是美對朝終止彈道導彈試射及核試驗的「善意回應」。儘管美方不願承認，半島客觀上達成中方一直倡導的「雙暫停」局面。下一步，雙方理應相向而行，雙軌並進，相互採取降低半島緊張的舉措，令半島逐步走向無核化目標。

如果美方把暫停軍演與朝方「棄核」掛鈎，想通過這一「善意」舉措一步達至無核化終極目標，未免太天眞了。朝方一直將美韓軍演視爲國家安全重大威脅，在朝並未有新挑釁行動情況下，美若重啓軍演，必將引起朝方強烈反彈。面對再次降臨的美軍事威脅，平壤恐不得不放棄工作重心轉移的戰略決策，重操「核武」舊業，恢復已中止的核計劃，半島一切和平成果都將付諸東流。經歷過「和平努力卻被證明失敗」的半島將陷入新一輪危機，後果可能比以前更嚴重。

　　美方在暗示重啓軍演的同時，似乎並未完全關閉談判大門。馬蒂斯在新聞發布會上點到即止，並未披露重啓軍演的時間和具體計劃。蓬佩奧也在同一天發表聲明，稱只有朝鮮履行在美朝領導人新加坡會晤做出的「棄核」承諾，美也準備好同朝繼續對話，訪朝計劃雖被推遲，但美仍準備與朝接觸。這些表態，與其說是美展示柔軟身段，不如說是向朝發出強硬通牒，是另類「極限施壓」，旨在逼迫朝接受美方條件。很明顯，朝方很難滿足華府要價、按美方案「棄核」。

　　韓國是否能制止這場危機？當獲悉美朝會晤流產時，韓不無遺憾地表示，美方決定是「不幸的」，並宣稱籌備中的文在寅訪朝計劃不變。但美方變卦將使朝韓喪失對話基礎，不可能不嚴重衝擊「文金會」。如果美方執意重啓聯合軍演，作為盟友的韓國恐無力回天。韓方一語雙關地強調，盟國目標是努力在朝鮮半島無核化方面取得「實質性進展」。這話顯然是在給平壤上眼藥，施壓朝方採取新的「棄核」行動。

2018 年 8 月 30 日

政壇醜聞何以無阻安倍「晉三」？

　　距本月二十日正式投票還有十天，日自民黨總裁選舉已進入倒計時。如果不出意外，現任首相安倍晉三將擊敗對手石破茂，再次問鼎黨魁寶座，並三度連任首相。目前看，「兩雄對決」的懸念僅在於，安倍在選舉中是「小勝」，還是「壓倒性勝利」。

　　安倍曾在二〇〇六年至二〇〇七年間擔任過日本首相，二〇一二年「二進宮」已屬於不易。二〇一六年，自民黨修改黨章，將總裁任期從「兩屆六年」延長至「三屆九年」，為安倍長期掌權掃清了黨內制度障礙。如果此番成功獲得連任，安倍則不僅打破日政壇「一年一換相」的政壇魔咒，還有望成為日在位時間最長的首相，在歷史上留下濃重的一筆。

　　還在半年前，安倍醜聞纏身，支持率暴跌，選情遠未像今天這樣樂觀。森友學院的「地價門」、財務省的「改件門」、自衛隊的「瞞報門」、加計學園的「徇私門」、強推「野蠻法案」等等，樁樁事件鬧得滿城風雨，件件真相令百姓瞠目結舌，其中不僅牽涉到安倍本人，還涉及其夫人和多位內閣要員。一再發酵的醜聞讓安倍傷透了腦筋，強硬應對重創其誠信。反對黨藉機窮追猛打，黨內各路諸侯蠢蠢欲動，欲取而代之，下台傳言甚囂塵上，連任更是撲朔迷離。

　　但醜聞並未能壓倒安倍。及時推出幾隻「替罪羊」，並作出誠懇道歉狀，安倍幾招下來，竟穩住了陣腳，當宣布「我決定以自民黨總裁和首相身份再領導日本三年」時，已是穩操勝券。

　　安倍能夠順利過關，並非是其絕頂聰明，而是在野黨的軟弱。以上醜聞任何一樁放在政客身上，都足以令其身敗名裂。但在安倍身上卻屢屢失

效，在野黨在這場「大決戰」中一敗塗地，射出的一支支利箭均被化解。

日本百姓對當今政壇看得似乎比職業政客都清楚，「大家都在批判安倍政權，但自民黨仍然在位就是因爲在野黨無能」。日本傳統意義的在野黨是民主黨，二〇〇九年，民衆給了其一次表現的機會，但結果卻令人大失所望。民主黨一上台就演出了一齣「購島」鬧劇，令中日關係跌入谷底，內政、經濟上毫無建樹，只三年時間就怨聲載道，在一片反對聲中下台。此後，民主黨更是群龍無首，一蹶不振，被戲稱爲「迷途中的在野黨」。安倍二次連任後，民主黨曾發動過多輪「阻擊戰」，但都是雷聲大、雨點小，社會反響甚至不如執政黨內的反安倍力量。

安倍的成功，源於在野黨的孱弱。在野黨失去了對執政黨監督、制衡的職能，造就了畸形的日式民主。這是日本政壇現實，但並非是國民幸事。假以時日，當安倍「獨大」變成安倍「獨裁」時，民衆只能自品苦果。

2018 年 9 月 11 日

特朗普大張旗鼓捉「內鬼」得不償失

《紐時》一篇批特匿名文章如重磅炸彈，不僅在美社會激起千層浪，更把本不平靜的白宮攪翻了天。特朗普怒不可遏，誓要揪出暗藏「深喉」。一時間，一場「捉鬼」大戲如火如荼地上演，白宮內人人自危，氣氛肅殺。

其實，《紐時》的這篇「驚世之作」並無太了不起的「內幕」。爆料集中在三點：其一列出特朗普性格和執政特點，指其「沒有原則性，決策魯莽」，批其「反媒體」、「反貿易」、「反民主」，領導風格「急躁、小器、無效」等；其二，白宮官員對總統正作出「沉默的抵抗」；其三，白宮內曾考慮過彈劾總統。如此「內幕」，社會上早有流傳，比這要激烈得多，尚不至於令特朗普大動肝火。真正讓特朗普無法容忍的是身邊人「最嚴重背叛」，其第一時間對匿名高官「謀反」的定性，道出了其中要害。

誰是這名「謀反者」？美媒列出一份十三人名單，其中包括白宮法律顧問麥加恩、國家情報總監柯茨、總統顧問康威、白宮幕僚長凱利、司法部長賽申斯、國防部長馬蒂斯、副總統彭斯、美駐聯合國大使黑莉等等，甚至連第一夫人梅拉尼婭和特朗普女兒伊萬卡、女婿庫什納都在列。這份長長的「嫌疑人」名單不是總統家人，就是其鐵桿追隨者，無一不是總統最信任的「紅人」。臥榻之側有「內鬼」，特朗普豈能鼾睡。

美主流媒體與特朗普一向不睦，不排除所列名單有謀略的成分。但被點名者卻猶如驚弓之鳥，紛紛站出來澄清自己，向特朗普表忠心。彭斯旁徵博引，詳盡論述自己與此事無關。庫什納懷疑凱利是「匿名者」，想藉

機「清君側」，剷除異己。白宮上下惶惶不可終日，唯恐總統突然把「不忠」與「背叛」的帽子戴在自己頭上。

特朗普如此興師動眾地查「內鬼」實在得不償失。行動本身從一個側面證實了「爆料」的真實性，印證白宮內勾心鬥角的現狀；白宮高官為求自保而相互攻擊，會嚴重削弱總統團隊的執政力，令特朗普更加孤立；如果特朗普堅持徹查到底，以此為契機進行大清洗，引發美政壇動盪。

特朗普貴為總統，手握 FBI、CIA 特工部門，執掌司法部等要害機關，調查一起泄密案，可謂小菜一碟。但時至今日，真相依然撲朔迷離。究其原因，並非職能部門能力不濟，而是陽奉陰違的「懈怠者」大有人在。

要說「內鬼」，《火與怒》、《恐懼》的作者都是「內鬼」。只要特朗普在，白宮內仍會有「內鬼」不斷出現。與其大張旗鼓地查「內鬼」，不如反思「內鬼」出現的原因，給團隊一份凝聚力。「內鬼」層出不窮，團隊眾叛親離，特朗普總統當到這個份上，實在可憐。

2018 年 9 月 12 日

中俄撐起東北亞和平發展一片藍天

在俄遠東符拉迪沃斯托克舉行的第四屆東方經濟論壇上，首次與會的中國國家主席習近平發表了題爲《共享遠東發展機遇開創東北亞美好新未來》的致辭，爲深化中俄關係、開創東北亞美好未來提出了明確的「中國方案」，描繪了清晰可行的路線圖。

習主席此訪是中國年內又一次重大外交行動，意涵豐富，影響深遠。習主席在致辭中提出四點主張：其一增進互信，維護地區和平安寧；其二深化合作，實現各國互利共贏；其三互學互鑒，鞏固人民傳統友誼；第四着眼長遠，實現綜合協調發展。在當今世界深刻變革的大背景下，中方的政策宣示無疑會引領區域合作方向，開創互利共贏新前景。這不僅會帶動中俄關係再上新台階，也將爲東北亞地區和平與發展注入新動力。

遠東，是指俄西伯利亞中東部地區，總面積達六百二十二萬平方公里。這裏資源豐富、氣候惡劣，地廣人稀，一直是俄發展的「雞肋」。蘇聯解體後，俄曾一度奉行親西方「一邊倒」的對外政策，遠東成爲被遺忘的角落，分離主義傾向嚴重。俄與西方短暫的「蜜月期」結束後，俄開始重視東方，將政策調整爲東西方並重的「雙頭鷹」外交。但由於遠東地區基礎薄弱，再加上東北亞形勢動蕩不安，遠東發展一直未見有大的起色。

近年來，俄因烏克蘭問題被西方聯手制裁，俄與美歐關係迅速惡化，西部壓力增大，遠東地區戰略意義迅速上升，俄作出了「向東看」的長期戰略抉擇。二〇一五年，普京親自倡議舉辦東方經濟論壇，聚焦遠東合作與發展，俄東向的步伐明顯加快。

當前，遠東發展面臨前所未有的歷史機遇。由於朝核問題降溫，東北

亞地區形勢趨於穩定，地區內各國關係出現改善跡象；中、俄、韓、日、蒙等國均推出各自發展戰略，其中有許多利益契合點，可在遠東地區實現有效對接；更爲重要的是中俄合作的引領和示範效應。中俄高度重視遠東合作，深入開展共建「一帶一路」與歐亞經濟聯盟對接，積極探索並推動包括「冰上絲路」在內的一系列戰略合作，積極打造新增長點，兩國在遠東的合作展現出巨大的生命力和廣闊的前景。

習近平主席此訪，進一步密切了中俄元首交往，提升了戰略協作水平，傳承了中俄世代友好，續寫了人民交往佳話，深化了中俄利益交融，激發了地方合作潛力，引領了區域合作方向，開創了互利共贏前景，是一次務實精準高效的「點穴式」訪問，成果豐碩。

國務委員兼外交部長王毅在談到習主席此訪時，用到唐代詩人李賀的著名詩句「東方風來滿眼春」。的確，遠東大合作、大發展的春天已經來臨，值此美單邊主義、保護主義肆虐、全球貿易戰烽煙四起、世界形勢錯綜複雜的多事之秋，中俄共同撐起的遠東區域一體化這片「滿眼春色」的藍天彌足珍貴。

這是一種示範，更是一種示警。

2018年9月13日

從普京「怠慢」安倍看俄日關係

常言道，滷水點豆腐，一物降一物。俄羅斯總統普京似乎生來是日本首相安倍的「剋星」。安倍對見普京是又想又怕，只因每次會面帶來的不是驚喜，而是尷尬。東方經濟論壇上的「普安會」顯然又未能按照日方的腳本發展，安倍被「放鴿子」，不僅在賓館苦等兩個半小時，還被面斥「天真」，心中着實不爽。

兩個半小時，足足一百五十分鐘，普京姍姍來遲，顯然有比會見安倍更重要的「公務要處理」。兩人尚未謀面，普京已給了安倍一個下馬威。

但更令安倍心寒的還在後面。也許急於兌現臨行前「希望在各領域推進日俄關係，爲締結和平條約與解決北方四島問題切實向前邁進」的諾言，安倍開門見山點題，想將普京一軍。普京也不含糊，用大家都能理解的「白話」：簽和平條約，可以，但不設任何先決條件，要歸回領土，「太天真」。換成「外交語言」，雖然柔和了些，譬如，「和平協議問題雙方討論了幾十年，認爲一夜間就可以解決，這比較天真」，再如，俄「願意俄日兩國滿意和兩國人民都能接受的解決方案」等等。安倍不會聽不出其中的弦外音，會晤鐵定又泡湯了。

普京「怠慢」安倍已經不是第一次。二〇一六年普京訪日，專機比原計劃晚到三個小時，逼得安倍不得不臨時決定去父親墓地拜謁。去年四月，兩人在莫斯科舉行會談，普京又讓安倍空等了半個小時。今年五月，普京再次姍姍來遲，把到訪的安倍涼了四十八分鐘。至於臨時取消記者會，變更記者會提問環節，拒絕日方贈送秋田犬，當安倍誇誇其談時，普京不耐煩的玩弄鉛筆等等，更是屢見不鮮。再看安倍，每次見普京都是如

履薄冰、如臨深淵，甚至要顛起腳來，一路小跑。

屈指算來，安倍上台五年，已和普京見了二十二次。每當俄有大活動，安倍必到場，只要在多邊場合有機會，安倍必爭取。目的只有一個，那就是領土回歸。為此，安倍不惜自降身段，甚至甘冒得罪美國的風險。只求普京看在「私交」的面上，能網開一面，在領土問題上鬆口，成就其樹碑立傳的夢想。只是結果與期待總是大相逕庭，俄不僅寸步不讓，反而在相關海域頻繁軍演，俄總理梅德韋傑夫還多次登島視察，向日示威。多場磋商下來，俄還是那句不斷重複的老話：投資、經合，歡迎，領土免談。

當前的俄日關係，就如同普京對安倍的「怠慢」。俄高高在上，頤指氣使，日亦步亦趨，委曲求全。說到北方四島，普京還是那句至理名言：俄領土雖大，但沒有一寸是多餘的。安倍任內解決領土問題的夢想實在難圓，俄日關係難有突破。

2018 年 9 月 13 日

朝韓「事實終戰」 美不可視而不見

第三次「文金會」的成果，如會晤過程一樣，高潮迭起，令人振奮。訪問尚未結束，即傳出雙方發表了「平壤共同宣言」，青瓦台方面不無興奮的指出，這標誌着韓朝「事實上宣布戰爭狀態結束」。

爲何是「事實終戰」？一九五三年七月二十六日，歷時兩年之久的朝鮮談判完全達成協議，二十七日，簽字儀式在開城板門店舉行，由中、朝及美代表「聯合國軍」三方在協定上簽字。六十餘年來，維持半島和平的只是「停戰協定」，而非「和平協議」，半島理論上仍處於戰爭狀態。朝韓宣布「事實終戰」，明顯是在敦促美方認淸現實，早日簽署和平協議。

這正是文在寅此行的主要目的。當前，美朝關係膠着，向好、向壞的可能性都均存在。上個月，特朗普突然宣布取消國務卿蓬佩奧訪朝，但朝方力避局勢進一步惡化，努力挽救美朝會談。金正恩親自致信特朗普，表示會信守新加坡會晤所作出的承諾。本月初，朝舉行建國七十周年慶典閱兵，洲際導彈並未出現，以避免刺激美國。朝方舉措贏得特朗普稱讚，表示年內第二次「特金會」依然可期。

韓方十分珍惜當前的半島和解，即使美朝間出現變故，依然第一時間表示不會影響文在寅訪朝計劃。文在寅顯然已把自己當成美朝間的「說客」，雙方關係波折越多，「說客」的作用就越大。儘管韓朝間也有許多雙邊議題要談，但爭取朝方在無核化上作出更多承諾、讓美朝重啓談判，是其平壤行的首要任務。

文在寅的目的似乎達到了。朝方表明，有意拆除寧邊核設施，把無核化推進到實踐階段，並爲朝韓互不侵犯提供制度保障。華府密切關注「文

金會」進展，希望會談能促進實現「有意義且可核實的」無核化目標。對會談結果美官方尚無正式回應，但特朗普已發推文稱「令人振奮」。

比特朗普更「振奮」的當屬文在寅。與國內民意支持率大幅下挫形成鮮明對比的是，文在寅在平壤受到了熱捧，找回了自信。一下飛機，就有金正恩到機場親迎的意外驚喜。迎接使用了最高級別的禮賓曲，朝鮮人民軍尊其為「總統閣下」。文金共乘敞篷車，兩邊是數萬手舞「統一旗」的歡迎隊伍。文在寅感謝金正恩「開創新時代」，金正恩稱讚文在寅是「特金會」成功舉辦的「功臣」。文在寅曾多次表示希望攀登長白山，金正恩說「我來幫你實現夢想」，兩人臨時決定改變行程，共登長白山。

放在去年，如此場面是不可想像的。作為同一民族，朝韓已「事實終戰」，實現了「大和解」。這是半島前所未有的劇變，美不可對此視而不見。半島僵局如何破解，球又回到美國手中。

2018 年 9 月 20 日

中日關係「機」中有「危」喜憂參半

日本首相安倍在昨天進行的自民黨總裁選舉中，擊敗對手石破茂，成功連任。若不出意外，已四度出任自民黨總裁的安倍，將在首相大位上一直坐到二〇二一年，創下在位時間最長的歷史紀錄。在可預見的未來，安倍仍將是左右中日關係走向的關鍵人物。

安倍已開啓其新的三年任期。十月上旬，安倍將進行內閣改組和黨內高層人事調整，十月下旬將開啓今年外交的重頭戲——訪華。對此訪，中日雙方均抱有很高期望。安倍表示「非常期待」，對改善中日關係有信心。中方同樣希望，在中日和平友好條約締結四十周年之際，兩國關係能夠穩中有進，得到更大發展，以共同擔負起責任，為維護世界和地區和平穩定和發展繁榮發揮建設性作用。

安倍訪華，是近期兩國關係改善勢頭的延續。近年來，中日兩國齟齬不斷，關係不斷惡化，曾一度劍拔弩張。兩個世界主要經濟體和地區大國水火不容，有悖兩國人民根本利益，不符合飛速變化國際形勢的需要，雙方皆有改善關係的願望，並把今年定為中日重返正軌的「機遇之年」。

去年十一月，習近平主席在越南峴港會見安倍，雙方明確定下中日關係走向新階段的基調。今年五月，李克強總理訪日，中日關係重回正常軌道。本月十二日，習近平主席在俄東方經濟論壇上再見安倍，以更廣闊的國際視野和更明確的合作基調，重新定位中日關係，對雙邊關係及東北亞地區穩定均釋放了積極信號。兩國高層頻繁互動有助於釋疑解惑，增加互信，為推動兩國合作奠定了基礎。

還應該看到，中日關係改善有外部因素的驅動。特朗普上台後，奉行

單邊主義和貿易保護主義，大開歷史倒車。中國已被拖入貿易戰烈火之中，加徵關稅的「大棒」即將落在日本頭上，其鋼鋁產品、汽車等面臨美關稅懲罰。反對貿易保護主義，維護以世界貿易組織為核心的自由貿易體制，推動建設開放型世界經濟，是中日兩國的共同訴求。面對美在貿易領域的倒行逆施，中日相互借重、抱團取暖的需求上升。同時，半島局勢降溫、中韓關係改善、韓日關係惡化，東北亞形勢出現重大變化，日圍華、遏華為核心的「安倍外交」已寸步難行，改善對華關係願望更加迫切。

　　過去阻礙中日關係發展的因素雖然退居次要地位，但並未消除。習近平主席在會見安倍時，特別提醒日方恪守並遵循中日間四個政治文件，妥善處理好歷史、台灣問題，建設性管控分歧。這顯然是意有所指。未來，影響兩國友好的障礙還可能發酵，中日關係改善始終受困於動力不足和雜音干擾，可謂「機」中有「危」、喜憂參半。

2018 年 9 月 21 日

朝韓民族大和解寓意非凡影響深遠

　　第三次「文金會」圓滿落幕，其喧囂熱烈的氣氛與陰晴不定的美朝關係形成巨大反差。有媒體在評價此次會晤成果時稱，「九月平壤共同宣言」在多個層面超越了「板門店宣言」抽象內容，樹立了「不可逆轉的」半島和平里程碑。

　　此言有眞實的一面。四月份的「板門店宣言」只有三點內容，主要涉及全面改善雙邊關係、緩和半島軍事緊張、消除戰爭風險及實現半島無核化並構建永久性和平機制等內容，一些具體措施主要集中在高級別會談、設立共同聯絡事務所、開通熱線等機制構建上。南北領導人第一次會見，就能達成如此共識，實屬不易。相對四個多月前，南北雙方尚處於劍拔弩張的對峙狀態，這一成果更加珍貴。

　　「九月平壤共同宣言」在此基礎上更進一步。內容已拓展到六大項十四小項，涵蓋消除實質性戰爭危險和根本性敵對關係、採取實質性措施擴大交流合作、從根本上解決離散家屬問題、推動將半島變成無核家園的實質性進展、推進各領域合作交流、向世界展示朝鮮民族氣概等廣泛領域。其中更包括年內舉行東、西海岸鐵路、公路連接及現代化項目開工典禮、共同參加二〇二〇年奧運比賽、共同申辦二〇三二年奧運、平壤藝術團十月訪首爾、永久廢棄寧邊核設施等具體內容。「宣言」有合作項目，有時間表，爲發展南北關係作出了具體規劃。

　　但比「宣言」更有看頭的是峰會的活動安排。用通用禮儀迎賓，朝展現了與國際接軌的開放姿態；放低身段打破神秘，金正恩塑造了親民形象；共登「民族聖山」，南北共同宣示民族大和解的決心。「文金會」所

有活動環節，都明確向外界傳遞出朝韓同族同宗、永不再戰的信號。

朝韓間也曾有過「蜜月期」。從二○○○年至二○○八年，韓前總統金大中、盧武鉉對朝實行「陽光政策」，南北關係回暖，交流頻繁，其熱度不亞於當下。但由於美國干預、韓國變天，南北關係重回緊張對峙。

半島能否樹起「不可逆轉的」和平里程碑，關鍵還看美國。朝之所以努力渲染營造民族大和解，主要目的是要拉住韓，希望無論無核化進展如何都能穩住南北關係，避免戰爭風險。同時，期待韓在美朝會談中發揮更大作用，影響華府決策。

朝韓民族大和解意義非凡，影響深遠。理論上講，這意味着朝鮮威脅已消除，「和平協議」簽署順理成章，美軍事存在已無必要。但這將使美亞太政策失去一個重要着力點，動搖美外交的基礎。儘管特朗普對「文金會」成果表示「振奮」，但相對於美對朝戰略部署，首爾的步子邁得還是大了些。

2018 年 9 月 22 日

伊朗「顏色革命」：美國人一家的「獨角戲」

已有幾年沒聽到了「顏色革命」了，若不是朱利安尼的一席話，人們已漸漸淡忘。不知是刻意安排，還是出現口誤，這位特朗普的私人律師突然爆出，美對伊朗實施的制裁正在發生作用，並將導致一場「成功革命」，最終結果就是將伊朗政府推翻。

有人稱朱氏是「豬一樣的隊友」，竟把「主人」只可意會、不可言傳的「底牌」和盤托出，令美在伊朗的終極目標完全曝光。朱氏是特朗普團隊核心成員，時常扮演特朗普「代言人」角色，許多講話實際上就是總統的意思。特朗普被「隊友」出賣。

但朱氏言論不過是描述了事實，並不值得大驚小怪。特朗普對伊朗「終極目標」並不是什麼秘密，其未必會因「目標」曝光而尷尬。伊朗一直被美視為戰略對手，特朗普還沒上任就威脅對伊朗動手，上任後更是一刻也未停止對伊朗的打壓。特別是今年五月，美宣布退出伊核協議，並恢復最嚴厲制裁，致使美伊關係徹底決裂。朱氏言論只是說明，特朗普並不關心什麼核不擴散，而是以此為藉口，建立一個完全聽命於自己的「傀儡政權」。

實際上，美對伊朗的「顏色革命」從未停止過。十幾年前，當美在獨聯體國家的「顏色革命」相繼得手時，伊朗就被視為下一個目標。國會為此還於二〇〇七年專門通過了一項總額為四億美元的預算，用於兩年後伊朗的「政權更迭」。美對二〇〇九年利用伊朗選舉實現政權更迭進行了充分準備，從物色代理人、否定選舉結果、策動社會騷亂，到推翻內賈德政府及最高領袖哈梅內伊、建立過渡政府，之後重建君主體制，美國務院、

中央情報局、全國民主基金會等明、暗機構全程參與，要一勞永逸地解決伊朗問題。但伊朗民眾並未上當，美國陰謀功虧一簣。「阿拉伯之春」在中東、北非風起雲湧時，美也曾試圖把火燒向伊朗，但也未能得逞。

去年底今年初，伊朗社會改革引起民眾不滿，多地爆發示威。特朗普異常興奮，連發六條推文「聲援」，稱「壓迫性的政權不會被永遠忍受」，「是時候政變了」。但事態並未按特朗普「思路」發展，動蕩很快平息。

伊朗是當今世界為數不多的政教合一國家，民眾對宗教領袖的擁戴與生俱來，堪比天高。伊朗全國是單一的什葉派信仰，歷史上就一直扮演什葉派對抗遜尼派的關鍵角色，民眾團結，抗壓能力強。美在伊朗策動「顏色革命」基礎薄弱。

美執意退出各方歷盡千辛萬苦達成的伊核協議，引起包括歐洲在內的國際社會強烈反對。正如美制裁無人響應一樣，對伊「顏色革命」也注定是美國一家的「獨角戲」，絕無成功的可能。

2018年9月25日

從兩張網紅照片說起……

　　第七十三屆聯大即將在紐約舉行，各國領導人雲集美國，都想藉此機會拜會一下特朗普，就雙邊關係探一下口風。近日，有兩張照片在網絡爆紅，不僅沖淡了會晤主題，還差點引起外交糾紛。

　　一張是特朗普與波蘭總統杜達的合照。特朗普端坐在辦公桌後面的椅子上，一臉嚴肅，主人範兒十足。而杜達則站在桌角，彎腰抬首，卑躬屈膝，露出「尷尬而不失禮貌」的微笑。另一張是特朗普見安倍。特朗普「癱坐」在沙發上，翹着二郎腿在說話，樣子若在家裏，十分隨意。而安倍則是正襟危坐，身體前傾，目光「誠摯認眞」地注視着對方，像是匯報完工作，聆聽上司訓示。

　　兩張照片人物不同，談話議題各異，但有一個共同特點，就是特朗普唯我獨尊，「老大」的優越感十足。相形之下，波、日都像是前來朝聖的「小弟」，在主人面前，誠惶誠恐，不知所措。兩張照片尊卑有序，一目了然，既有違基本的外交禮儀，也有悖起碼的待客之道，令人反感。

　　照片的出現並非偶然。波、日都是有求於美而來，會晤時當然不可能盛氣凌人，不經意間就會表現出奴顏婢膝、低三下四。安倍臨行前發推文，把見特朗普作爲此行的主要任務，將傳遞朝核問題、導彈問題，特別是「綁架問題」的重要性。換言之，雖屢次碰壁，日還想在介入半島問題上作最後一博，期待特朗普能念及「舊情」而格外「開恩」。

　　波蘭有求於美的事更大些。爲了應對俄羅斯威脅，杜達試圖說服美在波建立永久性軍事基地，承諾出資二十億美元，並將基地命名爲「特朗普堡」，促美早作決策。特朗普是生意人，對俄及普京心存好感，說服特朗

普定要費不少口舌，任務艱巨，姿態就只能是低些，再低些。

對安倍向特朗普「匯報工作」，日民眾早已見怪不怪。美日本來就不是平等的同盟關係，日到美聆聽指示也順理成章。過去，特朗普沒少拿安倍開涮，第一次見面握手時就把安倍握得表情詭異；一起打高爾夫，安倍不慎跌落坑中，特朗普不管不顧飄然離去……被特朗普怠慢之事例不勝枚舉，安倍不計較，日本民眾也一笑了之。

但波蘭顯然不像日本這般「大度」。照片發布後，波蘭國內炸了鍋，社會上下一致譴責特朗普嚴重侵犯了波蘭人的民族尊嚴，羞辱了國家。曾獲得諾貝爾和平獎的波蘭前總統瓦文薩，貼出一張自己與特朗普照片，批杜達令國家蒙羞。

其實，與特朗普打交道，還真得有點國家大義和民族氣節。「美國第一」、「白人至上」，已滲透到特朗普骨子裏，從其與各國領導人「握手」開始，特朗普與全世界的角力就已開始。一味地放低身段、委屈求全，只會強化特朗普的優越感，想得到的東西一件也要不來。

2018年9月26日

特朗普的「自嘲」與黑莉的「馬屁」

官場上，一位「無知無畏」的上司周圍，總會有一批阿諛奉承的「馬屁精」。這批人善於察顏觀色，見風使舵，忽悠得上司如墜雲海，不辨東西。特朗普的班子正是這樣一隊人馬。

特朗普日前在聯大演講時，曾遭遇到尷尬一幕。一開場，特朗普就自吹自擂，誇其政府在不到兩年時間內取得了「非比尋常的成就」，「超過美國歷史上任何一屆政府」，會場內發出一片哄笑。特朗普顯然未料到會出現這種結果，隨即自我解嘲道，「沒想到會有這種反應，但沒關係」。

當着一百三十多位國家領導人的面被嘲，這事放在誰身上，都會覺得很沒面子。惟特朗普無所謂，事後還小幽一默，稱此笑非「嘲笑」，是大家陪着他一起笑，「我們都很開心」，並斥有關報道是「假新聞」。

美常駐聯合國代表黑莉更「幽默」，指觀眾發笑是喜歡特朗普的「坦誠」，「這是大家從沒有見過的，現場發笑是表示尊重」。想必特朗普聞聽此言會非常開心，黑莉對現場發出的笑聲作出了最合其心意的詮釋。

事實真如黑莉所說的「大家都喜歡和他在一起」嗎？看看現場的氣氛便一目了然。本來，特朗普帶着夫人、兒子、女兒等一大家子姍姍來遲，就已引起眾人反感，一上台又自我吹噓，就更令人不舒服。不過，這還不是最「可笑」和地方，在隨後的發言中，特朗普罵伊朗「支恐」，罵中國「竊取知識產權」，罵歐佩克「佔美國便宜」，罵國際刑事法院「沒有合法性」，罵全球化侵犯主權……凡是令特朗普感到不爽的，都罵了個遍，核心只有一點——「美國優先」。

特朗普選擇在聯大推銷「美國優先」，是找錯了地方。各國領導人的

發言與特朗普南轅北轍。伊朗總統魯哈尼斥美只信奉威權主義，「欠缺智慧」，其「做法無視基本倫理和國際法」。巴西總統特梅爾稱，全球正遭孤立主義籠罩。法國總統馬克龍批「強權就是公理」，斷言民族主義注定失敗，呼籲人們反對孤立主義。南非總統拉馬福薩呼籲，各國應合力阻止削弱全球主義。聯合國秘書長古特雷斯抨擊民粹主義抬頭，號召維護多邊主義。各國雖鮮有直接點美國大名，但大家都心知肚明。說特朗普被「圍剿」一點都不為過。黑莉若將此稱為「尊重」和「喜歡」，只能說是智力出了問題。

　　這並不奇怪。特朗普的白宮班底早已不是一個健康的團隊，稍微有點性格的人，不是辭職，就是被炒，剩下的都是絕對效忠的利益小人。特朗普不僅在國際上被孤立，在白宮也成了「馬屁精」環繞的孤家寡人。常言道，忠言逆耳利於其行，可惜，特朗普聽不到了。

2018 年 9 月 28 日

批華干預美選舉「特式幽默」實在不可笑

凡有特朗普的地方，就不乏「笑料」。繼聯大演講被「群嘲」和「圍攻」後，特朗普又製造出另一單「笑料」。在安理會討論「防止大規模殺傷性武器擴散」時，特朗普再次任性地「放飛自我」，從伊核問題突然「跳」到了中國，指責中國干預美中期選舉，儼然把中方貿易反擊也列入了「核不擴散」範疇。

真得佩服特朗普天馬行空般的想像力。主題轉換，如行雲流水般順暢，言論率性，從不用過腦子。在批評中國時，特朗普沒有忘記把自己打扮成「美國英雄」，自誇是「在貿易上挑戰中國的第一個總統」，因而中國一直試圖干預美十一月即將舉行的選舉，「不想讓我或我們贏得選舉」。

干涉別國內政，是全世界公認的「美國專利」，當特朗普把這頂帽子扣到中國頭上時，中國人不適應，國際社會也十分詫異。有中國網友驚嘆，干涉美國內政，厲害了，我的國！外界都注意到，會場內的中國國務委員兼外長王毅做了一個聳肩動作，對此言論也感突兀。隨後，王毅當場回懟，稱「中國歷來堅持不干涉內政原則，呼籲其他國家也能恪守聯合國憲章的宗旨，不得干涉別的國家內政」。不知美敢不敢響應中方號召。

特朗普的「結論」毫無「證據」支撐，完全建立在其顛倒因果、邏輯混亂的「推理」上。如果把中國的反制解讀為「干預選舉」，那麼，美對中國的貿易懲罰措施又將如何定性？其他國家對美同樣反制，為何未能獲此「殊榮」？不要忘記，正是特朗普不講誠信、出爾反爾，率先對華打響第一槍，中國才被迫進行自衛反擊。中方早就告誡，貿易戰損人害己，呼

籲雙方通過談判解決摩擦。惟特朗普一意孤行，中方才不得不奉陪。

「通俄門」調查讓特朗普患上「迫害妄想症」，隨着調查持續深入，特朗普的病情也在不斷加重。為了盡快甩掉這塊燙手山芋，特朗普採取過多種手段，過去主要是用「罷官」、利誘，以效忠相逼，近期又愛上了「甩鍋」，圖移花接木，轉移焦點。

特朗普早想把「通俄門」調查之火引至中國頭上，藉機炒熱「中國威脅論」，使人們淡化並忘記「通俄」話題。八月六日，特朗普稱，在干涉美國內政上，除俄羅斯外，還有中國和朝鮮。八月十八日，特朗普發推，提醒「所有關心俄羅斯的傻瓜們」去「關注另一個方向，即中國」。現在的「干涉選舉論」，與特朗普過去的伎倆如出一轍。

喜不喜歡特朗普，是美國人自己的事。中方應對策略很簡單：兵來將擋，水來土掩。奉勸特朗普別再拿中國開涮，因為，從荒唐的「特式幽默」中，實在找不到「笑點」。

2018年9月29日

特朗普對金正恩「示愛」暗藏殺機

美近期對朝外交循兩條「戰線」同時展開：一是第二次「特金會」似乎萬事俱備，只欠東風，特朗普為營造熱烈氣氛，對金正恩大尺度「示愛」，稱兩人在來來回回交往中「墜入愛河」；二是美與中俄在安理會上的激烈交鋒，美主張繼續對朝制裁，並不點名呼籲中俄「樹立榜樣」，而中俄則主張啓動制裁的「可逆條款」，鼓勵朝在無核化上邁出更大步伐。

兩條「戰線」一熱一冷，立場相左，使人霧裏看花，不知美玩的是什麼把戲，看不懂特朗普如何應對朝核問題。

倒是朝副外相李勇浩在聯大發言一語道破天機：如果美不採取增強互信的「相應舉措」，朝方將不會率先、單方面銷毀核武器。他進一步指出，「只有那些不懂我們的人，才會認為制裁能讓我們屈服」。朝《勞動新聞》也發表署名評論文章，批評美在尋求與朝對話的同時，卻不放鬆對朝制裁，這是自相矛盾的做法。文章指出，制裁打壓對朝行不通，呼籲美認清形勢，做出正確選擇。

從朝官方及媒體透出的信息來看，平壤對美方伎倆認識是清楚的，總統特朗普與國務卿蓬佩奧這齣「雙簧」演得並不精彩，未能令平壤上當。

放在一年前，絕難想像特朗普會在大庭廣眾之下對朝公開「示愛」。當時，特朗普以美總統身份首次在聯大亮相，在談到朝鮮時，特朗普稱金正恩是「火箭人」，搞武器是「自取滅亡」，罵平壤是一個「墮落的政權」，甚至放出狠話，如果被迫捍衛自身及其盟友利益，美將別無選擇，只能徹底摧毀朝鮮。今年的聯大，特朗普態度出現一百八十度大轉彎，大讚金正恩「非常開放，非常優秀」，並自誇若不是他當選，美朝早已開

戰。特朗普相信，朝鮮未來將採取更多棄核措施，並格外寬宏大量地表示，不想在朝無核化上捲入「時間遊戲」，若需要兩、三年時間，他並不介意。看似不經意，特朗普實際上已對朝棄核劃定美方所能容忍的最後期限。

在日前弗吉尼亞州一拉票演講中，特朗普把與金正恩的「友誼」升到極致，稱他給我寫了一封情意滿滿的信，一封「極佳的信」，「我們相愛了」。特朗普如此「秀恩愛」，明顯是針對據傳將於十月底舉行的第二次峰會。換言之，既然我特朗普已把「友誼」談到「愛河」的份上，你金正恩總得有所表示吧。

但「情愛」顯然解決不了朝核問題。美依然力主維持制裁，並拒絕了朝關於發表終戰宣言的提議，「極限施壓」立場未有絲毫軟化。看來，除了廉價的「高帽」外，特朗普並未給金正恩準備什麼像樣的「見面禮」，第二次「特金會」能否成功？美朝關係能否打破僵局？仍有相當大的不確定性。

2018年10月2日

三分天災七分人禍 印尼慘劇教訓深刻

　　印尼強震和海嘯已過去四天，但由此引發的波瀾仍如餘震般在發酵。最新數字顯示，災難已造成一千二百三十四人遇難，因震央一些地區仍處於失聯狀態，預計傷亡人數仍會大幅增加。海灘上死傷枕藉，城市變成廢墟，災區滿目瘡痍，宛如人間地獄。

　　這本是一場可以避免的悲劇。前有二○○四年造成二十多萬人死亡印度洋大海嘯的慘痛經歷，後有為應對海嘯而建立的最先進預警系統，如果印尼政府能夠認真吸取教訓，亡羊補牢，就不會有今天這幅悲慘畫面。參與海嘯預警系統研發的美匹茲堡大學專家康福特不無遺憾地說：「這是科學的悲劇，更是印尼人民的悲劇。」

　　印尼氣象部門在發布海嘯預警三十四分鐘後解除警報，六厘米波濤最後變成六米高驚濤駭浪，已足以令人震驚。但比這更可怕的是，海嘯預警系統完全失靈，海面二十二個浮標全部「停擺」，這個號稱可在一至三分鐘內發出準確預警的先進系統，不僅未發出任何有用信息，反而誤導了民眾，讓許多人失去了逃生機會。

　　但把災難歸咎於技術並不公平。二○○四年印度洋後，印尼斥資一點三億美元建立了一個全新海嘯預警系統，並於二○○八年啟用。二○一二年蘇門答臘島附近海域發生八點五級地震，預警中心根據監測浮標傳送的信號和數據，作出浪高不超過八十厘米、在五十分鐘後衝擊海岸的準確預測。結果證明，數值完全正確，該系統通過了投入使用以來的首次檢驗。有科學家甚至用「完美響應」形容系統準確性。民眾也想當然地認為，有了這樣一個預警系統，就如同進了保險箱，從此再不會有海嘯威脅了。

　　問題顯然出在使用預警系統的人身上。二〇一六年，蘇門答臘島附近曾發生一起強震，所有浮標或遭人為破壞、或因出現故障都沒有正常工作，預警系統已向人類「示警」，但印尼政府對此置若罔聞。直到此次災難發生前，海面浮標因等待一項約合五十餘萬港幣的海底光纜撥款而被擱置，原因竟然是政府三部門間未能達成一致。如今，災難已經發生，印尼不得不要花費不知多少倍於此項撥款的代價來償還這筆「孽債」。

　　印尼慘劇，正是三分天災，七分人禍。雖然並無證據顯示，印尼此次強震踏板海嘯與氣候變化有關，但事件同樣反映出人與自然關係的規律。沒有對大自然的敬畏，必將受到天災的懲罰。由於全球氣候變化，人類未來將面臨更加頻繁、破壞力更大的自然災害。遺憾的是，特朗普並未認清這一趨勢，仍在同大自然開玩笑，退出巴黎協定無疑是在製造另一起「人禍」，後患無窮。屆時，不只是美國，全世界都要為其「埋單」。

2018年10月3日

美朝關係破局 蓬佩奧須放低身段

　　美國務院新聞發言人在記者會上宣布，國務卿蓬佩奧將於七日訪朝，並將會見朝最高領導人金正恩。推動半島無核化，爲第二次「特金會」鋪路，將是蓬佩奧此行的重要任務。

　　這是一次遲到的訪問。按計劃，蓬佩奧朝鮮之行應該在八月末，但在臨行前最後一刻被特朗普緊急叫停，理由是朝「在無核化上沒有取得足夠進展」。但朝方對此表現了極大的克制，一面通過各種渠道向美傳遞繼續保持高層往來的願望，金正恩還親自致信特朗普，表示會信守新加坡會晤所作出的承諾。一面繼續對美釋放善意，包括在建國七十周年慶典閱兵上不展示洲際導彈，以避免刺激美國。

　　在其後舉行的「文金會」上，南北雙方宣布「事實終戰」，展現出實現民族大和解的姿態。「九月平壤共同宣言」中還專門提到，如果美國根據「六・一二朝美共同宣言」精神，採取相應措施，朝方有誠意繼續採取永久廢棄寧邊核設施等追加措施。朝韓雙方表達出讓半島成爲無核威脅和平土地的願望，並期待實質進展。

　　但至今爲止，美方除特朗普對金正恩大秀「墜入愛河」外，並未採取任何「相應措施」。相反，與特朗普渲染的熱烈氣氛不相稱的是，美朝新一輪「攻防戰」已悄然拉開帷幕。

　　在聯合國安理會上，蓬佩奧主張繼續維持對朝制裁，稱在朝鮮半島實現可核查無核化之前，應當繼續「強力執行安理會制裁決議，保持壓力」，並呼籲中俄必須「樹立榜樣」。朝副外相李勇浩反唇相譏，「只有那些不懂我們的人，才會認爲制裁能讓我們屈服」，其明確表示，如果美

不採取增強互信的「相應舉措」，朝方將不會率先、單方面銷毀核武器。朝「勞動新聞」發表評論，指美在尋求與朝對話的同時，卻不放鬆對朝制裁，是自相矛盾的做法，呼籲美認清形勢，做出正確選擇。朝中社也發表評論稱，終戰宣言不是無核化談判籌碼，而是建立新型朝美關係和朝鮮半島和平機制最為基礎和首要的步驟。

美朝此輪攻防戰，意在互釋立場、互摸底牌，以爭取主動，增加談判籌碼。朝要求美相向而行，取消制裁，簽署和平協議，現階段至少應啓動相關談判。但美方依然以不變就萬變，冷對朝方發表「終戰宣言」的提議，在制裁上毫不鬆口。

美卿此行能否取得成果？姿態至關重要。蓬佩奧已有前車之鑒，七月訪朝時，其頤指氣使，兩手空空到了平壤，只想拿到「棄核」時間表。結果朝方對會談結果表示「極其憂慮」，美卿不僅未見到金正恩，還被批提出了「強盜性要求」。蓬佩奧此訪若不放低身段，尋求與朝平等對話，其結果仍可能是竹籃打水一場空。

2018 年 10 月 4 日

「青瓦台魔咒」與韓國「清算文化」

昨天下午，首爾中央地方法院對前總統李明博貪腐案作出一審判決，判處李明博十五年監禁，罰款一百三十億韓圜。這位七十七歲、已卸任五年的前總統，最終還是沒有逃脫「青瓦台魔咒」，今生恐再難走出牢獄。

在韓國，總統被稱為「最高危職業」。從首任總統李承晚被民眾推翻而亡命美國、客死他鄉開始，此後十六屆、十一任韓國總統無一人「善終」，或鋃鐺入獄，或遇刺身亡，或者跳崖自殺，或親屬判刑、身敗名裂，這便是恐怖的「青瓦台魔咒」。歷任總統上台伊始，都曾發誓要打破「魔咒」，但結局卻是自己又成為一個例行祭品。與其他前總統相比，李明博已算是幸運兒，下台後未被立即清算，還過了幾年好日子。

韓何以出現「青瓦台魔咒」？有風水師指，這座國家最高權力機關壓住了龍脈，觸怒了神靈。也有人指，宮殿的設計出了問題，本該金碧輝煌的大殿建得活脫脫像一座陵墓。

把「青瓦台魔咒」歸於神靈，大可不必太認真。「魔咒」的根源還得在制度設計、文化傳統中去尋找，歸根結底，是西方民主與東方文明在嫁接中出現了嚴重水土不服。在上世紀八十年代前，韓還是一個獨裁國家，軍事政變頻發，總統不是被推翻，就是被暗殺，政壇腥風血雨，令人生畏。八十年代後期，韓逐漸走向民主化，但傳統文化與習俗根深蒂固，外來的西方民主制度被牢牢打上東方烙印，進而衍生出你死我活「清算文化」。

一面是全民選舉總統，一面是權力制衡的缺失。總統贏得選舉，便一步登天，成為國家權力絕對中心，立法、司法對總統制約十分薄弱。韓五

年一屆的總統任期，導致政權更迭頻繁，左、右翼兩大對立陣營在青瓦台輪流坐莊。每當對立陣營上台時，便會對前任進行「清算」，一定要將其釘上歷史的「恥辱柱」。而前總統失去了在位時享有的豁免特權，終難逃牢獄之災。文在寅政府推動修憲改革，實行總統四年連任制，被解讀爲旨在打破「青瓦台魔咒」。但是否能夠奏效，尚難評判。

　　一面是人人平等的理念，一面是享有特權的「裙帶」和「政商」關係。韓民衆信奉儒家文化，崇尙「一人得道，雞犬升天」。前總統貪腐案被揭時，往往會牽出妻子、兒子、親屬、親信等一大批關係人，已是常態。更爲根深蒂固的是「政商一體」，財閥在韓勢力強大，三星、現代、SK及LG四大企業資產佔國家GDP百分之六十四。政界與商界形成特殊的利益共同體。韓總統不論是出身平民，還是來自名門望族，一上台便會落入這一由親屬、商人織就的關係網，無人能出污泥而不染。

2018年10月6日

「核」談破局：特朗普比金正恩更着急

美國務卿蓬佩奧對日、朝、韓、華四國的「穿梭外交」，核心議題是朝核。有分析稱，美朝雙方正在進行一筆「大交易」，即朝以廢棄、核查寧邊核設施及拆除並運出洲際導彈來換取美同意簽署終戰宣言。如今，蓬佩奧已結束訪朝，但這筆「大交易」似乎並未達成。

在蓬佩奧的訪朝日程中，只有一項內容：與金正恩會談。這一打破常規罕見做法，明顯是針對蓬佩奧七月份的第三次朝鮮之行。當時，美卿「空手而歸」，處境尷尬，不僅未獲金正恩接見，未拿到「棄核」時間表，還被批提出了「強盜性要求」，對會談結果「極其憂慮」。本計劃八月末的朝鮮之行，也在最後一刻被特朗普緊急叫停。美卿在行前以文件形式正式預告行程，是想挽回些面子。

蓬佩奧此訪成功之處在於，如願獲得了金正恩的接見。其間，兩人舉行了兩個小時的會談，隨後再進行一個半小時的午餐會。金正恩稱讚，「這是非常美好的一天，讓兩國都有一個美好的未來」。蓬佩奧也在推特上讚「會面愉快」，將繼續推動「新加坡峰會達成的協議取得進展」。

但美朝共度的「美好一天」，並未傳遞出「核」談破局的訊息，蓬佩奧在介紹相關成果語焉不詳，令人起疑。目前，有關半島無核化的最新表述是，將建立一個磋商小組，負責推進具體工作，其中並無美方夢寐以求的「時間表」。關於核設施核查，朝同意美派團核查已公開炸毀的豐溪里核試驗廠，對寧邊核設施隻字未提。對似乎看起來萬事俱備的第二次「特金會」，美國務院也只原則性表態，稱蓬佩奧與金正恩就日期和地點進行了「精挑細選」，並無任何新的宣布。蓬佩奧在向韓方通報中，也延續了

這一說法，指雙方商定盡早舉行峰會，繼續就會談時間地點進行協商。

種種跡象顯示，儘管美朝雙方營造出其樂融融的氣氛，但雙方談判似乎正原地踏步，美卿重啓「核」談、鋪路「特金會」兩大任務並未眞正落實，至於美方刻意透出的與朝「大交易」更是石沉大海，不見了蹤影。事實上，蓬佩奧在平壤只有半天時間，很難設想其能在如此短的時間內對如此複雜的問題「取得重大突破」。

外界盛傳，第二次「特金會」很可能在美中期選舉前舉行。爲了展示自己的另一次成功，特朗普比金正恩更需要這次峰會，期待其盡早舉行，甚至更願意在朝首都平壤舉行，以創造歷史，引起全球關注。

也許摸準了特朗普的脈門，金正恩已爲其畫出一張「大餅」：相信對話將出色地持續下去，朝美峰會能拿出「好計劃」。至於這張「大餅」能否充飢，特朗普無所謂，金正恩更不在乎。

2018年10月9日

邀請教皇訪問　朝展示開放形象

　　朝鮮領導人金正恩邀請教皇方濟各訪問平壤，韓聯社這則一句話新聞看似簡單，卻特別引人矚目。該社援引青瓦台發言人的話稱，韓總統文在寅將於本月十七日至十八日出訪梵蒂岡並與教皇會面，屆時會當面向方濟各轉達金正恩的口信。

　　這一「口信」是朝方發出的正式邀請？還是金正恩隨口一說？對此，平壤方面未證實，首爾也只是透露，金正恩曾在「文金會」時表示，若教皇來平壤，一定熱烈歡迎，並無更多細節。但不管怎樣，該「口信」表明，朝方在宗教問題上持開放態度。

　　若不是青瓦台發布這一訊息，人們或許根本想不到把朝鮮與羅馬教廷聯繫起來。資料顯示，朝曾於一九四八年設立官方教會「朝鮮基督教聯盟」，但與梵蒂岡互不從屬。關於朝境內天主教徒人數，最後的統計數字是一九四五年朝戰爆發前，大約五萬人，至於今天，朝方稱有三千人，韓方估計約有一萬至一萬二千人。

　　與朝不同的是，韓國卻是亞洲第一、世界第二大天主教國家。教徒人數多達五百萬之眾，佔全國總人口的一成，韓前總統金泳三、金大中、李明博等都是虔誠的天主教徒。韓教會與羅馬教廷聯繫密切，與朝方也有一定往來。二〇一四年，教皇方濟各訪韓，引起全國轟動，其在首爾舉行大型彌撒時曾呼籲南北雙方和解。去年五月份，半島戰雲密布，美朝衝突一觸即發，方濟各罕有發聲，認為美朝日益緊張的關係可能引發大規模軍事衝突，導致「相當數量的人類滅絕」。他呼籲通過第三方機構重啟外交努力，敦促聯合國發揮主導作用，並提議挪威充當調停「第三人」。

　　過去，韓方曾努力尋求敎皇在南北和解中發揮作用。一九八八年十二月，韓敎會曾試圖促成時任敎皇若望・保祿二世的飛機降落平壤，然後循陸路經板門店進入韓，抵達漢城（今首爾），但未能實現。二〇〇〇年，韓「陽光政策」令半島局勢大爲緩和，時任總統金大中歷史性北上會晤金正日，平壤繼而向敎皇發出訪問邀請，但最終也未能成事。

　　朝鮮正在發生改變，這一點連美國也看在眼裏。金正恩上台以來，雖在一段時間內不得不延續「先軍政策」，但對經濟建設傾注了大量精力。今年四月，朝鮮勞動黨七屆三中全會正式作出決定，將工作重心轉移到經濟建設上來。爲實現美朝峰會，解決核問題，朝方表現出極大耐心和克制，多次避免了局勢大逆轉的風險。

　　朝正從「神秘」中走出來，走向改革開放。邀請敎皇訪問，朝再一次展示出包容與開放形象。這種積極變化難能可貴，應得到國際社會認可與肯定。

2018 年 10 月 10 日

黑莉「出走」：前程比效忠更重要

　　儘管已醞釀了六個月，美駐聯合國大使黑莉辭職，還是來得比較突然。白宮、國務院許多高官一直被蒙在鼓裏，一時間竟不知所措。

　　黑莉緣何去職？美媒做出三種猜測：一是受強硬鷹派排擠；二是賺錢償債；三是準備殺入白宮。黑莉自己的解釋是，工作太久了，想休息一下。但越是平淡的說明，越會引發猜想。黑莉在距中期選舉前最需要人、共和黨最需要顯示團結的關鍵時刻突然「出走」，事件顯然不簡單。有一點可以肯定，黑莉辭職顯示，其對個人政治前程的設計高過對總統的效忠，在局勢尚定之際，還是離特朗普遠點爲妙，以退爲進方爲上策。

　　許多人將黑莉稱爲特朗普的「心腹愛將」，是事實。從執行力來看，黑莉無疑是特朗普「美國優先」急先鋒。黑莉在聯合國這一特殊舞台上，在朝核、伊核、巴以等問題上全力推行單邊主義立場，美退出聯合國人權理事會、教科文組織決策幕後都有其身影。作爲聯合國中的「美國代表」，黑莉艱難卻忠實地履行了自己的職責，常常出現一人舌戰群國的被動局面，受了不少委屈。特朗普對其表現是滿意並心存感激的，爲此，還專門在白宮舉辦發布會答謝。這種厚遇與 FBI 前局長科米、前國務卿蒂勒森被炒前一刻還被蒙在鼓裏形成鮮明對照。兩人愉快結盟，高興分手，關係的確不一般。

　　但黑莉顯然並不總是特朗普的「愛將」，甜情蜜意的背後是不斷擴大的裂痕。隨着鷹派人物國家安全顧問博爾頓和國務卿蓬佩奧得勢，黑莉逐漸被排斥出特朗普決策圈，甚至被一些白宮官員公開「杯葛」。黑莉選前並不是特朗普的「粉絲」，進入聯合國後，在對俄政策、禁穆令等問題上

也同白宮存在尖銳分歧。與此同時，黑莉也與單邊主義一起變成孤家寡人，在聯合國的日子越來越不好過。黑莉身心交瘁，想休息一下，也算道出了實情。

黑莉的政治生命並不會因此而畫上句號。黑莉一直被認爲是保守派年輕的中堅力量，此前已在南卡羅來納州擔任過兩任議員和兩任州長，女性和少數族裔的身份是天然優勢，常駐聯合國的經歷更是一「加分項」，黑莉的政治目標已不僅僅是議員、國安顧問或國務卿，而是時機合適時進軍白宮。在中期選舉結局未定時，黑莉果斷離開特朗普這隻「漏船」，是爲了未來更宏大的政治抱負。

相對於白宮激進鷹派，黑莉被認爲是「穩健中間派」，在決策中起到一定平衡作用。如今平衡被打破，在聯合國可能出現一位更強硬、更推崇單邊主義的美國代表，美外交或進一步右轉。

2018年10月11日

中俄朝副外長「閉門會」推動形成三方共同立場

日前，中俄朝副外長孔鉉佑、莫爾古洛夫和崔善姬在莫斯科舉行了一場三邊會談，核心議題無疑是半島無核化。由於會談發生在美卿蓬佩奧剛剛結束訪朝、第二次「特金會」密鑼緊鼓籌備之際，又是六方會談破裂後三方首次聚首，再加上是不對外開放的「閉門磋商」，外界強烈關注。有評論認為，在與特朗普會晤前，「金正恩希望從老朋友那裏獲得用以平衡華盛頓的槓桿」。

中俄朝三邊磋商，近來雖不多見，但也在意料之中。實際上，當前的美朝關係及領導人互信，既不是特朗普所稱的「墜入愛河」，也不像金正恩所說的「堅實信任」，雙方「堅冰」未完全消融。沒有多邊機制作保障及美方相向而行，任憑特朗普把好話說盡，朝方也不可能拱手「棄核」。

當前，半島無核化進程步入關鍵階段。一方面，朝方已多次表達出「棄核」的願望，並在與美接觸商談中表現出極大的耐心與克制，希望美方能採取實質步驟和相應舉措；另一方面，美方口惠而實不至，在不斷把「高帽」戴在朝鮮頭上的同時，仍單方面要求朝實現徹底、可核查、不可逆的「棄核」，並堅持繼續保持「極限施壓」和全面制裁。在這種情況下，中俄朝三邊互動，就相關政策進行「對表」，對半島和平與無核化將會起到正面的促進作用。

毋須迴避，在朝核問題上，中俄立場相同或相近。雙方均主張半島無核化及通過和平談判解決分歧。這裏，朝鮮「棄核」與美滿足其合理安全關切，同等重要，缺一不可，無論局勢如何演變，絕不容半島生戰、生亂。基於這一共同立場，中俄在六方會談框架內進行了卓有成效的合作。

去年，半島戰雲密布，衝突一觸即發，中俄「止戰」立場堅定而明確，發揮了地區和平「穩定器」的作用。

在日前舉行的安理會上，中俄就對朝制裁與美激烈交鋒。蓬佩奧堅持，在朝鮮半島完全實現可核查無核化前應繼續「強力執行安理會決議，保持壓力」。但王毅則針鋒相對地指出，制裁不是目的，主張啓動制裁的「可逆條款」，鼓勵朝及有關各方朝着無核化方向邁出更大步伐。這一主張立即得到俄外長拉夫羅夫的響應，指對平壤的限制不應成爲「集體懲罰」的一種形式，應當對朝進行獎勵，向其發出積極信號。這場衝突，是中俄朝三方基於共同利益和政策主張的自然走近，是對美強權的一次挑戰。

中俄朝三方會談，將會推動形成無核化共同立場。至於是否是爲了平衡美國，那就要看其半島政策的目的和出發點了。若眞希望半島和平，美理應歡迎三方的和平努力。但要想藉此謀求霸權，那就另當別論了。

2018 年 10 月 12 日

安倍訪華：中日關係「新發展」之路仍不平坦

　　日本首相安倍晉三將於本月二十五日至二十七日對中國進行正式訪問。儘管此訪是日本首相時隔七年正式訪華，今年又時值中日和平友好條約締結四十周年重要節點，但中方定調並不高：期待此訪能夠推動中日關係在重回正軌基礎上取得新的發展。

　　一段時間以來，中日之間高層交往和各領域交流日益增多。從這一角度看，兩國關係確已走出緊張對抗的「最低谷」，重回正軌。但影響兩國關係發展的固有因素並未消除，歷史問題、領土爭端及日當局企圖突破和平憲法等令兩國關係始終處於顛簸之中，隨時可能偏離正軌。

　　今年八月底，當中日雙方就安倍訪華達成基本共識時，中國國務委員兼外交部長王毅曾送給日方「四句話」：一要回到原點，回顧當年兩國領導人如何處理歷史和台灣問題，實現中日關係正常化，維護好兩國關係健康發展的政治基礎；二要不忘初心，牢記重建兩國人民友好的重要使命，發展兩國間持久與和平友好關係；三要重溫諾言，遵循無論日本還是中國都不在地區謀求霸權的宣示，而且共同反對任何其他國家建立這種霸權；四要與時俱進，積極拓展在節能環保、創新等領域的合作，共同推進東亞經濟共同體建設。這「四句話」指向明確，寓意深刻，是中日關係「新發展」的基礎，值得日方深思。

　　近一年來，安倍一直謀求改善中日關係。一方面，安倍的「圍華」戰略歸於破產，周邊外交寸步難行。日俄關係因領土爭端而陰晴不定，日韓關係在經歷了短暫的「蜜月期」後再陷僵局。另一方面，中國「一帶一路」倡議的迅猛推進，令日失去了許多機會，業界呼籲改善對華關係的聲

音越來越強烈。日不得不重新檢討其亞太戰略，在對華「遏制」與「接觸」中走中間路線，實行有限度的「軟接觸」。

特朗普上台後，美日關係出現了一些新變化，客觀上也促使安倍在對華政策上作出調整。當前，反全球化和貿易保護主義上升，美是否會對日發起貿易戰，前景不明，日擔心美會強壓其開放農產品等市場，突破日方堅守的「底線」。與此同時，日擔憂特朗普缺乏完整、清晰的亞太戰略，或把日拖入一場混戰和對抗。在此背景下，日對華借重的一面有所上升，穩定與中國這個世界第二大經濟體的關係重新納入日程。實際上，除政治、安全領域，中日雙方在捍衛多邊體制、貿易投資、財政金融、創新和高科技等領域仍有廣闊的合作空間，潛力巨大。

但應當看到，日對華防範、遏制的企圖始終存在。日要維護其亞太安全基石——美日聯盟，說服美重新加入亞太經濟，倡導美日主導發起一個「印太基建項目倡議」，與「一帶一路」競爭仍是其外交選項。中日關係「新發展」不可避免地會受到多方面因素干擾，未來之路注定不平坦。

2018年10月13日

白宮「走」潮洶湧　美政壇大踏步「右」行

　　俗話講，鐵打的營盤，流水的兵。如果把白宮比作「營盤」、幕僚比作「兵」的話，可以看到，特朗普的「營盤」確如「鐵打」般穩固，但新老「兵」流水一樣的交替，確實快了些，快得有點讓人目不暇接。繼美駐聯合國大使黑莉辭職後，特朗普另一位重臣、防長馬蒂斯也可能要走人了。

　　特朗普深諳「兵」與「營盤」之道，「送別」馬蒂斯時仍沒忘讚其是個「好人」。但是「兵」就要走，「他可能會離開，實際上每個人最終都會離開，因為這是華盛頓」。雖然特朗普也知道自己「最終」也會離開，卻無意讓馬蒂斯與他一起等到這一刻。

　　馬蒂斯與特朗普「將相不和」傳聞已久，能堅持到今天也算是奇跡。與一衆過早離開白宮的同僚相比，馬蒂斯為官技巧確實高明了許多。當特朗普到北約「踢館」，大罵盟友佔了美國「大便宜」、揚言要退出時，馬蒂斯在背後會默默地安撫盟友；當特朗普突然心血來潮，要組建「太空軍」時，馬蒂斯表面附和稱「完全同意總統對保護美太空資產的關切」，暗中卻「不希望另增軍種」；當特朗普一時興起，突然宣布暫停美韓軍演時，馬蒂斯「潑冷水」，勸總統不能輕信平壤。馬蒂斯行事低調，多選擇私下建言，很少公開與特朗普唱反調，讓總統大人下不來台。

　　但為特朗普效力，做「逆來順受者」易，當「陽奉陰違者」難，馬蒂斯也有馬失前蹄的時候。據一本揭露白宮內幕《恐懼：白宮中的特朗普》書中爆料，馬蒂斯對特朗普表現出「大不敬」，稱其經常「衝動地」決定內外政策，對其「小學生」般的行為及理解能力非常無奈。儘管馬蒂斯及

時公開闢謠，但特朗普還是對號入座，一語雙關地「謝謝馬蒂斯將軍」。

特朗普最講究「效忠」。正所謂「順我者昌，逆我者亡」。儘管兩人都有一個「強軍夢」，特朗普對這位軍功顯赫的四星上將也表現出了應有的敬重，但其容不得別人對自己總統權威的蔑視，更容不得令行不止、貫徹不暢。近一段時間以來，馬蒂斯已被排擠出決策圈，去職只是時間問題。

自上台以來，特朗普眾多要員已離他而去，可信任的人已所剩無幾。有的是因無法忍受其我行我素的性格，有的是與其公開唱反調，也有的是執行命令不力……真正構成特朗普核心圈的只有應招「入宮」的「家臣」，這就特朗普鐵打「營盤」的中堅。

白宮爆「走」潮，並不都是特朗普性格惹的禍。包括馬蒂斯在內的許多原幕僚都是美著名強硬人物，但隨着國安顧問博爾頓、國務卿蓬佩奧逐漸得勢，超強硬「鷹派」已代替傳統「鷹派」進入白宮決策圈，美政壇正在大踏步向「極右」邁進。

2018 年 10 月 16 日

記者命案眞相易查 美沙同盟根基難撼

兩周前，當沙特記者卡舒吉因辦理結婚文件而走進沙駐土領館時，恐怕做夢也沒有想到，自己的人生旅程會就此終結，更沒有想到會引發一場影響深遠的國際風波。隨着事態發展及活體肢解等細節不斷發酵，處於風暴中心的沙特王室和特朗普被越捲越深，美沙關係正在經歷嚴峻考驗。

事發後，特朗普表面上雖一再改口，立場搖擺，但實際上自始至終都堅定地站在沙特王權一邊。從最初「事不關己」的冷漠，到後來對土耳其搞「有罪推定」的指責，特朗普眞心不希望事件鬧大。後雖迫於內外壓力，特朗普不得不發出「嚴厲懲罰」的威脅，但仍寄希望於國務卿蓬佩奧能給其帶來些許有利的「眞相」。

特朗普何以對沙特情有獨鍾？以至於甘冒「包庇犯罪」的嫌疑及漠視人權價值觀的風險，對土耳其、歐洲盟友及全球主流媒體發起「一個人的戰爭」。有人起底，特朗普家族在沙特有巨大經濟利益，在事件中「假公濟私」。但揣測歸揣測，更重要的恐怕還是美沙關係在特朗普中東戰略中的分量。

沙特是美在中東的重要盟友。美前總統羅斯福對沙特曾說過一句名言，「保衛沙特對於保衛美國來說至關重要」。但在奧巴馬時期，美沙關係並不好。美不時指責沙特是國際恐怖組織「幕後金主」，威脅美國家安全及中東反恐。奧巴馬力促伊核協議，與伊朗關係出現緩和，對敘利亞內戰也不想深入介入，引發沙特強烈不滿。

特朗普上台後，全面否定了奧巴馬中東政策，大力強化與沙特、以色列、埃及等中東傳統盟友的關係。爲此，特朗普舉起了「反伊朗大旗」，

認爲伊朗是「地區恐怖主義和不穩定的根源」，不僅退出了伊核協議並重
啓制裁，還拉攏歐洲盟國及中東盟友組建「反伊聯盟」。爲打造美沙同
盟，特朗普將其上台後第一個外訪國家放在了沙特。至於此訪到底是爲了
特朗普私人的商業利益，還是爲了美國家安全，外界不得而知。但能把
「公」與「私」有機結合起來，也是特朗普高明之處，折射出沙特在特朗
普心中不同尋常的特殊地位。

　　當前，中東力量格局正處於深刻變革之中。「美國—以色列—沙特」
三國軸心與「俄羅斯—土耳其—伊朗」三國聯盟初步形成，中東地區出現
兩大陣營對峙局面。一旦美沙關係出現問題，力量平衡恐被打破，俄、
土、伊恐藉機坐大。這才是特朗普心中的最大政治。記者事件雖涉及人
權、民主等普世價值觀，但在特朗普戰略需求和商業利益面前，不過是
「中看不中用」的華麗詞藻。在「美國優先」大旗下，記者案眞相易查，
但美沙同盟根基恐難以撼動。

2018年10月19日

「毒丸條款」：美霸凌之手伸太長必被斬

在特朗普淫威之下，美墨加自貿協定被強行塞入一項「毒丸條款」，即三方中任何一方與非市場經濟國家達成自貿協定，則另外兩方有權退出協定。儘管協定本身並未明確「非市場化國家」的指向，但美貿易部長羅斯事後挑明，就是中國。美方明確表示，將把這一「成功做法」複製到美與其他國家談判中，即將開啓的美日、美歐和美英自貿談判，會否出現類似的「毒丸條款」，備受關注。

「毒丸條款」，是美對華貿易戰的新工具，是美對他國經濟主權的粗暴干涉，是企圖將「美國優先」凌駕於全球規則之上的狂妄之舉。很難想像，一個主權國家與他國進行自貿談判，保持正常貿易往來，要得到美國的首肯和批准。更難理解，一個屢屢編造謊言，指責他國干預其選舉的國家，在做起干預別國內政事時，竟能如此冠冕堂皇，毫無愧色。這就是今天的美國，一個把貿易霸凌發揮到極致的大國。這就是今天的特朗普，一個爲達目的而不擇手段的領袖。

加、墨是對美貿易高度依賴的國家，在美威權下「跪低」有其難處。事後，加墨均作出澄清，稱在最終文本中淡化了「毒丸條款」的措辭，相關條款不應損害主權國家的正當權益，兩國將根據自身決定推進與中國的自貿談判，發展對華關係。中國分別是加、墨第二及第四大出口市場，讓其爲迎合美國放棄與中國的合作，是不現實的。因此，儘管華府將與加、墨的談判奉爲一種「成功模式」，但其可行性受到廣泛質疑。

歐、日對華貿易額與對美旗鼓相當。且由於中國經濟一直保持高速增長，對華貿易呈現快速增長的趨勢，前景比對美更有吸引力。英國深陷

「脫歐」泥淖，內外關係均面臨大幅調整，中英已開啓的「黃金新時代」對英有巨大誘惑力。美想在對日、歐、英談判中複製「毒丸條款」將更加困難。

長期的全球化已經形成複雜的產業鏈，各國的貿易聯繫非常緊密，想讓他國爲美利益而犧牲與中國的貿易是不現實的；自貿協定的最基本的原則是雙方獲益，而非「零和遊戲」，不可能出現美單方勝出的結局；「毒丸條款」本質上是一政治條款，是美削弱中國國際地位的政治決定，難以將此強加於人；如果美執意另起爐灶，強推「毒丸條款」，最終可能出現中美各自與其他國家進行貿易的局面，出現美國標準與世界標準的兩極對立。

或許，美爲找到這樣一件對華貿戰「利器」而沾沾自喜，但這是一把傷人害己的「雙刃劍」，想讓全世界都臣服於「美國優先」只是特朗普的一廂情願。貿易霸凌之手伸太長，終難逃脫被斬結局，美還是小心些爲好。

2018 年 10 月 20 日

特朗普核武庫「玩火」或影響朝「棄核」決心

　　也許感到玩貿易戰、移民等大眾議題不過癮，特朗普莽打莽撞，竟然「玩」起了核武器，觸碰人類安全禁忌和底線。剛剛宣布要退出《中導條約》，特朗普又在白宮外對記者「放炮」，宣誓美要擴充核武器庫，直到別國「醒悟」。這裏的「別國」，主要是指中國和俄羅斯。

　　任何一個有理智的人，都不會把核武器當成「兒戲」。唯特朗普不信邪，不僅把核大國稱爲「玩遊戲的人」，還頗爲自信地稱「你玩不起，玩兒不過我」，因爲，「我們比所有人都有錢」。既然把話已經說得這麼明白，特朗普實在沒必要再去找「俄違反協議」這樣蹩腳的藉口。直接退約沒商量，何必冠冕堂皇地要談判，又假惺惺地表示「最終還是希望縮減武庫」。今天的「擴充」，是爲了以後的「縮減」，「特式邏輯」常人根本理解不了。

　　特朗普在核問題上「玩火」，影響顯而易見。《中導條約》從簽署至今已過了三十餘年，早已名存實亡，美俄近年來都在避過條約發展自己的中短程導彈項目。但該條約是核裁軍史上的重要里程碑，其存在對維護全球戰略平衡與穩定、對繼續推進核裁軍進程具有象徵意義。如今，特朗普退約，勢將引發新一輪核軍備競賽，世界恐將重返冷戰時代。

　　在特朗普的計劃中，退出《中導條約》只是開端，下一步，美將退出《削減戰略武器條約》，進而退出《不擴散核武器條約》。屆時，人類安全的基石被動搖，國際核不擴散體系被破壞，核戰爭風險將重降人間。這一點，連即將「下崗」的防長馬蒂斯都感到可怕，指無論是白宮還是國會，都對目前的形勢感到擔憂，無法預測美將走向何方。

　　《中導條約》本是美俄有的事兒，但在特朗普的「核遊戲」中國無端「躺槍」。特朗普直言，類似協議應該包括中國，其國家安全事務助理博爾頓把話挑得更明，稱美有意將《中導條約》由美俄雙邊協議轉變爲多邊協議，納入中國。對此，中方明確表達立場，退約本身將造成多方面消極影響，而拿中國說事更是錯上加錯，希望美方三思而後行。

　　雖然朝方並未就美核武威脅作出回應，但這顯然不是一件令人心情舒暢的好事。事實上，朝在發展核武的過程中，曾多次認眞考慮過「棄核」，以融入國際社會。但美在全球窮兵黷武、專橫霸道的行徑令其恐慌，從伊拉克、利比亞身上，朝不時看到自己無核化後的結局。今年以來，半島局勢緩和，朝方已多次表示出「棄核」的決心和誠意，惟美方在滿足朝方安全關切上至今無任何實質作爲。

　　特朗普發出赤裸裸的核威脅，連中俄這樣的核大國都深表擔憂，更何況生活在大國夾縫中的朝鮮。第二次「特金會」即將舉行，美現在釋放的顯然不是什麼友善訊號。

2018 年 10 月 25 日

「反華牌」蒼白無力 特朗普將越打越心虛

隨着中期選舉的臨近，美政壇颳一股強勁的反華「黑旋風」，從總統、副總統，到各級高官及媒體都披掛上陣，反華調門一浪高過一浪。爲了製造轟動效應，美甚至爆出特朗普手機遭竊聽的「八卦」。但越是聳人聽聞的消息，越是無人相信的謠言，「反華牌」打過了頭，就會適得其反，弄巧成拙。

當前，一幕幕反華「大戲」正是按照特朗普「欽定」的「劇本」發展。據美媒透露，白宮在上個月制訂了一項計劃，將打「反華牌」作爲應對中期選舉的主要策略。該計劃由特朗普親自拍板，由國家安全委員會牽頭，白宮、財政部、商務部、國防部等部門共同參與，旨在打一場大規模、跨部門的反華輿論戰，抹黑中國，煽動仇華情緒。該項行動在公共領域和私人領域同時展開，重點是揭露中國針對美中期選舉的「惡意行動」，包括黑客攻擊、選票干擾及商業竊密等等。

按照這個「劇本」，美在近一段時間以來對華展開全面施壓。從政治上，特朗普開「頭炮」，公開指責中國干預美內政，副總統彭斯緊隨其後，發表長篇「冷戰宣言」，相關職能部門將對此進行調查，並適時發布報告；經濟上，特朗普一面不斷升級對華貿易戰，一面致力聯合盟友，形成反華統一戰線，並企圖用「毒丸條款」，脅迫他國一起對華施壓；軍事上，美軍以「航行自由」爲名，頻頻在南海、台海挑起事端，對台則打「軍售牌」，挑戰一中原則；安全上，美安全部門通過對中國情報威脅的指控及對中國間諜案的揭露，製造寒蟬效應。就連本與中國無任何關聯的退出《中導條約》，特朗普也一定要扯上「中國威脅」。

　　特朗普深知中期選舉對其執政的重要性，曾不無憂慮地談到，如果共和黨人在中期選舉中失敗，他所做的一切將會被「迅速而暴力」地推翻。特朗普飽受「通俄門」調查的困擾，對「干預內政」指控的殺傷力有切身感受，曾多次嘗試把調查矛頭引向中國。白宮現在所作的一切，就是要把中國塑造成美國各領域的主要威脅。

　　但由於無任何證據支撐，特朗普手中的「反華牌」是蒼白的、無力的。美國土安全部門、FBI、國家情報總監辦公室等職能部門的所謂結論均是揣測和擔憂，並無證據支撐，而 FB、推特等網絡巨頭則明確指，迄今為止未發現中國干預美選舉的行動。至於美在貿易、南海、台海等問題上是非曲直、善惡美醜，國際社會早有判定，美不僅因砸爛一切規則而成為世界級「破壞王」，而且還因誠信盡失而走下其一直標榜的道義高地。

　　特朗普手中持有的原本就是一張打不響「反華牌」，會越打越心虛，越打越被動，最後終將是偷雞不成蝕把米，令謊言與欺騙掩蓋的陰謀大白於天下。

2018 年 10 月 26 日

堅持和平友好大方向　開創中日關係新時代

　　今年，是中日友好和平條約締結四十周年，兩國均將其視爲關係改善的「機遇之年」，希望回顧老一輩領導人締約「初心」，「回到原點」，推動中日關係再上新台階。從這一目標看，安倍此訪成果豐碩，取得了成功。

　　安倍此訪的成果體現在，兩國領導人爲中日關係明確了和平友好大方向。習近平指出，雙方要遵循中日四個政治文件確立的各項原則，堅持和平友好大方向，持續深化互利合作，推動中日關係在重回正軌基礎上得到新的發展。安倍積極回應，稱日中按照互利合作、互不構成威脅的精神，根據兩國間四個政治文件的共識推進雙邊關係。安倍此訪，是日本首相時隔七年再次訪華，本身就是中日關係的「新發展」的象徵，雙方達成密切高層及各層級交往的共識，更有助於雙方加強正面互動、增進政治互信。

　　這一成果還在於，兩國務實合作取得實質成果。安倍訪問期間，兩國企業簽署了逾五十份備忘錄，總金額高達一百八十億美元，這在貿易戰狼煙四起的今天分外耀眼。兩國還簽署了中日雙邊本幣互換協議，規模爲二千億元人民幣／三萬四千億日元，中日金融合作已邁出實質步伐。

　　此訪成果還包括，雙方在「一帶一路」建設的合作達成重要共識，兩國合作將邁向更加廣闊的舞台。過去，日方一直對中方倡導的「一帶一路」抱有戒心，儘管業界呼聲強烈，但政府方面始終未有明確態度。安倍表示，「一帶一路」是有潛力的構想，日方願同中方在廣泛領域加強合作。

　　通過此訪，中日向世界發出共同維護自由貿易的信號。習近平指出，

中日要推動區域經濟一體化，共同應對全球性挑戰，維護多邊主義，堅持自由貿易，推動建設開放型經濟。無獨有偶，就在安倍抵達北京的當天，正在廣東考察調研的習近平，在中國改革開放的前沿向全世界宣示：中國改革開放永不停步。這一擲地有聲的宣示顯然也感染了安倍，其對中國進一步擴大對外開放表示歡迎和支持，願共同為維護自由貿易作出貢獻。

當然，中日間固有矛盾並未消除，未來發展還會遇到障礙。歷史問題、台灣問題、領土爭議等敏感議題可能會干擾兩國大局；日對華政策可能還會隨美政策的變化而出現波動；由於雙方近年出現尖銳對立和競爭，兩國友好民意基礎受到嚴重破壞，民間交流亦大受影響；當前中日關係的改善雖有強勁內部驅動力，但也與美亞太政策的調整和貿易摩擦等外力有關。中日關係的發展還會受到多方面條件的掣肘。兩國領導人均談到了管控分歧、建設性處理矛盾的問題，這是將中日關係健康發展的重要條件。

應當看到，中日關係重回正軌，重現積極勢頭，來之不易，值得倍加珍惜。雙方只要始終堅定不移地把握和平友好大方向，就沒有克服不了的困難和障礙，中日關係就會有新突破、新進展，就會邁向更加成熟穩健、務實進取的未來，開創新時代。

2018 年 10 月 27 日

中期選舉後 中美關係難有奇跡發生

美中選大戰落下帷幕，民主黨時隔八年重掌眾院，而共和黨則保住了參院控制權。特朗普在這場「民意公決」中有得有失：「得」的是，並未出現兩院盡失的災難性結果，其不但在黨內站穩了腳跟，還進一步鞏固了對共和黨的控制；「失」的是，眾院淪陷，未來執政勢受到民主黨掣肘。

談到中選結果對美政策走向的影響，分析家普遍認為，特朗普在國內議題上將面臨麻煩，民主黨人可能在教育、醫保、稅收等問題上向其發難，「通俄門」調查終結後，不排除提出彈劾動議，雖然最終不會動搖其總統寶座，但也足以讓特朗普頭疼不已。但此結果對特朗普外交政策影響不大，一則眾議院本身對白宮對外決策制衡有限，二則特朗普經常通過總統令、繞過國會去實施。

就中美關係而言，奇跡不會發生。特朗普或許會出於策略考量，在中美貿易戰上稍稍降低些調門，如不再蠻橫地要對所有中國進口商品加徵關稅，甚至考慮取消部分關稅，但從長遠看，其對華強硬立場不會有實質調整，中美博弈的成分將遠大於合作。

其中一個重要原因是，民主、共和兩黨在對華政策上已形成的共識，民主黨雖奪回眾議院，但在對華政策上恐無意改變特朗普。由於民主黨一向關注人權、民主等傳統價值觀，美國會除貿易摩擦外，還可能在人權、網絡安全、台灣議題上挑起更多事端，中美關係可能面臨更大挑戰。

在發展與中國關係上，共和黨的政策更粗魯、更具攻擊性，民主黨更溫和些、更講究策略，但這只是方式、手段的不同，在維護美國霸權、遏制中國終極目標上，兩黨的本質是一致。實際上，從一九七九年中美建交

開始，美國內就存在友華、反華兩種矛盾力量，存在合作與遏制兩種對立思維，因應民主、共和兩黨輪流執政及美國內階段性不同需求，兩大力量和思維的博弈此消彼長，中美關係時好時壞。隨着中國的迅猛發展，美國內對華焦慮感日益增強，不論是民主黨，還是共和黨，在對華強硬應對上找到了共識。這是奧巴馬執政時已初現端倪，其「重返亞太」戰略獲得兩黨支持，當時在野的共和黨甚至主張以更大力度「圍堵」中國。特朗普將兩黨這一共識發揮到了極致，不僅在《國家安全戰略》和《國防戰略》中明列中國為美「戰略競爭對手」，而且還在政治、經貿、軍事等廣泛領域對華展開「全方位」應對，在強硬遏制中國上比民主黨走得更遠。

不論我們喜歡與否，中美關係正在進入一個尖銳對立、持久動盪的新時期。中美即將迎來建交四十周年，兩國關係能否重返健康發展正確軌道？前景不樂觀。

2018 年 11 月 13 日

彭斯的「使命」與APEC精神

　　一年一度的亞太經合組織（APEC）領導人峰會在巴布亞新幾內亞首都莫爾茲比港拉開帷幕。美國總統特朗普忠實踐行了三個月前做出的「不出席」承諾，改由副總統彭斯頂班。美媒分析，彭斯「帶着美國的新亞洲戰略上路」，其使命是瞄準中國，拉攏東南亞國家，實施以「美國優先」為核心的印太戰略。

　　特朗普不出席峰會，並非對此不重視，而是APEC實在不是其表演的舞台。去年APEC峴港峰會，特朗普風塵僕僕地來到現場，在這個亞太地區最高級別的經濟合作機制上硬銷「美國優先」理念。不過反響並不好，半個小時發言十提「印太」，讓人丈二和尚，摸不着頭腦，高調捍衛經濟民族主義的姿態及不再容忍長期存在的貿易舞弊行為、不會再讓美國難佔便宜的言論，帶給外界的不是欣喜，而是不安和疑慮。儘管特朗普觀點與所有與會者立場截然對立，但作為美最高領導人，其任務已經完成，該說的似乎都說了，剩下的只是如何去做。彭斯正是為落實而來。

　　說彭斯「帶着新亞洲戰略上路」，顯然言過其實。彭斯本人並沒什麼「新戰略」，就連特朗普的「印太戰略」都是日本「舶來品」。為了在奧巴馬「重返亞太」之外標新立異，特朗普搞出了個「印太戰略」，企圖強化美、日、印、澳同盟，孤立並遏制中國。彭斯此番亞洲行，旨在把更多國家拉入這一同盟，說服東南亞國家相信，較之中國，美國及盟友可以提供更好的選擇，美印太構想在經濟上和政治上更有利，承諾更實實在在。

　　實際上，彭斯「上路」，帶來的只是挑撥離間。一年來，儘管美竭盡全力推進「印太戰略」，但進展並不順利。印度作為南亞大國，並不想成

爲美遏制中國的「附庸」，在對「印太」願景表現出積極態度的同時，仍視中國爲「關鍵夥伴」。澳、日雖也有遏制中國的願望，但對特朗普出爾反爾的行事風格存在疑慮，在參與「印太戰略」上都留有後路。至於東南亞國家，對特朗普及美方承諾更多的是恐懼和質疑，眞心不願在中美間靠邊站。近年來，中國與東南亞國家關係發展迅速，雙方在「一帶一路」框架內的合作不斷擴大，有關國家基礎設施建設改善明顯。與美口惠而實不至的「空頭支票」相比，東南亞國家從與中國的合作中獲得了實實在在的好處。彭斯「離間計」注定難以得逞。

彭斯的「使命」與 APEC 的大家庭精神格格不入。APEC 因應經濟全球化、貿易投資自由化潮流而生，並爲減少區域投資貿易壁壘、加強開放的多邊貿易體制、促進成員間經濟依存與融合而存在和發展。在巴新 APEC 會場上，美國代表將會非常孤獨。

2018 年 11 月 14 日

南北熱美朝冷 半島氣氛詭異

近來，隨着第二次「特金會」話題趨冷，曾一度爆熱的朝鮮問題也漸歸於沉寂。雖然國際輿論已移情別戀，但有關各方角逐卻一刻也未停止，近期出現南北熱、美朝冷的新動向，半島氣氛詭異，前景充滿未知數。

南北雙方隔絕長達半個多世紀，對半島和平、民族和解倍加珍惜。文在寅訪朝以來，朝韓致力落實《板門店宣言》及《平壤宣言》精神，雙方交流順暢，基本未受到外力影響。

秋收季節，朝贈韓兩噸松茸，韓回贈朝二百噸柑橘，被視爲雙方謀求增進友好關係的善意之舉。朝韓軍方溝通機制運作正常，雙方簽署的《軍事領域履行協議》執行順利，各自開始拆除位於非軍事區的十個試點哨所，相關工作結束後，軍方將在十二月底互相檢查。朝韓軍方與聯合國軍司令部三方達成一致，爭取年內讓遊客和公民自由出入共同警備區。雙方已對京義線公路區間路段—開城至平壤高速路段進行了聯合考察，並正在就東海線公路聯合考察展開磋商，對漢江入海口的聯合考察也已啓動。韓方正考慮解除禁止朝韓經濟合作的「五・二四措施」，該措施是在二〇一〇年「天安艦」事件後，韓方針對朝出台的制裁。在文化方面，雙方準備重啓朝鮮語統一大辭典工作。

與南北熱絡交往形成巨大反差的是，美朝關係一波三折。不僅無核化進程及和平協議談判無任何進展，連正常磋商都難以爲繼。原計劃八日在紐約舉行的朝美高官會談被朝突然取消，理由是「改善關係與制裁是不相容的」。此次會晤是通向第二次「特金會」的關鍵一步，會晤的取消無疑給峰會蒙上陰影。儘管特朗普仍對與金正恩會晤津津樂道，但來自工作層

面的信息顯然與其期待有巨大落差。

連日來，美不斷威脅將持續「極限施壓」，朝則回應稱「那就毋須再對話」。更讓朝方難以接受的是，朝其「棄核」舉措不但沒有獲得美方更多善意回報，美韓決定重啓聯合軍演，儘管韓方解釋這只是防禦性小型軍演，但朝方仍認為其象徵意義極大，違反了朝韓簽署的停止「所有敵對行動」的協議。與以前一直秉持的克制、冷靜相比，朝方立場趨向強硬，開始重提「重啓核開發」的主張。

實際上，從美朝新加坡峰會以來，美朝關係依然在原地踏步。朝方近來的一系列行動，實際上也是向美施壓，希望美方放棄朝無條件、單方面「棄核」不切實際的幻想，盡快採取實質措施，兌現峰會承諾。

朝核問題的關鍵依然是美朝關係。目前，雙方博弈正在步入一個新階段，半島局勢持續向好、迅速惡化兩種可能均存在。究竟何去何從？美朝須三思而後行。

2018 年 11 月 15 日

彭斯乘專機「秀」南海意欲何為？

　　也許為打破「內鬼」傳言，對特朗普宣誓效忠，來新加坡參加東盟、東亞峰會的美副總統彭斯在空中演了一場「戲」。其專機未循慣常航線直接抵達，而是在南海上空兜了一圈，最近時距我南沙群島島礁只有五十公里。彭斯將這次南海「秀」視為一次「航行自由」的行動，並揚言不會被嚇倒，不會退縮，「將繼續執行航行自由任務」。

　　很明顯，這是一次有預謀、有計劃的行動。用美媒的話講，此次行動表明，美無意將該地區的影響和控制權交給北京。既然目的已經明確，彭斯又何必去尋找什麼「航行自由」的藉口，因為除了美對他國的侵犯，沒有任何人阻礙其「航行自由」。更無必要悲切切地聲稱「不會被嚇倒」，在南海海域，乃至全世界，只有美軍耀武揚威，赤裸裸恐嚇他國，宣示霸權，哪裏有別人威脅美的邏輯。

　　彭斯到底想幹什麼？其日前在接受採訪時說得很直白，只有在中國明確理解美國立場，並願意徹底改變自身行為的情況下，才能避免與美爆發冷戰，美方要求中國作出讓步的領域並非僅是貿易問題，還包括政治、軍事等等。說到底，美不惜以打「冷戰」相威脅，就是要中國在所有領域向美跪低、投降。如果把彭斯南海「秀」置於美強硬對華政策的背景下，也就不難理解這一挑釁背後的含義了。

　　中期選舉後，共和黨保住了參議院控制權，眾議院雖淪入民主黨之手，但兩黨在對華政策上已形成某種共識，預計美對華的強硬路線不會有實質調整。分析預計，特朗普在中選後將會把更多精力放在外交領域，對華是重點方向，南海是重要領域。彭斯南海「秀」既是美對華強硬政策的

延續，也是未來繼續保持這一政策的宣示。

　　另一方面，美有意藉此舉敲打其東南亞小夥伴，告誡其不要離美戰略太遠。近年來，中方大力倡導通過談判協商解決紛爭，力促將南海建成和平之海、合作之海、友誼之海，東盟各國也相向而行，南海問題已大幅降溫，已不再是地區動盪之源。「南海行為準則」的單一文本草案已經形成，李克強總理在「新加坡論壇」上鄭重承諾，中方願與東盟各國，在協商一致的基礎上，爭取未來三年完成「南海行為準則」的磋商。南海局勢的新變化令美心焦，作為「域外國家」，美越來越失去了在該地區興風作浪的基礎，名不正言不順，還屢屢受到違反國際法的指責。唯有把問題炒熱、把水攪渾，美才能坐收漁利。

　　可悲的是，彭斯南海「秀」無人點讚。如果其逆亞洲合作、融通之大潮，以挑撥離間之心參與東盟、東亞及 APEC 峰會，最後恐空手而歸。屆時，不僅面子不保，裏子也會喪失殆盡。

2018 年 11 月 16 日

美兩黨反華「共識」是怎樣煉成的？

　　美國中期選舉後，共和、民主兩黨力量對比出現了一些新變化。此結果會否對中美關係產生影響？對此，輿論界的普遍「共識」是：兩黨在對華認知和強硬應對上已達成「共識」，美對華政策預計不會有實質性調整。

　　這一「共識」表現在：中國是美主要戰略對手，對美霸權地位構成全方位、全球性挑戰；對「中國威脅」應作全力、有效應對，否則中國將在可預見的未來超越美國，成爲世界新的主導力量。這一「共識」已被華府一系列文件固定下來：白宮《國家安全戰略報告》將中國定性爲「戰略競爭對手」；五角大樓《國防戰略報告》稱美國家安全的首要關切不再是恐怖主義，而是大國之間的戰略競爭，中俄首當其衝；《核態勢報告》則將中俄一併列爲美核安全的主要威脅。而在實際應對上，「中國威脅」已超過俄，成爲美「頭號戰略對手」。

　　美兩黨反華共識的形成絕非偶然，也非一朝一夕。從一九七二年尼克松訪華，到一九七九年中美建交，兩個敵對大國因應國際形勢的變化，策略性走到一起，但美國內依然對中國意識形態懷有深深敵意，仍有強大勢力反對「共產主義中國」，支持台灣。這一認知是超越黨派界限的。

　　上世紀七十年代末、八十年代初，美從中國的改革開放看到了「自由中國」的契機，曾一度樂觀地認爲可對華分化、西化、同化，可通過「和平演變」對其進行質的改造，支持與華接觸成爲兩黨共識。但這一幻想很快破滅，取而代之的是九十年代初期對中國的報復和制裁。但隨着美歐亞盟友放鬆對華制裁，美在九十年代中期重新恢復與中國的接觸。進入本世

紀初，美藉□「九一一」事件在全球範圍內展開了一場史無前例的反恐戰爭。因應反恐戰略的需要，美對華採取了「接觸+遏制」的「二元策略」。

奧巴馬時期，為應對中國崛起，奧巴馬作出「戰略東移、重返亞太」的決策，力推以「遏華」為目標的「亞太再平衡」。美官方雖仍將中國視「合作夥伴」，但「遏制」成分遠超「接觸」，佔據絕對上風。在野共和黨對此是認可的，兩黨共識初現端倪。

特朗普上台後，一面力推對華強硬政策，親手點燃貿易戰火，一面以「修昔底德陷阱」為依歸，在美國內掀起了一場政策檢討的大辯論。新政府全面否定了奧巴馬的「亞太再平衡」戰略，代之以結盟反華色彩更為濃厚的「印太戰略」。辯論的結果是，兩黨在對華外交大方向上取得共識，中美關係「接觸+遏制」、「競爭+合作」的傳統框架被突破，作為穩定兩國關係的「壓艙石」的經貿合作被釜底抽薪，兩國關係開始步入「全面競爭」的動蕩階段。

2018年11月17日

APEC宣言難產 誰之過？

亞太經合組織（APEC）第二十六次領導人非正式會晤落幕，結果卻因意見分歧未能發表宣言。有評論指，出現這一局面的主要原因是中美分歧，對此，中國外交部明確回應，中國「站在歷史正確的一邊」。

作為亞太地區級別最高、最重要的經濟合作論壇，APEC在其二十六年歷史上首次以「主席聲明」作結，實在有些可惜。但如果將此僅歸咎於中美在貿易和投資方面的分歧，未免過於幼稚，若依此指責兩國分歧阻礙了APEC合作，就更大錯特錯了。中美間的分歧，說白了，是多邊主義與單邊主義逆流的鬥爭，是APEC合作精神與保護主義的較量，是發展中國家利益與「美國優先」原則的衝突。

本次APEC峰會的主題是「連接數字化未來，實現包容性增長」，本與世貿組織改革無關。但美方執意節外生枝，在APEC宣言草案中強行塞進WTO內容，要求反對「不公平貿易行為」、改革世貿組織。對此顛倒黑白的指責，中方是絕不會同意的。

中方在對事件回應時稱，APEC多數成員支持多邊主義，維護多邊貿易體制，支持世界貿易組織發揮應有作用。許多成員，特別是發展中國家成員明確表達了反對貿易保護主義，維護發展中國家發展利益和發展空間的立場，這是站在了歷史正確的一邊。在WTO改革問題上，中方贊成世貿組織與時俱進，支持改革，但反對借改革之名行保護主義之實，損害別國利益，將自己的想法強加於人。

實際上，中美在APEC的交鋒是不可避免。美副總統彭斯此次與會，可謂來者不善，核心使命硬銷「美國優先」，拉攏更多國家，加入其印太

戰略。從其專機赴新加坡時挑釁性穿越南海，到聯合日、澳、紐等盟友制訂的十七億美元對巴新的援助計劃，及在多個場合對中國與太平洋島國的合作說三道四、指手畫腳，彭斯無時無刻都在瞄準中國，極盡挑撥離間之能事，企圖重塑亞太領導權。

APEC宣言難產是一不祥之兆，給G20峰會蒙上陰影。本月底，G20峰會將在阿根廷舉行，中美最高領導人將舉行會晤。屆時，各國能否就國際重大問題達成共識並發表宣言，「習特會」能否令中美關係重返合作正軌，都是未知數。

由於美大開歷史倒車，當今世界正步入大調整、大變化、大動盪時期。中美關係發生了戰略性變化，兩國雖不至於出現新冷戰，但恐再難回到過去。只要美強權政治和貿易霸凌的做法不改變，中美博弈就不可避免，高度對抗的現狀短期內將難有改變，中方已作好充分準備。究竟孰是孰非？國際社會心中有桿「良心秤」，人類歷史也自會有公斷。

2018年11月20日

日本「領土夢」還得做很長時間

　　二戰結束以來七十多年間，收回「北方四島」一直是日本魂牽夢繞的一大宿願。不久前的「普安會」再次激發起民眾濃烈的「領土情結」，媒體興奮地宣布，俄方極有可能歸還北方領土。然而，這一喜訊還未來得及發酵，就被俄總統府發言人佩斯科夫兜頭一盆冷水潑下：領土不會自動移交。日如入冰窖，頓時從頭涼到腳。

　　普京到底在日俄首腦會談中出了什麼承諾？公開報道顯示，普安在會談中一致同意，將在一九五六年發表的《日蘇聯合宣言》基礎上，加快日俄和平條約談判進程。而根據該《宣言》，兩國和平條約簽署後，「北方四島」中的齒舞群島和色丹島將移交日本。日方對此的理解是，只要雙方在條約上簽個字，兩島將自動移交，日不費一槍一彈即可重獲兩島主權。

　　但佩斯科夫的解釋卻完全是另外一種含義：這並意味着自動移交，俄方並不會輕易妥協，移交與否將取決於今後的談判。換言之，齒舞和色丹移交是「或然的」，談成了，可以交，談崩了，即使兩國簽署了和平條約，也可不交。這與日方的理解大相逕庭。此外，佩斯科夫還一語雙關地談到了北約，稱北約違背承諾，不斷進行軍事擴張，讓俄吃盡了苦頭，因此，俄不得不對美日同盟予以關注。言外之意，儘管日方承諾不會根據《美日安保條約》在相關島嶼部署美軍，但俄不得不顧忌北約東擴的前車之鑒。

　　退一步講，即使俄方作出妥協，準備向日移交兩島，但雙方對此的理解也是南轅北轍。俄方期待以小犧牲爲代價，換取兩國在領土問題上畫上永久句號。但日方目標在於「北方四島」，兩島的解決只是「開端」，有

了齒舞、色丹的移交，就應該有國後、擇捉的收回，畢竟齒舞、色丹面積只佔爭議領土的百分之七。日方着眼點顯然在於剩餘的百分之九十三領土，否則民衆肯定「炸鍋」，領土爭端解決的結果恐比懸而未決更糟糕，弄不好還會危及安倍的相位。

實際上，以《日蘇聯合宣言》爲基礎解決領土問題，並不是什麼新主張。蘇聯解體後，葉利欽政府說過，普京接棒後，也不止一次提到過。但日「興奮點」一次次被觸及後，又一次次重歸沉寂。歸根到底，俄日雙方對解決爭端緊迫性及現實性在認知上存在巨大反差。

北方領土處於俄實際控制下，俄對此握有主導權。目前，俄處於西方制裁之下，有打破外交封鎖的客觀需要，但無論從日在國際舞台上分量看，還是從兩國關係的緊密程度講，俄都沒有理由以犧牲領土爲代價，去換取對日關係的新突破。一句話，不值得。看來，日本的「領土夢」還要做很長很長時間。

2018年11月21日

「歐洲軍」難成「軍」

不久前，法總統馬克龍打造「歐洲軍」的倡議，如一石擊水，在全歐激起層層漣漪。此後，德總理默克爾公開聲援，令話題繼續發酵，並引發了一場大辯論。歐洲獨立防務議題重新回歸，各方有讚有彈，立場迥異。

「讚」者以法德為代表。認為歐洲是「歐洲人的歐洲」，應在軍事領域取得自主權，不能僅依靠美國的軍事保護傘。由於特朗普任性退「群」，美越來越不可靠，其一再施壓各國增加軍費，更令歐洲缺乏安全感。歐洲當前正面臨恐襲、難民潮、網絡攻擊等新的安全威脅，需要獨自應對。

「彈」者主要是美英及北約等。認為歐盟絕大多數國家都是北約成員，歐洲欲另起爐灶，建立一個與北約並行的軍事體系，是畫蛇添足，不但技術上不可行，而且還會削弱美歐同盟基礎，弱化北約力量，損害歐洲防禦。特朗普在推文中罵得更直接，其一面呼籲法「還錢給北約」，一面嘲諷馬克龍「在我們美軍出現之前，法國人已經在巴黎開始學習德語了」。

建立「歐洲軍」，話題由來已久。二戰結束後不久，法國就對西歐安全與防務完全依靠北約表達不滿，曾在上世紀五十年代初提出過組建歐洲防務共同體的倡議，但後來不了了之。冷戰結束後，歐洲國家多次嘗試打造歐洲獨立防務，如一九九三年組建五國「歐洲軍團」，二〇〇三年建立十八支「歐盟戰鬥群」快反力量等等，但由於受制於北約，這些武裝還都不是真正意義上的「軍隊」。特朗普上台後，美對歐政策強硬、多變，再加上極端崇尚「戴高樂主義」的馬克龍執政，建立「歐洲軍」的呼聲日漸

高漲。

　　但建立「歐洲軍」也並非是完全紙上談兵，實際上也有一定進展。二〇一六年十一月，歐盟委員會提出「歐盟防備行動計劃」，設立每年五十多億歐元的歐洲防備基金，用於相關研發及產業發展。去年底，歐盟二十五國簽署防備領域「永久結構性合作協議」，並展開十七個防備項目的合作。今年六月，歐洲九國簽訂「歐洲干預倡議」，將組建一支聯合軍事干預部隊，此舉被認爲是歐洲共同防禦合作邁出「實質性一步」。本月七日，「歐洲干預倡議」簽署國召開首次部長級會議，確定了明年軍事合作的主要方針，並吸納芬蘭加入倡議。

　　「歐洲軍」能否成「軍」，最大障礙還在於美國。儘管目前美歐間齟齬不斷，但歐洲作爲美全球戰略核心的地位沒有變，「歐洲軍」已觸犯美政策「紅線」，美絕不會坐視；阻礙還來自歐洲內部，作爲該倡議兩大「領頭羊」，法、德在認知、目標上都存在嚴重分歧，歐洲各國間則更難達共識。在可預見的未來，「歐洲軍」仍然是遙不可及的夢想。

2018年11月22日

到底誰該被逐出WTO？

美總統高級經濟顧問哈塞特日前在接受BBC採訪時再爆駭世之言，要尋找理由將中國從世界貿易組織（WTO）中「驅逐出去」。此言一出，連BBC都感到「十分驚人」，中方更是在回應中直斥「痴人說夢」。

BBC震驚，是因此言滑稽可笑。一個WTO的最大破壞者，卻要開除一個WTO的堅定維護者，而且說這番話的人是手握決策大權的白宮高官，實在不可思議。

中方憤怒，是因此言「何其荒謬」。近兩年來，美打着「美國優先」的旗號，對多邊機構和多邊條約「合則用，不合則棄」，到處「退群」、「毀約」成為世界動蕩之源，招致全球聲討。「開除」中國，是美強盜邏輯的體現，其「強權霸凌和唯我獨尊的心態」暴露無遺。但好在WTO是多邊機構，成員是平等的，不是美國一家開的，也不是美國一家說了算的。

歷史發展到今天，是非曲直、善惡美醜界限變得越來越模糊，起碼在美國人心中是這樣。一邊是大開歷史倒車，屢屢指責WTO搞「不公平貿易」，佔了自己便宜，並不下百次威脅退出的美國，一邊是堅定維護WTO為核心的多邊貿易體制，維護以規則為基礎的國際秩序，致力於構建開放型世界的中國，結果是「保護者」還未言及剔除「破壞者」，卻被倒打一耙，要被「破壞者」除名。

實際上，無論是「開除」中國，還是威脅「退群」，都是美方策略。美國的真正目的是藉口WTO改革，按「美國優先」的標準來修改世界貿

易規則。一旦目標落空，不排除特朗普鋌而走險，公開退出WTO。時至今日，美已退出了跨太平洋夥伴關係協定、巴黎氣候變化協定、全球移民協定、伊朗核協議、聯合國教科文組織、聯合國人權理事會、萬國郵政聯盟、維也納外交公約強制解決爭端之任擇議定書等等，虱子多了不怕咬，美再退一個WTO是在意料之中。

從二〇〇一年至今，中國作爲WTO成員，一直全面、忠實履行着對該組織作出的所有承諾，國際社會有口皆碑。中方支持WTO改革，但主張改革應在堅持WTO自身核心價值和基本原則上進行，反對美把WTO當成謀取自身利益的工具，借改革之名，行保護主義之實。

美是否有能力驅逐中國？今年七月，美在WTO審議大會上曾對中國發難，將一份二千億美元的中國商品清單作爲證據，要求WTO對中國會員資格進行審查。結果被七十多個成員國一致否決。

真正該「開除」的正是WTO的破壞者——美國。驅逐中國，如果不怕丟臉，當個笑話說說倒也無妨。但若較起真來，把其當成制華的尚方寶劍，只會比上次輸得更慘。

2018年11月23日

從領館遇襲看中國海外利益保護

中國駐卡拉奇總領館昨天遭遇恐怖襲擊，造成包括兩名警察在內的四人死亡，三名恐嫌被當場擊斃。事後，巴基斯坦臭名昭著的分裂組織「俾路支解放軍」宣稱對事件負責。

從武裝分子攜帶爆炸物強衝領館來看，這是一起有組織、有預謀的行動。近年來，巴基斯坦雖恐襲頻發，中國人也屢受到波及，但直接針對中國外交機構的襲擊尚不多見。襲擊事件再次敲響了警鐘，中國海外利益保護任重道遠，亟待大力加強。

海外利益，是國家利益在境外的自然延伸，是國家利益的組成部分。近年來，隨着「走出去」戰略的實施和「一帶一路」倡議的推進，中國海外利益內涵及外延持續拓展，面臨的風險與威脅不斷增加。除投資風險、貿易摩擦、運輸安全等威脅外，中國企業及人員的人身安全風險始終存在，且越來越高。在巴基斯坦、阿富汗、伊拉克、蘇丹、南非、埃塞俄比亞、尼日利亞等地區，針對中國人的恐襲、綁架及刑事犯罪事件時有發生。

實際上，中國政府對海外利益保護十分重視，保護範圍已從傳統安全拓展到更廣闊的領域。有關職能部門成立了專門機構，國家層面已由外交部牽頭，建立起協調、預警、應急、服務、磋商等跨部門聯動機制，海外利益保護力度不斷加強，包括撤僑等在內的應急處置能力大幅提升。

但總體看，中國海外利益保護尚處於起步階段，與經濟飛速發展及對外合作擴大的實際需要還有相當大距離，與美歐等西方發達國家相比，差距更為明顯。以巴基斯坦俾路支省為例，這裏有中巴戰略合作項目瓜達爾

港，對中國的重要性不言而喻。但中企及工程人員不斷受到分裂勢力和恐怖組織的滋擾，生命財產安全屢受重大威脅，這裏成爲中國海外風險最高的地區。襲擊中企，並非中國給當地帶來了威脅，而是巴中央與地方政府間的矛盾，一些地方勢力企圖通過襲擊中國工程、破壞中巴關係，實現打擊巴中央政府的目的。中國成爲巴國內鬥的「人質」，迄今爲止，中巴雙方都拿不出有效應對的辦法。

此次卡拉奇領館遇襲事件，也暴露出中國海外利益保護的「短板」。長期以來，中國駐外使領館的保護主要依賴於駐在國軍警機關，把自身安全完全交與他人之手，這是最大的安全隱患。而美等西方大國，則不僅依賴駐在國的安保，還專門派出海軍陸戰隊，保護使領館安全。有專家建議，中方也要打造一支高質量的安保隊伍，專門從事海外利益及使領館保護，使其成爲中國的「第四武裝」。應當說，此建議有其現實意義，值得認眞考慮。

2018 年 11 月 24 日

俄烏刻赤海峽衝突將如何收場

俄烏刻赤海峽衝突發生後，烏方採取了一系列強硬應對舉措。總統波羅申科一面敦促俄盡快放人放船，一面呼籲西方國家聯合應對俄咄咄逼人的態勢。烏國內也如臨大敵，全國武裝力量進入全面備戰狀態，一些城市接連爆發針對俄使領館的抗議活動，俄烏對峙有進一步升級的危險。

事件牽動着美歐的敏感神經。事發後，歐盟與北約即刻發表聲明，呼籲俄恢復刻赤海峽的通航自由，並敦促各方冷靜，採取最大限度的克制行動，確保事件不會升級。美也公開為烏「站台」。國務卿蓬佩奧與波羅申科通電話，將俄方行動定性為「侵略」，表示堅決支持烏主權和包括水域在內的領土完整。美駐聯合國代表黑莉在安理會緊急會議上譴責俄「對烏克蘭主權和領土的公然侵犯」，並指俄方舉動違背國際法，是國際社會必須譴責並絕不接受的傲慢行為。

但西方在嚴辭「譴責」的同時，都為自己留有餘地。無論是歐洲，還是美國，都對追加制裁隻字未提，更談不上參加烏方對俄可能發動的軍事行動了。相對於各方表態，烏政府可能最想聽到的是特朗普聲音，但這位連記者「大不敬」言論都容不得的總統，卻在俄烏衝突大事發生後，表現得分外克制，僅不冷不熱地表示「不開心，希望能順利解決」。這一切都與烏方「聯合應對」的期待相去甚遠。

實際上，想靠美歐支持對抗俄羅斯，是烏外交最大的敗筆。自烏克蘭危機爆發以來，基輔永遠失去了克里米亞，東、西烏克蘭處於分治狀態，整個國家支離破碎。而美歐除了聲援、制裁，對俄束手無策。如今，美歐面臨恐襲、難民、脫歐一系列棘手問題，諸事不順，並不希望烏再來增煩

添亂。歐洲「冷靜」、「克制」的呼籲，不只是針對俄，也是在敲打烏。

　　波羅申科在宣布實施「戒嚴令」時，也強調這並不意味着基輔方面將採取進攻行動，似在爲自己找下台階。其「已要求北約、歐盟協調行動，確保烏克蘭得到保護」，對百姓來說是「畫餅充飢」，對政府也不過尋求「自我安慰」。預計，烏方不可能在軍事上對俄採取實質舉措，否則，後果將更加嚴重。俄烏間爆發大規模衝突的可能性並不大。

　　如歷次俄烏衝突事件一樣，直接衝突過後，就是唇槍舌劍的「口水仗」。待雙方過足了口癮，還是要坐下來解決問題的，被扣押的艦船會歸還，被拘捕的士兵也會釋放。

　　衝突終會平息，一切將重歸沉寂，剩下的仍然是硝煙瀰漫的烏克蘭和制裁圍困的俄羅斯。本是同宗同源的斯拉夫民族，昔日情同手足，今日卻兵戎相見，這不僅是俄羅斯的悲哀，更是烏克蘭的失敗。

2018年11月28日

「通俄門」毀滅性結論難「毀」特朗普

美中期選舉塵埃落定，「通俄門」調查將重返「頭條」。有美媒報道，特別檢察官穆勒的最終調查報告即將公布，在政治上對總統特朗普的「殺傷力」「將是毀滅性的」。特朗普團隊已着手應對，對可能出現的結果進行「先發制人式的公關攻擊」。

公開報道顯示，「通俄門」調查在中期選舉前就已有了結果，穆勒就已着手起草結論報告。但由於事件可能影響到選舉，才決定在選舉後公布。

調查結論不外乎「證偽」與「證實」兩種情況。「通俄門」調查從特朗普一上台便全面展開，中間雖出現負責案件調查的聯邦安全局局長科米被解職等一系列變故，但調查一直持續。從前FBI局長穆勒以司法部獨立檢察官身份接手案件，至今已有一年半時間。調查中多次爆出案件「取得重大進展」訊息，特朗普團隊多名核心人員認罪並與特檢合作，至少有二十六名俄羅斯人及一些實體被起訴。隨着事件不斷發酵，「通俄門」調查已超越「通俄」本身，其中還包括「泄密門」、「濫用職權門」、「妨礙司法門」等等，許多事件過程十分清楚，只待在調查報告中作出結論。特朗普全身而退的可能性幾乎為零。

而「通俄」罪名一旦被證實，特朗普的噩夢或就此開啓。與名譽受損、道德譴責等後果相比，特朗普最在意的是會否被彈劾。鑒於在任總統免受法律追訴，「毀滅性」報告真正能「毀滅」特朗普的，只有彈劾。

根據美聯邦法律規定，對總統的彈劾，需要眾議院簡單多數通過，並得到參議院三分之二議員的支持。中期選舉後，民主黨雖拿下了眾議院，

但參議院仍然掌握在共和黨手中。彈劾案在眾院好過，但在參院若無共和黨的集體背叛，議案不可能過關。

對特朗普而言，中期選舉的最大「戰績」在於，鞏固了在共和黨內的控制權，曾對其持猶豫、觀望甚至反對立場的共和黨人紛紛轉舵。這一戰果甚至比共和黨贏得眾院還要重要，共和黨已被其牢牢綁在自己的「戰車」上，其執政基礎甚至比共和黨同時掌控上下兩院還要牢固。目前，看不到共和黨集體「反水」的任何可能，特朗普總統寶座並無實質威脅。即使民主黨根據「通俄門」調查結果提出彈劾動議，最終也會在參院擱淺。

特朗普並未把報告看作可能危及其地位的洪水猛獸，僅作為一場「危機公關」，力求把負面影響降至最低。最可能出現的結果是，特朗普總統大位無虞，幾位昔日盟友被當作「替罪羊」，受到處罰，調查結論在經歷質疑與爭論多輪反覆後，被漸漸淡忘。「通俄門」很難成為現代版「水門事件」，一陣陣喧囂過後，政壇將重歸平靜，事件將不了了之。

2018年11月29日

「烏克蘭之殤」所引發的思考

俄烏刻赤海峽衝突發生後，兩國對峙升級。烏總統波羅申科稱，海上衝突可能是烏俄軍事僵局激烈發展的前兆，俄軍在邊境地區的數量大幅增長，雙方存在爆發「全面戰爭」的威脅，這不是「娛樂和兒戲」。

事態果眞的像波羅申科所描述那樣嗎？其實未必。就此次事件而言，若不是烏艦艇強闖海峽，就不會有雙方武裝衝突。當前，如果烏方沒有進一步激化局勢的舉動，烏國內針對俄使領館的衝擊適可而止，看不到俄對烏發動大規模戰爭的任何理由。倒是俄對烏方戒嚴令特別擔憂，四年前烏內戰爆發、俄收回克里米亞時，烏當局也未如此大動干戈，此次基輔如臨大敵，是否意味着要「引狼入室」，利用西方武裝干預將俄拖入戰爭？

波羅申科渲染與俄「全面戰爭」威脅，旨在向西方發出求救訊號。波羅申科希望，在多次請求與普京通話被拒情況下，美歐不應再袖手旁觀，要盡快介入幹旋調停，而當俄大舉增兵邊境時，西方更應挺身而出，保護烏安全。但現實與期待大相逕庭，烏方等到的只是美歐幾番口頭譴責，旣無後續追加制裁，更無軍事干預計劃。

想起來，烏總統波羅申科也夠可憐的。本以爲投入「民主大家庭」的溫暖懷抱，就可以獲得西方格外關照，要錢有錢，要安全有安全，沒料到不僅什麼也沒得到，反落得人財兩空的可悲下場。克里米亞雖被烏官方稱爲「被佔領土」，但可能永遠不會再有「解放」的那一天。國內東西部分治，硝煙瀰漫，百姓生靈塗炭。此番刻赤海峽衝突，烏更是結結實實吃了一次啞巴虧，不得不面臨人員受傷、艦隻被扣的現實。自己闖下的禍，最後還得自己去收拾。

事件不會引來西方的軍事干預，即使烏俄「全面戰爭」預言成眞，美歐也不會貿然軍事介入，四年前俄烏攤牌時不會，現在更不會。西方也不會應烏要求，在烏建立軍事基地，只因這裏距俄太近，風險太大，遠不如部署在歐洲腹地安全主動。一句話，烏雖主動「投懷入抱」，但其既非歐盟成員，又非北約成員，西方沒義務對其提供保護，而吸收烏「加盟入約」，將觸及俄政策「紅線」，西方還不想鋌而走險。

靠西方拯救烏克蘭，實在是天方夜譚。西方所需要的烏克蘭，是政治上可與俄較量的一張牌，是軍事上能保護歐洲安全的一片緩衝帶，僅此而已，並無更深考量。

歷史已無數次證明，一個國家無論大小，命運只能掌握在自己手中。西方從來都是靠不住的，烏把西方奉爲「救世主」，但在西方心中，烏不過是其實現自身利益的工具。把自己的命運拱手相交，最終結局都是一場悲劇。

2018年11月30日

G20要團結 更要鬥爭

舉世矚目的G20峰會即將舉行。連日來，各方紛紛對峰會結果作出預測，擔憂、悲觀的氣氛給峰會平添了幾分詭異。G20峰會已走過了十年風雨路，還從未像今天這樣面臨何去何從的大挑戰。最大障礙來自美國，特朗普成為決定峰會成敗最大不確定因素。

國際社會對此次峰會抱有極大期待。希望這一當今世界涵蓋面最廣、代表性最強、最具權威性的平台，能就全球最棘手的氣候變化、貿易摩擦等問題提出解決方案，為世界經濟發展注入積極的新動力。中方期待G20能再次團結，對外發出積極信號，取得務實成果，並對解決中美貿易摩擦，持開放和建設性態度。法、土等多國領導人在對貿易保護主義提出尖銳批評的同時，都期待G20成員攜手應對全球挑戰，為貿易戰畫上句號。

反觀美國，卻對峰會多次發出消極信號。在貿易摩擦及氣候變化兩大焦點議題上，美與所有成員存在尖銳對立。對G20會否發表公報，白宮「不知道，不難過」，表態輕率。而對「習特會」及解決貿易戰的前景，美發出是矛盾、多變的模糊信號。看來，美方並不想尋求改變，特朗普懷裏揣的仍然是「美國優先」。

峰會進入倒計時，會場內外卻出現奇怪一幕。許多人都在謹慎應對，甚至取悅特朗普，唯恐一不小心引爆這顆定時炸彈，令美陷入尷尬，讓各方心情不爽。阿根廷首次舉辦這樣的大型峰會，作為東道主，阿方希望峰會成功，期待被載入史冊。負責此次峰會籌備的阿高級外交官明確表示，不希望將峰會變成「一場對抗美國或其他任何國家的鬥爭」，阿方將盡可能顧及各方擔憂，並努力達成共識。為避免尷尬，阿方在一些會議的議題

設置上刻意淡化了可能引起特朗普不快的話題和字眼，諸如保護主義、氣候變化、移民等。歐盟官員也表現謹慎，竭力避免談及對汽車加徵百分之二十五關稅，以免刺激到特朗普，一怒之下把加稅提前付諸實施。

　　對特朗普取悅，是一種縱容和綏靖。雖表面上維繫了 G20 的和諧，但對未來危害更大。G20 因應全球金融危機而生，十年來，在團結國際社會共同應對經濟危機、推動全球治理機制改革發揮了重要作用。如今，世界經濟正面臨下行風險和壓力以及單邊主義、保護主義的衝擊，如果 G20 避重就輕，對主要矛盾視而不見，也就喪失了存在的價值。

　　不能讓一個人攪了 G20 的局。G7 已成為 G6+1，去年 G20 漢堡峰會實際上也變成了 G19+1，美與世界的對抗已表現在幾乎多邊平台。G20 需要團結，但更需要鬥爭。也只有通過鬥爭，才能達到更高層次團結。

2018 年 12 月 1 日

「特式」自誇：蹭熱點？干涉內政？

迫於風起雲湧「黃背心」抗議活動的巨大壓力，法政府終於跪低，宣布暫緩上調燃油稅。但示威者似乎並不滿足，還躍躍欲試，要在本周挑起「第四次行動」，以實現其新政治訴求——「馬克龍下台」。在歐洲，馬克龍爲平息騷亂頭疼不已，而在大西洋彼岸，一直坐山觀虎鬥的特朗普卻「很高興」，幸災樂禍之情溢於言表。

有人稱，特朗普是在「蹭熱點」，要借法國大騷亂證明自己的「神預測」。就在法政府宣布暫緩上調燃油稅後，特朗普當即連發兩條推文，字裏行間滿是自誇與得意。在特朗普看來，馬克龍政府的妥協等於轉舵，是對自己觀點的同意與支持，而法騷亂更爲其「退群」正當性提供了有力佐證，說明《巴黎協定》的確「存在致命缺陷」。借國際熱點抬高自己，符合特朗普的一貫秉性，但背後動機和目的卻遠非「蹭熱點」那麼簡單。

在法政府作出妥協、暴亂「拐點」臨近的關鍵時刻，特朗普的表態如同一紙「動員令」，向示威者發出錯誤的導向性信號。或許在「黃背心」行動初期，示威者只是反對上調燃油稅，相對於氣候變化、《巴黎協定》等高大上議題，示威者看到的只是自己日漸縮水的荷包。但隨着事態擴大，特別是極左、極右勢力介入後，和平示威演變爲近五十年來最嚴重暴動，訴求也升級爲反對政府所有改革及「馬克龍下台」。當「黃背心」變成一場推翻馬克龍的政治運動時，包括應對氣候變化在內的政府政策被推向風暴中心，其中的美國因素日漸突顯，特朗普的立場和態度舉足輕重。

最新民調顯示，由於對「黃背心」運動應對不當，馬克龍的支持率跌至百分之二十三，比上月再降六個百分點。如果運動進一步蔓延，政府若

採取緊急狀態等強硬措施，馬克龍支持率恐進一步下跌，不排除出現垮台的悲劇性結局。這與特朗普及時、準確的「神補刀」有直接關聯。

特、馬素來不睦，這在國際社會人所共知。兩人從一上台就公開較勁，從「握手」交鋒，到「互懟」較量，凡是有兩人共處的場合，總少不了火光四濺，都要論個輸贏。特朗普不喜歡馬克龍，只因這位少壯派胸懷「復興歐洲」大志，在人權、氣候變化、全球貿易等幾乎所有問題上都與特立場相左，不時公開向特朗普叫板。上個月，特朗普訪法遇冷，處境尷尬，隨後，馬克龍組建「歐洲軍」的倡議更令其火冒三丈。此次法國內出現「倒馬」騷亂，特朗普終於抓住機會，出了一口怨氣。

在馬克龍地位岌岌可危，特朗普不僅未伸出援手，反而落井下石，實在不厚道。只是特朗普這次絕口不提「干預內政」，對騷亂可能引發的後果和責任早已撇得乾乾淨淨。

2018年12月6日

美要「重建世界」蓬佩奧口氣有點大

美國務卿蓬佩奧日前在布魯塞爾的演講，是美新時期霸權野心的一次集中展示。蓬佩奧宣稱，美將採取行動改革成為二戰後國際秩序的那些機構，以對抗中國、俄羅斯、伊朗對國際組織玩世不恭的濫用，建立一個新的世界秩序。說白了，美國就是要「砸碎全世界」，重塑美國霸權。

的確，美外交正是按此計劃展開。特朗普政府正在顛覆傳統意義上的大國關係，還要改造世界組織，包括聯合國、歐盟、非盟、國際貨幣基金組織、世貿組織、世界銀行、國際刑事法院等等，目的只有一個：「讓美國恢復傳統的世界中心地位」，「美要領導世界，從現在，直到永遠。」

在蓬佩奧眼中，當今世界可謂一無是處，須徹底「摧毀」。針對中國，蓬佩奧指其利用世貿規則，不公平地推動自身經濟利益。針對俄羅斯，蓬佩奧批其正在嚴重違反軍控條約，並發出最後通牒，如果俄在六十天之內繼續違反《中導條約》，美將暫停履行條約規定的義務。針對伊朗，蓬佩奧斥其蔑視聯合國安理會協議。對聯合國、歐盟等國際機構，蓬佩奧認為它們「不再履行原有職責」，「必須改革或廢除」。蓬佩奧試圖以此來論證美奉行單邊主義、保護主義的合理性，為美退出巴黎氣候協議、伊核協議、聯合國最高人權和教育機構等一系列國際組織和國際條約作辯護，彷彿只有以「美國優先」為中心的「新自由秩序」，才是更公平、更穩定、更受人尊崇的世界。

蓬佩奧言論顛倒黑白、邏輯混亂，在國際社會引發一片抨擊。被蓬佩奧點名的中、俄即刻作出反應，中方指這違反了中美兩國元首會晤所達成的重要共識精神，質疑此番言論「是何用意」。普京更不會接受華府敲

詐，稱如果美退出《中導條約》，俄將被迫作出反應。蓬佩奧傲慢的演講不僅未收穫到歐洲盟友的喝彩，反而更增添了疑慮。連美前駐歐安組織代表貝爾都對此不解，批蓬佩奧似乎從根本上誤解了國際政治的本質，「是對歷史教訓的一種令人震驚的漠視」。

「重建世界」，蓬佩奧的口氣實在太大了。美在其「新秩序」中明確把中、俄、伊作為戰略對手，對這些國家來說，只能奉陪到底，別無選擇。用中國外交部多次重複的那句老話，「和則兩利，鬥則俱傷」。美現在雖仍然是世界「一超」，但已步入衰退，「重建世界」是其不可承受之重。近年來，美大開歷史倒車，信譽破產，威望掃地，以其口碑和號召力，恐難吸引到追隨者。

現在，特朗普不斷退群，人們已慢慢習慣了美國的任性。未來，如果其繼續走自我孤立之路，人們也會逐漸適應一個沒有美國的世界。

2018年12月7日

美欲開啟地獄之門 俄將何以應對？

美國務卿蓬佩奧日前向俄發出了爲期六十天的最後通牒，威脅若俄不能「完全、可驗證地」遵守《中導條約》，美將暫停履行該條約的義務。對此，普京親自上陣反擊，警告美若退出條約，俄將被迫作出反應。

普京披露，實際上，美在很早之前就已決定退出《中導條約》，相關導彈的研發已被納入五角大樓預算中，美現在要做的就是尋找俄違反條約的藉口，以使其退約行爲具有正當性。換言之，不論俄如何妥協，即便按美方要求銷毀SSC-8（俄方稱9M729）型陸基巡航導彈，美還是要退出條約的。原因很簡單，俄現在的實力不是條約簽署時的蘇聯，與美不在一個層次，美不想讓對一個地區大國的承諾束縛住手腳，影響全球戰略的實施。

《反導條約》、《中導條約》和《新削減戰略武器條約》是美俄軍控領域三大基礎性條約。實際上，這道地獄之門早在二〇〇一年美退出《反導條約》時即已開啟，只不過俄當時國力不濟，自身難保，對北約東擴及美歐反導部署無力應對。如今，《中導條約》危在旦夕，《新削減戰略武器條約》幾乎肯定不獲美方延期，前景凶多吉少。普京曾悲觀地表示，如果一切都被廢除，那麼，軍控領域就一無所有了，這是極其危險的，「除了軍備競賽，什麼都沒有了」。

俄經歷過軍備競賽切膚之痛，打到最後，國家打沒了，蘇聯分崩離析。有了蘇聯解體的前車之鑒，俄在可能展開的軍備競賽中，將不會重蹈單純比拼核彈頭數量的覆轍。就核威懾力來說，擁有對對手一次性毀滅能力與多次毀滅能力是沒有差別的。如果事態眞的發展到核軍備競賽，俄只

要應對得當，未必處於下風。

　　就美退出《中導條約》，俄多次警告「對等回擊」。單從技術上講，俄組織「對等回擊」並不難。蘇聯雖已解體，但導彈研發的班底還在，人才與資源儲備充分，可輕而易舉對已有導彈進行現代化改造，並迅速投入量產。如果歐洲出現針對俄新的導彈部署，俄有能力在短時間內完成大量中短程導彈的部署，將整個歐洲納入射程。除此之外，俄機動部署能力不可小覷，北約重點戰略目標將被這些來去無蹤影的導彈全天候鎖定。如果將這些武器部署在遠東，則美在亞太的主要軍事基地都在俄射程之內。更有專家建議，將導彈部署到拉美，從美後院直接覆蓋其全境。

　　俄並不想重返冷戰，但面對美咄咄逼人的攻勢，俄不得不做最壞打算。兩個核大國一旦重啓軍備競賽，後果不堪設想。美正在親手打開潘多拉魔盒，其歐亞盟友若不想成爲新冷戰犧牲品，也該站出來施加影響，叫停這一可怕進程。

2018 年 12 月 8 日

俄對烏政策的最後底線

俄羅斯與烏克蘭因刻赤海峽衝突引發的緊張關係仍在升級。面對烏及西方國家的聯合施壓，俄未有絲毫妥協，被扣押的烏方艦船和人員迄今沒有獲釋。為顯示與俄徹底決裂，烏單方面廢除了俄烏友好條約，宣布將領海範圍從國際公認的十二海里擴展至二十四海里，並授權軍方可對潛在攻擊者先行開火而無需警告。美也派出軍機、戰艦巡航，給烏撐腰打氣。

總體看，雙方對峙仍是一場「口水戰」。俄烏軍事實力差距巨大，烏不會輕易以卵擊石，挑起與俄的大規模軍事衝突。美軍機、戰艦也只是擺擺樣子，顯示一下姿態。美無意對俄追加新的制裁，即使美提議制裁，也很難獲得歐洲盟友的認可，法、德已明確表示反對加大對俄制裁，不希望事態擴大化。一陣喧囂過後，一切仍將回歸平靜，只剩下烏克蘭自品苦果。

實際上，俄烏決裂早在烏克蘭政變、俄收歸克里米亞主權時就已發生。就廢除俄烏友好條約，波羅申科稱「有一定象徵意義」。對俄烏關係而言，烏看似果決的廢約行動，其實也只剩下了「象徵意義」。

烏方廢約，旨在進一步向美歐宣示其「西向」的決心，以換取西方在烏「加盟入約」上採取更積極的態度。但西方並未被烏的誠心所打動，「加盟入約」顯然時機不成熟，至於烏方所渲染的「全面戰爭」威脅，北約秘書長日前承諾，如果一旦出現俄進攻烏的跡象，北約會派兵維護烏克蘭領土完整，算是給烏吃了顆「定心丸」。但對俄而言，只要烏不加入歐盟和北約，兩國間就不會兵戎相見，這是最終底線，烏方擔憂實在是多慮。

　　處境最尷尬的仍然是處於大國對峙夾縫中的烏克蘭。作為一個很難完全主宰自己命運的弱小國家，最佳策略是巧妙周旋於大國間，兩邊通吃，左右逢源。但烏卻執意要站隊，走出一條對自己最糟糕的道路。自蘇聯解體後，烏國內親西方勢力就一直把加入北約和歐盟作為目標，為此不惜得罪同宗同源的俄羅斯，策動「顏色革命」，最終令國家四分五裂。

　　其實，對烏方投懷送抱，歐盟、北約態度一直很明確。西方需要一枚制衡俄羅斯的棋子，將其作為兩大衝突陣營中間的緩衝帶，但不想將其完全納入自己的懷抱，以免與俄徹底攤牌。歐盟委員會主席容克甚至公開表示，烏克蘭在未來二十至二十五年都不會成為歐盟和北約成員。歐洲的拒絕，似乎並未影響烏克蘭「西向」的熱情的「加盟入約」的一廂情願。

　　常言道，你永遠都無法叫醒一個裝睡的人，除非他自己決定醒來。如果烏克蘭依然沉醉在「加盟入約」夢幻中不肯醒來，未來恐將付出更慘重代價。

2018年12月11日

特朗普，請離法國遠點

「黃背心」浪潮風起雲湧，並在全歐洲產生外溢效應，法遭遇「近五十年來最嚴重騷亂」，馬克龍面臨上台後「最嚴重政治危機」。事態有進一步擴大的危險，特朗普卻親自現身煽風點火，稱抗議活動動搖了法國根基，並藉機攻擊巴黎氣候協定。美落井下石的行徑激怒了法國，外長勒特里安公開喊話特朗普，請不要干涉法內政，「離開我們的國家」。

特朗普藉機「抽水」，意在證明其退出巴黎協議的正確性。他在推文中說，全法都有示威和騷亂，是時候結束荒謬而又極其昂貴的巴黎協了。按特朗普的邏輯，「黃背心」因反上調燃油稅而起，而政府採取這一措施旨在推動環保，實現巴黎協議的排放目標，民眾反燃油稅，就是反環保，就是反巴黎協議。

難怪有法議員直斥特朗普為「老糊塗」。法「黃背心」運動與巴黎氣候協議風馬牛不相及。法轉向低碳經濟是大勢所趨，民眾並無異議，環保與燃油稅也並不存在必然衝突，只是馬克龍政府對此問題的處理和應對過於簡單、強硬，損害了廣大民眾的利益，才令社會積怨總爆發。特朗普自證「英明」邏輯上並不成立。

特朗普對法騷亂點讚，也是想重塑自己在歐洲的形象。他在推特中轉發了幾篇文章和視頻，稱法抗議者在呼喚他的名字，高喊「我們想要特朗普！」但事後證明，畫面源於今年早些時候在倫敦一次極右分子抗議，與「黃背心」無任何關係，特朗普移花接木，秒被打臉。事實上，在「黃背心」示威到蔓延整個過程中，抗議者打出一系列口號，小到「反增燃油稅」、「反為富人減稅」，大到反對一切改革、「馬克龍下台」，唯並無

人訴請「特朗普回歸」，更無人「反巴黎協議」。特朗普欲借「黃背心」為自己正名，實在是找錯了對象。

如今，馬克龍民意支持率已不足兩成，降至歷史最低點，地位搖搖欲墜。雖然政府已經跪低，放棄了上調燃油稅的計劃，馬克龍親自現身「派糖」，擬推出一系列化解社會不滿情緒的財政措施，但示威者並不想善罷甘休，還要捲土重來。特朗普縱然有千萬條理由不喜歡馬克龍，也不該在此時乘人之危，置其於死地而後快。

任何動盪和騷亂都是社會的巨大破壞，都不是好事。巴黎已淪為打、砸、搶、燒的中心，昔日「花都」已千瘡百孔，烽火正燒向比利時、荷蘭，呈向全歐蔓延之勢。特朗普更不該在此時煽風點火，向暴亂分子發出錯誤信號。

要正視法外長勒特里安的呼籲，法沒有考慮到美國內政治，希望從美得到回報。為了法國及全歐洲止亂回穩，還是請特朗普謹言慎行，離得越遠越好。

2018年12月12日

俄戰轟突插美後院非同尋常

就在美俄關係持續升溫、雙方角力瀕臨攤牌之際，俄戰略轟炸機突然現身美「後院」委內瑞拉，意義非同尋常。此舉立即引起美高度警覺，一面批俄方「挑釁行為」，一面「密切監視」俄軍動向。

根據俄國防部公布的消息，此次飛抵委內瑞拉的戰機包括兩架圖－160戰略轟炸機、一架安－124重型運輸機和一架伊爾－62軍機，飛機「嚴格按國際法相關規定」，飛越了大西洋、巴倫支海、挪威海和加勒比海，航程逾萬公里，降落在委內瑞拉，參加兩國聯合軍演。目前尚不知俄軍機是否攜帶武器，也不知其何時離開，兩軍演習的細節也未披露。

這已不是俄戰略轟炸機首次造訪委內瑞拉。自俄戰略轟炸機恢復全球巡航後，圖－160戰轟就曾於二〇〇八年九月和二〇一三年十月兩次飛抵委國。但俄此次行動與以往有所不同。

首先，警告美在俄烏衝突中勿肆意妄為。俄烏刻赤海峽衝突後，為給基輔撐腰打氣，美方派出軍機、戰艦在俄周邊海域巡弋。為防不測，俄方也在邊境及克里米亞加強了軍事部署。烏方對俄出台一系列反擊措施，不僅廢除了《俄烏友好條約》，而且還單方面拓展了領海範圍，並下令邊防人員可以不經警告開火。在烏全面戰爭狀態的背景下，俄烏爆發軍事衝突的危險大增，美隨時可能捲入其中。俄戰轟赴美後院，警告意味明顯。

其次，宣示俄委合力應對美威脅的決心。委內瑞拉是拉美「反美旗手」，一直被美視為眼中釘、肉中刺，長期處於制裁之中。馬杜羅上台後，美加大發制裁力度，國際石油價格出現大幅波動，委陷入空前經濟危機，通脹水平甚至達到百分之一百萬。特朗普曾不止一次對委發出戰爭威

脅，企圖趁委政局動盪之機，派兵以軍事手段推翻馬杜羅政權。俄戰轟赴委，是馬杜羅訪俄時與普京共同敲定的，旨在對美及拉美諸國傳遞明確信號，不要對委輕舉妄動，委有俄作後盾，在國際社會中並不孤單。

最後，對美威脅退出《中導條約》發出警告。近一段時間以來，美俄圍繞《中導條約》的較量不斷升級，美方已向俄發出爲期六十天的最後通牒，施壓俄履行條約義務，按美方要求銷毀SSC-8（俄方稱9M729）型陸基巡航導彈。目前看來，美退出條約幾成定局，兩國新一輪軍備競賽已箭在弦上。針對美廢約後可能在歐洲和其他地區進行新的軍備部署，俄派戰轟直插美後院，美應該明白其中的含義。圖-160是俄最先進的遠程戰略打擊利器，可攜帶射程達五千五百公里的巡航導彈。如果按照專家的反制建議，俄在委進行大規模軍備部署，美後院起火，將永無寧日。

2018年12月13日

別逼俄羅斯重啓「死亡之手」

　　隨着美軍事威脅螺旋式升級，有關俄重啓「死亡之手」的傳聞再起。美《國家利益》網站日前稱，爲應對美即將退出《中導條約》，反擊美在歐洲可能進行的中近程導彈部署，俄近期擬重啓「死亡之手」末日武器系統，並準備對戰略對手實施先發制人的核打擊。

　　何爲「死亡之手」？爲何西方談虎色變？「死亡之手」在俄被稱爲「周長」系統，是冷戰時期蘇聯研發的末日復仇系統，當本土突然遭受核攻擊、最高指揮系統被摧毀時，該系統毋須人工操作，即可自動發動核反擊。「死亡之手」實爲「撒旦之手」，一旦啓動，世界將不復存在。

　　公開報道顯示，該系統通過地震活躍度、輻射水平、大氣氣壓等等數值分析，可自動判定是否遭受到核攻擊。一旦得出肯定性結論，系統會自動向總參謀部發出詢問，若未收到指令，系統將連接「卡茲別克」戰略導彈控制系統，如果仍然未收到指令，該系統會判定國家最高指揮機關或主要通信線路已被摧毀，將自主決定發起核反擊，受該系統控制的數千枚核彈頭將自動發射，摧毀目標。決定一旦作出，便是不可逆的，無法停止、關閉和毀滅。該系統於一九八五年一月投入作戰值勤，是蘇聯抑止第三次世界大戰爆發的「最後手段」。

　　俄「死亡之手」，在冷戰時打造，冷戰結束後，曾一度淡出人們視野。近年來，隨着美俄對立升級，「死亡之手」又浮出水面，屢屢被提及。當北約東擴、美歐反導部署、美俄爆發間諜戰時，都有專家建議恢復「死亡之手」。近來，美不斷威脅退出《中導條約》，企圖擺脫羈絆，放開手腳在北約大規模部署中近程導彈，對俄成近距離威懾。這類導彈大小

適中、機動性強，核常兼備，可在短時間內摧毀俄大部分導彈，癱瘓其指揮和防禦系統，俄根本來不及組織起有效攔截和反擊。面對美步步緊迫，恢復「死亡之手」再次被提上議事日程。

儘管也有專家質疑俄「死亡之手」是否存在，但在此攸關人類生死存亡的大問題上，誰也不敢掉以輕心。俄戰略導彈部隊司令葉辛日前警告，「周長」系統已有改進，並正在發揮作用，如果美退出《中導條約》，在歐部署中近程導彈，俄別無選擇，只能完善「周長」系統，並採取先發制人核打擊。俄軍高官罕見公開討論「周長」系統，釋出令人不安的訊號。

人類文明發展到今天，冷戰時期相互毀滅的世界大戰已絕不可能發生。大國爭鋒，總要相互留有空間和餘地，當把對手逼入退無可退死胡同時，自己也將陷入萬劫不復的絕境。何去何從？美應三思，別逼俄重啓「死亡之手」。

2018 年 12 月 15 日

卡托維茲畫「逗號」氣候治理仍在路上

經過十三天的馬拉松談判，第二十四屆聯合國氣候變化大會在波蘭卡托維茲落下帷幕。值得欣慰的是，會議就落實《巴黎協定》的規則達成協議，通過了「施行細則手冊」，這意味着，全球氣候治理進程並未因美「打退堂鼓」而中斷。但令人遺憾的是，由於各方分歧巨大，本該此次會議解決一系列的問題無法達成共識，只能留給下屆會議。在應對氣候變化上，卡托維茲畫上的是一個雖不十分圓滿、但卻難能可貴的「逗號」。

有人將大會視爲《巴黎協定》的「期中考」，頗有道理。一方面，這是該協定通過三年來首次檢視各方有減排進程；另一方面，由於《巴黎協定》僅訂出將增溫限制在2℃或1.5℃以下的目標，並未明確詳細的執行方式與細節，此次會議二〇二〇年各國減排目標的最後期限，若會議無疾而終，《巴黎協定》將壽終正寢。

這是驚心動魄的十三天。各方必須在狹隘的「國家利益」和全人類「共同利益」間作出選擇，唇槍舌劍的激烈交鋒，不時令會議陷入「山窮水盡」的絕境。聯合國秘書長古特雷斯不得不三度前往波蘭撐場，並以「談判失敗等於自殺」出言警告。會議加開夜場，延期一天後方打破僵局，取得成果，確實來之不易。

大會是成功。在應對氣候變化上，《卡托維茲規則》是繼《京都議定書》和《巴黎協定》後的又一「里程碑」。會議確認了二〇二三年全球減排目標盤點機制，明確了透明的溫室氣體監管減排、排放與減排規則。大會還確立了二〇二五年後的「綠色氣候基金」新目標，各方承諾至二〇二〇年止，將每年挹注一千億美元資金，幫助發展中國家實現減排目標。

但成功是相對的。會議並未就落實《巴黎協定》至關重要的碳排交易制度達成共識。會議僅滿足了《巴黎協定》增溫2℃的最低目標，未能提出更高的新目標。根據聯合國政府間氣候變化委員會十月發布的報告，氣溫升高1.5℃是一個臨界點，若人類不想走向消亡，二氧化碳排放必須是二〇三〇年前減少百分之四十五。但美、俄、沙特、科威特等國拒絕承認這一報告，規則報告只得將措辭由原來的「歡迎」改為「得悉」。

卡托維茲大會落幕，但全球氣候治理仍在路上。最大的不確定因素依然是美國，在這次大會上，美代表團大談化石燃料使用，與會議基調格格不入。作為當今世界最大的碳排放國，特朗普不相信科學，執意退出《巴黎協定》，勢將對應對氣變產生消極影響。當前，全球經濟走弱，前景不明朗，不排除一些國家為了自身利益，放棄或弱化並非剛性要求的減排目標。

2018年12月18日

美俄對立條件下的日俄關係寸步難行

俄在南千島群島上建成新軍營的訊息，如一盆冷水兜頭潑下，令仍做着「領土夢」的日本從頭涼到腳。一直以來，日方小心翼翼地呵護着俄日關係，希望俄減少在爭議海域的軍事活動，爲雙方合作營造點和諧氛圍。如今，該要求再次被俄漠視，日方心中可謂五味雜陳。

俄在南千島群島海域的軍事活動，牽動着日本敏感神經。近年來，與日方渲染的俄日和諧明顯不相稱的是，俄軍在日本海附近的軍事活動趨於活躍，「東方－2018」軍演、導彈發射訓練等等，引發日方強烈不安和多次抗議。但俄方似乎並未爲之所動，軍演規模、次數未見減少，還準備在該地區建設海軍基地。兩國軍事交流與合作雖在普京和安倍倡議下重啓，但因領土問題而很難深入。

爲了能在任內收回「北方四島」，安倍放棄了「經濟換政治」的舊模式，提出政、經分離的「新思路」，即經濟合作與和平條約談判平等進行，而合作不再受到簽署和平條約的影響。但在實際操作上，安倍顯然太過着急，沿用的仍然是政經掛鈎的老套路，在與普京的二十多次會談中，每談必提解決領土問題，結果卻適得其反。目前，俄日間信任程度並未提升，經濟合作原地踏步，雙方關係「有行動，無進展」，甚至出現了退步。

俄日關係現狀，反映了雙方關係不平衡的尷尬。在地緣政治天平上，俄羅斯幾乎不需要日本，或至少不像日本需要俄羅斯那樣需要日本。因此，安倍在與普京打交道時，始終未能擺脫「俄主日從」的處境。領土靠「乞求」是解決不了的，當沒有一個比領土更大、更誘人的利益出現時，

誰也不會因虛無飄渺的「友誼」而放棄領土。俄日間顯然並未有這樣的利益，安倍畫出的是一張可望而不可及的「大餅」，對俄沒有任何誘惑力。

無獨有偶，當俄在南千島群島建成新軍營時，日恰好出台了新的《防衛計劃大綱》和《中期防衛力整備計劃》，提出了「多次元統合防衛力」，決定將護衛艦「出雲」號改裝成航母，架空了和平憲法中「專守防衛」原則。這其中既有應對中國的目的，也有針對俄羅斯的企圖。

安倍想在任內解決領土問題，明顯是高估了自己的能力。在俄因烏克蘭危機而陷入西方制裁時，安倍頂住華府壓力，主動向俄示好，帶有很大的投機成分。但日方受制於美日同盟約束，並無獨立自主的外交，美國始終是影響或決定俄日關係發展的重要因素，過去從未缺位，未來也不可能避開。俄日實質性走近不符合美戰略利益，在當前美俄嚴重對立背景下，俄日關係寸步難行，這是日本外交不得不面對的現實。

2018 年 12 月 19 日

美朝關係有大幅退步的風險

轟轟烈烈的美朝領導人新加坡峰會後，朝核問題除因第二次「特金會」被偶爾提及外，基本淡出人們視野。最近美朝間發生的一件事，雖未在輿論界引起大的波瀾，卻釋出令人不安的訊號：美朝關係有大幅後退的風險。

本月十日，美財政部以侵犯人權爲由，宣布制裁三名朝鮮高官，其中包括被稱爲朝「二號人物」的勞動黨中央委員會副委員長、勞動黨組織指導部部長崔龍海。這是美朝啓動「核談」以來，美首次推出新制裁，足以引發無限聯想。

六天後，朝外務省對此作出正式回應，指責此舉是「令人無法容忍的政治挑釁」，是「敵對行爲」，警告美升級制裁可能「將通往朝鮮半島無核化的道路永久堵塞」。此份聲明的特別之處在於，朝刻意將特朗普與國務院區分開來，讚揚美總統爲改善美朝關係所做的努力，卻批評國務院「力圖讓美朝關係回到過去針鋒相對的原點」。

看來，平壤已把美朝關係的「底牌」押在了特朗普身上。從特朗普對新加坡峰會的高度評價，及對金正恩個人魅力的推崇，朝方有理由認爲其改善兩國關係的態度是認眞的、積極的，從這位「非典型性」總統身上找到的突破口是有可能的。特朗普喜歡冒險，與同樣喜歡冒險的金正恩有心靈契合之處，兩位領導人帶有冒險性質的「非正常交往」，或許能走出一條有別於常規的破局之路。但也有分析家對這種冒險精神能否帶領兩國「跨越終點線」提出質疑，認爲「特朗普不具備眞正的智慧和對細節的關注，去利用他不同尋常的風格推動美朝關係取得實質進展」。

　　不管是否願意承認，新加坡峰會後，美朝無核化談判無絲毫進展，兩國關係陷於危險的停滯狀態。問題癥結在於，特朗普在應對美朝關係上並無有效、系統的政策規劃，既未展現必要的靈活性，更未有不可或缺的創造性。在朝方釋出中止核導試驗、炸毀豐溪里試驗場、返還美軍遺骸等一系列善意後，美方除推遲隨時可能恢復的韓美軍演外，並未推出任何哪怕是象徵性的回應措施。特朗普政府篤信「極限施壓」，認為制裁令朝坐到了談判桌，也只有繼續施壓，朝方才能棄核。屆時，美即可不戰而屈人之兵，坐享半島無核化成果。

　　朝核問題成也美國，敗也美國。特朗普態度飄忽、立場反覆，無疑是美朝關係的一顆「定時炸彈」。新加坡峰會後，特朗普忽而以朝棄核未達到美方要求而突然取消國務卿訪朝，忽而又表示對朝棄核不設時限，不急於與朝達成協議。當特朗普認定在其任內「美朝關係已取得前所未有進展」時，不知根據從可而來，更不知是否意識到其中存在一夜退回「解放前」的巨大風險。

2018 年 12 月 20 日

特朗普或重蹈奧巴馬覆轍

在毫無徵兆的情況下，美總統特朗普突然宣布從敘利亞撤軍，而且要「全面、迅速」。消息一出，社會大嘩，五角大樓、國務院都蒙在鼓裏，歐洲和中東盟友更是一片愕然。唯一竊喜的是俄羅斯，讚揚此決定可能令敘利亞問題得到「真正的政治解決」。

特朗普的撤軍「宣言」並不複雜。在一分十九秒的推特視頻中，他宣布對敘利亞 ISIS 的戰鬥取得了勝利，「現在是時候讓我們的士兵回家了」。隨後，該消息得到了白宮的證實，稱「隨着在敘利亞打擊極端組織戰事取得成果，美已開始從敘撤軍」。五角大樓在聲明還賣了個「關子」，稱美軍行動正在過渡到「戰役的下一個階段」，出於「部隊保護和行動安全的原因」，暫不適宜透露更多細節，似在為自己留後路。

特朗普突如其來的政策轉變，在國內外引起軒然大波。共和黨同僚批這是「類似奧巴馬的巨大錯誤」，美在敘利亞戰場的堅定盟友庫爾德人武裝感覺「被拋棄、被出賣」，今後處境將更加危險，英國公開唱反調，稱「嚴重不同意」特朗普的說法，極端組織只是改變了形式，但威脅仍然存在。許多軍事分析家擔憂，美軍撤離將改寫中東力量對比版圖，無異於將敘利亞「拱手讓給俄羅斯和伊朗」。

「撤軍令」雖來得突然，但在特朗普心中實際上已醞釀許久。三年前，俄公開介入敘利亞衝突，令岌岌可危的巴沙爾政府重新煥發活力，逐漸站穩了腳跟，幾乎掌控了全境。而美支持的反政府武裝卻一路潰敗，完全喪失了戰場主動權。同時，土耳其、伊朗等國也參與進來，令敘利亞利益格局越來越複雜。剿滅 ISIS 易，但推翻巴沙爾已成為不可能。

特朗普從一上台就在算帳，認為過去十多年來美在中東軍事行動中耗資巨大，卻「一無所獲」，投入與產出明顯不成正比，必須及時止損。完成了對ISIS的清剿任務，不失為一個從敘「抽身」的最好藉口。至於巴沙爾政權，美既然無力改變，也只有接受現實。包括防長馬蒂斯在內的美軍事安全專家一直持反對意見，試圖從地緣政治力量平衡等角度說服特朗普。但最終還是沒能令特朗普改變想法。

對美來說，中東既是戰場，也是墳墓，「撤軍令」風險巨大。奧巴馬時期，曾想「戰略東移」，決定從伊拉克、阿富汗撤軍，以便騰出手來，玩「亞太再平衡」。結果ISIS乘機坐大，迅速添補了美軍撤出後產生的安全真空，在伊、敘攻城略地，打下半壁江山，成為美最大安全威脅。美軍被迫重返，從二〇一四年九月開始又打了四年反恐戰。

前車之鑒，後事之師。但願特朗普不會重蹈奧巴馬覆轍。

2018年12月21日

特朗普「抽身」中東 中美關係更加複雜

　　美國總統特朗普在中東「大轉身」，準備用六十至一百天或更短的時間，「全面、迅速」地撤出在敘利亞的二千名美軍。此舉被輿論界認爲是特朗普送給普京的「聖誕大禮」，但對中國而言恐怕是凶多吉少。特朗普從中東「抽身」後，可能把更多資源轉向亞太，中國面臨的壓力增大，中美關係勢必更加複雜。

　　這是一個極具風險的「大轉身」。從反恐角度看，現實並非如特朗普所言「ISIS已被擊潰」，作爲有組織的軍事集團，ISIS或已被剿滅，但其力量仍存，恐怖威脅並未消除，近期美歐不斷發生恐襲事件即是明證；從地緣政治上看，美在中東地區兩個主要戰略對手——俄羅斯、伊朗從守轉攻，影響力不斷擴大。美軍撤出後，ISIS可能乘機坐大，添補「安全眞空」，俄、伊也會擴充地盤，在爭奪中佔據主動。這就是包括美防長馬蒂斯在內的美軍事安全專家最爲擔憂、並竭力勸阻特朗普撤軍的主要原因。

　　但在特朗普安全天平上，中國分量顯然大於中東。中東對美固然重要，但歐洲利益更大、更直接。特朗普對歐洲長期隱身在自己背後謀取利益早有不滿，希望歐洲盟友增加軍費，在中東事務中發揮更大作用。在特朗普看來，美在中東戰場是主要力量，但不是唯一力量，與其花費巨大卻「一無所獲」，倒不如退出，把「中東警察」角色讓位於有切身利益的歐洲，令其走上反恐及地緣爭奪前台。

　　而對付中國就不一樣了。在美看來，中國已對美霸權構成現實挑戰，種種跡象顯示，特朗普正在針對中國下一盤大棋。在中東收縮戰線，不斷增加軍費，施壓日韓增加軍事開支，美有退有進、有捨有取。而緩和對俄

關係、解決朝鮮問題，都與特朗普要贏下這盤棋有關。

特朗普對「修昔底德陷阱」情有獨鍾，篤信新崛起大國必然挑戰現存大國，中美衝突很難避免。特朗普上台，越來越明顯地把中國作為美主要戰略對手。在戰略理念上，華府全面否定了奧巴馬的「亞太再平衡」戰略，代之以結盟反華色彩更為濃厚的「印太戰略」。在政府文件上，白宮《國家安全戰略報告》將中國定性為「戰略競爭對手」。五角大樓《國防戰略報告》稱美國家安全的首要關切不再是恐怖主義，而是大國之間的戰略競爭，中俄首當其衝。《核態勢報告》則將中俄一併列為美核安全的主要威脅。在實際應對上，「中國威脅」已超過俄，成為美「頭號目標」。美對華正在進行政治、經濟、軍事、文化全方位打壓，甚至使出拘捕華為高層和中國「間諜黑客」等極端手段。

美從敘「抽身」後，將把目光轉向何方，值得密切關注。

2018 年 12 月 22 日

最後「成年人」被炒 白宮變任性幼稚園

美防長馬蒂斯即將離職，時間並不是他在辭職信中提到的明年二月二十八日，而是被提前到幾天後的一月一日。爲了讓馬蒂斯走得乾淨、徹底，特朗普在宣布最後期限時，已選定了接班人，任命副防長帕特里克爲代理防長，並讚揚他有才華、有成就，工作「會很棒的」。

特朗普突然發飆，與馬蒂斯辭職信被公開有關。三天前，特朗普在推特宣布馬蒂斯「榮休」時，還對其兩年來的表現充分肯定，稱其「取得了出色的成績」。但隨後，馬蒂斯的辭職信被公開，稱自己是「辭職」，而非「退休」，原因是與總統理念不合，斥特朗普政策違反了他從軍四十多年的準則。特朗普本想給馬蒂斯一個下台階，卻反被將了一軍，大爲光火，遂決定讓他「馬上走人」。

馬蒂斯戎馬一生，從軍四十四年，參加過一九九〇年的海灣戰爭、二〇〇一年的阿富汗戰爭和二〇〇三年的伊拉克戰爭，是美海軍陸戰隊四星上將，官居至中央司令部司令，統領阿、伊兩大戰場。特朗普當年選擇馬蒂斯出任防長，看中的正是其在中東的特殊經歷，讚他「最像巴頓將軍」，是「眞正的將軍中的將軍」。

馬蒂斯綽號「瘋狗」，皆因其行事風格如鬥牛犬般剛猛、機敏。在參與三大現代戰爭期間，馬蒂斯總是身先士卒，親臨火線指揮調度部隊，在士兵中樹立起果斷、幹練、親軍的形象。「瘋狗」一詞，並無貶義，反映了軍人對將領的愛戴和信賴。

其實，馬蒂斯一點都不「瘋」。其「瘋言瘋語」雖常引發爭論，但其中也不乏哲理和智慧。談到半島問題，他認爲，如果朝鮮問題用武力解

決，那將是「規模巨大的悲劇」。談到作戰規則和紀律，馬蒂斯反對「爲殺敵而誤傷無辜」，因爲「這會創造出更多敵人」。爲表達必勝信心、鼓舞士氣，他說「陸戰隊從不言敗」，並直言「我不曾因害怕失敗而失眠，因爲這根本拼不出失敗二字」。即使面臨被解職，馬蒂斯也未放棄自己的信條，他反對從中東撤軍，反對美對待盟友的政策，曾竭盡全力試圖說服特朗普。當知道木已成舟，馬蒂斯並未留戀，瀟灑地對特朗普揮揮手，請他另請高明，「選擇一位立場更爲相近的國防部長」。

一直以來，馬蒂斯被認爲是政府中「相對冷靜的人」，是特朗普團隊中最後一位「成年人」。由於馬蒂斯的存在，白宮內尚有一分平衡，令特朗普激情決策中多少有了些理性的成分。馬蒂斯離職後，白宮將變成一個稚氣十足的「幼稚園」，在涉及戰與和等重大決策上，恐將更輕率、更兒戲化。搞掉團隊中最後一員老將，特朗普少了一份掣肘，也會變得更任性、更不可測。這對世界來說，絕不是一件幸事。

2018 年 12 月 25 日

開工？停工？ 朝韓「儀式」背後有玄機

昨天，板門店再次見證了半島和解的歷史性一幕。韓方由政府官員、國會議員民間人士組成的約一百人的代表團，乘坐一列特別列車，從首爾沿京義線北上，於當地時間八時三十四分穿過南北軍事分界線，抵達板門店火車站。隨後，朝韓代表團在此舉行了開工儀式，宣布兩國鐵路、公路連接及現代化改造合作項目正式「上路」。

項目雖已「上路」，但實際上並不會走太遠。因為存在美國制裁，項目開工後仍將繼續停留在考察設計階段，無法繼續推進，「開工」之日，就是「停工」之時。舉辦儀式的意義在於，南北雙方共同表達落實「文金會」成果的堅定決心，以及推進合作的強烈意願。美朝關係改善的步伐顯然跟不上南北和解的節奏，朝韓希望通過這一「象徵性儀式」，倒逼美邁出實質性步伐，早日取消制裁。

在美制裁力度不斷加碼的背景下，開工儀式來之不易，能如期舉行更彌足珍貴。今年四月和九月舉行的兩次「文金會」，就對接並升級朝鮮半島西海岸的京義線和東海岸的東海線鐵路、公路達成重要共識，並商定年內舉行開工儀式。隨後，兩國組成聯合考察團，對沿線鐵道、橋樑、隧道等設施進行詳細勘察。

但由於美從中作梗，考察曾兩次中斷。一次是八月下旬，聯合考察團要考察京義線鐵路，美主導的聯合國軍司令部拒絕韓方設備通過非軍事區，考察未能實現。另一次十月下旬和十一月初，雙方原定分別對京義線和東海線鐵路進行實地考察，因美方有「不同意見」而推遲。開工儀式本身也存在相當大的不確定性。在儀式的前一天，美方才肯開綠燈，聯合國

安理會對朝制裁委員會通過決定，對儀式所需的部分禁運物資進行了豁免，開工儀式才得以如期進行。

朝韓雙方對鐵路、公路對接項目都極爲重視，因爲，它不僅在南北和解中具有重大政治意義，而且還蘊藏巨大商機。此項合作被稱爲韓版「絲綢之路」，韓若能突破「三八線」的藩籬，就可使交通線一直向北延伸，連通中、俄，直達歐洲，韓即可實現其「東北亞物流中心」的戰略目標。但對美國而言，南北和解顯然走得過快，已觸及其底線。在美朝無核化談判停滯不前的情況下，韓大幅度緩和對朝關係，將嚴重衝擊，甚至抵銷美制裁效果，不利於美繼續保持對朝的「極限施壓」。

韓對半島無核化進程陷入停頓十分着急。韓期待美顯示誠意，切實採取相向而行的措施，緩和美朝關係，打破談判僵局。但在平安夜，美朝雙方對未來釋出相互對立、矛盾的信號，朝韓鐵路、公路合作何時能眞正「開工」，並不確定。

2018 年 12 月 27 日

美眞的不想當「世界警察」了？

上任兩年，特朗普終於做了件令各方震驚、卻能贏得好評的「善事」。聖誕節剛過，特朗普突然現身伊拉克，慰問在當地駐守的美軍，並向他們獻上聖誕祝福。這是特朗普首次前往戰區探望美軍，在美已作出從敘利亞、阿富汗撤軍，中東戰場人心惶惶背景下，最高司令長官親臨前線慰問，無疑會起到穩定軍心的作用。

但就是這樣一件「善事」，卻引起「東道主」伊拉克的不快。美伊雙方因「安排上的觀點分歧」，特朗普與伊總理邁赫迪的會晤最終未能實現，僅以電話交談代替。特朗普邀請對方訪問華盛頓，但邁赫迪辦公室並未透露其是否接受了邀請。

特朗普在士兵中口若懸河，「侃」了許多話題。從敘利亞到伊拉克，從邊境牆撥款到政府停擺等等，其中最能在駐伊美軍中引起共鳴的是「不從伊拉克撤軍」，因為美國不會再擔任「世界警察」。

雖然嘴上說不當「世界警察」，但特朗普此訪還是霸氣十足，顯示出「世界警察總長」的絕對權威。對特朗普的到來，伊拉克政府一無所知。與伊總理邁赫迪的會晤地點，特朗普選在自己全權作主的美軍基地，令美伊領導人會談變成邁赫迪對特朗普的朝拜。伊拉克雖在軍事、安全上依靠美，但也很難接受如此辱沒尊嚴的安排。有議會議員說得更直接，指特朗普未經宣布就突訪伊拉克，是「對伊主權的侵犯」，不能任由特朗普「像去美國一個州一樣」進出伊拉克。

美國利益遍布全球，中東地區是戰略重點，不會輕易將「世界警察」的寶座拱手相讓，而任由他國驅使。特朗普不要當的是「冤大頭」式的

「世界警察」。對敘利亞戰場，特朗普多次抱怨，過去二年餘來美軍事行動耗資巨大，卻一無所獲，無論美作出何種努力，都不會從對方獲得哪怕是一句好話的感恩和回報。與其如此，倒不如撤出美軍，「讓其他人去操心吧」。

實際上，美不會真正放手「讓他人操心」敘利亞問題，令自身利益受損。特朗普在此次突訪伊拉克時說得很清楚，無意撤走駐伊五千名美軍，「如果想在敘利亞作點什麼，我們可以把這裏當作基地」。特朗普意圖很明顯，在中東戰場有取有捨，能退能進，伊拉克可能會成為未來美打擊ISIS恐怖分子、進入敘利亞戰場的大本營。

美國想當的是更划算的「世界警察」。若能坐山觀虎鬥，利用鷸蚌之爭，坐收漁翁之利，當這樣的「世界警察」最好。若無法坐享其成，能以最小代價，獲取最大利益，也不失為一種理想的角色選擇。美不是真的不想當「世界警察」，只是要換一種當法而已。

2018年12月28日

2018：猥瑣的美國

猥瑣者，舉止扭捏、拘束、不自然也。凡猥瑣之人，皆體貌氣質不佳，內心陰暗狡詐，行為齷齪粗暴，給人一種不好的觀感。歲末年初，回頭看美國，昔日「世界一超」正在失卻應有的大國「範兒」，形象變得越來越猥瑣。

過去，美國還是講究尊嚴和形象的。打伊拉克，滅塔利班，圍剿「基地」，美霸氣十足，氣吞山河，雖在其中暗藏「私貨」，但也算得上是堂堂正正，光明磊落。現在，美少了份「自信」，卻多了些狡詐。許多事不再擺上枱面，卻在背後搞小動作。如在對華關係上，美除出爾反爾、輕諾寡言外，還常常背後插刀，各級高官所到之處，竭力渲染「中國威脅」，挑唆雙邊，攪渾南海，甚至用上了「毒丸條款」，幹了許多鄙陋卑劣的勾當。就連從敘撤軍，美也要睜眼說瞎話，找個「ISIS被消滅」的藉口。

過去，美國還是講究規則和秩序的。聯合國、北約、歐盟等等，雖常被美玩弄於股掌之間，但必要時還要當旗幟打，否則內心會有不安，總感到名不正言不順。現在，美已無所顧忌，一言不合就「退群」、「毀約」，把國際社會搞得天翻地覆。迄今為止，美已退出跨太平洋夥伴關係協定、巴黎氣候變化協定、全球移民協定、伊朗核協議、聯合國教科文組織、聯合國人權理事會、萬國郵政聯盟、維也納外交公約強制解決爭端之任擇議定書等等國際組織和國際條約，未來還要廢除《中導條約》和《新削減戰略武器條約》，可能會退出 WTO，甚至聯合國。美國的邏輯是「合則用，不合則棄」，簡單粗暴，全然不顧外界觀瞻及影響。

過去，美國還是講究民主、人權等「普世價值」的。美深知干涉他國

內政、玩弄「顏色革命」，是不光彩的雞鳴狗盜之事，總要披上件民主、人權的華麗外衣。現在，美已不再偽裝，「普世價值」一文不值，棄若敝屣。特朗普在國內外的民主、人權紀錄劣跡斑斑，身下一屁股「屎」臭氣熏天，卻仍不忘搞「雙標」、「多標」，對他國說三道四，批專制罵濫權，動輒懲罰和制裁。

過去，美國總統還是講究包容和胸懷的。作爲大國最高領導人，總統選才、用人看能力，愼之又愼，即便分道揚鑣，人情、友情還都在。現在，特朗普用人唯一標準是「忠誠」，正所謂「順我者昌，逆我者亡」。兩年下來，白宮「走馬燈」般換將，當年一起打江山老臣悉數離去，不離不棄的只有第一夫人、女兒、女婿等幾位「家臣」，以及任何情況下都會逆來順受的「愚忠臣子」。

有猥瑣之人，必有猥瑣之事。猥瑣的君主，往往會造就一個不可理喻的國家。霸道，令人生畏，猥瑣，讓人生厭。2018年的美國，集霸道與猥瑣於一身，正變得越來越可怖，越來越不可預測。

2018年12月29日

香港，這十一年

（後記）

懷着一顆極為忐忑的心，我從近四年撰寫的評論中選出五百篇，以《大動蕩・大變局》為名結集出版，奉獻給讀者。二〇一五年，曾出版過國際評論集《縱橫談》一書，當中匯集了此前撰寫的五百篇文章。兩書加起來，總共有一千篇作品，權當給自己在香港的經歷作個小結。

有勵志格言說，人要做自己命運的主宰。但現實中，也不盡然，命運常常並不隨人願，總有許多事是出乎意料的。想當年，我搞了十年法律，一門心思要當個法學教授，卻沒想到一頭闖進了新聞界。更沒想到的是，若干年後，我這個生長於祖國最北端的龍江人，會來最南端的香港工作，而且一來就是十一年。

主持一個專欄很辛苦。報社專欄多由小團隊運作，至少也是由一名專人來負責。我的正式崗位是副總編輯，有部門要管，有報社工作要參與，寫稿只是兼職，實難做到心無旁騖。為了完成這份編外評論員的工作，一些聚會、交往只能忍痛捨棄，還把晚飯都吃成了凌晨下夜班後的夜宵。

主持這個專欄不是為「名」。即便專欄出了名，也是「施君玉」的名號，報社許多同仁至今未把此公與我畫等號，以為是國際部團隊在運作。

寫文章對我來說並不難，但每天寫下來確實需要點耐心和毅

力。有人勸我放棄，也有人鼓勵我堅持，為了一份責任和使命，也為了那塊延續了快七十年的「金字招牌」。說實話，我也想過擱筆，但一想到這個廣受稱道的傳統欄目斷在自己手裏，總有些於心不忍。最後，咬咬牙，還是堅持了下來。我亦無他，唯興趣使然，責任使然。

　　稿子基本上是晚上編前會結束後的兩個小時內寫成的。這一時段，版面已定，員工出去吃飯，若無重大突發事件，工作也一般不再會有大的調整。在此時，理一理心境，便可進入自己的時間。泡上一壺茶，看着開水淋在茶壺上，白色蒸汽裊裊升騰，水被壺慢慢吸收，心中悠然生出難得的寧靜，好不愜意。也就在此時，任性放飛思緒，「撫四海於一瞬」，「挫萬物於筆端」，興奮時，間或會湧出一絲指點江山、激揚文字的豪邁感……

　　常常會想起魯迅先生《自嘲》中的那句詩，「躲進小樓成一統，管他冬夏與春秋」，其中自有其堅韌不屈的戰鬥精神，但也不乏飛遁鳴高的孤傲品格。對文人來說，這實在是一種難得的心境。

　　衷心感謝大公文匯集團董事長姜在忠親自為本書撰寫前言，他一直關注和重視《縱橫談》專欄，讚揚、鼓勵、支持的好話說起來從不吝嗇。感謝我的好友、香港《文匯報》副總編輯尹樹廣，不時在工作生活中為我加油打氣。感謝大公報出版社副社長王志民精心編輯、校對和張敏先生匠心獨運的美術設計，感謝資料室劉加林等同事為本書收集、匯總資料。感謝被尊為「師姐」主筆葉中敏，她是在報館工作五十餘年的元老級大公人，對我講過許多「施君玉」

的故事。感謝徐莉吟主任和國際部全體同仁，作為「第一讀者」，常在文章即將付印時提出寶貴修改意見。還要感謝那些朝夕相處的報館同仁和所有關注專欄成長的熱心讀者，褒獎也好，批評也罷，對我來說都是財富，都是我寫下去的動力。

我要感恩父母，長期在外工作，忠孝難兩全。還要特別感謝夫人龔繼紅和女兒李雨桐，相當長一段時間，我們天各一方，一家三口分處三地，常要在家之外的第三地短暫相聚。沒有她們的理解和支持，我可能不會如此執着和堅持。

感恩香港這十一年，雖有過孤獨和辛苦，但更多的是收穫後的喜悅。這些年，留下太多珍貴的記憶。也因為有了這些年，我的人生又多了一份別樣的色彩。

李慶義

二〇一九年三月

書名：國際評論集《大動蕩・大變局》

著　　者：李慶義

責任編輯：王志民
裝幀設計：張　敏

出　　版：大公報出版有限公司
　　　　　香港北角健康東街39號柯達大廈二期3字樓
電　　話：25757181　28738288

發　　行：香港聯合書刊物流有限公司
　　　　　香港新界大埔汀麗路36號中華商務印刷大廈3字樓
電　　話：21502100

版　　次：2019年3月初版
國際書號：ISBN 978-962-582-063-7
定　　價：港幣280元